MÉMOIRES

DE LA

BARONNE D'OBERKIRCH

CORBEIL. — Typ. et stér. de CRÉTÉ.

MÉMOIRES

DE LA

BARONNE D'OBERKIRCH

PUBLIÉS

PAR LE COMTE LÉONCE DE MONTBRISON

SON PETIT-FILS

ET

DÉDIÉS A SA MAJESTÉ NICOLAS Ier

EMPEREUR DE TOUTES LES RUSSIES

AVEC UN FAC-SIMILE DE L'ÉCRITURE DE S. M. MARIE FEODOROWNA

TOME PREMIER

PARIS

CHARPENTIER, LIBRAIRE-ÉDITEUR

28, QUAI DU LOUVRE

—

1869

A SA MAJESTÉ

NICOLAS Ier

EMPEREUR DE TOUTES LES RUSSIES.

Sire,

La bienveillance avec laquelle Votre Majesté impériale a daigné accueillir le manuscrit de ces Mémoires, et la permission qu'elle a bien voulu m'accorder de les placer sous son auguste patronage, sont pour ces pages légères un gage de succès et de bonheur. Cette faveur m'est accordée en souvenir des bontés particulières dont S. M. l'impératrice Marie Feodorowna a comblé mon aïeule; elle retombera sur toute ma famille, qui conserve, comme un précieux héritage, les lettres dont votre illustre mère honorait la baronne d'Oberkirch. C'est aussi dans ma famille une tradition héréditaire qu'un dévouement respectueux, une admiration profonde pour votre illustre maison; et si cet ouvrage obtient quelque succès, il le devra sans doute au puissant intérêt qui s'attache aux moindres actions d'une princesse si digne par ses rares qualités de la race auguste à laquelle elle appartient. Le journal du voyage de M. le comte et de madame la comtesse du Nord, écrit presque sous les yeux de Leurs Altesses impériales, est le tableau fidèle d'une époque brillante pour cette France, à laquelle elles témoignèrent une si gracieuse sympathie. Puisse le ciel donner à mon pays ce bonheur, fondé sur le maintien des principes dont Votre Majesté s'est montré le ferme et généreux champion !

J'ose me dire,

Avec le plus profond respect,

SIRE,

DE VOTRE MAJESTÉ,

Le très-humble et très-obéissant serviteur

COMTE DE MONTBRISON.

AVANT-PROPOS

En offrant au public les Mémoires de la baronne d'Oberkirch, je crois lui présenter non-seulement un ouvrage intéressant par les faits qui s'y trouvent, mais encore une œuvre de goût. Ils font, ainsi qu'un grand nombre de lettres de S. M. l'impératrice Marie Feodorowna, partie de l'héritage de ma mère, unique enfant de madame d'Oberkirch. Ces journaux, écrits à trois époques différentes et réunis plus tard en Mémoires, offrent par leur forme même, et par la possibilité de vérifier chaque date, une preuve permanente de la vérité des faits. Ausssi ces souvenirs pourraient-ils à juste titre être admis comme des Mémoires historiques, si leur contenu, plus spirituel qu'important, plus gracieux que grave, permettait de leur donner ce nom. Tels qu'ils sont, ils intéresseront, je l'espère, la société nouvelle, en lui présentant un tableau réel de la vie intime et de la vie du monde avant 1789. Nous avons sur cette époque peu de récits aussi détaillés et aussi scrupuleusement exacts que celui-ci. Il ne m'appartient pas de louer à l'avance cette œuvre de famille; le lecteur jugera.

COMTE DE MONTBRISON.

Paris, 30 juin 1853.

Nota. Cette seconde édition diffère peu de la première, cependant l'accueil fait à ces Mémoires nous engage à y replacer quelques détails sur la cour de Montbéliard et sur l'auguste Princesse qui honorait madame d'Oberkirch de ses bontés. Nous y ajoutons quelques notes. Des fautes d'impression ont été corrigées, et nous nous sommes efforcé d'en éviter d'autres.

FAC-SIMILE D'UNE LETTRE
DE
S. M. MARIE FEODOROWNA
Impératrice de toutes les Russies.

ce 6/17 Janv. 1789.

Ma chère tante : malgré la peine que mon cœur je vous plains en peur de tÿ ne peut Macochina que tÿ vous aime Courageusement Pensez Ceÿ sans que mon cher Mari va me quitter en par ainsi j'aÿ et jours Souffre : Dieu me soutiens va Et ailleurs leur foÿ par bien peu, Ceders chers tantes ie m'en peu plus mais nous Avons leur le bonheur ou les malheur est toujours le même pour mes times,

Embrasse Votre Chereplit Marie
Je Chagrain Mon Cher fils Mater Char.

MÉMOIRES

DE LA

BARONNE D'OBERKIRCH

INTRODUCTION DE L'AUTEUR

Les pages que l'on va lire ne sont pas des mémoires, ce sont plutôt des souvenirs ; je n'eus jamais la prétention d'être un bel esprit ni d'occuper la renommée. J'écris pour me rappeler les principaux événements de ma vie. Ils sont intéressants surtout pour moi, ils le seront sûrement pour ma fille ; je ne sais ce que d'autres pourront en penser. Je parle peu de ce qui me concerne, mais assez pour me faire connaître et pour prouver que j'ai vu ce que je raconte. Mes pensées et mes réflexions n'appartiennent qu'à moi, je n'en dois compte à personne ; elles me sont chères parce qu'elles me sont propres, et ce serait en diminuer la valeur que de les divulguer. Ceci n'est donc qu'un cadre renfermant plus de faits que d'impressions, mais qui me les représente et me les fera retrouver dans ma vieillesse.

J'écris en 1789, à l'âge de trente-cinq ans. J'avais

en 82 tenu un journal exact et détaillé de mes voyages avec madame la comtesse du Nord, à Paris et de là en Bretagne, Normandie, Picardie, Flandre, Hollande et les électorats.

Il en fût de même en 84 et 86, lors des deux séjours que je fis à Paris, où m'attiraient surtout les bontés dont S. A. S. madame la duchesse de Bourbon voulait bien m'honorer. Je réunis ces journaux et ces notes pour faire le récit des trente-cinq premières années de ma vie. J'y parle de ceux que j'ai connus, des faits dont j'ai été témoin, des personnages marquants de ce siècle, que j'ai fréquentés de près ou de loin, par moi ou par les miens. J'y joins quelques-unes des lettres qui m'ont été écrites par S. A. I. madame la grande-duchesse Marie Féodorowna ; cette auguste princesse, malgré son éloignement, me conserve ces sentiments affectueux et sincères qui naissent presque avec nous. Mon respectueux dévouement pour sa personne est un des plus doux sentiments de mon cœur. Ces mémoires pouvant être lus après moi par des indifférents, je me fais un scrupule d'y intercaler la partie tout à fait confidentielle de notre correspondance. Je ne puis cependant résister au désir de faire connaître à ma fille, à ses enfants, si elle en a jamais, cette belle âme, ce cœur si tendre, cette imagination si élevée et si pure, que l'éclat des grandeurs n'a pu altérer un seul instant, et qui se peignent malgré elle dans cette correspondance.

La description de quelques-uns de nos châteaux ruinés d'Alsace m'amène tout naturellement à parler des familles dont ils portent les noms. Ces manoirs ont été le théâtre de guerres sans fin à l'époque de la féodalité, et en restent la vivante image. Ils rappellent ces temps dont la gloire fait oublier la barbarie. « Avant le temps de Charlemagne (dit un vieil auteur) l'Alsace n'était habitée que par de la noblesse, ce qui se remarque encore par la quantité de châteaux dont cette province est remplie, tant sur les montagnes qui la bordent que dans la plaine. »

Je serai peut-être obligée de raconter des choses que mon éducation et mes principes condamnent, mais qui peignent l'époque où nous vivons. J'éviterai cependant les détails et les commérages qu'un grand talent de style fait quelquefois passer, pour rapporter plutôt des faits plus ou moins sérieux, et j'aurai au moins le mérite d'une rigoureuse exactitude. L'histoire se compose aussi de ces détails ; ils peignent l'époque, et malgré moi ils se trouveront sous ma plume. Ne faut-il pas donner aux tableaux la couleur qui leur est propre ?

Maintenant j'ai prévenu mes lecteurs, si j'en ai, de ce qui les attend dans ces feuilles sans conséquence, et je me hâte de commencer, ayant toujours détesté les préfaces.

CHAPITRE PREMIER

Ma naissance. — Mes grands-parents. — Mulhouse. — Mon père. — Ma mère morte jeune. — Mes oncles. — Le régiment de Bouillon. — Le roi Dagobert. — Le château où j'ai été élevée. — Mon éducation. — Les Waldner. — Les Berckheim. — Les Glaubitz. — Montbéliard. — Le duc Frédéric-Eugène de Wurtemberg vient s'y établir.

Je suis née le 5 juin 1754 au château de Schweighausen, en haute Alsace.

Je suis fille de François-Louis baron de Waldner-Freundstein (depuis comte après son frère) et d'une Berckheim, de la branche de Ribeauvillé [1].

Mes grands-parents n'existaient plus quand je vins au monde, si ce n'est la mère de ma mère. Elle était une Berckheim de la branche de Jebsheim [2], et elle épousa son cousin Philippe-Frédéric baron de Berckheim-Ribeauvillé. Ma mère réunit ainsi en elle le sang des deux branches de cette maison, une des plus illustres de la province.

Mon grand-père avait épousé une Wurmser de la branche de Vendenheim-Sondhausen, morte à Mulhouse en 1743 ; son mari y était mort dès 1735.

Je fus baptisée, le 7 juin 1754, à l'église paroissiale

---

[1] Ribeauvillé ou Rapolswyr, seigneurie appartenant originairement à la maison de Rapolstein ou Ribeaupierre.

[2] La branche de Berckheim-Jebsheim est représentée en 1869 par le baron Christian de Berckheim, ancien ministre de Baden à la cour de Munich, marié à Ida de Waldner, fille du premier mariage de son beau-père ; et par son frère, le général d'artillerie Sigismond de Berckheim, marié à Mlle de Jaucourt. Leur oncle, nommé également Sigismond, a été, sous le premier empire, général de division et écuyer cavalcadour de l'empereur. Il était pair de France sous la Restauration, et est mort en 1819. Son portrait figure dans la galerie de Versailles.

de Mulhouse, dans la sainte foi évangélique; on me donna les noms de Henriette-Louise.

La ville de Mulhouse, alliée des Suisses, était une cité importante, dans laquelle les Waldner jouissaient de tout temps du droit de bourgeoisie honoraire. Cette prérogative donne le droit de servir dans les troupes helvétiques, où les Waldner ont un régiment. On a grand soin pour le conserver de faire baptiser tous les garçons de notre famille à Mulhouse.

Il y eut, m'a-t-on dit, de fort belles fêtes à mon baptême; on me traita comme un héritier. Plût au ciel que je le fusse ! Au milieu des grands bouleversements qui se préparent et ne s'annoncent que trop clairement, je pourrais espérer d'être utile à mon pays, aux souverains qui m'ont comblée de bontés, à la cause de ma caste et de mes pères. Je ne suis point de ceux qui voient dans un nouvel ordre de choses un avenir de bonheur; je crois au contraire à la perte de la monarchie, si elle s'engage dans cette voie dangereuse, et l'horizon me paraît gros de tempêtes. Puissé-je me tromper !

Mon père, le baron de Waldner, chef de sa famille, servit d'abord comme capitaine, puis comme major dans Royal-cavalerie. Il devint après colonel à la suite du régiment de Wurtemberg, enfin colonel-commandant du régiment de Bouillon, depuis le 27 février 1757 jusqu'au 1er mai 1760, époque à laquelle il s'est retiré avec la croix du Mérite militaire (qui se donne aux officiers protestants au lieu de la croix de Saint-Louis, et qui ne diffère de celle-ci que par la couleur du ruban). Il était aussi commandeur de l'ordre évangélique de Saint-Jean de Jérusalem [1], et président

---

[1] Le prince Ferdinand de Prusse, second frère de Frédéric II, en était le grand maître à Sonneberg.

de la noblesse immédiate au cercle de Souabe, canton de l'Ortenau.

Je n'ai jamais connu ma mère, et mon plus ancien souvenir est celui du fourreau noir que je portais à trois ou quatre ans. J'avais cet âge quand elle mourut. Pauvre mère ! je l'ai souvent regrettée. A mon entrée dans le monde ses conseils m'eussent été bien utiles, et depuis que j'ai une fille je sens combien m'eût aimée ma mère. Mariée en 1751, elle mourut à Baldenheim en 1757 dans la force de sa jeunesse, dans l'éclat de ses belles années. Elle ne laissa que deux fils et moi. L'aîné de mes frères nous fut enlevé très-jeune aussi [1], il ne me reste maintenant, en 1789, que le cadet, Godefroy, sur qui repose l'espoir de la famille.

Des frères de mon père, ceux que j'affectionnais le plus étaient Christian-Frédéric-Dagobert comte de Waldner, lieutenant général et colonel-propriétaire du régiment de Waldner-suisse, et Louis Anstatt, baron de Waldner, mon parrain, chevalier, et plus tard commandeur de l'ordre Teutonique, qui a été jusqu'en 1767 colonel du régiment de Bouillon. Il remplaça mon père dans ce poste, et le quitta pour devenir colonel de Royal-suédois, régiment allemand ; on l'appelle ordinairement le Commandeur. Sa commanderie est Burow en Saxe. Mon père et moi avons été le voir à sa garnison de Montmédy en juin 1766. Qu'il était beau ce régiment de Bouillon ! quelle discipline admirable ! quelle tenue ! quelle valeur brillante ! Mon père en était enthousiasmé, et ma petite imagination s'en frappa. Les soldats et les bas officiers adoraient leur ancien colonel. On me rendait des respects infi-

---

[1] Il est mort à l'âge de quinze ans, au moment où il venait d'être nommé capitaine-commandant de la lieutenant-colonelle au régiment de Bouillon. Un autre frère était mort en bas âge.

nis, et je me croyais un personnage devant ces vieilles moustaches qui me saluaient militairement. Combien mon oncle me paraissait magnifique avec cet habit blanc à revers noirs, ornés de huit agréments d'argent (je les ai comptés; c'est bien d'une petite fille!); le collet est aussi garni d'un galon d'argent à crépines. J'avais douze ans à cette époque, et je le vois encore. Ce qui me frappa plus que tout, ainsi que je l'ai dit, ce fut l'affection des plus vieux officiers pour mon père; ils s'en occupaient comme d'une femme aimée. M. le prince de Bouillon, propriétaire du régiment, n'eût pas reçu un accueil plus distingué.

Un souvenir de mon enfance, relatif à mon oncle le comte de Waldner, se rapporte à son nom de Dagobert. Nous ne pouvions nous en taire, et la malheureuse chanson nous revenait sans cesse à l'esprit, *avec toutes ses conséquences*, aussitôt qu'on parlait de lui. Mon petit frère Godefroy en faisait des rires infinis qui nous firent gronder tous deux, car je les partageais. Ce nom, bizarre surtout en France, est du reste assez commun en Alsace.

On sait que le roi Dagobert, le maître de saint Éloi, celui qui répondait avec tant de philosophie aux remontrances de son ministre, Dagobert à la meute indocile enfin, a longtemps habité Ruffach et Obernai. Les seigneurs maîtres de ce pays reçurent souvent ce nom au baptême, et c'est sans doute en souvenir de ce prince que le nom de Dagobert est resté en honneur dans nos familles. Quoi qu'il en soit, si Dieu m'eût donné un fils, je n'aurais pas osé l'appeler de ce prénom royal, j'aurais craint de faire mettre ses sœurs au pain sec, ainsi qu'on m'y condamna plus d'une fois en mémoire du grand roi de la première race.

Mes parents habitaient d'ordinaire Schweighausen,

fief dont les Waldner avaient été investis en 1572, à l'extinction d'une famille qui en portait le nom. Il est situé sur la route de Colmar à Belfort, au midi, à une lieue de Cernay, et à une lieue et demie au sud-est de Thann.

Schweighausen est un grand bâtiment carré renfermant une vaste cour, et flanqué du côté du nord d'une tour à clocher mauresque. Il est entouré d'un large fossé plein d'eaux vives alimentées par un ruisseau et séparé d'un joli étang par des jardins fort bien entretenus. On entre par un pont d'architecture ancienne, précédé de communs assez considérables entourant la première cour.

A l'ouest le terrain s'élève en amphithéâtre derrière des charmilles et de beaux ombrages. De là on aperçoit toute la chaîne des Vosges, les ruines qui les surmontent, les clochers des villages et des abbayes dans la vallée; c'est un spectacle magique. Des collines boisées s'élèvent en immenses gradins. Les différents feuillages se distinguent et forment un rideau de verdure magnifique. O mon cher pays d'Alsace ! rien n'a pu vous effacer de mon cœur, rien n'est comparable à la splendeur de votre nature. Je conçois les enthousiasmes pour une telle patrie; on doit en être fier, elle donne tout à ses enfants.

Je parlerai plus loin du château de Freundstein, dont nous portons le nom, et qui a été détruit depuis deux siècles et demi dans la guerre des rustauds ou paysans.

Après la mort de ma mère, mon père se trouva fort empêché pour mon éducation; il pria ma marraine, madame Ève de Wurmser[1], de vouloir bien se charger de remplacer ma mère, elle accepta.

Je me souviens encore de son installation au châ-

---

[1] On prononce Wormser.

teau; de l'appartement qu'on lui donna, et de la jolie petite chambre qui me fut destinée auprès d'elle. La chambre et le petit salon qu'avait habité ma mère restaient fermés depuis sa mort; mon père ne voulut pas qu'on y plaçât ma marraine; son cœur saignait encore de cette plaie. Madame de Wurmser me fit donner une éducation sérieuse; c'était une femme d'un esprit supérieur et d'une raison puissante; elle m'apprit la science de la vie, elle m'apprit à ne rien lui demander de plus que ce qu'elle peut offrir, à repousser les espérances insensées et les rêves hors de la vérité.

Je garde une reconnaissance éternelle à ma marraine. C'est à elle que je dois le peu que je vaux. Nous restions souvent seules à Schweighausen lorsque mon père le quittait pour des voyages d'affaires ou de plaisir; les journées me semblaient des minutes dans ces entretiens; mon goût me portait surtout vers les études historiques, je voulais tout savoir, tout apprendre, tout retenir. Ma prodigieuse mémoire, surtout pour les dates, m'aidait et me rendait les difficultés faciles. Je pouvais réciter, sans me tromper une fois, des pages entières; je me donnais avec passion à la science chronologique.

Une de mes études favorites, et cela se conçoit de reste, était les chroniques de notre province. Je crois d'ailleurs cette étude salutaire. Lorsqu'on est bien convaincu de l'illustration de ses pères, on rougirait de faire moins qu'eux, on sent en soi un noble désir de les imiter et de s'élever à leur hauteur. *Noblesse oblige:* jamais adage ne fut plus vrai que celui-ci.

Le savant Schœpflinus, Hertzog, Iselin, et d'autres généalogistes, nous font remonter au temps de Louis le Débonnaire et à un de ses généraux, nommé Waldner, qui se signala en 814 dans la guerre qu'il fit à Hartwin, maire du Palais, accusé de péculat. Les chartes du XIIIᵉ siècle mentionnent les Waldner comme des seigneurs d'une illustration déjà fort ancienne alors. Ils soutinrent pendant sept ans la guerre contre la ville de Zurich, qui s'était emparée de Jean de Hapsbourg, leur suzerain, et qui le tenait en détention. Ils enfermèrent en représailles dans leur château de Freundstein tous les *Zuriquois* qu'ils firent prisonniers, jusqu'à la délivrance de Jean de Hapsbourg. Ce dernier leur dut ainsi sa liberté et sa vie. Quelque temps après ils armèrent contre Strasbourg, contre Soultz, Ruffach, Isenbourg, etc.; en un mot, ils ont joué un rôle fort important dans l'histoire d'Alsace; ils y ont possédé de nombreux fiefs, que nous retrouverons en parcourant les ruines de nos montagnes.

A l'origine de l'ordre de Saint-Jean de Jérusalem, les Waldner leur fournirent des chevaliers, et l'un d'eux, Christophe de Waldner, fut tué à Rhodes en 1523, après des prodiges de valeur, en défendant cette ville contre Soliman [1]. Peu de temps avant, Jean de Waldner était chancelier de l'Empire à la diète de Worms en 1497.

Ma mère, ainsi qu'on le sait, était une Berckheim de la branche de Ribeauvillé. Elle avait deux frères; le plus jeune était mon parrain; officier supérieur au régiment de Royal-Deux-Ponts, marié à une Rathsamhausen d'Ehenweyer, il fut pour moi un second père. L'autre, son aîné de six ans, qu'on appelait Berckheim de Lœrrach, était conseiller de la régence de Baden. Il avait épousé une Glaubitz, dont le nom a une origine assez remarquable.

---

[1] Christophe de Waldner, commandeur de Meilpergen en 1514, Baillif et Castellain de Rhodes. Voir l'*Histoire des chevaliers de Saint-Jean de Jérusalem*, par Vertot, t. II, p. 483, 634 et 653.

Les Glaubitz, anciens barons de Silésie, qui se sont perpétués en Pologne, et dont un agnat se fixa sur les bords du Rhin, sortent d'un vaillant chevalier enrôlé dans la seconde croisade. Il combattit en face de l'armée, chrétienne un Sarrasin renommé par sa force et son courage, il le vainquit aux applaudissements de tous, et même des infidèles. En lui enfonçant son épée dans la gorge, il s'écria :

— *Glaub itzt* (crois maintenant).

Marie-Octavie-Louise de Glaubitz, sœur de ma tante, épousa un Berckheim de la branche aînée, ce qui unit plus étroitement encore cette maison de Berckheim, dont la bonté est l'héritage successif. Ils sont adorés de leurs vassaux, et leurs terres, particulièrement celle de Schoppenwyr, entre Colmar et Schélestadt, où ils font leur résidence, sont le paradis terrestre, disent les paysans et les tenanciers.

Je me suis peut-être étendu trop longuement sur ma famille, et je ne m'en repens pas. J'ai d'abord voulu qu'on sût parfaitement de quelle souche je suis sortie, c'est un acquit de conscience, et puis ces détails m'ont été agréables à retracer. J'ai la faiblesse, si c'en est une, de priser ce que les héros d'aujourd'hui appellent des niaiseries.

Grâce donc pour cette digression, à laquelle je voudrais mettre trêve, s'il ne me fallait, avant d'aller plus loin dans l'histoire de ma vie, raconter aussi l'origine de mon intimité avec la race illustre de Montbéliard-Wurtemberg. Le voisinage la commença d'abord. Nous n'étions qu'à neuf lieues de Leurs Altesses sérénissimes ; de tout temps les Waldner avaient fait partie de leur cour, mon père m'y conduisit. Je fus accablée de bontés dans cette résidence ; la princesse Dorothée, maintenant grande-duchesse de Russie, m'honora de son affection, et son illustre mère, S. A. R. madame la duchesse de Wurtemberg, princesse de Montbéliard, eut pour moi une indulgence et un intérêt presque maternels.

Montbéliard est la capitale d'un comté, relevant autrefois de l'empire d'Allemagne, mais n'appartenant à aucun cercle. Placé entre la principauté de Porentruy (qui forme l'évêché de Bâle), le Sundgau, la Lorraine et la Franche-Comté, il garda néanmoins son indépendance [1]. L'État se compose du comté de Montbéliard proprement dit et de sept ou neuf seigneuries. La première maison régnante, celle des comtes de Montbéliard proprement dits, s'éteignit vers 1162. Celle de Montfaucon lui succéda, puis celle de Châlons; le comté revint ensuite aux Montfaucon dont la race s'éteignit en 1394 dans les mâles. L'héritière épousa Eberhard, comte de Wurtemberg, dont la famille devint ducale cent ans après, et lui apporta en dot le comté de Montbéliard [2]. Ce comté resta longtemps l'apanage des lignes cadettes qui s'éteignirent successivement. Il retourna ensuite aux Wurtemberg-Stuttgard aînés et régnants, qui furent ainsi ducs de Wurtemberg-Montbéliard et par abréviation ducs ou princes de Montbéliard. Je ne sais pourquoi la mode a pris d'écrire Wirtemberg, ce n'est point l'ancienne orthographe.

Au commencement de ce siècle, en 1723, le prince Léopold Eberhard n'ayant pas laissé d'héritiers habiles à succéder, le duc régnant de Wurtemberg-

[1] Même pendant les quatre siècles où ce comté a appartenu à la maison de Wurtemberg, le comte de Montbéliard, son souverain, n'en faisait point hommage au chef de cette maison, mais bien à l'Empereur.

[2] C'est le seul agrandissement territorial que la maison de Wurtemberg ait jamais obtenu par mariage.

Stuttgard, Eberhard-Louis, en fut investi par l'Empereur [1]. Il vint s'y établir; après lui, ni son cousin Charles-Alexandre, qui lui succéda en 1733, ni aucun prince de cette maison ne suivit cet exemple si profitable à la principauté.

Mais, en 1769, le duc Frédéric-Eugène de Wurtemberg, troisième fils du duc Charles-Alexandre et frère du duc régnant Charles-Eugène, arriva à Montbéliard avec sa famille. Marié depuis quinze ans, et lorsqu'il était encore officier général au service de Prusse, il avait plusieurs enfants de la princesse Sophie-Dorothée, fille du margrave de Brandebourg-Schwedt, nièce du grand Frédéric.

Ce fut une bénédiction du ciel pour ce petit pays délaissé jusque-là. La bienfaisance inépuisable de ses princes, leur sollicitude pour leurs sujets si accoutumés aux misères, répandirent bientôt la richesse et l'abondance autour d'eux. Ce comté indépendant depuis sept siècles et demi, réuni au Wurtemberg, prit enfin le rang que son importance lui assignait. On traitait ses princes d'Altesses sérénissimes par concession de l'empereur Léopold I*er*; auparavant on les nommait simplement *Votre Grâce*. Les habitants, tous de la religion réformée, adoraient l'auguste famille à laquelle ils devaient tant de bonheur. Ce fut sous ces auspices et dans ces circonstances que je fus présentée pour la première fois à leur cour.

[1] Par mandement de l'empereur Charles VI, du 14 mai 1723.

CHAPITRE II

M. de Waldner à Paris. — Présentation à Versailles. — Le prince de Montbéliard et sa famille. — Portrait de sa mère, princesse de la Tour et Taxis. — Première visite. — Le château de Montbéliard. — La princesse Dorothée de Wurtemberg. — Mademoiselle Schneider, ma femme de chambre. — Madame Hendel, femme de charge à Montbéliard. — Le baron de Maucler. — Naissance d'un prince. — Construction du château d'Étupes. — Visite du duc régnant de Wurtemberg. — Détails sur ce prince. — Négociation de son mariage. — Folles dépenses. — Remontrances des États. — Fiançailles du duc. — La comtesse de Hohenheim. — Le prince Louis-Eugène. — Pourquoi les trois frères se nomment Eugène.

Mon père venait de faire un voyage à Paris ; il avait été parfaitement accueilli à la cour. Il eut l'honneur d'être présenté à S. M. Louis XV, le 23 septembre 1769, et après avoir fait ses preuves, il monta dans les carrosses, suivit le roi à la chasse, et fut même une fois invité à Choisy, ce qui n'était pas une petite distinction, Louis XV n'y admettant que ses particuliers. Mon père n'était pourtant ni de caractère ni de mœurs à plaire au monarque, entièrement livré à ses maîtresses pour le malheur de la France. Peut-être le trouva-t-on trop sévère, trop grave pour ces joyeuses parties ; quoi qu'il en soit, il ne fut plus désigné. Il emporta pour son frère le commandeur la promesse d'être bientôt brigadier, promesse qui se réalisa, car il fit partie de la promotion du 3 janvier 1770 [1]. Mon oncle avait été également présenté à Versailles, le 22 mars 1755, quatorze ans auparavant. Ma mère mourut trop jeune

---

[1] Le roi Louis XV lui accorda aussi pour sa fille la survivance d'une partie de la pension dont jouissait le comte de Waldner (*lettre du duc de Choiseul*).

pour pouvoir faire son voyage de présentation, et ma grand'mère n'aimait que la retraite. Plus tard, je devais à mon tour, comme on le verra, jouir de cette prérogative ; en attendant, je fis à Montbéliard mon apprentissage de *courtisan*, chez des princes bien aisés à flatter, car jamais, même dans une chaumière, on ne vit un intérieur plus vertueux.

Mon père arrivait de Paris presque au même moment où le prince Frédéric-Eugène se fixait à Montbéliard. Il s'empressa d'aller avec madame de Wurmser faire la cour à Son Altesse sérénissime. Il reçut du prince et de Son Altesse royale sa femme l'accueil le plus bienveillant et le plus distingué. Mon grand-père, le baron de Waldner, avait rendu des services importants au duc Léopold-Eberhard, lors des discussions de celui-ci avec l'Empire pour la succession de la principauté. Le duc Léopold-Eberhard, ainsi que je le raconterai en son lieu, eut une vie pleine d'accidents romanesques et dans laquelle l'amour joua un rôle trop important. Il pria M. de Waldner de soutenir ses intérêts auprès de l'empereur et du régent de France en 1720 et 1723 ; malgré le zèle qu'il y mit, mon grand-père échoua : la cause était mauvaise ou du moins difficile à soutenir. L'accueil du duc Eugène fut d'autant plus généreux que, si mon aïeul eût réussi, le comté de Montbéliard ne fût point retourné à la branche régnante de Wurtemberg-Stuttgard. Tout ce qui regarde ce duc Léopold-Eberhard sera une des pages les plus curieuses de ces Mémoires. Je donnerai, sur cette existence étrange, des détails inconnus, parfaitement authentiques, puisque le baron de Waldner les apprit tous d'original. Ce fut une sorte de Sardanapale ou de Louis XIV au petit pied : il a laissé une réputation impérissable dans ce pays, où de semblables désordres étaient inconnus, et le seront de nouveau dans l'avenir, s'il plaît à Dieu.

Mon père avait été colonel à la suite du régiment de Wurtemberg appartenant au duc Louis-Eugène, frère du prince Frédéric-Eugène [1]. Ce régiment fut incorporé dans Royal-Allemand, ce qui fit passer mon père à celui de Bouillon. Le prince l'entretint longtemps de cette circonstance et le combla de bontés. S. A. R. madame la duchesse ne se montra pas moins gracieuse envers lui et envers ma marraine.

— Je sais que vous avez une fille charmante, monsieur de Waldner, il faut nous l'amener bien vite ; je veux que mes enfants la connaissent, dit-elle ; ils ne sauraient accueillir de meilleurs *amis*, et par toutes les raisons du monde je désire leur en faire beaucoup. D'ici à très-peu de jours, je vous attends ainsi que la comtesse Henriette.

On m'appelait ainsi, parce que j'étais d'un chapitre protestant d'Allemagne dont les chanoinesses portent ce titre [2].

On ne pouvait résister à une semblable invitation. Mon père revint enchanté, il m'annonça cette bonne fortune : c'en était une véritable pour moi. Je me trouvais très-heureuse à Schweighausen, mais mes quinze ans se faisaient entendre ; j'aspirais à voir le monde, à rencontrer surtout des compagnes de mon âge, avec lesquelles je pusse rire quelquefois et causer souvent.

[1] Il avait obtenu ce régiment de cavalerie et le grade de brigadier en 1749.

[2] Le 22 mars 1758 et par lettres d'expectance de S. A. la princesse abbesse de Herforden, Henriette-Louise de Waldner fut reçue chanoinesse de son Chapitre noble ; elle n'avait pas quatre ans alors. Elle fut confirmée par lettres de la princesse Frédérique de Prusse du 2 mai 1766. En 1767, elle obtint une prébende et en jouit du jour de la Saint-Michel. (Voyez la note à la fin de l'ouvrage.)

J'étais grande, on me trouvait l'air distingué, mon visage était bien, malgré une santé qui a toujours été délicate; d'ailleurs la plus raisonnable des jeunes filles a mille idées, mille vagues désirs qui l'emportent au delà des murailles d'un château. Le petit oiseau étend ses ailes et cherche à voler, la jeune fille cherche à voir, à apprendre. Je ne vous parle pas du bonheur des toilettes nouvelles. J'avais quitté les fourreaux, on m'avait donné des robes, et peut-être pour me rendre à la cour de Montbéliard, m'accorderait-on un habit et un panier. Jugez quelle joie !

La famille dans laquelle j'allais avoir l'honneur d'être admise se composait d'abord du duc Frédéric-Eugène de Wurtemberg, prince de Montbéliard, âgé alors de trente-sept ans ; il avait hérité de l'esprit de sa mère, princesse de la Tour et Taxis, dont toute l'Europe connut en son temps le charme et la grâce. Le caractère gai, plein de vivacité, de pétulance même de cette princesse, ses passions ardentes occupèrent la chronique des cours d'Allemagne. On lui prêta bien des faiblesses, j'ignore si elle motiva cette opinion ; ce que je sais, c'est qu'elle avait à un souverain degré le don de plaire, c'est qu'elle fut la plus charmante, la plus séduisante des femmes. On le lui a répété de toutes parts ; si elle l'a cru, c'est un secret entre Dieu et elle.

Le prince Eugène fut d'abord destiné par son père, le duc Charles-Alexandre, à l'état ecclésiastique ; il reçut même à dix-huit ans la tonsure et un canonicat à Constance ; mais il en sortit bientôt pour entrer au service de Frédéric II, de Prusse, et fit sous ses ordres la guerre de sept ans. Il se couvrit de gloire ; le héros le remarqua. La duchesse sa mère, qui ne laissait rien échapper, en profita pour négocier à Berlin le mariage de ce prince, son troisième fils, avec la princesse Frédérique-Dorothée-Sophie, fille du margrave de Brandebourg-Schwedt et de la princesse Dorothée de Prusse, sœur du roi [1]. Ainsi qu'il devait arriver, ils s'aimèrent dès qu'ils se connurent ; jamais union ne fut mieux assortie et plus heureuse. Madame la princesse de Montbéliard était une femme accomplie, dont la vertu couronnait toutes les grâces.

Lorsque j'eus l'honneur de lui être présentée, elle avait trente-trois ans, elle était mère de cinq fils et de trois filles.

L'aîné, le prince *Frédéric*-Guillaume, nommé ainsi en souvenir de son aïeul maternel, né en Poméranie [2], où le régiment de son père tenait garnison, naquit la même année que moi et avait quinze ans.

Son frère, le prince Louis, avait treize ans. Le prince Eugène [3], le troisième, en avait onze. Le quatrième était le prince Guillaume, âgé de huit ans, et le cinquième, le prince Ferdinand, n'en avait que six.

Des trois filles, l'aînée, ma chère princesse Dorothée, à dix ans à peine, était presque aussi grande que moi, qui l'étais beaucoup. Elle annonçait ce qu'elle a tenu, un naturel charmant, un cœur parfait, une beauté merveilleuse. Bien qu'elle ait la vue basse, ses yeux étaient magnifiques, et leur expression adorable semblait un reflet de son âme.

La princesse Frédérique, sa sœur, âgée de quatre

---

[1] La duchesse régnante de Wurtemberg, née princesse de Brandebourg-Baireuth et fille d'une autre sœur de Frédéric, était à la fois la belle-sœur et la cousine germaine de la princesse de Montbéliard.

[2] A Traptow, petite ville peu éloignée de Stettin.

[3] Qui s'est fait connaître dans la guerre de 1806, où il commandait l'armée de réserve, et qu'il ne faut pas confondre avec son fils du même nom, général en chef au service de Russie.

ans, épousa plus tard le coadjuteur de Lubeck et mourut en 1785, dans sa vingtième année, comme on le verra.

Enfin, la dernière de toutes, la princesse Élisabeth, avait deux ans ; elle devint grande-duchesse de Toscane en 1788 [1].

Tous ces princes étaient élevés dans la religion luthérienne, conformément à la volonté du roi de Prusse, bien que le prince de Montbéliard fût catholique et eût quitté le service de ce prince pour entrer comme général de cavalerie au cercle de Souabe.

Le jour fixé pour ma première visite, je me levai dès l'aube ; je ne tenais pas en place dans mon impatience de partir, après avoir revêtu un joli habit de gros de Tours rose, broché de petites fleurs naturelles, qu'on m'avait fait venir de Strasbourg, tout garni d'une chicorée de rubans à fil argenté. On le posa sur un demi-panier et sur une jupe de pékin blanc de l'Inde, uni et à tablier. On me mit une rose dans les cheveux, avec une petite aigrette de perles qui venait de ma mère, laquelle la tenait de la sienne. Je me tins droite comme un piquet de Schweighausen à Montbéliard, dans la crainte de gâter ma toilette : on me recommanda de ne point oublier mes révérences, de ne parler à personne sans être interrogée, de me montrer respectueuse envers les jeunes princesses et retenue avec les jeunes princes. Ce furent jusqu'à notre arrivée des répétitions de formules et d'étiquettes auxquelles nos hôtes royaux ne tenaient guère, mais

---

[1] Elle serait devenue Impératrice d'Allemagne et ensuite d'Autriche si elle n'était morte déjà en 1790, année où commence le règne de Léopold II, père de François II.

que nous ne pouvions oublier. Enfin nous aperçûmes Montbéliard ! Encore deux mots sur ce château avant de raconter mon entrée. J'aime à poser les cadres d'abord, les tableaux sont plus complets ainsi.

Le château de Montbéliard ne date que de 1751, ou du moins le grand pavillon d'habitation, le reste étant bien plus ancien. Il a remplacé un grand et fort manoir en façon de citadelle, bâti sur un rocher escarpé dominant la ville, ce qui le rendait en quelque sorte imprenable; cette forteresse fut démantelée en partie en 1677, par ordre de Louis XIV. Le château était composé de deux parties séparées par l'église de Saint-Mainbœuf, située dans la même enceinte. La plus ancienne s'appelait le *vieil châtel* ou le *châtel derrière*; l'autre, le *châtel neuf* ou le *châtel devant*, à cause de sa position relativement à l'église. Il y avait autour, assurait-on, des cèdres du Liban rapportés de la terre sainte par un comte de Montbéliard, en 1400 et tant.

Le baron de Gemmingen, gouverneur de la principauté vers le milieu du siècle, fit construire le bâtiment qu'on voit aujourd'hui. La cour est ornée de tilleuls et de marronniers qui donnent un frais ombrage. Les appartements, spacieux et élevés, sont, ou étaient à cette époque, assez simplement meublés. Les magnificences du duc Eberhard n'existaient plus. La suite de Leurs Altesses était suffisamment logée, sans luxe, mais à l'aise. Elles veillaient à ce que tout fût heureux autour d'elles; aussi les bénissait-on à l'envi. Le cœur me battit bien fort lorsque notre carrosse tourna dans la cour d'honneur, lorsque nous descendîmes auprès du perron, et qu'un chambellan de la princesse vint nous y recevoir. Mon père me glissa quelques mots d'encouragement; je me les rappelle toujours :

— Vous êtes fort bien, ma fille; n'ayez pas peur.

Nous entrâmes, nous saluâmes le duc et la duchesse. Je n'y voyais pas, j'étais extrêmement intimidée. La voix de la duchesse me rassura comme par enchantement. Elle me dit les choses les plus flatteuses et les mieux senties, elle me permit de lui baiser la main, et sur-le-champ, appelant la princesse Dorothée, elle me présenta à elle, elle-même et sans vouloir souffrir d'intermédiaire.

— Ma fille, lui dit-elle, voici une jeune dame que je vous donne pour amie. Soyez aussi sage et aussi studieuse qu'elle, et efforcez-vous de lui témoigner le plaisir que nous avons à la recevoir, afin qu'elle revienne souvent.

La jeune princesse me sauta au cou pour toute réponse, sans plus de cérémonie, ce qui embarrassa mon père et fit beaucoup rire Leurs Altesses.

— Nous ne sommes pas ici à Versailles, monsieur le baron, ajouta le prince, et votre fille peut fort bien embrasser la mienne sans que j'y trouve à redire.

A dater de ce jour, je fus aussi à mon aise dans cette royale famille que si j'y eusse vécu toute ma vie. Celle qui doit plus tard monter sur le trône des czars, celle qui doit être la maîtresse de la moitié de l'Europe, me traita comme sa sœur, comme son égale. Elle me prodigua tout ce que l'affection et la confiance ont de plus tendre, et me permit de l'aimer autant que j'étais aimée d'elle. Dès cette première visite, quand nous songeâmes à nous retirer, le prince déclara à mon père qu'on avait préparé notre appartement et que nous passerions quelques jours au château, ainsi que madame de Wurmser. Je vous assure que je ne me fis pas prier.

J'avais emmené avec moi ma femme de chambre,

mademoiselle Schneider, qui ne m'a jamais quittée depuis. Elle fut d'abord ma berceuse, puis ma bonne, puis un second moi-même dans ma maison, depuis que j'en ai une. Elle avait alors trente-cinq ans. Elle se lia d'une intimité assez singulière avec la femme de charge du château, madame Hendel. La drôle de femme que cette madame Hendel ! Quels joyeux rires elle nous causa aux jeunes princesses et à moi ! Nous ne l'appelions que madame de Pompadour, non pas qu'elle méritât une comparaison dont nous ne comprenions pas la portée, mais à cause de l'étalage de sa parure, de la pompe et de la majesté de sa démarche. Elle portait des robes de gourgouran violet avec des rubans couleur de feu ; tout cela faisait un bruit, un *frou-frou* qui s'entendait dans tous les corridors dès qu'elle sortait de sa chambre. Elle se croyait la première dame de l'Europe après la princesse. Elle ne parlait d'elle qu'en disant : *On* a fait cela, *on* a été à tel endroit ; le *je* lui paraissait vulgaire et indigne de sa place. Elle ne se doutait guère qu'elle imitât ainsi M. de Turenne, et je ne sais vraiment pas si elle en eût été flattée, car c'était pour elle un petit compagnon qu'un vicomte, fût-il Latour d'Auvergne-Bouillon, ou n'importe quoi. Lorsque la princesse Dorothée épousa le Tzarowitz, nous crûmes qu'elle en crèverait d'orgueil. Elle radotait de la puissance et des *vastes* États de sa bien-aimée maîtresse, et il fallait l'entendre prononcer ce mot *vaste* en ouvrant la bouche dans toute sa dimension verticale.

Le gouverneur des jeunes princes était le baron de Maucler, militaire distingué[1], homme d'une grande instruction et d'un esprit charmant. Toute la fa-

---

[1] Major et commandeur alors, le baron *Frédéric* de Maucler est mort à Louisbourg, près de Stuttgard, le 25 avril 1796, comme gé-

mille en raffolait ; il était traité en ami. Je fus bientôt au mieux avec cet aimable *pédagogue*, ainsi que le nommait en riant le prince de Montbéliard. Sa femme, née baronne Lefort, est de Genève et descend du compagnon du czar Pierre le Grand. Il était déjà en relation avec cette famille, et ma princesse interrogeait souvent M. de Maucler sur Pierre Ier et sur la Russie. Dans nos entretiens confidentiels elle me parlait de ce pays avec une curiosité ardente, presque prophétique. Elle devinait son avenir peut-être.

Quelques années après, lorsque M. le prince de Montbéliard envoya ses trois fils aînés à Lausanne pour terminer leurs études, M. de Maucler les y accompagna. Il eut pour eux tous les soins imaginables, et ceux-ci l'aimaient d'un attachement filial. Nous le retrouverons souvent.

Depuis cette année 1769, je devins la commensale presque habituelle du château de Montbéliard. J'y restai tout le temps des absences de mon père, et souvent même avec lui. La princesse était grosse et assez souffrante. Elle sortait peu. Je lui faisais la lecture en français et en allemand ; elle me reprenait lorsque je prononçais mal, ou lorsque je me servais dans la conversation d'une locution vicieuse. Sur les derniers mois de sa grossesse, elle demanda à mon père de me garder encore. Elle avait pour moi des

---

néral-major et chambellan du duc régnant de Wurtemberg. Il eut de la baronne Lefort, sa femme, plusieurs enfants dont l'aîné, le baron *Eugène* de Maucler, fut successivement ministre de la justice, puis président du conseil, et membre à vie de la première chambre des États du Wurtémberg, et enfin ministre d'État. Né en 1783, il mourut en 1859, laissant de sa femme Sophie, comtesse de Beroldingen, plusieurs enfants. Son fils aîné, le baron *Émile* de Maucler, né en 1809, est actuellement le chef de cette famille. Il est président du conseil aulique et grand chambellan du roi de Wurtemberg.

bontés vraiment maternelles[1] et me montrait à faire un merveilleux point de trye, dont elle brodait des fauteuils avec un art sans pareil.

1770. Le 3 mai de cette année fut une grande fête à Montbéliard : S. A. R. mit au monde un prince auquel on donna les noms de *Charles*-Frédéric-Henri. C'était son sixième fils. Toute la ville fut illuminée, et les corps des métiers vinrent à leur tour féliciter leurs maîtres. Je mangeai tant de dragées que j'en fus malade deux jours, ce dont la princesse Dorothée se moqua bien fort, attendu qu'elle en avait mangé plus que moi et que cela ne l'empêcha pas d'en manger encore une semaine durant sans en être incommodée. Madame Hendel en eut pour sa part six douzaines de boîtes qu'elle laissa se gâter plutôt que d'en *prodiguer* une seule aux gens du château.

Dès le commencement de cette année aussi, le prince exécuta un projet auquel il tenait beaucoup, celui de se construire une résidence d'été à Étupes, joli village sur la route de Bâle, à deux lieues de Montbéliard. Il s'en occupa avec tant de persévérance et de suite, qu'à la fin de novembre il était terminé. Cher château d'Étupes ! le plus doux de mes souvenirs ! combien il me paraît vide aujourd'hui sans ma chère princesse ! combien il était délicieux alors ! La richesse y rivalisait avec l'élégance ; ses jardins rappelaient la plus riante campagne [2]. Le 18 décembre 1770, le duc régnant de Wurtemberg, Charles-Eugène, y vint avec son frère ; mon père et moi, nous nous y trouvions. C'était une belle figure historique que ce prince Charles-Eu-

---

[1] « Mes adorables parents ne mettent pas de différence entre vous et nous. » (Lettre de la princesse Dorothée, du 3 mars 1776.)

[2] Le plan d'Étupes et de ses jardins est gravé dans l'ouvrage intitulé : *Plans des plus beaux jardins pittoresques d'Angleterre et de France*, par J. Ch. Kraft. Paris, Levrault, 1809.

gène. Lors de sa naissance, en 1728, on était loin de prévoir qu'il arriverait au trône de Wurtemberg ; et cependant, franchissant tous les degrés qui l'en séparaient, il se trouva en 1737, à l'âge de neuf ans, chef de la maison ducale. Placé sous la tutelle de sa mère et des ducs de Wurtemberg-Neustadt et de Wurtemberg-Oels, ses plus proches agnats, le duc mineur fut conduit à la cour du grand Frédéric. L'intelligence et la capacité qu'il montra de bonne heure firent abréger sa minorité. Lorsqu'il eut seize ans, l'empereur Charles VI lui accorda une dispense pour qu'il pût gouverner lui-même les duchés de Wurtemberg et de Montbéliard. Il s'entoura d'une cour brillante, où la princesse sa mère appela les plaisirs de toutes sortes. Le trésor de l'État se trouva bientôt la proie des favoris et des favorites : les bals, les concerts, les spectacles, les chasses splendides, employèrent tous les moments du jeune souverain, dont les débuts avaient promis tant de gloire. Il s'enivra de son pouvoir et de sa jeunesse, il s'entoura de toutes les séductions, il courtisa toutes les femmes, en adora plusieurs et en *aima* une qui, plus tard, restée son Égérie, devait le rappeler à de plus nobles sentiments. Cette cour de Stuttgard devint la plus brillante de l'Allemagne, le luxe monta d'une manière effrayante, le duc dépensa follement des millions. Il en résulta des remontrances de la part des états du duché, qui arrêtèrent un peu les dilapidations, sans les faire cesser entièrement[1]. Le prince se roidit même contre ces observations, qu'il traita d'*irrespectueuses*, et voulut continuer le même train de vie. L'amie dont j'ai parlé lui ouvrit alors les yeux sur ses égarements. Elle lui

---

[1] Les dettes, à la suite de l'information ordonnée par la cour Impériale, se trouvaient monter à 28 millions.

représenta ce qu'il était, ce qu'il aurait pu être ; elle lui démontra ce qu'il n'avait jamais voulu voir, le résultat terrible de ses extravagances, elle le menaça de l'abandonner s'il repoussait ses avertissements, et l'amena enfin par la conviction, par des réflexions sérieuses, à reconnaître ses torts et à les réparer. A l'époque où je le vis à Étupes et à Montbéliard, il avait quarante-deux ans, et c'était encore un des plus beaux princes de l'Europe. L'expérience avait mûri son esprit, il s'était réconcilié avec les états, et il ne songeait qu'à reconquérir l'affection de ses sujets, à faire prospérer l'agriculture, à développer les autres sources de la richesse publique. Marié depuis longtemps à une princesse de Brandebourg-Bareuth, fille de Frédérique-Sophie de Prusse, l'aînée des sœurs du grand Frédéric, il n'en avait point d'enfants [1], et le trône devait après lui passer à son frère puîné, le prince Louis-Eugène.

Le mariage de Charles-Eugène avait été négocié par sa mère. Sa femme et lui n'eurent jamais l'un pour l'autre que de l'amitié, tout l'amour du duc appartenait à une autre. Si quelque chose pouvait faire excuser une pareille conduite, le mérite extraordinaire de cette dame y eût réussi. Sa beauté était le moindre de ses avantages, elle aimait le prince avec un dévouement et un désintéressement sans pareils. Nous retrouverons cette comtesse de Hohenheim, car c'est ainsi qu'on la nommait, et nous la verrons plus tard légitimer son amour par un mariage [2].

Le prince Louis-Eugène, qui doit succéder à son

[1] Il en avait eu une fille qui ne vécut qu'un an.
[2] Il fut célébré le 2 octobre 1784, et elle devint duchesse régnante en 1786. Enlevée en 1770 au baron de Leutrum, son premier mari, Françoise (Franzele) de Bernardin était fille d'un baron pauvre, mais de vieille maison.

frère, est lieutenant général au service de France et chevalier des ordres du Roi. Il a fait d'une manière distinguée, avec les troupes de Louis XV, la guerre de Marie-Thérèse contre la Prusse, et habite ordinairement Paris [1]. Ce prince est gai et aimable, il a le tort de faire des calembours et des jeux de mots, ce que M. de Voltaire appelait l'esprit de ceux qui n'en ont pas. Il est aussi un peu poëte, tourne fort joliment le vers et les lit surtout d'une manière fort remarquable.

Les trois frères, ainsi qu'on l'a vu, ont le nom d'Eugène. Le duc Charles-Alexandre, leur père, professait une telle admiration pour le prince Eugène de Savoie qu'il le voulut ainsi; cependant le dernier seul est appelé Eugène [2]. Ils sont catholiques, leur père ayant embrassé cette religion sans rien changer cependant à la constitution de son duché, qui était et resta protestant. J'admire beaucoup cette retenue. La liberté de conscience ne peut être attaquée impunément. Louis XIV lui-même a obscurci sa gloire par la révocation de l'édit de Nantes. Aussi, de toutes les femmes tristement célèbres, celle que j'ai toujours eue le plus en antipathie est madame de Maintenon, malgré le

---

[1] Il a régné de 1793 à 1795. Il n'a laissé que deux filles, mariées toutes deux à des princes de Wallerstein, et un fils naturel appelé le comte de Sondheim.

[2] Le duc Frédéric-Eugène a régné à son tour sous le nom de Frédéric Ier, de 1795 à 1797 ; mais le comté de Montbéliard avait été réuni à la France le 10 octobre 1793. Il forma d'abord un district du département de la Haute-Saône dont il fut détaché le 11 ventôse an V, pour être réuni au département du Mont-Terrible ; ce dernier département ayant été supprimé en l'an VIII, le Montbéliard fut réuni au département du Haut-Rhin, et ce n'est que depuis 1816 qu'il fait partie du Doubs. Les seigneuries adjointes appartiennent aujourd'hui aux départements du Doubs, de la Haute-Saône et du Haut-Rhin. Le duc Frédéric-Eugène est le père du premier roi de Wurtemberg et le chef de la branche qui règne en ce moment.

mariage qui légitima ses fautes. Elle appela sur le vieux lion les malédictions d'une partie de son peuple, elle déchira la France par des guerres intestines, et dota l'étranger de ses richesses et de son industrie [1].

Gloire au bon et vertueux monarque qui, par édit de 87, vient d'accorder aux protestants la jouissance des droits des autres citoyens et de reconnaître pour toute la France la validité des actes qui en font des maris et des chefs de famille. Puisse leur reconnaissance envers le roi en faire aussi toujours des sujets loyaux, dévoués et fidèles !

[1] On sait maintenant le rôle de cette femme célèbre lors de la révocation de l'édit de Nantes. Elle blâma cette mesure, mais avec ménagement, parce qu'elle était sûre de ne pas réussir, et qu'elle risquait en outre de perdre son crédit sur l'esprit de Louis XIV. Sur ce point, le roi était froid, sec et amer avec elle. Plus tard, lorsqu'il fut question de revenir sur la révocation, et que Louis XIV lui demanda son avis, elle répondit qu'elle avait été opposée à la révocation de l'édit, mais que revenir sur cette décision, serait reconnaître la légitimité de la lutte que les protestants soutenaient, et abaisser la majesté royale devant des sujets. C'est madame de Maintenon elle-même, qui, dans une correspondance connue aujourd'hui, a consigné ces faits. Sans la justifier complétement, ils lui ôtent le caractère odieux qu'on lui avait prêté en cette circonstance.

CHAPITRE III

1770-1775. Marie-Antoinette à Strasbourg. — Étiquette vis-à-vis des princes étrangers. — Entrée de la dauphine. — Fêtes et présentations. — Portrait de Marie-Antoinette. — Pavillon de l'île du Rhin. — Fâcheux pronostic. — Détails et mots de la dauphine. — Fêtes à Montbéliard. — Le baron et la baronne de Borck. — La comtesse de Wartensleben. — Le jeu de *Colin-Maillard à l'ombre*. — Doléances. — La princesse Dorothée de Wurtemberg. — Son affection pour moi. — Confiance de la princesse sa mère. — Des sermons. — Origine du surnom de Lane. — Naissance d'un prince. — Les jardins d'Étupes. — M. Tronchin, de Genève. — Antiquités de Mandeure. — L'ermite. — Surprise. — Gouvernement de Montbéliard. — Spectacle à Étupes. — Le prince-abbé de Murbach. — Le vicomte de Bombelles. — Nullité d'un mariage avec une protestante. — La duchesse de Mazarin. — Discussions. — M. de Wittgenstein. — Le baron de Reinach. — Le général de Stralenheim. — Le baron d'Obenheim. — Le général de Wangen. — De l'ordre du Mérite militaire. — Les Juifs. — Ollwiller. — Le comte de Waldner, premier grand-croix. — Naissance du prince Frédéric. — Mort de Louis XV. — Poufs au sentiment. — Le margrave de Bareuth et mademoiselle Clairon. — Accident et mort du duc de Deux-Ponts. — Duel du baron de Pirch. — Le prince de Wurtemberg à Schweighausen. — Le président de Goll. — Milord Charles Howard. — Privilége des ducs de Norfolk. — Voyage des princes à Potsdam. — Mesdemoiselles de Schilling et de Grollmann. — Méprise de M. de Cerney. — Sacre de Louis XVI. — M. de Malesherbes. — Sur le duc de la Vrillière. — Mademoiselle de Schilling et le roi de Prusse. — Le conseiller Rossel. — Madame de Salomon. — M. de Daguet. — Le colombier. — Le prince de Taxis. — Mariage projeté avec le prince de Darmstadt. — Les portraits en taille-douce. — Le jour de naissance. — Taquineries. — Lettres de deux princesses.

1770. Avant de parler en détail de cette visite du duc régnant de Wurtemberg à Montbéliard, il me vient à l'idée que j'ai oublié une excursion fort intéressante que je fis cette année-là. Madame la dauphine, aujourd'hui Marie-Antoinette, passa à Strasbourg, et mon père m'y conduisit pour avoir l'honneur de la saluer. Oh ! je vivrais cent ans que je n'oublierais pas cette journée, ces fêtes, ces cris de joie poussés par un peuple ivre de bonheur à l'aspect de sa souveraine. Madame de Wurmser était avec nous, et LL. AA. de Montbéliard devaient s'y trouver également; mais, d'une part, la santé de la princesse les en empêcha, et d'une autre, les étiquettes de la cour de France sont si sévères et si hautaines à l'égard des princes étrangers, qu'ils s'en éloignent lorsqu'ils ne sont pas absolument forcés de s'y rendre. On ne leur reconnaît point de rang, ils ne peuvent voir le roi et la reine que dans leurs cabinets, et ne mangent jamais avec eux ; tout au plus si les princes les admettent à leur table, et encore ne leur donnent-ils jamais la main. Aussi tous ceux qui ont visité Versailles ont-ils gardé l'incognito et pris un nom supposé, pour ne pas être confondus avec la foule des courtisans, ainsi que cela leur serait arrivé. Au moins, avec l'incognito, ils s'en tenaient aux réceptions particulières, où on ne leur disputait pas leur rang. On a vu de la sorte, même des parents de la reine (je ne parle pas de l'empereur, il est hors de cause). Quoi qu'il en soit, la cour de Montbéliard voulut éviter des tracasseries et se fit excuser.

L'entrée de la princesse fut magnifique [1]. On habilla trois compagnies de jeunes enfants de douze à quinze ans en cent-suisses, et on les rangea sur le passage de Son Altesse royale, pendant que dix-huit bergers et autant de bergères du même âge lui offraient des corbeilles de fleurs. Rien n'était plus galant que cet accoutrement-là, et je ne suis pas bien sûre de ne pas l'avoir regretté pour moi. Vingt-quatre jeunes

[1] Le 7 mai 1770.

filles de quinze à vingt ans, des familles les plus distinguées de la bourgeoisie, habillées d'étoffes superbes et suivant les différentes modes allemandes de Strasbourg, se présentèrent pour répandre des fleurs sur les pas de la princesse, qui les accueillit comme l'aurait fait Flore elle-même. Les petits cent-suisses eurent la permission de monter la garde dans la cour de l'évêché pendant le séjour qu'y fit madame la dauphine. Cela s'était pratiqué ainsi lors du voyage du roi Louis XV, avant sa maladie, à Metz ; le programme des fêtes était le même, sauf les devises de circonstance. Des personnes qui y avaient assisté me racontèrent l'effet produit par le feu d'artifice, j'éprouvai des émotions semblables. Rien n'était beau comme ces figures mythologiques, ces chevaux, ces chars, ces dieux marins, ces armes, ces écussons enflammés, au milieu de la rivière d'Ill les réfléchissant mille fois. Cela ressemblait à la fin du monde ; on ne savait plus où l'on en était. Pendant ce temps on distribuait des vivres au peuple. J'ai vu de mes yeux un bœuf rôtir tout entier, les fontaines de vin couler et le pain se fouler aux pieds sans que les plus pauvres se donnassent la peine de le ramasser.

Le soir, la ville entière fut illuminée ; la cathédrale, depuis la croix jusqu'aux fondements, n'était qu'une flamme : chaque ornement ressortait scintillant comme une constellation d'étoiles. Les différents corps de métiers obtinrent la permission de montrer leur adresse dans des jeux relatifs à leur profession : madame la dauphine distribua les prix et les accompagna de ces charmantes paroles dont sur le trône elle n'a point oublié le secret.

J'eus l'honneur de lui être présentée, ainsi que plusieurs autres jeunes filles de qualité. Elle nous reçut avec une simplicité et une bonne grâce qui lui gagnèrent tous nos cœurs, s'informa de nos noms, nous adressa à chacune un mot aimable, et ne nous renvoya qu'après nous avoir fait distribuer de superbes bouquets envoyés par les chambres des Treize et des Quinze, du sénat et des autres autorités de la ville. J'en ai conservé la plus belle fleur séchée dans un herbier de souvenir, que j'ai donné depuis à la princesse Dorothée.

Madame la dauphine était, à cette époque, grande et bien faite, quoique un peu mince. Elle n'a que très-peu changé depuis; c'est toujours ce même visage allongé et régulier, ce nez aquilin bien que pointu du bout, ce front haut, ces yeux bleus et vifs. Sa bouche, très-petite, semblait déjà légèrement dédaigneuse. Elle avait la *lèvre autrichienne* plus prononcée qu'aucun de ceux de son illustre maison. Rien ne peut donner une idée de l'éclat de son teint, mêlé, bien à la lettre, de lis et de roses. Ses cheveux, d'un blond cendré, n'avaient alors qu'un petit œil de poudre. Son port de tête, la majesté de sa taille, l'élégance et la grâce de toute sa personne, étaient ce qu'ils sont aujourd'hui. Enfin tout en elle respirait la grandeur de sa race, la douceur et la noblesse de son âme : elle appelait les cœurs.

On avait élevé, pour recevoir l'archiduchesse, un pavillon composé de trois parties dans l'île du Rhin. Je ne sais qui imagina d'y placer de sottes tapisseries représentant Médée et Jason, avec leurs massacres et leurs querelles de ménage. La princesse en fut frappée, et sa suite autant qu'elle.

— Ah ! dit la jeune dauphine à sa femme de chambre allemande, voyez quel pronostic !

On lui retira, comme c'est d'usage, les personnes de sa maison ; elle pleura beaucoup, et les chargea d'une

CHAPITRE III.

infinité de choses pour l'impératrice, pour les archiduchesses ses sœurs et pour ses *amies* de Vienne. On l'habilla à la française des superbes atours envoyés de Paris, elle parut mille fois plus charmante. Elle fut logée au palais épiscopal, où le vieux cardinal de Rohan eut l'honneur de la recevoir. M. d'Antigny, comme chef du magistrat (préteur royal), la reçut lorsqu'elle mit le pied sur le territoire. On se crut obligé de la haranguer en allemand : elle interrompit l'orateur avec une présence d'esprit et un charme incroyables :

— Ne parlez point allemand, messieurs : à dater d'aujourd'hui je n'entends plus d'autre langue que le français.

L'accent qui accompagnait ces paroles les rendait encore plus touchantes; tout le monde les a retenues et répétées en ce temps-là. Hélas ! elles sont bien oubliées maintenant !

Madame la dauphine est fille de François-Étienne, duc de Lorraine et de Bar, mort en 1765, et de la grande Marie-Thérèse, archiduchesse d'Autriche, reine de Hongrie et de Bohème, morte depuis, le 29 octobre 1780.

M. de Durfort la demanda en mariage pour M. le dauphin le 16 avril 1770. Le 17, elle renonça solennellement à sa succession héréditaire, tant paternelle que maternelle. Le 19, l'archiduc Ferdinand l'épousa au couvent des Augustins au nom de monseigneur le dauphin (devenu roi quatre ans après, en 1774). Le 21, Marie-Antoinette partit de Vienne à neuf heures un quart du matin ; elle arriva à Strasbourg le 7 mai., S. E. le cardinal de Rohan, prince-évêque de Strasbourg, la reçut dans son palais de Saverne, où devait plus tard habiter celui qui lui a fait tant de mal : le neveu et successeur de ce vénérable prélat, le prince Louis, à qui ses folies et la misérable affaire du collier ont donné une célébrité si funeste. Quels rapprochements il y a dans la vie !

Le 14 mai, le roi vit l'archiduchesse dans la forêt de Compiègne ; le 15, elle fut mariée dans la chapelle du château. J'aurai l'occasion de parler de cette noble princesse, que j'ai eu l'honneur d'approcher souvent, et dont les bontés sont ineffaçables dans mon cœur.

Après mon voyage à Strasbourg, nous retournâmes à Montbéliard où nous passâmes tout l'été, sauf quelques excursions à Schweighausen, que j'abrégeais le plus possible. Au mois de novembre je revins à la ville, mais avec la promesse de me trouver près de Son Altesse royale le jour de sa fête de naissance, le 18 décembre. Le soir même, comme le plus charmant bouquet du monde, le duc régnant de Wurtemberg (Charles) arriva, ainsi que je l'ai dit dans le chapitre précédent ; on ne l'attendait pas. Nous avons fait mille enfantillages que la bonté de Leurs Altesses autorisait. Nous étions en train de jouer au *colin-maillard-à-l'ombre*, et, qui pis est, nous y faisions jouer toute la cour, excepté le baron et la baronne de Borck, l'un chambellan, l'autre grande-maîtresse ; les deux personnages les meilleurs, mais les plus curieux que j'aie rencontrés pendant toute ma jeunesse. C'était Philémon et Baucis, s'adorant et se le disant devant les princes comme dans leurs tête-à-tête ; s'appelant *ma mie, mon cœur*, et même, à ce que prétendait le prince Frédéric (je ne l'ai point entendu), *mon chat et ma poule*. Ce soir-là ils tenaient un trictrac avec le baron de Wurmser, grand veneur, et le baron de Schwarzer, évêque *in partibus*, grand aumônier du duc Frédéric-Eugène. Ces bonnes créatures jouaient souvent l'une contre l'autre ; et alors elles se faisaient des signes de la meilleure foi possible, ne croyant pas le moins du monde manquer à l'honnêteté. Nous les impatientions fort par nos rires et par les figures grotesques que nous composions pour les répéter en silhouettes sur le mur. Au milieu de tout ce tapage on annonça Son Altesse royale. Jugez si les costumes, les grosses têtes et les cornes disparurent ! Le duc aimait les surprises, il arrivait presque toujours sans prévenir. La comtesse de Wartensleben employait son savoir-faire à enlever une souquenille destinée à représenter le diable, et dont les cordons ne voulaient point se dénouer ; enfin nous en vînmes à bout avant que le prince eût jeté les yeux de notre côté. La comtesse de Wartensleben, née de Linas, était une femme charmante, belle, spirituelle, recherchée; madame la princesse de Montbéliard l'aimait fort et l'engageait souvent.

Le voyage du duc régnant fut le prétexte de fêtes aussi belles que le permettaient les ressources et les moyens dont on disposait dans ce pays retiré. Les drapeaux aux armes de Wurtemberg écartelées de Montbéliard flottaient partout. Ces dernières sont de gueules à deux bars adossés d'or. Les bars ou barbeaux sont mis de profil et un peu courbés en portion de cercle. Il ne faut pas les confondre avec les dauphins.

On alluma tous les lampions, toutes les torches, toutes les chandelles de la ville. Les trois corps de la magistrature lui présentèrent en grande cérémonie un cahier de doléances. Il les reçut avec beaucoup de bonté, en leur promettant d'y faire droit.

— Mon Dieu, dit-il, le soir, au prince de Montbéliard, comme je suis changé, et combien j'en suis aisé ! Dans ma jeunesse j'aurais ri au nez de vos robins, plus drôles que vos enfants l'autre jour, au colin-maillard-à-l'ombre. Aujourd'hui j'ai été plus grave qu'eux. Du reste, comme ils ont raison, je m'occuperai de leur demande.

L'audience publique dura depuis neuf heures du matin jusqu'à sept heures du soir[1]. Son Altesse écouta avec la même patience les réclamations les plus absurdes : celles-là seulement furent écartées.

Le jour de son départ le duc régnant reçut de nouveau la magistrature avec plus de bonté encore que la première fois. Il avait réfléchi, les réminiscences de sa jeunesse s'étaient envolées, son discours s'en ressentit. Il fut touchant, persuasif, paternel ; tous les yeux se mouillèrent en l'entendant. Il remonta en carrosse vers midi pour regagner Stuttgard et ses États d'outre-Rhin. La cavalerie bourgeoise l'escorta jusqu'à la frontière du comté de Montbéliard. Ils revinrent tous enchantés ; nous l'étions aussi, surtout la princesse Dorothée, à laquelle il avait laissé une fort belle bague en présent. Cette chère princesse était pour moi d'une bonté à toute épreuve. Je l'aimais avec passion ; elle inspirait ce sentiment à tous ceux qui l'approchaient, car personne ne mérita tant d'être aimée. Naturelle, spirituelle sans prétention, exempte de toute coquetterie, elle était surtout de la douceur la plus exquise. Elle m'appelait tout haut et devant tous son amie, me désirant lorsque je n'étais pas là, m'écrivant sans cesse ; elle prétendait ne pouvoir se passer de moi.

Madame la princesse sa mère me témoignait une confiance sans bornes. Elle voulait que je fusse sans

---

[1] Le bâtiment où réside la régence de Montbéliard comprend la douane, l'imprimerie et le marché au bois. (*Note de l'auteur.*)

cesse avec sa fille, et que, malgré la différence de nos âges [1], nos récréations fussent communes.

— Ma chère Lanele, disait-elle, vous êtes raisonnable et studieuse, je suis bien aise de vous donner pour exemple à ma fille ; elle vous aime tant qu'elle fera comme vous.

J'étais chanoinesse, on le sait. Les chapitres protestants avaient, sous les rapports nobiliaires, les mêmes droits et les mêmes usages que les chapitres catholiques. On m'appelait donc madame la comtesse Henriette de Waldner. Le surnom de Lane, diminutif Lanele, avait une origine que je vais raconter. On donnait, du reste, assez volontiers des surnoms à Montbéliard. Madame de Borck nous répétait bien et avec raison que ce n'était pas de bon goût, nous n'en tenions guère compte, et elle-même ne fut pas plus épargnée que les autres. On la surnomma milady Carcasso. Elle était maigre à faire peur, et nous parlait sans cesse d'un Anglais qu'elle avait connu dans sa jeunesse et qu'elle voulait toujours appeler milord *Carcasso*, malgré toutes nos réclamations. Ce n'était certainement pas son nom, ni rien qui y ressemblât. Jamais Anglais ni chrétien quelconque n'a pu s'affubler du nom de Carcasso.

Mon surnom de Lanele ou Lane venait d'un petit déguisement que nous fîmes au carnaval. On m'habilla en Catalane, et l'on eut la bonté de dire que je m'acquittais parfaitement de mon rôle. Pendant plusieurs jours le nom m'en resta, on ne m'appela que la Catalane. Le dernier des petits princes, bégayant à peine, ne pouvait prononcer ce mot très-long pour lui. Il m'avait prise en amitié et répétait sans cesse : *Lane !*

---

[1] La princesse, née en 1759, avait cinq années de moins que mademoiselle de Waldner.

Lane! La princesse Dorothée s'empara de ce diminutif, en fit Lanele, et je fus ainsi baptisée pour le reste de mes jours dans la maison de Montbéliard.

1771. Je passais, on le voit, une grande partie de ma vie à la cour de Montbéliard : elle était devenue, pour ainsi dire, une seconde famille ; j'y étais aimée et regardée comme l'enfant de la maison. Je m'y trouvais encore le 24 avril 1771, lorsque la princesse accoucha de son septième fils, auquel on donna les noms d'*Alexandre*-Frédéric-Charles [1]. Cette union était bénie de Dieu, et à chaque enfant qui naissait, malgré leur nombre, c'était une joie nouvelle. La principauté entière se mit en liesse, on dansa, on chanta partout, chez les pauvres et chez les riches. Son Altesse, pour célébrer cette heureuse délivrance, voulut inaugurer dignement son théâtre à Étupes, et ce fut une grande joie pour nous.

On nous permit d'aller avec la comtesse de Borck et plusieurs personnes graves de la cour, nous installer à Étupes jusqu'à ce que le rétablissement complet de la princesse permît de commencer ces fêtes. Nous aimions ce château et ces jardins au-dessus de tout. On y avait la même liberté, la même bonhomie que chez un particulier riche, qui veut voir sa maison heureuse et gaie. J'ai encore le plan des jardins, devenus plus beaux qu'ils ne l'étaient à cette époque ; les arbres ont poussé, les fabriques ont perdu un peu de cette blancheur qui choque la vue, à ce que dit M. Tronchin de Genève, lequel se connaît admirablement en ces matières, assure-t-on. Le dessin en est parfait. L'orangerie est citée comme une des plus belles

---

[1] Le prince Alexandre, marié à la princesse Antoinette de Saxe-Cobourg, fut père du duc Alexandre de Wurtemberg, né en 1804, marié en 1837 à la princesse Marie d'Orléans, morte en 1839.

de l'Allemagne. Une charmante idée vint à la princesse, elle ordonna une profusion de berceaux de roses, montés et contournés en temple; cette voûte parfumée est le lieu le plus délicieux du monde pour lire ou pour causer.

La laiterie, faite en maison suisse, offre comme rareté de superbes vases en *faenza*, poteries du seizième siècle, grossièrement peintes, mais fort prisées des gens de l'art au point de vue de la conception et du dessin. Ces vieilles terrines me plaisaient bien moins que les jolies porcelaines de Saxe, mais il paraît que c'est plus rare. Les grottes d'Étupes sont pleines de stalactites très-curieuses ; quand on les illumine, on les prendrait pour des diamants ; il y en a plusieurs dans des îles factices, sur la rivière, reliées ensemble par des ponts chinois.

Un des objets les plus remarquables que renferme ce parc est un arc de triomphe d'ordre corinthien, formé avec des chapiteaux et des tronçons de colonnes provenant des ruines de Mandeure, autrefois *Epamanduodurum*, village situé dans le comté de Montbéliard, au sud de cette ville [1]. On le dédia au grand Frédéric.

Les huit jours qui précédèrent le spectacle, nous plantâmes nos tentes, ainsi que le disait M. de Borck en son langage biblique, dans la cabane d'un soi-disant charbonnier, isolée au milieu des bois. L'extérieur était en tout conforme à sa destination ; mais la princesse avait fait de l'intérieur un vrai bijou. Les meubles, d'une simplicité élégante, venaient tous de Paris, et bien qu'appropriés à un usage rustique, accusaient le goût sûr qui les avait choisis. La princesse

---

[1] A deux lieues de Montbéliard.

Dorothée voulut que nous y couchassions une nuit. Ce furent alors des cris de chouette de la part de madame Hendel ; elle se voila la face de son bavolet, et prétendit qu'il y avait dans cette fantaisie une atteinte à la dignité de la maison régnante. Il fallut céder, mais elle ne s'en consola point, et pendant bien des années, lorsque sa jeune maîtresse fut devenue grande-duchesse de Russie, quand elle passait devant la chaumière, en la montrant d'un geste tragique, elle *déclamait :*

— Quand on pense que la future impératrice de toutes les *Moscovies* a couché là.

Nous allions de notre chère cabane au temple de Flore, admirer la statue, lui porter des couronnes et la couvrir de guirlandes de marguerites. Les tapis verts nous servaient de mail et de jeux de boules, au grand désespoir des jardiniers, et nous restions de longues heures près des volières, où tous les oiseaux nous connaissaient ; nous les comblions de mie de pain, de gâteaux, d'herbes fraîches. Nous apprenions à parler aux perroquets, et Dieu sait quelles folies leur répétaient les jeunes princes.

Plus tard, quand la famille fut dispersée, on éleva dans un coin ombragé et silencieux une colonne aux absents, avec leurs initiales gravées alentour sur une bande. Que de fois madame la princesse de Montbéliard et moi nous sommes restées devant ce petit monument du cœur, les yeux mouillés de larmes, parlant de celle qui ne revenait plus ! La condition des princes a cela de cruel, qu'il leur faut oublier leurs sentiments et leurs affections pour les intérêts politiques. La princesse Dorothée eût été trop heureuse si la bonté de Dieu lui avait permis de conserver sa mère auprès d'elle. Il fallut acheter le bonheur par un sacrifice : elle le fit ; mais souvent dans les pompes de Saint-Pétersbourg elle regretta ce coin du monde où elle était chérie. Elle m'a fait souvent l'honneur de me dire qu'entre la splendide destinée et la joie de vivre obscure à Étupes au milieu de ses parents, son mari qu'elle adore partageant ce tranquille séjour, elle n'eût pas hésité un instant. L'ambition était si loin d'elle !

Le lendemain de notre arrivée à Étupes, nous regardions traire les vaches dans la laiterie, un page vint dire à la princesse Dorothée qu'un solitaire nouvellement installé dans l'ermitage la priait de l'honorer d'une visite.

— Sur-le-champ ? demanda-t-elle.

— Sur-le-champ, madame, si Votre Altesse le désire.

— Il m'attend, et ma crème ?

— Si Votre Altesse pouvait la manger en route.

— Ou plutôt la porter à l'ermite. Viens, Lanele, c'est quelque tour de mes frères ; mais ils vont voir comment je m'en vengerai.

Le clocher de l'ermitage, situé sur un monticule et formant un charmant point de vue, sonnait incessamment ; le page marchait gravement devant nous, et ne répondait aux questions de la princesse que par un : — Son Altesse va voir, qui nous impatientait. Enfin nous arrivâmes en pensant trouver la bande des jeunes princes espiègles à l'ermitage ; nous reculâmes saisies d'étonnement et de respect : c'était encore une surprise du duc régnant ; il ne pouvait pas arriver comme un autre. Il venait faire un long séjour, pour s'enquérir un peu des affaires, et resta en effet jusqu'au mois d'août. Il laissa en partant une loi sur l'agriculture qui le fit bénir de la population tout entière [1].

Ce petit État ne laisse pas que d'avoir un gouvernement fort, bien ordonné, surtout depuis que S. A. R. s'en occupe. L'homme le plus important est d'abord le bailli, et après lui le chancelier. Viennent ensuite les conseillers ou membres de la régence ; leur nombre n'est pas limité ; et enfin le procureur général. Autrefois les conseillers portaient des robes moitié noires et moitié jaunes, couleurs de la maison de Wurtemberg. Tous ces rouages fonctionnent admirablement sous l'autorité directe de S. A. R. le duc régnant. Ce n'est que plus tard qu'il nomma Stathouder son frère le prince de Montbéliard. Cette échelle, commençant au peuple et finissant au maître, me semble parfaitement entendue. On ne saurait souhaiter mieux.

Me voilà bien loin de la comédie : j'y reviens. Le duc régnant fut fort aimable pour nous dans son ermitage, et voulant jouer son rôle jusqu'au bout, il nous dit notre bonne fortune.

— Vous, ma nièce, vous épouserez quelque vieil électeur, borgne et boiteux pour le moins, qui vous empêchera de voir personne, et qui composera votre cour de magots, afin d'être toujours le plus beau pour vous plaire. Vous, comtesse Henriette, vous resterez chanoinesse, ou peut-être on vous mariera au premier ministre de son électeur, brèche-dent, parcheminé, chassant le lapin en brouette pendant que vous

[1] L'ordonnance dont parle madame d'Oberkirch est du 23 août 1771, elle lève la plupart des entraves qui s'opposaient aux progrès de l'agriculture ; elle permet notamment au propriétaire de changer à volonté le système de culture de ses terres, ce qui était défendu jusqu'alors ; elle fut pour beaucoup dans le développement des prairies artificielles si avantageuses dans ce pays. (*Communiqué.*)

tricoterez à côté de lui. Voilà ce que je vous prédis et ce que je vois.

— Votre Révérence ne voit-elle que cela ? demanda en riant la princesse.

— Je vois encore une belle étoile très-brillante, c'est la vôtre, mais c'est une étoile filante ; celle de votre amie scintille au-dessous, jamais on ne trouva pareille attraction d'étoiles.

— Ah ! c'est que j'aime bien Lanele, me dit cette adorable princesse en m'embrassant.

Toute la soirée, le duc resta avec nous [1]. Il revint presque tous les jours jusqu'à celui fixé pour le spectacle. On avait fait chercher des danseuses à Vienne. La pièce choisie était le ballet de *Médée*, composé par M. Noverre, quelques années auparavant. Ce ballet avait été joué dans l'origine à Stuttgard par le fameux Vestris, devant la cour, de sorte que S. A. R. le connaissait et le prisait beaucoup. Il regretta pourtant Vestris, les danseurs de Vienne étaient loin de le valoir. Pour nous, ignorants et *paysans* d'Alsace, ce fut magnifique. Jamais spectacle ne m'a tant amusée ; j'en ai conservé un souvenir inaltérable. Les premières impressions sont si vives !

Je me rappelle encore ma toilette ; j'avais un *quesuco*, nom emprunté à l'Espagne, et comme je refusais de danser, cela fit dire à madame de Borck que je sortais de l'esprit de ma robe.

Le prince de Rathsamhausen venait à Montbéliard ; il était abbé des chapitres nobles réunis de Murbach et de Lure, et est mort en 1786 en odeur de sainteté. Il était bon et tolérant. Je me souviens que le baron de Wurmser raconta devant lui la funeste histoire

---

[1] Il était accompagné du baron de Gemmingen. (Lettre de la princesse Dorothée du 4 octobre 1775.)

de M. de Bombelles, et qu'il l'en reprit avec douceur, mais fermement. Je vais dire cette histoire, d'autant plus qu'elle est fort contestée, et qu'on pourrait encore défendre cette cause bien plus facilement qu'on ne pense. J'ai appris beaucoup de détails sur tout cela dans mes voyages à Paris, où je fréquentais cette famille de Bombelles, très-certainement calomniée en cette circonstance.

Les papiers publics assurèrent qu'un officier du régiment de Piémont, le vicomte de Bombelles, avait épousé depuis quelques années, dans le Midi, une jeune fille protestante. Le mariage fut célébré dans les deux églises, les époux vécurent assez longtemps ensemble, et un beau jour il en épousa une autre, arguant de la nullité de la première union, à cause des lois sur les protestants.

Si le fait est vrai, et je ne l'avance qu'avec la plus grande circonspection, uniquement pour montrer que je ne l'ignore pas, si le fait est vrai, il se peut que des raisons ignorées, impérieuses, expliquent cette conduite blâmable. Les circonstances peuvent être quelquefois plus fortes que nos volontés. Je n'approuve ni ne blâme, ma conscience et mes relations me défendent l'un et l'autre. On assure pourtant (je me crois obligée de tout dire pour l'impartialité des faits), on assure que le conseil de l'école militaire, où M. de Bombelles a été élevé, s'est ému de ces bruits ; on assure encore qu'il lui a adressé une lettre où il lui exprime, au nom de l'école, la douleur et l'indignation qu'elle ressent de sa conduite, si elle est vraie ; que cette conduite rejaillit sur elle, et qu'on l'invite à ne jamais se représenter. Je ne puis ajouter foi à tout cela. La famille de Bombelles, que nous connaissons, qui possède des fiefs en Alsace, est une des plus honorables, des plus respectables qu'il y ait. Il me serait trop pénible de penser qu'elle ait pu subir une pareille tache, mon cœur s'en navre, et je n'en veux plus parler. Grâce au ciel et au roi Louis XVI, de semblables choses ne sont plus possibles. Nous autres Alsaciens, nous n'avons jamais rien eu à craindre à cet égard, les traités qui ont réuni l'Alsace à la France nous ayant assuré tous nos droits. Nous n'en jouissons pas moins de la justice octroyée à nos frères des autres provinces.

1772. Il nous vint à cette époque plusieurs personnes en visite à Montbéliard, dont je ne suis pas fâchée de me rappeler les noms. Les souvenirs de la première jeunesse sont comme les fleurs conservées. On aime à respirer leur parfum lointain ; l'imagination le fait revivre sur ses couleurs flétries, qu'on a vues si belles et si fraîches !

Une des personnes qui m'a le plus frappée par sa bonne mine est le baron de Glaubitz. Il était grand et avait été beau comme le jour, assuraient ceux qui l'avaient connu autrefois. Bien qu'il eût soixante ans à peu près, il en conservait toutes les traces. Il était resté quelques jours à Belfort, où il avait été témoin de quelques discussions entre les gens de madame la duchesse de Mazarin, dame de Belfort, et ceux de monseigneur le duc de Wurtemberg. Il racontait cela fort drôlement, et entremêlait la question d'histoires sur madame de Mazarin, toutes plus curieuses et plus amusantes les unes que les autres. Elle avait fait avec le duc régnant un échange de droits et revenus seigneuriaux qu'ils possédaient respectivement dans les différents villages et territoires enclavés en Alsace dans le comté de Montbéliard. Cette convention, sanctionnée par le roi et consommée par l'échange avec M. le duc de Wurtemberg de ses droits de souveraineté sur ces mêmes places, amenait cependant des querelles entre les agents inférieurs qui, sous prétexte d'honorer leurs maîtres, leur causaient des embarras. J'ai entendu souvent Son Altesse se plaindre de ces ennuis-là.

Madame de Mazarin, née Durfort de Duras [1], est fille d'une Laporte-Mazarini, dernière héritière de cette famille et de ce titre. Elle a épousé le fils aîné du duc d'Aumont, alors duc de Villequier, et lui apporta le duché de la Meilleraye et celui de *Mazarin*, dont ils prirent le nom. La duchesse est certainement une des femmes les plus originales de ce siècle. Elle était belle, mais cette beauté ne lui a servi qu'à faire valoir celle des autres; grande, forte comme une figure de cariatide, elle semblait toujours embarrassée de sa taille et de sa tournure. Elle avait de l'esprit, une fortune immense, et dépensait l'un et l'autre pour se faire moquer d'elle. On ne s'en faisait faute.

M. de Wittgenstein, colonel d'Anhalt, avait une manière de raillerie fine et délicate qui plut beaucoup à Montbéliard. Il s'y trouvait en même temps plusieurs officiers généraux ou autres, à cause d'une petite guerre qu'on avait projetée près de Belfort : le baron de Reinach, colonel commandant le régiment d'Alsace sous M. de Wurmser; le général de Strahlenheim, d'origine suédoise, brave comme son épée; le général d'Obenheim, qui vit encore; le brave général de Wangen, qui a été colonel du régiment d'Alsace, et bien d'autres encore. Aussi le salon d'É-

---

[1] Anne-Louise de Durfort-Duras, née en 1735, mariée le 2 décembre 1757 à Louis-Marie-Guy d'Aumont, devenu duc d'Aumont à la mort de son père. Son frère portait le titre de duc de Villequier, duché héréditaire mais non Pairie.

tupes fut-il pendant quelques jours un vrai mémorial de guerre.

Il fut fort question de l'ordre du Mérite militaire, institué en 59 par Louis XV pour récompenser les services de ses sujets protestants et leur tenir lieu de la croix de Saint-Louis, qui ne pouvait être donnée qu'à des catholiques. On profita de l'occasion pour louer comme il le mérite mon oncle de Waldner, qui fut avec le prince de Nassau-Sarrebruck le premier grand-croix nommé par le roi, dans l'origine, bien qu'il ne fût alors que maréchal du camp. Louis XV ajouta à cette grande faveur par les paroles dont il l'accompagna.

— En créant cet ordre, monsieur le comte, lui dit-il, c'est à vos services que j'ai surtout pensé.

Le baron de Dieskau et le baron de Wurmser furent commandeurs dès la création de l'ordre.

Il y a maintenant quatre grands-croix :

De 1759, le comte de Waldner ;
De 1763, le baron de Wurmser ;
De 1770, le prince d'Anhalt-Coëthen ;
De 1770, le baron d'Erlach de Riggisberg.

Le rang et les honneurs sont les mêmes que pour l'ordre de Saint-Louis. Le cordon est bleu, la croix d'or émaillée de blanc ; elle porte une épée en pal avec ces mots : *Pro virtute bellica.*

Qu'on me pardonne cette digression, elle m'est venue avec la pensée de cet ordre, dont nous nous honorons à juste titre dans la religion protestante.

On avait tant parlé de mon oncle, que l'idée nous vint à mon père et à moi d'aller lui faire une visite à son château d'Ollwiller. On eut bien de la peine à nous le permettre, et la princesse Dorothée me bouda la veille de notre départ. Cependant nous partîmes tout à fait réconciliées, à la condition que je ne resterais que huit jours. Je m'en allais l'œil un peu humide, lorsqu'en passant le pont à Montbéliard j'aperçus deux figures grotesques de juifs, qui rappelèrent le sourire sur mes lèvres. Il faut si peu de chose à la jeunesse pour oublier les larmes ! Ils avaient à leurs chapeaux deux barres parallèles de craie blanche, qu'ils affichaient avec empressement. J'en demandai la raison à un de nos gens.

— Cela indique, madame la comtesse, me répondit-il, qu'ils ont payé le droit de six sous neuf deniers, imposé aux juifs pour le passage du pont.

Ces pauvres juifs, il faut toujours qu'ils payent, mais aussi comme ils savent reprendre leur argent avec usure !

Ollwiller est un château magnifique et un des plus beaux domaines de l'Alsace. Mon oncle le fit rebâtir avant ma naissance, de sorte que je n'ai jamais connu l'ancien manoir. Il est situé au midi de Soultz. M. de Waldner épousa en 1748 Louise-Françoise Heuze de Vologer (d'une famille de Normandie), veuve du marquis de Ferrière, ancien fermier général fort riche. Elle lui a apporté une belle fortune, qui lui a permis de reconstruire Ollwiller. Plus âgée que lui, elle était d'ailleurs d'un caractère aimable et bon qui la faisait généralement aimer.

Qu'on me permette encore quelques mots sur le comte de Waldner, une des illustrations de notre famille et de notre province, j'ose le dire. Frère puîné de mon père, il est doué comme ses frères d'un noble et beau visage. Né en 1712, il entra au service à l'âge de quatorze ans, et obtint en 1741 une commission pour tenir rang de capitaine au régiment des gardes suisses. Il se distingua aux sièges de Menin, d'Ypres, de Fribourg et de Tournay, et à la bataille de Lawfeld. Colonel en second en 1755, il devint deux ans après, à la mort de M. de Wittmer, colonel de ce régiment, qu'il avait commandé à la bataille de Rosbach, où par parenthèse plusieurs de ses frères furent blessés. Maréchal de camp en 1758, il obtint enfin le grade de lieutenant général par pouvoir du 25 juillet 1762 [1].

Lorsque Louis XV institua, le 10 mars 1759, l'ordre du Mérite militaire, mon oncle, on le sait, fut grand-croix par provision du même jour. Ce prince avait déjà récompensé ses services, en lui accordant, par lettres patentes de l'année 1752, le titre de comte, transmissible à mon père, s'il ne laisse pas de postérité, ce qui est probable.

Ces états de services, pour parler comme les militaires, ne paraîtront pas déplacés dans ces Mémoires, je veux l'espérer. Je ne parle guère de moi et des miens que lorsqu'il le faut absolument, pour la clarté ou la véracité du récit.

Nous fûmes admirablement reçus à Ollwiller ; Louis XV y a autrefois passé trois jours et a fait cadeau à mon oncle de quatre canons, que celui-ci avait pris sur les Prussiens. Pendant le séjour du roi, un bataillon suisse faisait le service au château, le reste était cantonné dans les villages environnants. M. de Waldner menait grand train à Ollwiller, je m'y plaisais fort, on parlait même de m'y donner un bal, lorsqu'une lettre de ma chère princesse me rappela que j'avais outre-passé le temps, me gronda beaucoup, et m'apprit que S. A. R. était heureusement accouchée d'un huitième fils. On m'appelait pour le baptême ; je quittai tous les plaisirs et j'obéis à cette invitation.

[1] Le portrait du comte de Waldner se trouve au musée historique de Versailles, attique du midi, salle des portraits.

Le charmant enfant reçut les noms de *Henri*-Frédéric-Charles.

Aujourd'hui, en 1789, il a dix-sept ans. C'est un prince remarquable sur tous les points ; on vante surtout sa loyauté, sa franchise et l'affabilité de son caractère. Le jour de son baptême, bien que ce fût au mois de juillet, je pris un rhume abominable, qui me dura six mois, pour m'être mise les pieds dans l'eau au jardin, dans une promenade que nous nous obstinâmes à faire, la princesse Dorothée et moi, bien qu'il plût à torrents. Ce rhume a marqué dans ma mémoire. Nous gardâmes la chambre, la princesse et moi, car notre sort était commun, et je ne sais pourquoi nous prîmes l'idée de songer aux événements publics et de nous occuper de l'agrandissement de la Russie par le partage de la Pologne. J'ai déjà remarqué que la princesse semblait avoir un pressentiment de sa future grandeur. Elle s'intéressait à cette grande puissance du Nord, plus qu'à aucune autre. Nous nous livrâmes à des conjectures et à des discours fort sensés au sujet de ce partage, tout en éternuant et en buvant de la tisane de réglisse.

La dissolution totale de l'ordre des Jésuites, par bulle du pape Clément XIV, fut encore un des événements les plus importants de 1773. Il occupa beaucoup les esprits à Strasbourg. Dès la réunion de cette ville à la France les membres de cet ordre étaient venus s'y établir afin d'y réveiller les idées catholiques : ils y avaient construit un très-beau collége près de la cathédrale, collége qui passa à un autre ordre religieux. Les protestants ne virent pas sans quelque plaisir la chute de ces adversaires. Je ne me permettrai point de réflexions à cet égard ; je ne suis pas compétente en tout ce qui regarde les moines et la religion catholique.

Louis XV mourut, et Louis XVI monta sur le trône le 10 mai 1774. Ce nouveau règne s'ouvrait avec les espérances les plus brillantes et les mieux justifiées. L'Alsace, qui se souvenait de Marie-Antoinette, fut particulièrement attentive à cet avenir ; cependant le baron de Wurmser fit remarquer que les princesses de la maison d'Autriche ne portaient pas bonheur à la France.

Le deuil du roi arrêta un peu une nouvelle mode assez ridicule, qui remplaçait les *quesaco* [1], celle des *poufs au sentiment*. C'était une coiffure dans laquelle on introduisait les personnes ou les choses qu'on préférait. Ainsi le portrait de sa fille, de sa mère, l'image de son serin, de son chien, etc., tout cela garni des cheveux de son père ou d'un ami de cœur. C'était incroyable d'extravagance. Nous n'en voulûmes pas moins nous y conformer, et la princesse fit l'espièglerie de porter tout un jour sur l'oreille une figure de femme tenant un trousseau de clefs, qu'elle assura être madame Hendel. Celle-ci se trouva très-ressemblante et faillit en mourir de joie et d'orgueil.

1775. Une chose dont les princes n'étaient ni contents, ni orgueilleux, au contraire, c'était la conduite du margrave de Bareith ; on en parlait dans toute l'Allemagne. Il avait amené avec lui, de Paris, mademoiselle Clairon, lui avait fait quitter le théâtre, et au grand scandale de la noblesse entière l'avait nommée gouvernante de ses enfants. S. A. R. ne pouvait s'en taire.

---

[1] Cette interrogation provençale que Marie-Antoinette avait remarquée dans le factum de Beaumarchais contre le Provençal Marin, rédacteur de la Gazette, était souvent répétée par cette princesse, alors Dauphine. Mademoiselle Bertin donna ce nom à une coiffure en plumes, dite *Panache à la Quesaco*.

— N'y a-t-il donc pas moyen d'interdire ce vieux fou ? disait-elle. Faudra-t-il voir les affaires du gouvernement et l'éducation des jeunes princes entre les mains d'une fille de théâtre qui, Dieu merci, a fait ses preuves?

— Mais, madame, elle leur apprendra à porter magnifiquement l'habit de cour, et à prononcer une harangue, répondait le prince pour la tourmenter un peu.

— Taisez-vous, monsieur, vous en devriez avoir honte, au lieu d'en rire ; car enfin, il est votre allié. Quoi ! Melpomène pour premier ministre ? Elle qui n'a su que brouiller le tripot comique ! Elle mettra le feu à la principauté, et lui n'aura que ce qu'il mérite.

Au moment même, M. de Wurmser entra, et il apporta une autre nouvelle, qui remplaça pendant quelques jours cette colère par de la douleur. Le duc des Deux-Ponts venait d'être tué à la chasse. Il courait la grosse bête, quelques jours avant, et le cerf s'étant retourné vers les chasseurs, s'élança sur lui et l'éventra. On regretta vivement ce prince, et surtout à cause du genre de sa mort. Cependant S. A. R. la princesse de Montbéliard lui gardait un peu rancune de ce qu'il avait embrassé la religion catholique : elle n'en parlait point devant le prince, mais elle nous en entretenait lorsque nous étions seules. Le duc Christian III des Deux-Ponts était de la maison de Birckenfeld ; son père, le duc de Birckenfeld, Christian II, hérita des Deux-Ponts en 1734. La succession lui fut disputée par le prince Palatin, mais il l'obtint par accommodement.

Ce fut son neveu, le duc Charles, qui lui succéda comme prince des Deux-Ponts.

CHAPITRE III.

C'était l'année des catastrophes. Il y eut un duel à Strasbourg, auquel nous prîmes beaucoup de part, connaissant fort la partie intéressée. Le baron de Pirch, d'une haute famille de Poméranie, était passé au service de France plusieurs années avant cet événement, ayant quitté celui de Prusse pour des raisons que j'ignore. C'était un homme d'un grand mérite, d'une instruction immense, et destiné à un bel avenir ; il a composé plusieurs ouvrages de tactique fort estimés. Il était alors capitaine au régiment d'Anhalt, en garnison à Strasbourg, et prétendait avoir le secret des manœuvres et de la tactique du roi de Prusse, ce qui l'avait mis en grande faveur auprès du duc d'Aiguillon, prédécesseur du maréchal du Muy. Un de ses camarades, jaloux, assure-t-on, de ses talents et de ses protections, lui chercha querelle et le blessa dangereusement. Il n'en mourut pas néanmoins, et son adversaire n'en recueillit que la honte et les reproches de tous ceux qui le connaissaient. Cette rage de duel a fait couler bien des larmes en France.

La princesse Dorothée de Wurtemberg entrait dans sa seizième année. L'aimable enfant était devenue une belle et charmante princesse ; son esprit s'était développé, son cœur était resté le même, tendre et aimant. La différence d'âge qui nous séparait devenait chaque jour moins sensible ; aux premières sympathies du cœur étaient venues se joindre celles de l'esprit. Nos conversations prenaient souvent un tour plus sérieux ; la princesse Dorothée sentait avec émotion ce qui était bien, s'enthousiasmait pour ce qui était beau ; je voyais avec un bonheur indicible s'ouvrir les pétales de ce charmant bouton de rose ; et l'affection qu'elle me permettait d'avoir pour elle, tenait de ces deux sentiments de sœur et de mère réunis quelquefois chez une sœur aînée. Ses adorables parents encourageaient nos sentiments mutuels ; dès l'année précédente Son Altesse le prince de Vurtemberg avait daigné au mois de septembre venir à Schweighausen avec sa fille. J'y étais avec mon père, avec mon oncle le commandeur qui ne nous quittait guère l'été, et avec madame Louise de Waldner de Sierentz, fille d'un cousin germain de mon père et chanoinesse de Schacken [1]. Ma cousine plut beaucoup à la princesse, et j'en fus charmée, ayant moi-même beaucoup d'amitié pour cette aimable parente. Mon père eut le bonheur de posséder ses illustres hôtes plusieurs jours ; la princesse Dorothée parut s'éloigner avec chagrin, et, quelques moments après son départ, lorsque je montai pour voir encore la chambre qu'elle avait occupée, j'y trouvai une lettre écrite à une heure avancée de la nuit et renfermant de touchants adieux.

Nous nous étions promis de nous écrire, et c'est alors que commença entre nous une correspondance suivie qu'aucune circonstance n'a jamais complétement interrompue depuis ; ce commerce de lettres embellissait les moments où j'avais le chagrin de vivre éloignée de ma noble amie.

Elle me racontait ce qu'on faisait à Montbéliard et à Etupes. Ainsi le jour des Rois, on avait soupé chez le président de Goll ; milord Howard avait été roi et avait choisi pour reine la baronne de Bulach. Je m'amusai de toutes les gaietés de ce souper, la famille de Bulach y avait oublié un moment ses chagrins, car la douairière était déjà dans le plus triste état du monde,

---

[1] L'abbesse de ce chapitre de filles nobles et luthériennes, situé dans le cercle du Rhin, doit toujours être une princesse de Waldeck.

CHAPITRE III.

et est morte bientôt après d'un cancer qui lui rongeait le côté.

Malgré le désir que m'en exprimait la princesse, je ne pus aller la rejoindre à Etupes avant le mois de juin, mon père ayant dû se rendre à Strasbourg pour aller faire sa cour à Leurs Altesses le prince de Condé et le duc de Bourbon. Ils y arrivèrent le 26 mai et descendirent à l'hôtel du gouvernement. Je trouvai à Etupes madame de Ferette, chanoinesse d'Epinal, sœur de l'abbesse de Massevaux, madame de Reitner et madame de Kempf. Milord Charles Howard y venait souvent; neveu du duc de Norfolk mort peu après sans enfants, il vivait alors ainsi que sa femme dans le voisinage de Montbéliard. Le duc de Norfolk ne siégeait pas à la chambre haute, parce que comme catholique il se refusait au serment exigé. Cette maison jouissait d'un privilége particulier qu'elle a encore exercé à la fin du siècle dernier; c'était de fournir le gant de la main droite du Roi et de soutenir son bras droit tenant le sceptre, à la cérémonie du couronnement. Milord Charles était un homme distingué et de bonne conversation.

A cette époque j'appris aussi à mieux connaître et à aimer cette bonne madame de Borck à qui sa vive tendresse pour son mari laissait encore au fond du cœur une grande place pour ceux qu'elle distinguait.

Au bout de deux mois je revins à Schweighausen, car madame la princesse de Wurtemberg partait pour Potsdam avec son second fils, le prince Louis, et madame la landgrave de Hesse-Cassel, sa sœur. Ils allaient rendre hommage au grand Frédéric, leur oncle, et revoir aussi le prince Fritz [1], frère aîné de ma chère prin-

[1] Le prince Frédéric-Guillaume, on l'appelait habituellement Fritz dans sa famille, c'est le diminutif de Frédéric.

cesse, qui était entré au service de Prusse. Le roi avait eu la grâce de demander à ce bon jeune prince s'il ne voulait pas aller à la rencontre de sa mère jusqu'à Brandebourg, et celui-ci ne se l'était pas fait dire deux fois. Ce fut une charmante surprise pour madame la princesse de Wurtemberg. Arrivés à Sans-Souci, le roi les reçut très-gracieusement ; Sa Majesté avait poussé la bonté pour ses nièces, jusqu'à vouloir aller à leur rencontre, mais il avait manqué le chemin et ce n'est qu'à Sans-Souci qu'il les retrouva. Il les traita avec toute la tendresse imaginable, et trouva le prince Louis fort à son gré, ce qui causa à son frère aîné une joie inexprimable et un contentement qu'il ne pouvait assez manifester. Le prince Frédéric a un excellent cœur et beaucoup d'esprit. Fort bien de figure, il avait dès cette époque des dispositions à trop engraisser, ce qui désole sa mère.

Madame la princesse de Wurtemberg était suivie de ses deux dames, mademoiselle de Grollmann et mademoiselle de Schilling (ma chère Tille) qui depuis a épousé le baron de Benckendorf. J'avais déjà beaucoup d'amitié pour cette charmante femme que nous retrouverons plus tard, et pour laquelle on désirait alors un mariage qui n'a pas réussi. Le bon M. Bertaud, médecin de la princesse, était également du voyage ; j'ai vu une lettre que le petit docteur écrivait à son père. Il y parle avec enthousiasme des merveilles de Sans-Souci ; cependant il avait vu Paris et Versailles.

Mademoiselle de Grollmann est une personne du caractère le plus gai et le plus enjoué, et la princesse Dorothée l'appelle quelquefois mademoiselle de Freudmann[1] à cause de cela ; elle croit aux rêves, à la

---

[1] *Freude* veut dire joie.

sympathie, et son bonheur est de prédire l'avenir. Elle ne réussit pas toujours.

La lettre qui m'apprenait ces nouvelles, m'annonçait que la foudre était tombée sur le toit du château de Montbéliard, ce qui heureusement n'a pas mis le feu; car il se trouvait qu'on travaillait à un moulin, et le canal qui passe au-dessous étant tout a fait desséché, on était absolument sans moyen d'éteindre l'incendie. Dieu a préservé ces chers princes, et on ne peut songer sans frémir que si le feu avait pris, tout aurait brûlé.

La princesse me parlait aussi de M. de Cerney qui a la vue basse, ce qui lui fait commettre souvent les méprises les plus comiques. Elle m'en citait un nouvel exemple qui me concernait. Je monte souvent à cheval et assez bien ; mais mon costume est simple et sévère, ce qui est plus nécessaire dans ce pays-ci qu'ailleurs, attendu que les femmes n'y prennent guère ce genre d'exercice. M. de Cerney étant allé à Montbéliard avec sa femme prétendit m'avoir rencontrée vêtue en amazone avec habit écarlate, chapeau galonné d'or, etc. On rit bien de sa bévue ; il avait tout bonnement pris mon frère pour moi.

Le sacre de Louis XVI était le sujet de toutes les conversations. On m'envoya à la fin de ce mois de juillet un détail imprimé de cette cérémonie ; il m'intéressa. Le roi parti le 5 juin est arrivé à Reims le 9 ; les premières vêpres ont eu lieu le 10 ; le sacre le 11, le 12 il fut reçu grand maître de l'ordre du Saint-Esprit ; le 14 eut lieu la cavalcade à l'abbaye de Saint-Remi, et le roi est revenu le 16 à Compiègne. Il était le 19 à Versailles. On a abattu à Reims une porte trop étroite pour l'entrée de Sa Majesté.

Mais ce qui ne préoccupa pas moins l'opinion publique fut l'avénement de M. de Malesherbes au ministère en remplacement du duc de la Vrillière qui après cinquante-cinq ans de ministère, se retirait avec une pension de 6,000 livres. « Toute la France applaudit à ce nouveau choix (m'écrivait la princesse Dorothée), ainsi vous, mon cœur, qui devez être et qui êtes si zélée Française, vous devez être pénétrée de la plus vive et de la plus sincère joie. »

On a fait sur le duc de la Vrillière (Phelippeaux, comte de Saint-Florentin) cette épigramme en forme d'épitaphe :

> Ci-gît un petit homme à l'air assez commun,
> Ayant porté trois noms sans en laisser aucun.

Nous avions des nouvelles de Berlin et des augustes voyageurs ; le prince Fritz a donné un café à toute la famille royale, le roi excepté.

Ma chère Tilline[1] qui est fort timide a eu une singulière aventure qui l'a fort troublée. Le roi étant venu frapper à la porte de madame la princesse de Wurtemberg, mademoiselle de Schilling entr'ouvrit la porte pour voir qui était là ; le roi l'ouvrait au même moment, et ils se heurtèrent violemment le front. Mademoiselle de Schilling, s'effrayant, ferme la porte au nez du roi, et jette un grand cri qui effraye à son tour la princesse ; enfin le roi entre en riant, et s'amuse beaucoup de ce petit accident.

Frédéric le Grand venait annoncer à sa nièce qu'il nommait son fils, le prince Louis, lieutenant-colonel dans l'infanterie, ce qui lui a fait un sensible plaisir. La princesse Philippine[2] lui a donné un cheval blanc qui

---

[1] Diminutif de Tilla ou Tille, nom de baptême de mademoiselle de Schilling.
[2] Madame la landgrave de Hesse-Cassel, sœur de madame la princesse de Wurtemberg.

a fait l'admiration de tout Berlin, la princesse Ferdinand[1] deux jolis chevaux de carrosse, et le prince Henri de Prusse tout un équipage de cheval. La princesse Amélie, sœur du roi et abbesse de Quedlimbourg, leur fit aussi de nombreux cadeaux. Les deux princes Frédéric et Louis de Wurtemberg devaient accompagner le roi de Prusse en Silésie.

A la fin d'août, mon bon père profita d'un petit voyage à Porentruy pour me conduire à Étupes. Il ne pouvait résister plus longtemps aux désirs de ma chère princesse et à la demande de celui qui daignait se dire *mon second père*. Comment n'eût-il pas été profondément touché de toutes les bontés du prince et de la princesse de Wurtemberg, de celle de leur fille et de l'amitié que me témoignaient ces jeunes princes qui se disaient en plaisantant mes beaux-frères, leur petit frère Charles étant mon petit mari.

Nous fûmes reçus comme je n'ose pas le dire. Pendant mon séjour je m'occupai beaucoup de peinture; la princesse Dorothée et mademoiselle de Schilling, lorsqu'elle était encore là, dessinaient sous la direction de M. Warner, très-bon maître qui venait de Montbéliard. A cette époque je fis le portrait de la princesse Dorothée qui, le trouvant ressemblant, l'envoya à Berlin au prince Fritz son frère. Celui-ci en fut satisfait et m'écrivit une lettre de remercîments; je me trouvais ainsi en correspondance avec toute la famille. Le général duc de Wurtemberg (Louis-Eugène), qui aime beaucoup la peinture, encourageait mes essais, et voulut placer dans sa chambre un portrait de vieille femme que j'avais peint à Strasbourg.

[1] Anne-Élisabeth-Louise de Brandebourg-Schwedt, autre sœur de madame la princesse de Wurtemberg, et femme du prince Ferdinand de Prusse, frère du roi.

Notre temps était bien rempli, ma charmante amie se levait à six heures du matin ; les premières heures, elle les employait à la lecture et au clavecin ; nous exécutions quelquefois des quatuors de Schenkel. L'*Histoire universelle* de l'abbé Millot, Gresset, les *Caractères* de la Bruyère, nous les lisions ensemble ; puis venaient les promenades où le prince Eugène nous accompagnait ordinairement ainsi que M. le major de Maucler, son gouverneur, dont la conversation d'une morale douce et instructive avait un charme tout particulier. Le jeune prince, d'un cœur si bon, d'une âme si élevée, âgé alors de dix-sept ans, m'avait voué une amitié qui ne s'est jamais démentie. Le dimanche nous allions entendre le service divin à l'église Saint-Martin qui est la principale de la ville, et la seule de la confession d'Augsbourg, avec celle de Saint-George, où il se fasse en français. Il venait souvent des visites, et c'est à cette époque que je vis pour la première fois M. Rossel, conseiller de Montbéliard dont j'aurai occasion de reparler. Il nous apparut vêtu le plus singulièrement du monde d'un habit céladon vieux comme les rues, d'une veste verte ornée de galons en argent et de culottes noires, le tout faisant un effet très-grotesque. Il parle par sentences, a la prétention d'être *puriste*, et relève les fautes de langage sans aucune pitié. Son index qu'il garde habituellement devant sa bouche, même lorsqu'il prend la parole, lui donne un air tout à fait solennel et important. Grand admirateur de l'embonpoint chez le beau sexe, il était en extase devant madame de Salomon, femme d'un magistrat au conseil souverain d'Alsace ; tribunal suprême institué par Louis XIV après la reddition de l'Alsace à la France. Madame de Salomon, quoique jeune, était si prodigieusement grasse ; que cela déparait les plus jolis traits du monde. M. de Salomon était fort maigre, ce qui faisait un curieux contraste; assez prétentieux d'ailleurs et fade à mourir, il endormait habituellement son auditoire.

Il n'en était pas de même de M. de Daguet d'Hieure, commandant pour le roi le fort de Blamont dans la seigneurie de ce nom située à deux lieues de Montbéliard et dépendant de la principauté. C'était un homme d'esprit, et sa charmante fille, un peu maniérée peut-être, était remarquable par la plus jolie taille possible.

Nous revînmes à Schweighausen à la fin de septembre rejoindre ma cousine madame Louise qui y était restée avec mon oncle le commandeur qu'un mal d'yeux avait retenu. Le prince de Wurtemberg partait lui-même pour Stuttgard; il passa par Schweighausen où il s'arrêta deux jours. Nous y avions milord Howard qui depuis longtemps nous avait promis sa visite, et le général de Lort ainsi que madame sa femme, personnes distinguées par leur esprit, et dont j'aurai occasion de reparler. Milord s'amusa beaucoup de la sortie bruyante des quatre cents pigeons que renfermait le colombier de Schweighausen; c'était comme un nuage au-dessus de la cour du château qui s'en trouvait obscurcie.

Le général duc de Wurtemberg accompagnait son frère; ils allaient rejoindre la princesse de Taxis, leur sœur,[1] et le prince de Taxis pour se rendre avec eux à Kirchheim, belle ville à neuf lieues au sud-est de Stuttgard, où le duc régnant possède un beau château près de la Laut. La jeune et charmante princesse de Taxis qui épousa la même année le prince Jérôme Radziwil était avec eux.

[1] La princesse Auguste-Élizabeth-Marie de Wurtemberg sœur du duc, avait épousé le prince Charles-Anselme de la Tour et Taxis.

Madame la princesse de Wurtemberg avait quitté Brunswick pour aller à Cassel, et comme elle n'aimait pas Kirchheim, elle devait se trouver à Darmstadt pour y avoir une entrevue avec son mari. J'ai su peu de temps après que c'était au sujet d'un mariage projeté pour la princesse Dorothée avec le jeune prince de Darmstadt. On verra plus loin comment ce mariage décidé alors ne put pas se conclure.

Le prince de Wurtemberg arriva à Darmstadt avec un bel attelage de huit chevaux que lui avait donné le prince de Taxis; le lendemain arrivèrent madame la princesse de Montbéliard ainsi que madame la landgrave sa sœur. Elles avaient eu à Brunswick force fêtes, bals et parties de campagne. Mademoiselle de Grollmann dont j'ai dit la manie n'avait pas perdu cette occasion de prophétiser toute la cour de Brunswick.

Je recevais en même temps et comme de coutume de tendres lettres de ma princesse. Elle me racontait un trait des plus singuliers qu'elle avait trouvé dans la gazette. Fréron, l'ennemi mortel de Voltaire, avait fait imprimer la *Henriade* avec des commentaires de la Beaumelle (autre terrible adversaire, comme chacun sait, du philosophe de Ferney), et qui plus est, il y avait fait mettre la taille-douce de Voltaire [1] avec celle de la Beaumelle d'un côté et la sienne propre de l'autre. Ceci a tant irrité le grand philosophe qu'il a voulu, a-t-on dit, intenter un procès à Fréron et qu'il en aurait intenté un également à la Beaumelle si celui-ci n'avait pas eu la précaution de mourir deux ans auparavant.

Le prince et la princesse de Wurtemberg, après être allés ensemble à Kirchheim où ils passèrent quinze

---

[1] Le portrait de Voltaire.

jours, rentrèrent à Étupes le 19 octobre. Quelques jours auparavant j'y avais envoyé un panier de raisins, de pêches et de fraises, fruits que Schweighausen produit en abondance et qui par parenthèse sont détestables à Étupes. Ce cadeau ne déplut pas à M. de Borck, car le chambellan, ou plutôt le *chambranle,* comme l'appelait le petit prince Henri, était grand mangeur de fruits.

Je renouvelai cet envoi le jour de la fête de naissance de mon amie en y joignant un cadeau de musique nouvelle, choisie avec soin. Elle voulut bien me dire qu'il lui faisait plaisir, quoiqu'elle eût reçu de ses augustes parents de superbes présents. « Ma chère maman (m'écrivait-elle) a eu la grâce de me donner une robe de gros de Tours riche ; le fond est blanc, les fleurs sont peintes et brodées avec des paillettes, » puis une charmante toilette, une tasse de la fabrique de Berlin avec son chiffre (qu'elle m'a donnée depuis), un chapeau, des rubans, enfin mille et mille choses. » « Vous ne sauriez croire, ma charmante amie (m'écrivait-elle encore), combien je suis heureuse de me revoir aux pieds de mes chers parents, vous savez combien j'ai gémi et soupiré d'en être éloignée ; ainsi jugez de ma satisfaction d'être à même de leur faire ma cour journellement. Lorsque je pense au jour de leur arrivée, je reste stupéfaite. C'était le 19, comme vous le savez bien. Nous étions à table, nous parlions de nos adorables parents ; la porte s'ouvre, le cher papa entre et dit *Guten Abend, Kinderschen.* Jeter un cri, sauter de la chaise et voler dans les bras de ces chers parents, fut l'effet d'un instant. Ah! ma chère amie, ce sont de ces moments délicieux qu'on ne peut que sentir et qui ne peuvent se dépeindre. »

Le mois de novembre nous fit aller à Strasbourg, et fit quitter à la famille de Wurtemberg, Etupes pour le château de Montbéliard. Ma noble amie y trouva mon portrait que je n'avais pas osé lui donner et que mon frère m'avait volé pour le lui envoyer. Ce fut de la part du prince son père le sujet d'aimables taquineries.

« Il trouve le portrait charmant et a eu grande envie de me l'ôter, mais à force de prières, j'espère qu'il me laissera l'image chérie de Lanerle. »

Et plus tard :

« Il a fait un grand salut à votre portrait, et m'a dit de vous le dire ; mais pensez, mon ange, que je suis menacée de le perdre. Le cher papa me dit que Monsieur votre frère le lui a envoyé à lui autant qu'à moi, qu'ainsi il n'y voulait pas renoncer ; qu'il l'aurait deux jours et moi un : c'est aujourd'hui qu'il doit enlever ma charmante chanoinesse, et je crains bien que toute mon éloquence ne serve de rien. » Ce portrait, disait-elle, avait tout à fait *mon grand air de gravité;* mademoiselle de Schilling voulait entreprendre la guérison de cette maladie, et je devais m'attendre à être tourmentée par mon médecin.

Il se faisait un mariage ; M. de Bulach épousait mademoiselle de Goll, seconde fille du président de ce nom, qui lui donnait quarante mille francs et faisait son trousseau ; on trouvait cela fort généreux. Une montre, une robe, une paire de bracelets de quinze cents francs et une paire de boucles d'oreilles de trois mille, étaient les présents que M. de Bulach faisait à sa promise. J'eus tous ces détails et beaucoup d'autres par M. de Giesberg qui venait de Montbéliard et avait laissé la princesse Dorothée malade de la grippe.

Pour terminer cette année 1775, ma tendre amie

m'écrivit le 31 décembre *quatre* lettres : une en français, la seconde en allemand, la troisième en italien et une quatrième en latin. Mais voici celle que je reçus le 16 novembre :

Montbéliard, ce 15 novembre 1775.

« Ma chère, charmante et bien aimable amie, mille grâces de votre charmante lettre ; elle a réveillé en moi toute la douleur que j'ai éprouvée en me séparant de vous, ma chère amie. Je me suis acquittée avec exactitude de la commission que vous me donniez et mes adorables parents me chargent tous les deux de vous dire bien de belles choses en leur nom ; vous en êtes véritablement bien chérie et aimée, et autant qu'ils ont la grâce de faire vis-à-vis de tous leurs enfants. Ainsi jugez si vous ne l'êtes pas beaucoup ! Nous sommes rentrés en ville hier après dîner, ce qui ne laisse pas que de donner beaucoup de remue-ménage ; tout le monde range, et moi je suis occupée à vous écrire ce qui est une occupation bien agréable pour moi. Je compte me la procurer aussi souvent qu'il sera en mon pouvoir, faites-en de même, chère Lanèle, donnez souvent de vos nouvelles à vos amis et soyez persuadée que vous en avez bon nombre ici. J'ai embrassé ce matin votre charmant portrait et aurais bien souhaité que vous en eussiez eu une petite sensation. Madame de Borck, mes chères sœurs et les dames vous embrassent bien des fois, et moi, chère amie, je vous prie d'être persuadée que personne ne vous aime autant que votre à jamais tendre et fidèle amie

« Et très-humble servante

« Dorothée de W. »

Sur la même feuille madame la duchesse m'écrivait :

« Mon cher enfant, je vous embrasse bien tendrement pour tout ce que vous me dites d'affectueux dans votre jolie lettre. Si monsieur votre digne père avait pu sentir la douleur que j'ai éprouvée en vous voyant partir, j'ose me flatter qu'il en aurait différé le moment. Vous me manquez partout ; je vous cherche, et ne vous trouve que dans mon cœur qui est tout à vous.

Votre fidèle mère et amie,

DOROTHÉE, princesse DE WURTEMBERG, née princesse DE PRUSSE. »

« P.-S. Mille amitiés au cher et bon père que j'aime bien. »

J'abrége ces années de ma jeunesse pour arriver à la partie intéressante de ma vie, à celle où j'ai connu tant de personnages illustres et éminents. Cependant notre petite cour de Montbéliard offrait encore plus d'agréments et d'intérêt qu'on n'aurait pu le croire. J'ai du plaisir à la raconter, mais voilà le temps qui vient où j'aurai autre chose à dire.

CHAPITRE IV

Le duc d'Aiguillon, le maréchal de Contades, le baron de Lort, M. de Marzy. — MM. de Berckheim. — Lettre de la princesse de Wurtemberg. — L'acte oratoire. — L'orage. — Lettres du prince de Dessau. — Visite au prince de Heydersheim. — Son luxe. — Le chapitre d'Ottmarsheim. — Madame de Flaschslanden. — Couleurs à la mode. — Sacre de l'évêque de Bâle. — Charge héréditaire des Rothberg. — La maison de Wangen. — M. Goethe ; il m'écrit. — Mon mariage. — Le baron d'Oberkirch. — MM. de Wurmser. — Bonté des princes de Wurtemberg. — La princesse Dorothée se marie. — Négociations du prince Henri de Prusse. — Ses rapports avec Catherine II. — Le grand-duc Paul Petrowitz part pour Berlin. — Départ de la princesse. — Déchirants adieux. — Elle m'écrit du jour de l'entrevue. — Elle est rebaptisée sous le nom de Marie-Feodorowna. — Fiançailles. — Nouvelle lettre de la grande-duchesse. — Elle part pour Saint-Pétersbourg. — Elle m'écrit de cette ville le 27 décembre. — Charmante lettre. — Retour de ses parents à Montbéliard. — Touchants épisodes. — Lettre de M. Wieland.

1776. Mon père vint à Strasbourg en cette année. Nous nous plaisions beaucoup dans cette ville, la société y était charmante et nombreuse, de fort bonne compagnie. Je commençais à aimer les réunions et les fêtes : c'était de mon âge. Cependant j'aimais ce plaisir avec la modération et la mesure que m'avaient données mon éducation et les habitudes de ma famille. Nous autres protestants on nous accuse de rigidité, parce que nous tenons surtout et essentiellement à la réserve dans la conduite des femmes. C'est que nous sommes convaincus que le bonheur de la vie est dans l'intérieur, dans la précise conservation des lois de l'honneur et de la sainteté du mariage. Nous sommes moins aimables peut-être, mais nous sommes plus sûrs.

Le duc d'Aiguillon, gouverneur de la province d'Alsace, ne résidait pas à Strasbourg, mais le maréchal de Contades, commandant en chef, y venait quelquefois. Nous voyions souvent le baron de Lort, lieutenant du roi à Strasbourg, commandeur de Saint-Louis et de Saint-Lazare, ainsi que M. de Marzy, brigadier, commandant l'école d'artillerie. Le premier avait une fort bonne maison dont il faisait très-bien les honneurs. Le second recevait surtout des militaires, et on rencontrait chez lui tous les officiers de la garnison.

Dans notre famille nous avions beaucoup de monde à voir, et particulièrement mes deux oncles de Berckheim et M. de Berckheim de Schoppenwyr, cousin germain de ma mère, dont la femme est une Glaubitz.

Le mois de février était magnifique, j'en profitais pour monter à cheval avec mon père. Au moment de partir pour Rastadt et Carlsruhe où mon père et moi allions faire un petit voyage, je reçus de ma bien-aimée Dorothée une lettre à laquelle la princesse sa mère avait eu la grâce d'ajouter quelques lignes. Les voici :

« Je vous embrasse mille fois, chère petite amazone ; je vous vois, montée sur le coursier le plus intrépide, cabrioler avec les grâces que le ciel vous a prodiguées si grandement. Je vois encore d'autres merveilles, par ma lunette, que je ne pourrais rendre que poétiquement, mais comme Pégase me refuse sa monture, je ne puis que soupirer amèrement de ce contre-temps. J'en reste donc aux douces expressions d'un cœur rempli de tendresse pour son aimable enfant. Je vous fais mes plus sincères remercîments pour toutes les commissions animales et végétales ; le tout a réussi à souhait ; je vous prie, mon aimable petit cœur, de m'envoyer de plus belle des pieds de quarantain et de bâton-d'or, avec de la semence d'autres espèces de fleurs et une douzaine de très-beaux pieds de roses. Mille baisers en idée pour mon ange *Lanelchen* de sa vieille radoteuse mère. »

Son Altesse royale m'avait demandé de lui envoyer des faisans, poulets et canards pour l'économie d'Étupes, puis des arbres nains, des pots de fleurs de faïence bleus et blancs, voire même des gants de peau chien danois qui étaient fort à la mode cette année. Je fus chargée également d'envoyer des arbres nains à Berlin à Son Altesse royale madame la princesse Amélie de Prusse, sœur du roi. On me savait gré de la moindre peine, du moindre petit service.

Je savais jour par jour ce qui se passait à Montbéliard, je recevais de la princesse Dorothée trois ou quatre lettres par semaine, elles avaient souvent huit pages. L'hiver s'était passé assez gaiement ; milord Charles avait donné un bal qui avait duré depuis sept heures du soir jusqu'à huit heures du matin. Il y en avait eu un aussi au château de Montbéliard le 11 février, jour de la naissance du duc régnant. A cette fête les écoliers du gymnase de la ville avaient fait un *acte oratoire*. Ils discutèrent en public sur des sujets donnés ; cette cérémonie se faisait tous les ans à pareille époque. Cette année ils avaient eu pour thème *l'amour de la patrie*.

Il y eut à la fin de février et à la suite d'un orage violent une inondation à Montbéliard ; ce fut une occasion pour ces nobles princes de montrer leur bon cœur. Les orages sont fréquents dans notre pays de montagnes, et je leur dois un de mes plus chers souvenirs. Réveillée un jour par la pluie qui pénétrait dans sa chambre, ma chère princesse vint se réfugier dans la mienne. On comprend que nous ne dormîmes pas et que la nuit se passa en causeries. Depuis sa haute élévation madame la grande-duchesse m'a plusieurs fois rappelé dans ses lettres cette circonstance si douce à mon cœur et dont elle daigne conserver le souvenir [1].

Le beau temps permettait déjà aux princes d'aller passer la journée à Étupes qui s'embellissait chaque jour, grâces aux plantations auxquelles chacun prenait part. Après avoir *mérité* leur souper à la sueur de leur visage, ils rentraient à Montbéliard, et le soir M. de Maucler lisait à la famille réunie de vieilles lettres de leurs arrières-grands-parents, ce qui avait un attrait tout particulier. Ma chère princesse disait qu'elle eût cédé volontiers bals, jeux et toutes sortes de plaisirs pour la lecture de ces lettres. Les plus intéressantes étaient écrites par le feu prince Jean-George de Dessau à madame sa fille, la margrave Philippe, grand'mère de Son Altesse royale madame la princesse de Wurtemberg. Le prince de Dessau aimait sa fille à la folie, et lui écrivait souvent pendant les séjours qu'il était obligé de faire à Berlin. Cette jeune princesse pouvait avoir de sept à huit ans, et on ne peut s'imaginer la tendresse et la bonté avec laquelle il lui parle. Enfin il avait la grâce de se mettre à sa portée en ne lui écrivant que des choses propres à amuser un enfant de son âge. M. le major de Maucler lisait à merveille et doublait par là le prix de ces lectures du soir ; j'en ai souvent joui plus tard, et lui suis restée très-attachée.

Mon père était fort occupé alors comme président du directoire de la noblesse immédiate de l'Ortenau [2]. Cependant il trouva le temps d'aller voir à Heyders-

---

[1] Lettre du $\frac{13}{24}$ janvier 1789.

[2] Partie de la Souabe qui dépendait de la maison d'Autriche, et contenait la partie du diocèse de Strasbourg située de l'autre côté du Rhin ; les Waldner y possédaient plusieurs seigneuries *im-*

heim, dans le Brisgau, le grand prieur de Malte [1]. Cette ville appartenait à l'ordre de Saint-Jean de Jérusalem. Elle lui avait été donnée par le margrave de Bade-Hochberg, en 1296. Le grand prieur porte le titre de prince de Heydersheim et siége à la Diète, comme prince ecclésiastique, immédiatement après l'abbé de Murbach. Il a la prétention d'être souverain des sujets du grand prieuré, mais la maison d'Autriche le lui conteste. Le plus clair est que si le grand prieur fournit son contingent à l'Empire, et que s'il envoie à Malte une partie des revenus de ses commanderies, il en conserve la meilleure part. Il était très-riche, dépensait beaucoup d'argent, et son luxe étincelait sur toute l'Allemagne. Il est mort l'année suivante, et c'est le comte de Reinach de Foussemagne qui a été élu à sa place [2].

Pendant l'absence de mon père, je fis aussi une charmante visite qu'il m'avait permise. J'allai passer mon *veuvage* près d'Altkirch, au chapitre noble d'Ottmarsheim [3].

Madame de Flaxlanden, abbesse depuis 1757, était une des bonnes amies de ma mère, et chaque année elle demandait à me voir. Je trouvai là de charmantes jeunes personnes parmi les chanoinesses, qui portent

médiates (voyez sur la noblesse d'Allemagne la note à la fin de l'ouvrage).

[1] Le baron Jean-Baptiste de Schauenbourg, né en 1701.

[2] La langue d'Allemagne dans l'ordre de Malte était partagée en deux grands prieurés ; celui de la Haute-Allemagne contenait, outre quarante commanderies, le bailliage capitulaire de Brandebourg qui n'est plus que titulaire pour les chevaliers dont les sept commanderies sont possédées par des commandeurs protestants qui peuvent se marier. Les dernières forment l'ordre de Saint-Jean qui conserve des relations de dépendance avec le grand maître de l'ordre et avec le grand prieur.

[3] Elsa de Waldner fut abbesse d'Ottmarsheim de 1518 à 1540.

toutes le titre de baronnes. On me fit de grandes coquetteries pour me retenir plus longtemps. Ces huit jour se passèrent à nous promener, à visiter les traces des voies romaines, à rire beaucoup, à danser même, car il venait beaucoup de monde à l'abbaye, et surtout à parler chiffons. On me questionnait fort sur mes toilettes. On portait alors des plumes sur la tête en manière d'édifice; cela ne seyait qu'aux grandes femmes; les petites avaient ainsi le menton à moitié chemin des pieds. Les couleurs à la mode étaient d'abord celle que l'on nommait *cheveux de la reine*, c'est-à-dire gris cendré, puis un violet brunâtre porté par Sa Majesté, et que le roi avait dit ressembler à une puce. Le nom lui en resta. On variait entre *cuisses de puce, ventre de puce, dos de puce*. Tout cela est bien français. Madame l'abbesse, bonne et spirituelle, bien qu'elle ne fût plus jeune, plaisantait avec nous de ces choses *sérieuses*.

Mon père était de retour avant moi. Il me reçut à merveille, et comme nous nous racontions mutuellement nos huit jours de séparation, on nous annonça monseigneur l'évêque de Bâle, le baron de Wangen de Geroldseck, qui venait en personne nous inviter à son sacre. Il devait avoir lieu le 1er de ce mois de mars. C'est un fort grand seigneur que l'évêque de Bâle, et il est à remarquer combien il existe en Alsace de hautes dignités ecclésiastiques, en dépit des différences de religion qui partagent le pays. L'évêque de Bâle est souverain pour le temporel comme pour le spirituel de toutes les terres de cet évêché, qui forment une principauté assez étendue. La ville de Bâle, qui autrefois en faisait partie, a embrassé le calvinisme et n'est plus sous son autorité. Il réside à Porentruy, devenu capitale de cette souveraineté depuis la réformation [1].

[1] La principauté de Porentruy ainsi que le Sundgau avaient

Cette ville touche aux frontières d'Alsace, et sa cathédrale a un chapitre de dix-huit chanoines nobles. L'autre ville considérable est Délémont. L'évêque est allié des sept cantons suisses catholiques, ainsi que de la France. Il dépend pour le spirituel de l'archevêque de Besançon, et prend rang à la diète avant l'évêque de Liége.

Les Rothberg ont auprès de lui une grande charge héréditaire. Ils se sont établis aux environs de Bâle au dixième siècle, ainsi que les Flachsland et une branche des Andlau, après que cette ville eut été dévastée et dépeuplée ainsi que ses environs par les Hongrois, sous le règne de Rodolphe II.

M. de Wangen est un homme d'une cinquantaine d'années, fort respectable et fort assidu à ses devoirs. Lorsqu'il sera sacré, il n'aura plus qu'à prêter serment entre les mains de l'empereur, ce qui aura lieu bientôt, nous a-t-il dit. Par combien de liens ce pays tient encore à l'étranger !

La famille de Wangen est une des plus anciennes d'Alsace, et était autrefois une des plus puissantes. L'empereur Sigismond gratifia les Wangen du château de Geroldseck et des autres fiefs de la maison de ce nom, qui venait de s'éteindre. Gerold, comte de Souabe, beau-père de Charlemagne, avait bâti ce château sur une montagne des Vosges, tout près de Saverne. Le baron de Wangen actuel est officier général. Il a commandé le régiment d'Alsace et a été blessé et fait prisonnier à l'affaire de Clostercamp, en 1760, ce qui lui a valu le grade de maréchal de camp.

Je m'étends un peu trop peut-être sur toutes ces

---

jadis fait partie intégrante du comté de Montbéliard, ce comté fut excessivement réduit par deux partages successifs, et chaque fois entre quatre héritiers.

vieilles choses, racines de notre histoire ; c'est que, s'il faut en croire les prévisions générales, elles vont bientôt disparaître, et j'en veux au moins conserver le souvenir pour moi et pour les miens. Hélas ! combien il est triste de penser que ces lois antiques sous lesquelles nos ancêtres vécurent heureux tant de siècles, ne laisseront après eux que de faibles traces. Tout s'éteint, tout se détruit ici-bas; les meilleures choses ont leur temps comme les mauvaises; le bien et le mal passent également. Tout fuit sous l'œil du souverain maître, seul immuable et éternel.

M. Goethe m'adressa sa *Claudine*, qui ne m'a pas moins vivement touchée que son *Werther*. Je suis enthousiaste de ce poëte. J'ai lu au moins vingt fois sa tragédie de *Gœtz de Berlichingen* avec une émotion toujours nouvelle. Il a achevé ses études à Strasbourg. Il y était lors du passage de madame la dauphine, aujourd'hui notre reine bien-aimée. Voici sa lettre d'envoi :

« Je vous envoie ma *Claudine*, puisse-t-elle vous faire
« passer un moment agréable ! Dans ma vie d'auteur
« (hors cela un triste métier), j'ai été assez heureux
« pour rencontrer et apprécier beaucoup d'honnêtes
« gens, beaucoup de belles âmes, parmi lesquelles
« j'aime à vous classer. Pour celles-là particulièrement
« j'aime à décrire ce qui me va le plus à l'esprit et au
« cœur. D'après cela, vous comprendrez que j'écrive
« pour vous. Je crois aussi pouvoir vous adresser ce
« bout de lettre, que vous accueillerez avec indul-
« gence. Vivez aussi heureuse qu'on puisse l'être avec
« un cœur comme le vôtre, et veuillez toujours me
« compter parmi les plus dévoués de vos serviteurs.

« GOETHE. »

« Weymar, 12 mai 1776. »

CHAPITRE IV.

Il fut question à cette époque de mon mariage avec M. d'Oberkirch ; MM. de Wurmser, nos parents, eurent les premiers l'idée de cette alliance et en parlèrent à mon père qui l'accueillit. L'aîné, Christian, lieutenant général, autrefois colonel commandant du régiment d'Alsace, avait eu M. d'Oberkirch sous ses ordres. Le cadet, Frantz de Wurmser, brigadier maintenant, était alors lieutenant-colonel de ce même régiment ; tous deux avaient pu apprécier l'esprit, la bravoure et les qualités de M. d'Oberkirch, qui d'ailleurs était aussi leur parent par les Buch. Les grandes familles d'Alsace se tiennent toutes. Frantz de Wurmser a été depuis colonel-propriétaire du régiment des volontaires étrangers de Wurmser.

Le baron Siegfrid d'Oberkirch, chef de la branche protestante de sa famille, parut à tous les miens un parti convenable. Les Oberkirch sont de haute qualité ; issus de chevalerie, figurant dans les tournois dès le douzième siècle, ils possédaient dès avant cette époque et possèdent encore le fief d'Oberkirch en basse Alsace ; et le titre de princesse fut porté par plusieurs femmes de cette maison [1], entre autres par deux abbesses de Hohenbourg (Sainte-Odile).

M. d'Oberkirch a servi comme capitaine dans Royal-Deux-Ponts, fait quatre campagnes et s'est trouvé à plusieurs batailles. Il reçut la croix du Mérite militaire en 1763, et quitta le service pour être conseiller noble de la chambre des Quinze au sénat de la ville libre de Strasbourg. Son père avait été stattmeister, c'est-à-dire président noble de ce sénat en 1748 [2].

Ce mariage, qui convint tout de suite à mon père, me plut bientôt à moi. Sans être régulièrement beau

---

[1] Voir la note à la fin de l'ouvrage.
[2] Il le fut lui-même plus tard, en 1789.

et malgré sa petite taille, M. d'Oberkirch était cité pour sa parfaite élégance et la distinction de ses manières. Quoiqu'il eût quarante ans, il donnait le ton à Strasbourg. Mais ce qu'on disait de sa conduite à la guerre et de la supériorité de son esprit me frappa davantage.

J'allai avec mon père passer quelques jours à Montbéliard, pour annoncer mon bonheur au prince et à la princesse; l'un et l'autre me firent des compliments sincères. Quand je la quittai, madame la duchesse de Wurtemberg me donna une agrafe en diamants, son auguste époux une aigrette, et, ce qui me fit plus de plaisir encore, la princesse Dorothée m'attacha au bras son portrait. Peu de temps auparavant, à l'occasion de mon jour de naissance, elle m'avait donné une tasse qu'elle avait fait faire à Dresde, et sur laquelle se trouvent, dans deux médaillons, les portraits en silhouette de mon père et de ma marraine, ce qui m'avait ravie. Je pleurai en recevant le portrait de ma chère princesse; je savais qu'il était question de mariage pour elle, et que nous étions menacés de la perdre. Elle ne me cachait aucune de ses pensées, aussi je connaissais le combat dont son cœur était le champ de bataille. L'année précédente la princesse Dorothée s'était trouvée avec le prince héréditaire de Darmstadt qui avait été très-frappé de sa beauté, et avait sollicité sa main. Pour elle, elle l'avait vu avec assez d'indifférence, mais elle était touchée de ses soins, et, après beaucoup d'hésitations, elle consentait à cette alliance. Les deux cours venaient donc de se faire une promesse mutuelle. Je quittai la princesse avec la pensée de voir son mariage suivre de près le mien [1].

Le grand jour arriva bientôt pour moi. J'étais fort

---

[1] Le 1er avril 1776.

parée avec des dentelles d'Angleterre. Je portais une robe de point de Venise, sur une jupe de dauphine blanche. M. d'Oberkirch était mis très-galamment; son habit bleu de roi clair, brodé en or, remporta tous les suffrages. Mon père aurait désiré qu'il reprît son uniforme, mais on décida que cela ne se pouvait pas.

Parmi les personnes qui assistaient à mon mariage, se trouvait tout naturellement mon excellent oncle le baron de Berckheim de Ribeauvillé, le second des frères de ma mère, marié à une Rathsamhausen. C'est bien le meilleur des êtres. Il accourut à la première nouvelle (il avait toujours su un gré infini à mon père de ne s'être pas remarié). Il amenait avec lui M. de Berckheim de Lœrrach, son frère aîné et mon parrain, conseiller de la régence de Bade, dont la femme était une Glaubitz; et M. de Turckheim, gentilhomme ordinaire de S. A. le duc de Saxe-Weimar. Il arrivait de Weimar; et m'apporta des nouvelles de M. Gœthe, ses respects et ses vœux.

En sortant du temple, nous allâmes tout de suite à l'hôtel d'Oberkirch, rue de la Nuée-Bleue, près la place Saint-Pierre le Jeune, entre l'hôtel du grand prévôt de la cathédrale et l'hôtel du gouvernement [1]. Je devais l'habiter désormais avec ma belle-mère, la douairière d'Oberkirch, née baronne de Buch. On m'y reçut admirablement; mon mari m'avait fait meubler un appartement très-beau et très-commode. Malgré ma douleur de quitter mon père, je m'accoutumai vite à mon nouvel état.

Peu de temps après, je devins grosse, et lorsque j'en fis part à mon auguste amie, celle-ci m'écrivit en retour qu'elle désirait me voir, si ma santé me le permettait,

[1] L'ancien hôtel d'Oberkirch appartenant à la branche catholique est situé rue de la Lanterne.

parce qu'elle devait incessamment quitter Étupes, pour se rendre à Cassel et de là à Berlin, d'où elle ne reviendrait pas de longtemps probablement. Elle me dirait le reste de vive voix.

— Ah ! m'écriai-je, la princesse Dorothée se marie ; ce n'est pas au prince de Darmstadt, mais à qui donc? En tout cas, elle est perdue pour nous. J'en suis très-heureuse, mais j'en pleurerai longtemps.

M. d'Oberkirch me permit un voyage de quelques jours avec toutes les précautions possibles. Nous pensâmes qu'il ne devait pas m'accompagner, et que ce n'était pas le moment d'une présentation, lorsque toute la famille était dans l'agitation d'une grande nouvelle. Cette séparation nous coûta, et il fallut que mon amie me fût bien chère, pour lui sacrifier ainsi mes instants de bonheur. Je trouvai en effet la cour de Montbéliard bouleversée, car il s'agissait d'un mariage inespéré, la plus haute place de l'Europe, après la reine de France certainement. Le prétendu n'était rien moins que le grand-duc Paul, héritier futur du trône de Russie. Voici comment cela s'était arrangé.

Le prince Henri de Prusse, frère de Frédéric le Grand, oncle de madame la duchesse de Wurtemberg-Montbéliard, avait été envoyé en 1770 par le roi, son illustre frère, en Russie, auprès de Catherine II, pour s'occuper des affaires de la Pologne, et tâcher de prévenir une guerre entre la Prusse, l'Autriche et la Russie. Cette négociation réussit complétement. L'état d'anarchie où se trouvait la Pologne avait excité les désirs d'agrandissement de la Russie et de l'Autriche. Le prince Henri, ne pouvant s'y opposer, obtint que la Prusse en prît sa part, afin de rétablir la balance. Il posa les bases du partage de ce malheureux pays, et Frédéric lui dit à son retour :

— Un Dieu vous inspirait, mon frère ; vous aviez raison.

Le prince conserva sur Catherine II un singulier ascendant.

Il était de nouveau auprès d'elle, en cette année 1776, et il y avait huit jours qu'il était à Saint-Pétersbourg, lorsque la princesse de Darmstadt, sœur de la princesse de Prusse et femme du grand-duc de Russie, mourut en mettant au monde un enfant qui mourut aussi en naissant. Le désespoir de l'impératrice fut grand ; elle se retira à Czarkozelo avec son fils, non moins affligé, et le prince Henri qui s'efforçait de calmer ses justes douleurs. Ces premiers moments passés, il fallait songer à la descendance impériale, et à donner au grand-duc une seconde épouse. Le prince Henri pensa alors à cimenter l'alliance de la Russie et de la Prusse par un mariage entre le grand-duc Paul et la princesse Dorothée de Wurtemberg-Montbéliard, sa petite-nièce et celle du grand Frédéric. Catherine déclara aussitôt au prince qu'elle verrait cette alliance avec plaisir.

Mais il y avait une difficulté ; on a vu qu'elle était promise au prince héréditaire de Darmstadt ; comment rompre cet engagement réciproque ? Le prince Henri pensa que l'autorité ou le désir du grand Frédéric suffisait pour l'annuler ; il expédia donc un courrier à son auguste frère, pour lui faire connaître les intentions de la czarine et le prier d'agir en conséquence. Le prince héréditaire de Darmstadt était précisément à Potsdam, et le roi sut avec son esprit et son habileté ordinaires décider le prince à renoncer de lui-même à son mariage, malgré les sentiments d'admiration qu'il avait pour sa fiancée, et cela sans humilier ni blesser ce jeune prince en lui exprimant sa volonté. Il écrivit ensuite à Montbéliard, pour décider également les parents de la princesse.

Les choses marchèrent vite ; les réponses favorables ayant été envoyées en Russie, on décida que les futurs époux se rendraient à Berlin, et que, s'ils se convenaient mutuellement, le mariage se ferait à Saint-Pétersbourg.

Le grand-duc Paul Petrowitz partit accompagné du prince Henri pour Berlin, afin que si les fiançailles avaient lieu, le grand-duc pût recevoir sa nouvelle épouse des mains de Frédéric. Leur entrée dans la capitale de la Prusse [1] fut pour le prince Henri un véritable triomphe, l'alliance qu'il avait négociée étant le gage assuré de la paix.

Les choses en étaient là, quand j'arrivai à Étupes ; la princesse allait partir avec son auguste père. Elle était très-heureuse ; aussitôt qu'elle m'aperçut, elle me jeta les bras au cou, et m'embrassa à plusieurs reprises.

— Lanele, répétait-elle, j'ai bien du chagrin de vous quitter tous, mais je suis la plus enchantée des princesses de l'univers. Vous viendrez me voir.

Moi, je pleurais, et madame la duchesse pleurait avec moi. La grandeur de l'alliance ne lui en dissimulait pas l'éloignement.

— Et puis, disait-elle, il arrive souvent des malheurs aux czars, et qui sait le sort que le ciel réserve à ma pauvre fille !

Elle s'est heureusement trompée ; son instinct maternel est en défaut jusqu'ici.

Nos journées et nos soirées se passaient en conjectures, en projets ; nous ne dormions point, la princesse Dorothée faisait des répétitions de cour qui

---

[1] Le 21 juillet.

nous forçaient à rire, en dépit de nous-mêmes. Elle saluait tous les fauteuils vides, pour s'apprendre à être gracieuse, tout en ne rendant que ce qu'elle devait. Quelquefois elle s'interrompait au milieu de son jeu, et se tournant vers moi :

— J'ai bien peur de Catherine, disait-elle, elle m'intimidera, j'en suis sûre, et je vais lui paraître une vraie niaise. Pourvu que je parvienne à lui plaire, ainsi qu'au grand-duc !

La princesse Dorothée, née en 1759, était alors âgée de dix-sept ans ; elle était belle comme le jour, de la grande taille des femmes, faite à peindre, et joignait à la délicate régularité des traits, l'air le plus noble et le plus imposant. Elle était née pour le diadème ; elle se faisait une joie d'enfant de son union. Cependant les derniers jours la tristesse la gagna ; en songeant qu'elle allait quitter sa mère, le pays où elle avait été élevée, ce château où elle était si heureuse, ses frères, moi, jusqu'aux habitants ; elle regrettait tout. Il fallut presque l'arracher de nos bras ; on la porta évanouie dans le carrosse, où le prince son père et deux de ses femmes montèrent avec elle. J'avais promis de rester près de madame la duchesse dans ces premiers instants, et j'écrivis à M. d'Oberkirch de venir me joindre, ce qu'il fit avec empressement ; il eut le bonheur de réussir beaucoup à Étupes, particulièrement près de madame la duchesse qui ne cessait de dire :

— Je ne demande au ciel que de voir ma fille aussi heureusement mariée que vous.

Combien ce palais, ces jardins me paraissaient tristes et déserts, maintenant que je n'y trouvais plus ma tendre et illustre amie ! Je me promenais toute la journée avec sa pauvre mère, cherchant toutes deux les endroits qu'elle affectionnait, pour nous y asseoir. Nous ne tarissions pas sur ses louanges ; elle écrivait tous les jours à la duchesse, ajoutant quelques mots pour moi.

Le 5 juillet j'eus mon tour ; elle me fit l'honneur de m'écrire de Cassel.

Cassel, 5 juillet 1776.

« Ma chère et charmante amie,

« Enfin nous voici heureusement arrivés ici, chère Lanele, en bien bonne santé. Dieu veuille que vous ayez fait de même, et que j'apprenne bientôt votre heureuse arrivée à Strasbourg ! Mon adorable et chère tante [1] a daigné nous recevoir avec la plus grande tendresse à Jessberg ; le lendemain nous avons dîné à Fritzlar et sommes arrivés le même soir ici. Après quelques moments nous avons été à la comédie où on a représenté la *Bataille d'Ivry* et le *Roi de Cocagne*. Aujourd'hui il y aura grande cour et encore comédie ; demain nous irons à Weissenstein [2] où il y aura illumination et bal, et dimanche je ne sais pas encore ce qui se fera. Cassel est sans contredit un des plus beaux endroits de l'univers par les superbes jardins qui s'y trouvent. De nos chambres j'ai la vue sur la *Fulde*, sur la *Ménagerie*, sur *Bellevue* et sur le *vieux château*. Je meurs d'inquiétude jusqu'à ce que je sache si vous vous portez bien. Mon Dieu ! ma chère amie, donnez-m'en bientôt des nouvelles ; je vous aime si tendrement que je ne puis pas être heu-

---

[1] Madame la landgrave Philippine de Hesse-Cassel.

[2] Weissenstein, délicieux château de plaisance du landgrave, situé à une lieue à l'est de Cassel, au pied d'une montagne dont une partie est comprise dans le parc, lequel a deux lieues de tour et est un des plus beaux de l'univers.

reuse sans savoir ce que fait ma chère amie. C'est avec bien des regrets, mon ange, que je vous quitte sitôt, mais le temps est si court, que pour aujourd'hui je ne puis que vous embrasser encore mille fois et vous assurer de ma bien sincère et tendre amitié. Adieu, chérissime amie, aimez toujours un peu

« Votre fidèle amie,

« Dortel. »

P.-S. Mes adorables parents vous disent mille choses, la donzelle Dortele [2] vous embrasse de même que Frédérique [2] *und der ganze dieser Gesellschaft.* Mes compliments à M. d'Oberkirch ; lundi nous partirons pour Potsdam. »

« Le 6 juillet. — Ma lettre ne partant qu'aujourd'hui, je veux du moins encore vous dire le bonjour. Ah ! ma charmante amie, faites des vœux pour mon bonheur. »

J'eus encore une lettre de Potsdam ; le roi témoignait à sa petite-nièce beaucoup de bontés et de grâces, et lui donnait un bal. Les princesses retrouvaient à Potsdam leurs deux frères aînés qui donnèrent un grand goûter le 16. Mais ma noble amie m'avait promis de me raconter aussitôt l'entrevue, qui eut lieu le 26 juillet. Elle tint sa parole le 26 en ces termes :

Berlin, le 26 juillet 1776.

« Ma chérissime amie, je suis contente et plus que

[1] *Dortel, Dortele,* diminutifs de Dorothée.
[2] La princesse Frédérique de Wurtemberg, seconde fille de S. A. R. madame la princesse de Wurtemberg, âgée alors de onze ans.

contente. Ma chère amie, jamais je n'aurais pu l'être davantage ; le grand-duc est aussi aimable que possible, il réunit toutes les qualités ; il est arrivé le 21, et le 23 le prince Henri a fait la demande. J'ai eu le pas sur toutes les Princesses et Altesses impériales. J'ose me flatter d'être très-aimée de mon cher promis, ce qui me rend bien, mais bien heureuse. Je ne puis vous en dire davantage ; le courrier que mon adorable papa envoie à Stuttgard part en ce moment, et je lui donne cette lettre, afin qu'il la mette à la poste à Cassel. Adieu, chère amie ; je suis de cœur et d'âme votre fidèle et tendre amie,

« DOROTHÉE. »

La raison d'État est souvent bien cruelle, et il faut beaucoup de courage pour s'y soumettre. La princesse Dorothée, en épousant le grand-duc, fut obligée d'embrasser la religion grecque, et fut baptisée sous le nom de Marie Fœderowna, comme chacun sait. Elle dut en être bien sensiblement affectée, elle si attachée à notre sainte foi, si pieuse, si rigoureusement dévouée à ses devoirs [1]. J'en ai gémi dans le fond de

---

[1] On nous communique depuis la publication de ces Mémoires le curieux détail que voici :

« Il y a une particularité originale, quoique parfaitement certaine, que madame d'Oberkirch a pu ignorer, ou plutôt qu'elle a voulu passer sous silence ; c'est que les filles du duc Frédéric-Eugène n'étaient jusqu'à leur mariage élevées dans aucune communion particulière. Les fils étaient élevés dans la religion luthérienne, mais pour les princesses on se contentait de leur donner des notions générales de religion chrétienne, et leur mariage arrêté, on décidait alors leur éducation religieuse dans le sens de la religion de leur futur époux. »

Sans prétendre nier ce qu'on nous donne comme un fait certain, il nous est difficile cependant d'y croire complétement. Tout le monde sait qu'en général les ministres protestants dans leurs instructions religieuses s'occupent beaucoup moins des questions de dogme que

mon âme, mais c'était une condition indispensable, et Dieu l'appellera à lui, à la fin de sa belle vie, malgré son signe de croix à gauche et son culte pour les images : Dieu, qui voit les cœurs, aimera celui-là fait à sa ressemblance.

La princesse Dorothée avait infiniment plu au grand-duc, qui le déclara au prince Henri dès le soir même. Celui-ci, porteur des pleins pouvoirs de la czarine, remit alors les lettres dont elle l'avait chargé pour la famille de Wurtemberg, et le mariage fut bientôt décidé. Il avait remis précédemment au roi de Prusse celle qui lui était adressée par l'impératrice. Il montra confidentiellement à madame la princesse de Wurtemberg la lettre d'envoi que cette auguste souveraine y avait ajoutée, lettre dont celle-ci prit copie, tant elle la trouva remarquable. Voici cette lettre :

de la morale de l'Évangile. Ces questions n'ont peut-être même été dans l'origine qu'un prétexte pour se séparer du catholicisme et de l'Église romaine. A l'époque d'un siècle de philosophisme qui prêchait la tolérance, elles s'effaçaient. Les protestants allaient prier volontiers à l'occasion dans les églises catholiques; les mariages mixtes devenaient fréquents en Alsace. Le prince de Montbéliard était catholique, la princesse sa femme était luthérienne, on comprend que dans l'instruction religieuse donnée à leurs enfants, certaines questions fussent évitées. Mais quelles que pussent être les prévisions de leurs parents à l'égard de l'établissement futur de ces princesses, il nous est difficile de croire qu'on ne les élevât *dans aucune communion particulière*. Bien plus, nous croyons, du moins en ce qui regarde la princesse Dorothée, qu'elle vivait dans la foi luthérienne. Peut-être l'empire d'affection que madame d'Oberkirch exerçait sur elle, a-t-il pu influer sur ses sentiments religieux; mais ce qu'elle en dit ici, ne peut pas laisser de doute, et quelle que fût la direction donnée à son éducation, elle était réellement protestante.

Tout ce que nous pouvons admettre, c'est que peut-être elle n'avait pas reçu la confirmation et que pour éviter éventuellement le désagrément d'une abjuration, il ne lui avait pas été permis de faire *publiquement* profession de son culte.

« Monsieur mon cousin,

« Je prends la liberté d'envoyer à Votre Altesse royale les quatre lettres dont je lui ai parlé, et dont elle a bien voulu se charger. La première est pour le roi son frère, et les autres pour les princes et princesses de Wurtemberg. J'ose la prier (si le cœur de mon fils se détermine pour la princesse Sophie-Dorothée, comme je n'en doute pas) d'employer les trois dernières selon leur destination, et de les appuyer de l'éloquence persuasive dont Dieu l'a douée.

« Les preuves convaincantes et réitérées qu'elle m'a données de son amitié, la haute estime que j'ai conçue pour ses vertus, et l'étendue de la confiance qu'elle m'a inspirée, ne me laissent aucun doute sur le succès d'une affaire qui me tient tant au cœur ; pouvais-je la mettre en de meilleures mains !

« Votre Altesse royale est assurément un négociateur unique (qu'elle pardonne cette expression à mon amitié) ; mais je ne crois pas qu'il y ait d'exemple d'une affaire de cette nature traitée comme celle-ci ; aussi est-ce la production de l'amitié et de la confiance la plus intime.

« Cette princesse en sera le gage ; je ne pourrai la voir sans me ressouvenir comment cette affaire a été commencée, menée et finie entre la maison royale de Prusse et celle de Russie. Puisse-t-elle perpétuer les liaisons qui nous unissent !

« Je finis en remerciant bien tendrement Votre Altesse royale de tous les soins et de toutes les peines qu'elle s'est donnés ; et je la prie d'être assurée que ma reconnaissance, mon amitié, mon estime, la haute considération que j'ai pour elle, ne finiront qu'avec ma vie.

« Monsieur mon cousin, de Votre Altesse
royale, la bonne cousine et amie,

« CATHERINE. »

A Czarkozelo, le 11 juin 1776.

Cette lettre était écrite tout entière de la main de l'impératrice.

Les fiançailles se célébrèrent magnifiquement ; on ne parla d'autre chose dans toute l'Europe. Les gazettes étaient pleines de détails de toutes sortes ; nous nous les arrachions. Le cœur aimant de la princesse n'eût pu jouir parfaitement de son bonheur loin de sa mère chérie. Une fois la chose décidée, madame la duchesse partit en toute hâte. L'impératrice avait mis quarante mille écus à la disposition du prince de Wurtemberg, pour le voyage de la princesse sa fille et de ses parents. La princesse de Montbéliard emmena quelques dames de sa cour. Je l'aurais certainement suivie, sans l'état de souffrance où me mettait ma grossesse ; M. d'Oberkirch ne voulut absolument pas y consentir.

Ma chère princesse ne m'oublia pas, et, au milieu de l'embarras de l'étiquette, des visites, elle m'écrivit ces quelques lignes de Marienwerder, le 18 août 1776 :

« Ma chère et charmante Lanele, je n'ai que deux minutes à moi, je vous les donne, pour vous dire que nous sommes fort heureusement arrivés ici, que nous nous portons tous bien, et que nous vous aimons tous beaucoup, mais particulièrement moi, qui suis jamais votre tendre et fidèle amie,

« DOROTHÉE, princesse de W. »

« Que fait votre santé, ma chère amie ? parlez-m'en amplement dans votre première lettre. Papa, maman et toutes les dames vous font mille compliments. »

Il y eut de grandes réjouissances après la décision du mariage : une très-belle fête offerte par le prince Ferdinand de Prusse, frère du roi, à son château de Friedrichsfeld ; un immense dîner donné par le roi à Charlottenbourg ; les bals et spectacles de Sans-Souci, les manœuvres de Potsdam, etc. Madame la duchesse m'a raconté tout cela, ainsi que l'amabilité du maréchal comte de Romanzow, gouverneur de l'Ukraine, qui avait reçu l'ordre de quitter cette province pour accompagner le grand-duc ; enfin, la brillante réception que leur fit le prince Henri à son château de Rheinsberg, où ils passèrent quatre jours.

Lorsqu'il fut question du départ pour la Russie, on décida que le grand-duc partirait le premier avec sa suite, qui était brillante et nombreuse, et que la princesse Dorothée et ses parents se mettraient en route le jour suivant, ces derniers devant la conduire jusqu'à Memel [1], où se trouvaient les personnes désignées par l'impératrice pour composer sa cour. Ils y arrivèrent le 29 août ; et le 11 septembre, mon auguste amie se trouvait à Tsarsko-Sélo où Cathérine II et Paul l'attendaient à la descente de voiture.

Le mariage se fit le $\frac{1^{er}}{13}$ octobre de la même année [2] ; elle devint ainsi grande-duchesse de Russie et

---

[1] Forteresse en Lithuanie, et frontière de la Russie Polonaise.

[2] *Note de l'éditeur.* Les Russes se servent toujours du vieux calendrier julien. Il ne diffère du calendrier grégorien qu'en ce que l'année commence le 13 janvier. Les protestants se sont servis de ce calendrier jusqu'en 1700 ; mais maintenant les Russes seuls l'ont conservé. Ce n'est même que depuis 1776 que la diète de Ratisbonne

duchesse régnante de Schleswig-Holstein, le czar Pierre III étant un duc de Holstein-Gottorp. On sait que ce prince réunissait en lui le sang de Pierre Ier et celui de Charles XII. Appelé par la czarine Élisabeth à lui succéder, il avait été en même temps élu héritier du trône de Suède, ce qu'il n'accepta pas. Ainsi, outre le Holstein dont il était souverain, il avait eu le choix de deux couronnes [1].

Ce fut dans la joie de son mariage que la grande-duchesse m'écrivit de Saint-Pétersbourg. Elle était avec son mari aussi heureuse qu'il est possible de l'être sur la terre; rien ne manquait à ses vœux et elle pouvait faire du bien; elle en fit, elle en fit beaucoup, et ses nouveaux et futurs sujets l'adorèrent comme les anciens. Bonne toujours, elle n'oublia pas notre amitié, et entre autres lettres j'en reçus d'elle une charmante que voici à la date du $\frac{16}{27}$ décembre 1776.

« Ma bien bonne, bien chère et bien tendrement

---

a décidé qu'on se conformerait pour l'avenir à la manière de calculer la Pâque adoptée par les catholiques.

Maintenant le calendrier réformé et le calendrier grégorien ne diffèrent plus entre eux que par les noms des saints et quelques fêtes.

Quant au calendrier julien ou russe, il diffère complétement, et les fêtes non mobiles des catholiques sont en retard de douze jours sur celles des Russes. Il s'est maintenu à Strasbourg jusqu'après sa réunion à la France; il y fut abrogé par ordre du roi le 12 février 1682.

[1] Charles-Pierre-Ulric, fils du duc de Holstein-Gottorp et d'Anna Petrowna (fille de Pierre le Grand) fut nommé grand-duc le 17 novembre 1742, et désigné successeur de l'impératrice Élisabeth. Le lendemain même trois ambassadeurs de Suède arrivèrent à Saint-Pétersbourg pour annoncer à ce jeune prince que le sénat de Stockholm l'avait choisi pour remplacer Frédéric Ier à qui son grand âge ne permettait plus de porter le sceptre. Pierre venant de se dévouer à la Russie ne se crut pas maître d'accepter l'élection des Suédois... L'évêque de Lubeck, Adolphe-Frédéric de Holstein, son oncle, fut élu au bout de quelques mois. (*Histoire de Catherine II*, par Castéra, t. I, p. 130.)

aimée amie, je viens de recevoir votre lettre de Strasbourg dans cet instant, mon ange, et je m'empresse d'y répondre, quoique je n'aie qu'une couple de minutes à moi. Connaissant l'amitié et l'attachement que vous avez pour mes chers parents, je suis convaincue de la peine que cela vous aura faite en les quittant; mais malgré cela vous êtes plus heureuse que moi, car après vos couches j'espère que vous y retournerez, et moi, malheureusement, je ne m'attends jamais plus à un pareil bonheur. Toutes les fois que cette idée me passe par la tête, je suis triste et mélancolique le reste de la journée. Mais brisons là-dessus et parlons de vous, ma chère amie. Grâce au ciel, je vois que malgré l'état dans lequel vous êtes vous vous portez bien. Je fais mille et mille vœux pour que vos couches soient des plus heureuses, et que bientôt ma chère amie soit hors d'affaire. De grâce, mon ange, comme dans le temps de vos couches vous n'oserez pas m'écrire, faites-moi donner de vos nouvelles par une de vos amies; pourvu que je sache ce que vous faites et comment tout s'est passé, je serai contente. Votre charmant portrait est placé dans une de mes chambres, mais je ne le trouve pas ressemblant; ainsi j'ose vous prier en grâce de m'en envoyer un qui soit meilleur. Vous auriez déjà le mien depuis longtemps, mais on en a fait cinq, et tous si mauvais, que je n'en ai pu employer qu'un seul que j'ai envoyé à mon frère Eugène. Je me fais peindre de nouveau par un autre peintre; j'espère qu'il réussira mieux, et alors je vous l'enverrai. Le thé ne sera point oublié. J'espère qu'à cette heure vous avez reçu le cœur avec mon chiffre que j'ai pris la liberté de vous offrir. Adieu, mon petit cœur, je vous embrasse mille fois. Si mon petit filleul ou ma petite filleule existe déjà, donnez-lui un baiser au nom de sa marraine. Je suis à jamais, chère et bien tendre amie, votre tendre et fidèle amie.

« MARIE, grande-duchesse de Russie,
née princesse de Wurtemberg. »

« *P.-S.* Le grand-duc, qui est le plus adorable des maris, vous fait ses compliments. Je suis très-aise que vous ne le connaissiez point, car vous ne pourriez vous empêcher de l'adorer et de l'aimer, et moi j'en deviendrais jalouse. Ce cher mari est un ange, je l'aime à la folie. »

Madame la princesse de Montbéliard avait quitté sa fille. Je retournai à Montbéliard pour l'y attendre et adoucir ses premiers moments de solitude. Ma grossesse touchait à son terme, et M. d'Oberkirch voulut que je retournasse à Strasbourg à la fin de novembre. Le duc Frédéric-Eugène, qui avait aussi conduit la princesse Dorothée jusqu'à Memel, ne revint que le 18 octobre. Il nous raconta mille traits charmants de notre chère absente : comment un matin elle avait aperçu par sa fenêtre un houx tout couvert de ses fruits rouges ; elle se mit à pleurer en souvenir d'Étupes et d'une soirée où elle et moi en avions placé dans nos cheveux. Il y avait grande réception ce jour-là ; elle envoya chercher du houx, en fit faire une coiffure semblable à celles que nous avons portées ensemble, et au milieu du cercle de ses courtisans elle dit à son père :

— N'est-ce pas, monsieur, que je suis bien belle ? Rappelez à ma chère Lanele que j'ai porté du houx en mémoire de notre amitié et des beaux bouquets que nous en faisions ensemble.

J'en fus touchée jusqu'aux larmes à mon tour ; c'est par les petites choses que le cœur se prouve.

Je trouvai à mon arrivée à Strasbourg une aimable surprise. M. Wieland, auquel M. Goethe avait parlé de moi, m'envoya quelques numéros d'un journal dans lequel il écrivait des articles fort remarquables. Ancien professeur très-distingué de l'université d'Erfurt, il était depuis quelques années fixé à Weimar, pour diriger l'éducation du jeune prince. Il n'avait guère que quarante ans, et son talent, si plein de finesse et d'élégance, augmentait chaque jour. Je lui ai écrit une lettre aimable. Elle lui fit plaisir à ce qu'il paraît. Voici sa réponse :

« Weymar, le 12 novembre 1776.

« Honorée baronne,

« La parfaite bonté avec laquelle Votre Grâce a daigné m'assurer qu'elle ne s'était pas offensée de la liberté que j'ai prise de lui envoyer quelques numéros du *Mercure Tudesque*, me met en mesure d'assurer à Votre Grâce que je ne trouve pas de termes convenables pour lui exprimer ma gratitude. Combien j'envie, madame, à mon ami le bonheur de vous connaître personnellement et d'être connu de vous. Si jamais ce rare bonheur devient mon partage, je pourrai peut-être espérer que Votre Grâce daignera accorder à l'homme l'estime que par générosité, et non par justice, elle accorde à l'auteur. Permettez, honorée madame, que je me dise avec reconnaissance et respect, de Votre Grâce,

« L'obéissant serviteur et sujet,

« WIELAND. »

J'ai toujours aimé les personnes de génie, et si j'avais possédé une plus grande fortune, le rôle de Mécène m'eût tout à fait convenu. Je les ai recherchées tant que cela m'a été possible, et l'on en trouvera bien des preuves dans la suite de ces Mémoires.

CHAPITRE V

Naissance de ma fille. — Ses illustres parrains et marraines. — Lettre de la grande-duchesse de Russie. — Autre lettre de la même. — Joseph II, empereur, à Stuttgard. — Ingénieuse plaisanterie du duc Charles. — Naïveté du maréchal de la cour. — Fief de Falkenstein. — Le prince postillon. — Joseph II à Strasbourg. — Le marquis de Vogué. — Portrait de l'empereur. — Son costume. — La dame de la halle. — Vers. — Désappointement de Voltaire. — Le bourreau de Colmar. — La poire d'angoisses. — L'exécution. — Madame Hitzelberg. — Naissance d'Alexandre Paulowitz. — Lettre de la grande-duchesse Marie. — Aimable idée du grand-duc Paul. — M. d'Aumont. — Le baron de Flachsland. — Grandes réceptions à Ollwiller. — Le prince Max de Deux-Ponts. — Droits des protestants.

1777. Le jeudi, 23 janvier, entre trois et quatre heures du matin, je mis au monde une fille. Elle fut baptisée le samedi suivant, au temple neuf; on lui donna les noms de :

Marie-Philippine-Frédérique-Dorothée-Françoise.

Les illustres marraines et parrains furent :

1° S. A. I. la princesse Marie Fœdorowna, représentée par la baronne de Palen, née de Durckheim;

2° S. A. R. la princesse *Philippine*-Auguste-Amélie, épouse du landgrave régnant de Hesse-Cassel, née margrave de Brandebourg-Schwedt, représentée par madame la baronne de Hahn, née de Lieven;

3° Leurs Altesses le duc et la duchesse de Wurtemberg-Montbéliard, représentés par le baron de Waldner, mon père, et par madame la baronne douairière de Bernhold, née de Wurmser de Vendenheim.

Les parrains et marraines présents en personne, furent : le baron Dagobert de Wurmser de Vendenheim, grand veneur du comté de Montbéliard ;

Le baron Frédéric de Wurmser, colonel d'infanterie (il fut plus tard, en 1780, brigadier) ;

Le baron de Berckheim-Jebsheim-Schoppenwyr et la baronne douairière d'Oberkirch, née baronne de Buch.

Ma chère princesse m'écrivit, au sujet de mes couches, une lettre adorable que voici.

1777.

« Ma bien charmante et bien aimable amie, ma joie a été des plus grandes en recevant vos deux lettres. Mais jugez quelle satisfaction a été comparable à la mienne, lorsque j'ai vu que, grâce à la divine et adorable Providence, vous êtes accouchée heureusement d'une fille, et que vous jouissez, ainsi que la charmante nouvelle-née, d'une bonne santé. J'ai été touchée aux larmes en voyant l'attention que vous avez eue, mon ange, de me donner cette nouvelle vous-même, et je conserverai toujours cette charmante lettre, comme une preuve non équivoque des sentiments que vous me portez. J'embrasse bien tendrement ma chère petite filleule, pour laquelle je me sens une amitié que je ne saurais vous exprimer. Oui, ma chère amie, et j'ose me flatter qu'on ne saurait aimer, chérir plus une amie, que je ne vous aime et ne vous chéris, et je puis dire en vérité que je vous aime comme ma sœur. De grâce, envoyez-moi votre portrait, et cela en miniature, afin que je le puisse toujours porter à ma montre ; ce cher portrait ne me quittera jamais. Vous aurez le mien, peut-être dans une quinzaine de jours. Mon mari me charge de vous faire ses compliments ; il vous félicite sur votre heureuse délivrance. Pour vous amuser, ma charmante amie, je vous dirai que le grand-duc, par badinage, m'entendant parler fort souvent de ma chère amie Oberkirch, vous a donné le nom de *Zuckerbucker*, et tous les jours de poste, il me demande si je n'ai pas reçu de nouvelles de madame de Zuckerbucker, et que je dois vous faire des compliments, quand je vous écrirai. Je ne sais ce que je donnerais, si vous connaissiez l'adorable mari que j'ai ; c'est un ange, c'est la perle de tous les maris ; aussi, grâce à cette divine et adorable Providence, je suis heureuse, mais heureuse au possible. Je vous le répète chaque fois, ma chère amie, car, comme je connais l'amitié que vous avez pour moi, je suis persuadée que vous prenez part à mon bonheur. Mais vous êtes en couches, ma chère amie, et on dit qu'il ne faut pas s'occuper ; je m'arrache donc malgré moi au papier, et finis ma lettre, en vous assurant que toute ma vie vous prouvera mon amitié et mon tendre attachement.

« Votre tendre et fidèle amie,

« Marie de Russie, née de Wurtemberg. »

On voit de quelle affection m'honorait cette illustre princesse, et combien j'aurais été ingrate de ne pas la lui rendre, de tout mon respect et de toute ma tendresse. Elle m'écrivit souvent, pendant ma convalescence. Voici une de ses lettres, qui prouve sa bienveillante sollicitude, et combien elle daignait s'occuper de moi.

Czarkozelo, $\frac{\text{28 avril}}{\text{8 mai}}$ 77.

« Ma bien chère et bien tendrement aimée amie, s'il m'était permis de me plaindre de la paresse d'une convalescente, je le ferais. Me voici quinze jours sans les lettres de ma chère Lanele, ce qui naturellement me fait beaucoup de peine, puisque je vous aime comme une sœur. De grâce, ma bien chère amie, écrivez-moi vite, mais bien vite, que vous m'aimez encore, que vous ne m'avez point oubliée, que vous êtes et serez toujours mon amie de cœur, et je serai bien contente.»

. . . .

« Que fait ma charmante petite filleule ? Dieu, que je voudrais voir la mère et la fille ! Je les aime toutes deux avec une tendresse incroyable. Quand aurai-je votre portrait ? je l'attends avec une impatience bien vive ; le mien vous arrivera dans peu. Puisse-t-il vous rappeler les traits d'une amie, qui ne se trouvera heureuse que lorsqu'elle pourra vous prouver évidemment qu'elle est et sera à jamais votre tendre et fidèle amie.

« MARIE de Russie, née de Wurtemberg. »

« *P.-S.* Je baise la poussière des souliers de madame Hendel ; que fait mademoisselle Schneider ? Quoique je sois à Czarskozelo, je vous prie de m'adresser mes lettres à Saint-Pétersbourg. »

Je ne perdais pas une occasion de recommander à madame la grande-duchesse des artistes et des malheureux, il était bien rare qu'elle me refusât. Elle aime les arts et les protége de sa bonté. Le château de Czarskozelo, où l'impératrice Catherine passe la belle saison, a été construit par la czarine Élisabeth [1]; elle le préférait à Peterhoff, qui paraît cependant être dans une belle situation et avoir de magnifiques jardins. Mais le château d'Oranienbaum situé à une lieue de Peterhoff, est, à ce que je crois, encore plus grand, plus beau et mieux situé. C'est dans cette dernière résidence que Pierre III est mort. Cette catastrophe est trop connue pour que j'en parle.

Je reçus aussi de charmantes marques d'intérêt de Stuttgard, bien qu'on y fût fort occupé du passage de S. M. l'empereur Joseph II. Il voyageait sous le nom de comte de Falkenstein. Falkenstein est un fief contigu au comté de Bitche, situé entre la Lorraine et l'Alsace, et que le traité de Ryswick a accordé au duc de Lorraine, grand-père de l'empereur, en même temps que Noménie, Lixin et Commercy. François Ier, alors grand-duc de Toscane, se l'était réservé, lors de la cession de la Lorraine à la France, afin de rester membre du corps germanique. Ce comté a été jadis l'apanage de Gérard d'Alsace, premier duc de Lorraine, en 1060. L'empereur fit preuve d'un bon jugement en prenant ce nom; il devait lui porter bonheur. Le duc de Wurtemberg écrivit à l'empereur pour lui offrir son palais, Sa Majesté refusa et fit répondre qu'elle désirait demeurer à l'auberge.

Le duc alors eut une idée très-heureuse et tout à fait dans son caractère si délicat et si souverainement distingué. Il ordonna à toutes les hôtelleries d'ôter leurs enseignes, et il en fit mettre une énorme à la porte du palais, portant les armes d'Autriche, avec ces mots :

— Hôtel de l'empereur.

---

[1] Située à vingt werstes de Saint-Pétersbourg, cette maison impériale est bâtie en bois.

Joseph II ne résista pas à une si ingénieuse insistance, il vint chez le duc Charles et y resta plusieurs jours. Il se rendait en France pour y voir la reine, son auguste sœur, visiter Paris et un peu aussi le reste du royaume.

La plaisanterie de l'auberge fut admirablement soutenue à Stuttgard ; lorsque l'empereur descendit à la porte du palais, le duc vint le recevoir en costume d'hôtelier et joua son rôle avec un naturel incroyable. Les personnes de la cour les plus choisies et les plus élevées avaient toutes un emploi, soit à la chambre, soit à l'office ; les plus jolies femmes portèrent le bavolet et le tablier des servantes. L'empereur s'y prêta de bonne grâce et en rit beaucoup. Le lendemain, chacun reprit sa place, et les fêtes commencèrent ; un incident assez drôle signala la présentation des dames.

Madame de ***, je ne me rappelle pas le nom, se présenta dans la salle, pendant que le maréchal de la cour plaçait chacun selon le rang que lui assignait sa naissance. Il vit arriver madame de ***, une Française qu'il n'avait jamais vue, et lui demanda :

— Quelle est votre qualité ?

Surprise de cette question, dont elle ne saisit pas sur-le-champ le but, elle répondit en riant :

— Acariâtre.

— Acariâtre, dit le maréchal de la cour, qui ne connaissait point ce mot, acariâtre ! J'ignore quelle est cette dignité. C'est égal, placez-vous toujours au rang des comtesses.

L'empereur, auquel on raconta l'histoire, en rit beaucoup ; il en plaisanta avec les dames, et leur demandait souvent :

— Laquelle de vous, mesdames, veut monter au rang d'acariâtre ?

Les comtesses se révoltaient, et le pauvre maréchal de la cour eut à subir bien des reproches pour l'assimilation qu'il avait faite.

L'empereur partit de Vienne le 1ᵉʳ avril 1777 et arriva à Stuttgard assez promptement. Il y fut reçu comme je viens de le raconter ; son départ ne fut pas moins singulier que son arrivée. Au moment où le carrosse s'approchait devant la porte du palais, on vit monter à cheval un postillon en vieux surtout et en bottes crottées. L'empereur même le remarqua et dit en riant :

— En voilà un qui n'est pas courtisan, il n'a pas mis son habit des dimanches. Ce doit être un ivrogne, nous lui donnerons un bon pourboire.

Le postillon mena ventre à terre avec une adresse et une agilité merveilleuses. Joseph II en fut enchanté et répéta plusieurs fois :

— Je voudrais avoir un drôle comme celui-là dans mes écuries.

Arrivé à la poste suivante, au moment de changer de relai, Sa Majesté voulut tenir sa promesse et donner un souvenir *sonnant* à celui qui s'était si fort distingué pendant ces quatre lieues. On lui apprit alors que ce postillon était le prince de ***, et qu'il avait été conduit avec ses chevaux. L'empereur trouva la plaisanterie charmante et remercia l'Altesse, qui se transformait pour lui en coureur de grandes routes.

— L'imitation était parfaite, monsieur, dit-il ; cependant, si j'y avais regardé de plus près, j'aurais découvert le déguisement : vous n'avez pas assez juré.

J'ai eu l'honneur de voir Sa Majesté impériale dans une autre occasion que je raconterai plus tard. Cette fois-ci, je l'aperçus au spectacle ; je dis apercevoir, car dans de pareilles circonstances on ne voit pas. Sa

Majesté passa quelques jours à Strasbourg, où par suite de ses idées elle voulut garder l'incognito ; ainsi elle alla le soir même de son arrivée à la comédie. Elle fut reconnue aux secondes loges, dans un coin, applaudie à tout rompre. Le marquis de Vogué s'empressa de chercher l'empereur et de le supplier de venir dans sa loge ; les applaudissements redoublèrent. Le lendemain, 10 avril, il assista à la parade et vit défiler les troupes sur la place d'armes. Il visita ensuite l'arsenal, les fortifications, les hôpitaux, la cathédrale et le tombeau du maréchal de Saxe. Partout il fut reçu à merveille, comme le frère de notre reine bien-aimée. Elle l'était alors ! Le 11, Joseph II retourna à la comédie ; j'y fis prendre une loge ; toute la noblesse de la ville était là pour lui faire honneur. Nous y retrouvâmes, entre autres, le marquis de Voyer, lieutenant général, commandant d'Alsace, M. de Saint-Victor, lieutenant du roi à Strasbourg, le chevalier de Saint-Mars, commandant le régiment d'artillerie à Strasbourg, et bien d'autres personnes encore dont je ne me souviens pas. On jouait la *Fausse Magie* et le *Barbier de Séville*, cette première pierre de l'édifice élevé contre nous par Beaumarchais. Nous avons tous applaudi à notre satire ; nous avons approuvé et béni les armes qui devaient nous frapper. J'en dirai mon sentiment en parlant du *Mariage de Figaro*, mais je n'ai jamais compris la conduite de la noblesse à cette époque.

Je parle ici de l'empereur pour la première fois, et nous le retrouverons encore plus loin. C'était un prince étrange, et peu fait peut-être pour occuper une pareille place dans un siècle comme celui-ci. Il voulut combiner le passé et l'avenir, et il manqua les deux buts. Ses habitudes et sa vie ne ressemblaient à celles de personne. Il couchait sur une paillasse recouverte d'une peau de cerf; ennemi du faste, ce qui, jusqu'à un certain point, n'est pas une qualité dans un souverain, il est de l'abord le plus facile, recherche la franchise et la vérité, souffre qu'on la lui dise sans voile et sans prétexte. Il est du reste très-fin et d'une pénétration merveilleuse.

Son costume est l'uniforme d'un de ses régiments : vert, parements et petit collet rouges, veste et culotte chamois; d'autres fois il ne porte qu'un simple habit de drap. J'ai entendu dire à Paris qu'une poissarde, en lui apportant des bouquets, le complimenta d'une façon tout à fait philosophique :

— Le peuple qui paye les galons de vos habits est bien heureux, monsieur le comte.

Assurément cette dame de la halle avait lu Rousseau et toute l'Encyclopédie. En attendant, le peuple de Paris serait bien attrapé si la cour se mettait au régime des habits sans galons ni broderies. Otez le luxe à la France, à sa capitale surtout, et vous tuerez une grande partie de son commerce; je dis plus, vous lui ôterez une grande partie de sa suprématie en Europe. Si les modes ne venaient pas de Paris, d'où viendraient-elles, je le demande ?

A son arrivée à Paris l'empereur fut enseveli sous les discours, les vers, les dédicaces, les placets, toutes les flatteries et toutes les vérités imaginables. On remarqua l'impromptu de l'abbé Delaunay :

> Quel est ce voyageur dont les simples dehors
> Annoncent la bonté d'un grand qui s'humilie?
> Au digne emploi qu'il fait du temps et des trésors,
> Toujours il se dévoile... et jamais ne s'oublie.

Je n'aime pas beaucoup ces vers; à mon avis ils renferment un contre-sens. *Le grand qui s'humilie* ne me plaît pas, ou bien alors *il s'oublie;* il n'y a pas de milieu. Je ne suis qu'une Allemande, mais ce français-là ne me paraît pas très-régulier.

En voici d'autres :

CORTÉGE DE L'EMPEREUR.

La bienséance le précède,
La modeste vertu se tient à son côté,
A la vertu l'humanité succède ;
Et la marche finit par l'immortalité.

Tout cela ne vous semble-t-il pas bien philosophique pour un empereur d'Allemagne ?

On a aussi beaucoup cité sa réponse à un seigneur qui lui reprochait de trop se confondre avec le peuple dans les endroits publics :

— Si je ne voulais voir que mes égaux, je devrais me renfermer avec mes ancêtres au couvent des Capucins, où ils reposent.

Cela me paraît très-orgueilleux, et plus spécieux que profond. On peut voir et étudier les vivants, tout empereur que l'on soit, et il y a un vaste terrain à explorer entre le forum et le cimetière.

Le comte de Falkenstein partit de Paris le 31 mai 1777. Il visita successivement Rouen, Dieppe, le Havre, Caen, Saint-Malo, Brest, Saumur, Nantes, Tours, la Rochelle, Bordeaux, Fontarabie, Saint-Jean-de-Luz, Saint-Sébastien, Bayonne, Toulouse, Béziers, Montpellier, Marseille, Toulon et Lyon. Il trouva dans cette dernière ville le comte d'Oland (le duc d'Ostrogothie), frère du roi de Suède. Les deux princes, dit-on, se convinrent assez peu.

Parti de Lyon le 12 juillet, le comte de Falkenstein arriva à Genève, se rendant à Vienne, par la Suisse et

CHAPITRE V.

Fribourg en Brisgau. Il reçut à Genève la visite du professeur de physique, M. de Saussure, qui fit en sa présence plusieurs expériences d'électricité. Il prit ensuite la route de Bâle.

M. de Voltaire espérait fort que ce prince philosophe ne passerait pas aussi près de sa retraite sans s'y arrêter. Mais M. de Voltaire ne connaissait pas Joseph II. Il le croyait comme lui friand d'honneurs, avide d'étiquette, et il fit des préparatifs immenses, voulant sans doute mettre en action la fameuse devise de son église de village :

Voltaire à Dieu.

Il comptait apparemment dire cette fois :

Voltaire à l'empereur,

afin de mettre sur le même pied vis-à-vis de lui les puissances du ciel et celles de la terre. Joseph de Lorraine *flaira* cette *séance* académique et passa outre. Cependant sa voiture a rasé la terrasse du château. Les postillons, gagnés, répétaient incessamment en faisant claquer leurs fouets :

— Voilà le château de Ferney, voilà M. de Voltaire.

Le comte de Falkenstein ne voulut point entendre, et tourna la tête d'un autre côté. M. de Voltaire en fut au désespoir, et fit mille contes qui se colportèrent pour consoler son amour-propre. Il prétendit que Sa Majesté impériale avait eu beaucoup d'humeur de ce qu'un officier genevois avait eu l'indiscrète curiosité de suivre son carrosse à cheval pendant trois lieues, sans se retirer de la portière, quoi qu'il pût faire pour l'en empêcher.

L'empereur arriva à Schœnbrunn le 1er août, de

retour de son voyage et disposé à en faire un autre.

Peu de temps après le passage de l'empereur, il arriva à Colmar un événement mystérieux dont toute l'Alsace s'occupa.

Le 7 mai 1777 le bourreau de Colmar fut mis en prison pour s'être absenté sans congé. Les magistrats l'interrogèrent à plusieurs reprises, et voici ce qu'il répondit : -

Un soir de la fin d'avril, il était chez lui, tout seul, sa femme et ses aides étant sortis. Il s'occupait à quelques-unes des nécessités de sa profession, c'est-à-dire qu'il raccommodait quelques menottes ou quelque gibet, lorsqu'on frappa à sa porte. Il n'hésita pas à ouvrir. Le bourreau est peu craintif; il reçoit peu de visites, et, hors les ministres de la loi, personne n'approche de cette maison maudite. Trois hommes enveloppés de manteaux se présentèrent ; un carrosse, arrêté à quelque distance et entouré de cinq ou six autres, avança lentement. Le bourreau vit tout cela ; il s'en étonna, mais ne s'en effraya point.

— C'est vous qui êtes l'exécuteur des hautes œuvres ? demanda l'un des étrangers.

— Oui, monsieur.

— Êtes-vous seul ? Nous désirons vous parler d'une chose fort secrète.

— Je suis absolument seul ; entrez, messieurs.

Il les prit pour les envoyés de quelque juridiction voisine, et s'effaça pour leur livrer passage ; mais il n'avait pas achevé sa phrase, que ces hommes se jetèrent sur lui, lui administrèrent une *poire d'angoisses* [1], lui lièrent en un clin d'œil les bras et les jambes, de façon à l'empêcher de faire le moindre mouvement,

---

[1] Espèce de bâillon.

CHAPITRE V.

et l'emportèrent dans la voiture, où ils montèrent après lui. La portière se referma, les gens de l'escorte sautèrent à cheval, tout cela partit au grand galop. Tous gardèrent le silence tant qu'on fut dans la ville ; lorsqu'ils roulèrent sur la terre et que le bruit permit de s'entendre, celui qui avait déjà parlé toucha le bras de l'exécuteur.

— Écoute, lui dit-il, et ne crains rien, il ne te sera fait aucun mal. Tu as été enlevé pour accomplir un grand acte de justice. Nous répondons de toi, pourvu toutefois que tu n'essayes point de fuir, pourvu encore que tu ne cherches à pénétrer ce que tu ne dois pas connaître. On ne répondra à aucune de tes questions, on te donnera tout ce dont tu auras besoin, on te ramènera chez toi, ta tâche accomplie, et tu recevras deux cents louis pour t'être dérangé de tes occupations.

Le bourreau respira, quoiqu'il ne fût point à son aise. On n'en voulait pas à sa vie, c'était beaucoup. Il eût pourtant bien désiré qu'on lui rendît l'usage de ses membres et de sa langue, ce qui eut lieu peu après.

— On va t'ôter tes liens et la poire d'angoisses, continua la même voix, on t'ôtera même ton bandeau pendant la nuit ; le jour on te le mettra de nouveau ; mais c'est à la condition que tu obéiras en tout à nos ordres; que tu ne prononceras pas un mot ; au premier cri, tu es mort.

Il sentit deux canons de pistolets et un poignard appuyés sur sa poitrine, et il comprit suffisamment qu'un seul parti était à prendre, celui de la soumission. Dès qu'on lui eut ôté son bâillon, il jura par tous les serments possibles de ne rien faire contre le traité proposé, d'accepter toutes les conditions, et de consentir à tout ce qu'on exigerait de lui.

— Bien. Tu n'as rien à craindre, alors.

A dater de ce moment, pas une parole ne fut prononcée ; la voiture roulait toujours, et très-vite. On relayait souvent, les chevaux étaient préparés d'avance, et jamais, à ce que crut le bourreau, dans les endroits habités. Les stores du carrosse étaient fermés hermétiquement ; pourtant, quand le jour revint, on banda de nouveau les yeux du prisonnier, et on lui répéta les mêmes menaces, au cas où il tenterait même de soulever le bandeau. Du reste, on le traita bien ; les coffres renfermaient de bons vins et d'excellentes provisions, dont il eut sa part comme les autres. Lorsqu'il était nécessaire de descendre, c'était toujours dans quelque forêt et dans quelque endroit désert, qu'il ne pouvait ni reconnaître ni remarquer. Il lui sembla qu'on avait passé le Rhin, et qu'il gravissait les montagnes. Le soir du deuxième jour (ils montaient depuis longtemps), on s'arrêta à une porte ; il entendit crier une herse et descendre un pont-levis ; on passa sur un fossé d'une grande profondeur : la sonorité du bruit des roues le lui révéla. Bien que la nuit fût complète, on lui avait remis son bandeau. Les chevaux tournèrent dans une vaste cour, la portière s'ouvrit, deux hommes soutinrent le bourreau par les bras, lui firent monter plusieurs marches ; il entendit retomber autour de lui comme des pertuisanes ou des crosses de mousquets.

— Laissez-vous conduire ! reprit une voix inconnue, car il hésitait.

— Souviens-toi de ta promesse ! ajouta son compagnon de voyage, nous tiendrons toutes les nôtres.

Il lui sembla entrer dans un grand vestibule, puis il traversa plusieurs pièces, vastes, noires et voûtées, très-certainement ; enfin on l'introduisit dans une salle immense, et là on lui ôta son bandeau. Cette salle était tendue de noir du haut en bas ; quelques torches l'éclairaient à peine. Des hommes, en costume de magistrats, étaient assis à l'entour sur des espèces de chaises ; ils n'avaient point de masques, mais la lumière était si faible, qu'il était impossible, à la distance où ils se tenaient, de distinguer leurs traits.

A peine le bourreau était-il entré, qu'une femme voilée fut amenée de l'autre côté. Elle était grande, élancée, et certainement jeune. Une longue robe de velours violet, faite comme celle des religieuses, la couvrait tout entière. Elle resta immobile au milieu du cercle, les bras cachés dans les manches, la tête haute, pourtant. Celui qui semblait présider l'assemblée se leva.

— Nous t'avons envoyé chercher, dit-il en allemand, que le bourreau, comme tous les Alsaciens, comprenait, malgré la différence du dialecte ; nous t'avons envoyé chercher pour exécuter une sentence rendue contre cette femme, afin que cette punition fût ignorée de tous, comme le crime qui l'a provoquée. Tu vas remplir tes fonctions, tu vas décapiter cette créature, que les lois humaines ne pouvaient atteindre, et qui est cependant coupable d'un crime irrémissible.

Le bourreau, tout bourreau qu'il fût, était un honnête homme ; il tuait pour le compte de messieurs de Colmar, avec un arrêt signé d'eux, enregistré, paraphé, revu par les gens du roi, avec le grand sceau de la ville et les sceaux fleurdelisés. Ici c'était tout autre chose ; il s'agissait, à ses yeux, d'un assassinat, car il ne pouvait reconnaître l'autorité de ces étrangers, dont le visage même restait pour lui une énigme ; il réunit donc tout le courage de sa conscience, et répondit d'un ton assez ferme :

— Je ne ferai point cela.

Un cliquetis d'épées se fit entendre autour de lui, et lui donna à penser que les robes des juges n'étaient pas aussi pacifiques qu'elles en avaient l'air. Il jeta les yeux sur la condamnée, du reste immobile comme si ce débat eût été pour elle dénué de tout intérêt.

— Tu as promis d'obéir, répéta la voix de celui qui l'avait enlevé, et tu t'es soumis à notre vengeance, si tu reprenais la parole donnée.

— J'ai cru qu'il s'agissait d'un jugement secret, mais régulier. Je ne suis point un assassin. Messieurs, qui que vous soyez, je n'accepte pas votre mandat, je ne toucherai pas à un cheveu de cette femme. D'ailleurs, qu'a-t-elle fait ?

Le président sembla consulter ses collègues du regard, puis il se releva vivement, et s'écria d'une voix tonnante :

— Tu demandes ce qu'a fait cette femme ? Je puis te le dire, et alors tes cheveux se dresseront d'horreur sur ta tête ; alors, tu n'hésiteras plus à devenir l'instrument de notre justice, alors...

— Assez, interrompit la femme, en étendant vers lui son bras, assez ! Vous pouvez me faire mourir, mais vous ne pouvez pas, vous ne devez pas révéler à un homme de cette espèce, ce que vos oreilles ont entendu. Si je suis coupable, punissez-moi ; je me soumets, c'est plus que vous n'avez le droit d'attendre.

Le silence succéda à cette altercation, un silence solennel, glacial, interrompu seulement par le balancier d'une grosse pendule invisible, et qui tout à coup sonna onze heures.

— Il n'y a pas un instant à perdre, recommença le chef ; obéis.

On lui présenta un glaive fort large et très-affilé, assez semblable à ceux des exécuteurs, en Suisse.

— Non, répéta-t-il ; non, faites vous-mêmes, puisque vous condamnez sans titre, exécutez vos sentences.

La victime ne fit toujours pas un mouvement.

— Écoute, dit son premier interlocuteur, tiens-tu à la vie ?

— Oui, pour ma femme et pour ma petite fille, qui n'auraient plus un appui au monde si je leur manquais.

— Eh bien ! choisis ; lorsque l'horloge sonnera le quart, si cette femme n'a pas été décapitée de ta main, tu mourras d'un coup de pistolet tiré par la mienne.

— Eh ! que ne la tuez-vous, alors, si vous vous résignez ainsi à devenir assassin ?

Le juge frémit sous sa longue robe.

— C'est à toi de choisir, continua-t-il.

Le bourreau avait résisté de tout son pouvoir ; il commençait à avoir peur, tout brave homme qu'il fût, et l'attitude de ses persécuteurs lui parut plus effrayante qu'auparavant. Il se résolut pourtant à faire bonne contenance, tant qu'il pourrait. Le balancier marchait toujours ; chaque coup retentissait dans le cœur du malheureux, placé entre le crime et la mort. Un silence morne régnait dans cette salle ; tous étaient immobiles, surtout celle qui fournissait le sujet de la tragédie. Le bourreau se mit à prier en lui-même ; il invoqua la Vierge et les saints, car il était catholique ; le résultat de la prière fut qu'il s'écria :

— Tuez-moi si vous voulez, je n'obéirai point.

— Tu as encore dix minutes pour te décider, répliqua froidement le juge.

Le même silence régna, toujours interrompu par ce balancier inflexible, mesurant la vie de chacun, des heureux comme des misérables. C'était une terrible scène que celle-là. La femme ne faisait pas un mouvement ; lorsque le quart sonna, ce coup de cloche de l'éternité pour elle, elle ne releva même pas la tête, elle était ou bien innocente, ou bien endurcie. Sur un signe du principal personnage, deux subalternes s'avancèrent vers l'exécuteur et lui présentèrent le glaive. Il secoua la tête, et le repoussa de la main, sans avoir la force de parler. Le président prépara son pistolet, il le vit et devint plus pâle encore.

— Mon Dieu, pensa-t-il, voulez-vous que je laisse ici-bas une veuve et un orphelin ?

Soit que cette idée le rattachât à la vie, soit que ses forces de résistance fussent épuisées, en face de l'arme braquée sur lui, il céda.

— Je consens, je consens.

Ces mots, dits d'une voix basse et étranglée, s'entendirent pourtant dans toute la salle. Il prit le glaive, et le toucha de son pouce, pour s'assurer qu'il était bien affilé ; il fit ensuite deux pas en avant. La condamnée restait debout et ne s'agenouilla pas.

— Ne lui donne-t-on pas un prêtre ? dit-il tout à coup en s'arrêtant.

— Remplis ton office, lui fut-il répondu, et ne t'inquiète pas du reste.

— Je ne puis exercer ainsi, il faut que cette dame soit liée.

— Liée, moi ! s'écria-t-elle avec une indicible fierté.

— Attachez les mains de cette femme ! dit la voix impassible du justicier.

Deux hommes s'avancèrent ; elle se redressa de toute sa hauteur :

— Osez-vous bien?

Ces mots arrêtèrent les deux domestiques, ou du moins ceux qui en remplissaient les fonctions.

— Obéissez-moi, reprit le président.

En quelques secondes, la femme fut attachée à un billot qu'on venait d'apporter ; son voile relevé à l'endroit du cou, elle cessa de résister dès qu'elle se vit comprimée, et redevint immobile.

— Frappe, ou... répéta le juge, dirigeant de nouveau son pistolet.

Une sorte de vertige s'empara du bourreau, soit l'amour de la vie, soit la crainte, soit peut-être cet enivrement qui, dit-on, domine les hommes dans certaines circonstances, il leva son sabre, et frappa un coup dont la violence sépara la tête du corps, sans qu'il y eût besoin d'y revenir à deux fois. Il laissa ensuite tomber son arme, et lui, cet homme de fer, accoutumé au sang, servant depuis vingt ans de ministre à la justice humaine, il tomba de toute sa hauteur, évanoui près de la victime qu'il avait sacrifiée. Quand il revint à lui, il était de nouveau enfermé dans le carrosse, le bandeau sur les yeux, enveloppé d'un manteau qui cachait ses habits maculés, et dès qu'il reprit ses sens :

— Voilà ton salaire, lui dit celui qui l'avait amené ; on l'a doublé, parce que tu es un honnête homme.

Le retour se passa de la même manière ; le quatrième jour au soir, il était chez lui. Seulement, on le laissa sur le bord de l'Ill, dans une prairie proche de sa demeure. Il retrouva sa femme bien inquiète, et les magistrats furieux. Ce que je viens d'écrire est copié à peu de chose près sur sa déposition. On nous la lut à cette époque à Strasbourg, chez M. le lieutenant général, et j'obtins la permission d'en prendre un double.

La justice de Colmar fit les recherches les plus actives, et ne découvrit rein. On n'en sut jamais davantage.

Je trace mes souvenirs sur des notes que j'ai prises à cette époque des événements les plus importants, et des choses que je voulais me rappeler. J'y trouve un concert donné par une madame Hizelberg, cantatrice allemande, se rendant à Paris. Elle est première chanteuse du prince-évêque de Franconie. Je ne sais si elle a eu du succès, mais à Strasbourg elle a inspiré peu d'enthousiasme. Il y avait cependant beaucoup de monde à ce concert, et je me rappelle que les femmes élégantes portaient des chapeaux relevés avec des plumes à la Henri IV. J'étais charmée et contente, j'avais appris le matin même la naissance d'Alexandre Paulowitz et l'heureuse délivrance de ma chère princesse, le 20 décembre 1777. Elle m'avait écrit peu temps avant et daignait être satisfaite d'un déshabillé que j'avais pris la liberté de lui offrir à l'occasion de son jour de naissance. Voici cette lettre :

Le $\frac{7}{18}$ novembre 1777.

Ma chère et charmante Lanele ! Recevez mille tendres remercîments, ma chérissime amie, pour vos chères lettres et pour le charmant cadeau que vous avez eu la bonté de me faire pour mon jour de naissance : attention charmante, qui m'a fait le plaisir le plus sensible. Aussi, mon ange, depuis que j'ai ce charmant déshabillé, je n'en porte plus d'autre. Vous voilà donc de retour à Strasbourg. Dieu veuille qu'alors vous jouissiez de la tranquillité et du bonheur que je vous souhaite, et vous serez contente; tout ce que vous me dites de la chère petite Marie, me fait grand plaisir, bientôt j'en pourrai dire autant. Nos enfants seront amis autant que nous le sommes, chère Lanele, c'est du moins ce que je souhaite beaucoup. Ma santé est, grâce à Dieu, bonne, je compte faire mes couches à la mi-décembre, peut-être à la fin [1]; je m'en remets à la divine Providence. Vous savez déjà sans doute que le tableau de M. de Mecheln est arrivé heureusement, et qu'il a trouvé approbation. Je lui ai écrit pour remercier et pour lui demander où il veut qu'on adresse le paiement qui se fera au mois de janvier. Ayez patience, ma chère amie, vous aurez mon portrait, et j'espère qu'à la fin il réussira, puisque je viens de déterrer un peintre qui promet monts et merveilles.

Adieu, mon ange, pardonnez, que ma lettre est courte, j'ai beaucoup à écrire aujourd'hui, et je vous avoue que c'est la seule chose qui m'incommode, puisque tout le sang se porte à la tête. Le plus adorable, le plus dévoué, le plus cher des maris vous fait ses compliments, pour moi je vous embrasse de tout mon cœur et suis à jamais

Votre tendre et fidèle amie,

MARIE.

Mes compliments à votre mari. Ecrivez-moi souvent, mon ange, j'ai un peu besoin de distractions.

La translation du corps du comte de Saxe, du temple neuf à celui de Saint-Thomas eut lieu le 20 août 1777. Les quatre coins du drap funèbre étaient portés par le baron de Wurmser et les comtes de Vaux, de Waldner et de Lausnitz, tous quatre lieutenants généraux. La princesse Christine de Saxe avec sa cour représentait sa famille. Le baron de Gore, son chevalier

---

[1] S. M. accoucha d'Alexandre Paulowitz, le 20 décembre.

d'honneur, portait le cœur du maréchal dans une boîte d'or.

1778. Parmi les lettres que je reçus de mon illustre amie, en voici une qui prouve que son affection influe sur son auguste époux, qui, comme on va le voir, est on ne peut pas plus aimable pour moi.

« Czarkozelo, le $\frac{\text{28 avril}}{\text{9 mai}}$ 1778.

« Ma bien chère, ma bien bonne amie, chère Lanele, je ne saurais vous dépeindre combien votre charmante lettre du 15 avril m'a fait plaisir, et combien je suis charmée et en même temps flattée de savoir que vous m'aimez, et que la longueur de l'absence et l'éloignement n'ont porté nulle atteinte à l'amitié que vous avez pour moi. Je vous embrasse mille fois, pour vous remercier des sentiments que vous me témoignez, chère Lanele, et pour vous dire que mon cœur vous rend sincèrement la pareille, *und dass ich Lanele von ganzem Herzen liebe*[1]. En me faisant montrer dernièrement la liste de mes lettres, je n'en ai pas trouvé une dans laquelle je vous parlais de ce jeune M. de Hahn; je crains alors qu'elle ne se soit perdue. Je vous dirai donc encore ce que j'ai pu faire. Le grand-duc veut le prendre dans son régiment, à condition qu'il consente à entrer un grade plus bas qu'il n'est présentement; ce qui se fait toujours ici, lorsqu'un officier étranger entre au service. Il sera surnuméraire pendant quelque temps, et le grand-duc promet que, s'il se conduit bien et qu'il aime le service, certainement il en aura soin et il fera son chemin.

---

[1] Traduction : Et que j'aime Lanele de tout mon cœur.

(Les lignes qui suivent sont de la main de Son Altesse impériale le grand-duc Paul.)

« L'amitié que ma femme a pour vous, madame, m'offre une occasion favorable de me rappeler à votre souvenir et de vous prier de croire que les sentiments que ma femme a pour vous se sont communiqués à moi, et que je ne désire que pouvoir vous le prouver par quelque chose, étant à tout jamais votre affectionné,

« *Signé :* PAUL. »

« Le grand-duc entre dans ma chambre, me demande à qui j'écris. Je dis que c'est à Lanele. A Lanele? me répond-il, et vite il m'ôte la plume, pour vous écrire cette couple de lignes, et moi, sachant que cela vous fera plaisir, je me laisse ôter plume et papier, et j'attends patiemment qu'il ait fini pour prendre de nouveau mon tour. J'en reviens donc à M. de Hahn ; s'il accepte ces propositions, son départ dépend absolument de lui. . . . .
. . . .

Adieu, chère amie, écrivez-moi bien souvent, et comptez sur votre tendre et fidèle amie.

« *Signé :* MARIE. »

Encore une recommandation, on le voit. Je n'en perdais guère l'occasion, et j'étais presque toujours écoutée. Ces lettres me rendaient bien heureuse, on le conçoit. Ma respectueuse affection pour cette bien-aimée princesse était un des plus chers sentiments de mon cœur.

J'étais alors tout à fait rétablie, et, pour célébrer ma convalescence, M. d'Oberkirch donna un dîner où se trouvaient, avec notre famille et les amis déjà connus, plusieurs personnes dont je n'ai pas parlé, entre autres M. d'Aumont, chef de la brigade du génie, homme de beaucoup d'esprit et d'instruction. Il était en outre de la meilleure compagnie ; nous l'aimions fort et le voyions souvent. Nous avions encore le baron de Lort, maréchal de camp et lieutenant du roi à Strasbourg ; puis le baron de Flachsland, neveu de la douairière de Berckheim, nommé brigadier des armées du roi, le même jour que mon oncle le commandeur de Waldner : il l'a remplacé depuis comme colonel du régiment de Bouillon. Il y a deux branches de Flachsland, celle de la haute Alsace et celle de la basse. La première n'est pas comprise au corps de la noblesse de basse Alsace ; la seconde a résidé à Saverne, et ils étaient seigneurs de Schaffhausen et de Marckenheim. M. de Flachsland est fort distingué de toutes les façons ; il a le plus grand air du monde et un port de tête tout à fait militaire. Il dînait souvent chez moi.

Presque aussitôt après le dîner, nous allâmes faire une visite à mon oncle. Il arrivait de Landau où son régiment de Waldner-Suisse était en garnison. Il en avait ramené plusieurs officiers : M. de Chateauvieux, lieutenant-colonel ; M. de Wech, major ; le baron de Roll, le comte de Paravicini, le baron de Thurn, capitaine ; M. Reizet [1], lieutenant, chevalier de Saint-Louis. Mon oncle recevait beaucoup de monde à Ollwiller, et menait grand train. Il tenait pour ainsi dire table ouverte, et ses chevaux, ses voitures, ses équipages de chasse, annonçaient des habitudes

---

[1] De cette famille était le vicomte de Reizet, lieutenant général, né en 1775, mort en 1836, dont le nom est inscrit sur l'arc de triomphe de l'Étoile.

CHAPITRE V.

de grand seigneur. Le comte de Waldner passait les hivers à Paris et les étés à Ollwiller. La cour et la ville venaient l'y visiter : M. de Choiseul (le ministre), madame la duchesse de Gramont, M. de Stainville et mille autres. Ollwiller était meublé somptueusement, il y avait trente appartements de maîtres, grande chère, jeux et divertissements de toute sorte.

Tous les dimanches, après la parade, le prince Max de Deux-Ponts, colonel du régiment d'Alsace, partait en poste avec plusieurs officiers, et ils venaient passer la journée du lundi à Ollwiller. On leur faisait grande fête ; tous les environs étaient priés. On jouait assez gros jeu et l'on chassait d'ordinaire. Le prince Max était un bourreau d'argent ; le roi Louis XVI avait payé ses dettes, et il en faisait toujours de nouvelles. C'était ce que les hommes appellent un bon vivant. Il aimait la chasse, la table, et, dit-on, les filles d'Opéra, ce qui ne l'empêchait pas d'avoir de grandes manières et d'être du meilleur air à la cour et dans les salons. Il racontait à merveille les choses les plus drôles et les plus difficiles à faire écouter. Le lundi que nous passâmes ensemble à Ollwiller, il fut d'une folie incroyable. Il nous contrefit tout le monde : les acteurs connus, les personnages célèbres, entre autres M. de Voltaire, mort peu de mois auparavant. Il savait toutes les anecdotes légères, l'histoire des demoiselles les plus à la mode et la généalogie de leurs amants. Il nous fit écouter tout cela sans que nous y trouvassions d'inconvenance, tant il était amusant.

L'uniforme de son régiment d'Alsace était tout à fait joli : habit bleu, veste et culotte blanches, collet, parements, revers, doublures rouges, chapeau bordé d'argent. Il avait la meilleure tournure vêtu ainsi. Le prince Max valait infiniment mieux qu'il n'en avait l'air et qu'il ne voulait le laisser croire. Je sais de lui des traits qui l'honorent. Il aimait beaucoup mon frère Godefroy, aide de camp de mon oncle, et le lui prouvait par toute espèce d'attentions.

On avait envoyé à mon oncle une brochure qui nous intéressa beaucoup et que nous lûmes en famille dès que le prince Max et tous ses brillants états-majors nous eurent quittés. Elle était intitulée : *Dialogues sur l'état civil des protestants de France.* C'est un corollaire de la proposition faite au parlement en leur faveur. Bien que nous fussions désintéressés dans la question en Alsace, puisque nous jouissions des priviléges particuliers accordés lors de la réunion à la France, nous nous en occupions beaucoup. M. Necker employa toute sa faveur et y mit un grand zèle, sans pouvoir réussir à cette époque.

CHAPITRE VI

Le nouvel hôtel de ville à Montbéliard. — *Les Rêveries.* — Le comte Sigismond de Wurmser. — Il passe au service d'Autriche. — Musique envoyée au grand-duc de Russie. — Lettre de Paul Petrowitz. — Aventure du baron de Hahn. — Le prince Louis de Rohan. — Naissance de Constantin Paulowitz. — Madame de Schack. — Mariage du prince de Nassau-Saarbruck et de la princesse de Montbarey. — Un mari de douze ans. — Du comté de Saarbruck. — Vers. — M. de Dietrich. — Fêtes au château de Reishoffen. — Le drôle de mari.

J'étais depuis longtemps absente de Montbéliard ; j'y retournai avec un grand plaisir. L'illustre famille qui y résidait était devenue nécessaire à mon bonheur ;

je ne pouvais me passer d'elle, et puis madame la duchesse me réclamait pour parler de sa fille chérie, pour en parler comme elle le sentait elle-même, et mieux que tout autre j'étais à même de la comprendre. M. d'Oberkirch ne vint pas avec moi, mais il vint m'y rejoindre.

La première chose que l'on me fit voir, ce fut le nouvel hôtel de ville, remplaçant celui qui avait été démoli deux ans auparavant. Il a coûté plus de quatre-vingt mille livres, et fait beaucoup d'honneur à M. Laguépierre qui l'a construit. Le magistrat y avait tenu séance la veille pour la première fois. Je vis avec plaisir qu'on avait conservé les anciens vitraux, et qu'on les avait replacés avec soin. Ils portent les armes de Montbéliard, et produisent un très-bon effet dans les salles.

Lorsque j'arrivai, malgré la saison avancée, Son Altesse royale était aux *Rêveries*, charmant lieu de plaisance qu'elle s'était créé sur la route de Delle, qui conduit d'abord à Étupes et à Exincourt, à l'entrée du petit bois de Sochaux. Le mur du midi est caché par des plantations et par une rangée de peupliers qui bordent la route. Au nord, les *Rêveries* sont entourées par un canal qu'alimentent les eaux de l'*Allan* et de la *Savoureuse*. Le bosquet est orné de statues et de vases ; on y trouve mille sentiers tournants, des fleurs, des ruisseaux, de charmantes pelouses ; dans le pavillon, deux cabinets pour se reposer, et un salon.

La princesse aimait beaucoup ce lieu, et elle y allait souvent. Mon parti fut bientôt pris de l'y surprendre ; elle ne m'attendait pas. Je résistai à toutes les observations, et, par un beau soleil de novembre, je me mis en route. Son Altesse royale poussa un cri en me reconnaissant, et vint à moi les bras ouverts. Son premier mot fut pour sa fille. Ma subite apparition lui fit craindre une mauvaise nouvelle. La grande-duchesse de Russie était grosse pour la seconde fois, et s'en effrayait beaucoup ; elle nous l'avait écrit à tous. J'eus bien de la peine à rassurer sa mère. Enfin, lorsqu'elle fut bien certaine que je venais seulement pour la voir et passer quelque temps avec elle, elle eut la bonté de s'en montrer joyeuse et de m'en remercier.

— En récompense de votre visite, chère Lanele, je vous apprendrai, moi, une bonne nouvelle : le comte Sigismond de Wurmser vient d'être nommé lieutenant général par l'empereur Joseph II [1].

C'était, en effet, une bonne nouvelle, et j'aurais voulu l'apprendre de suite à mon père qui en aurait été charmé. Le comte de Wurmser, notre parent, suivit son père en Autriche, quelques années auparavant. Son éclatante bravoure s'était montrée, dès sa première jeunesse, au service de France. D'abord capitaine de cavalerie dans Royal-Allemand, puis lieutenant-colonel de Royal-Nassau, à la création de ce régiment en 56, il fut blessé l'année suivante à la bataille de Rosbach. Brigadier et colonel des volontaires de Soubise en 61, il a encore été blessé près de Friedberg en 62. Plus tard il leva un corps de hussards de son nom, avec lequel il passa au service de l'impératrice-reine. Elle lui donna, dès son début, la clef de chambellan, et depuis le créa comte du Saint-Empire et général-major. Il était adoré des soldats, par sa

---

[1] Dagobert Sigismond, comte de Wurmser, né en Alsace en 1724, mort en 1797. Il emporta les lignes de Wissembourg sur Custine en 1793, et lutta en Italie contre Bonaparte en 1796. Pendant la guerre de la succession de Bavière, il avait commandé un corps d'armée en Bohême et battait, le 18 janvier de cette année 1779, les Prussiens à Halberschwerdt, puis à Naschod. Il était oncle à la mode de Bretagne de madame d'Oberkirch.

bonté et sa générosité ; son caractère chevaleresque fait le plus grand honneur à son nom. Nous l'aimions fort dans la famille; on assure qu'il ira très-loin dans la renommée.

Nous parlâmes deux jours de cette nomination, et nous en fûmes distraits par un envoi de musique que je fis venir pour l'offrir au grand-duc de Russie qui en raffolait. Madame la duchesse était triste. Nous soupirâmes toutes deux, en pensant que ces feuilles de papier retrouveraient celle dont nous pleurions sans cesse l'absence, et que nous ne la reverrions pas de longtemps, jamais peut-être.

Cette musique fit plaisir à S. A. I. apparemment, car elle me valut la charmante lettre que voici :

« Saint-Pétersbourg, ce $\frac{3}{14}$ février 1779.

« Madame, je suis bien reconnaissant pour la musique que vous avez bien voulu m'envoyer. Je n'ai pas eu occasion de l'entendre, mais je suis sûr qu'elle ne peut manquer d'être agréable par la conviction que j'ai du goût de celle qui l'a choisie. D'ailleurs, madame, vous avez un titre bien puissant pour ajouter au prix des choses, qui est le titre d'amie de celle qui fait tout mon bonheur ; avec ce titre, vous êtes sûre de la réussite avec moi. Je suis au désespoir, madame, de voir que l'aventure du baron de Hahn a pu vous causer du déplaisir, et que vous ayez pu croire que son étourderie ait fait une impression quelconque, par rapport à la personne qui l'a recommandé. Si j'ai raison d'être fâché de cette aventure, ce n'est qu'eu égard au déplaisir qu'elle a pu vous faire, et que vous me marquez dans votre lettre, madame. D'ailleurs, j'ai déjà une lettre de M. de Hahn, où il est tout repentant. Qu'il ne soit plus question de cette aventure, et permettez-moi de me dire votre fidèle.

« *Signé :* PAUL. »

Mon protégé était le jeune baron de Hahn. On a vu que la baronne de Hahn, née de Lieven, femme du baron de Hahn, colonel de cavalerie [1], avait représenté au baptême de ma fille madame la landgrave de Hesse-Cassel comme marraine. Ce jeune homme, frère cadet du colonel, était major au service de France, il désira entrer à celui de Russie. J'écrivis à madame la grande-duchesse, on a vu sa réponse. M. de Hahn ne voulut pas accepter la condition, et me mit par là dans la position la plus désagréable. Il devait cependant savoir que c'était la coutume. Tout le monde trouva ce procédé très-mauvais de sa part ; j'écrivis au grand-duc pour lui en faire mes excuses. Voici une lettre que madame la grande-duchesse m'écrivait à ce sujet :

Le $\frac{8}{19}$ décembre 1778.

Ma chère et charmante Lanele que j'aime de tout mon cœur, premièrement je vous embrasse de tout mon cœur, secondement je vous remercie mille fois pour vos jolies lettres, et troisièmement j'ai le chagrin de vous annoncer que votre M. de Hahn s'est conduit aussi ridiculement que possible. Je vais vous faire le détail, ou plutôt l'énumération de ses fautes. L'instant que nous savons son arrivée, nous lui fixons le jour pour qu'il vienne dans nos chambres intérieures. Nous le recevons le plus poliment possible ; après bien des questions qui regardaient ma chère Lanele,

---

[1] Les Hahn sont d'une famille de Livonie.

nous entrons en matière. Il débute par dire qu'il était major, et qu'il désirait beaucoup entrer comme capitaine; là-dessus nous lui représentons qu'il s'était engagé comme lieutenant surnuméraire, mais qu'il n'y perdrait rien, et que certainement nous aurions soin de lui. Il allègue son peu de fortune. Nous lui demandons à combien montent ses revenus, il nous dit à cent ducats, nous lui jurons qu'il serait le plus riche de tout le régiment; tout cela n'est de rien, et il finit par dire tout bonnement que des affaires de famille pressantes exigeaient son retour. Nous très-stupéfaits de cette réponse, nous lui disons que pour ne rien précipiter, nous lui donnerons quelques jours pour y réfléchir. Ces jours passés il revient, et dit qu'absolument il ne peut pas servir, et que ses affaires de famille le rappelaient chez lui. Nous l'avons exhorté, nous lui avons dit que cette conduite vous déplairait bien fort, mais il est toujours resté ferme dans sa volonté, et il est parti : et avouez, mon cœur, que ce jeune homme en a agi très-inconséquemment. Il m'avait porté une lettre de ton frère. Je vous envoie ci-joint ma réponse, sous cachet volant, pour que vous puissiez la lire. Vous y verrez que j'y ai fait dire les choses de la manière la plus polie que possible.

« J'aurais ardemment souhaité de me trouver au dîner que vous avez donné à mon adorable père, j'aurais embrassé les genoux du cher papa et je me serais jetée au col de ma chère Lanele. Adieu, mille et mille fois je suis,

« Tout à toi,

« votre fidèle amie,

« MARIE. »

« Envoyez-moi de grâce les excuses que ce jeune homme alléguera. »

Je passai l'hiver à Strasbourg, et j'y étais le 11 mars, au moment de l'intronisation du prince Louis de Rohan, succédant au siége du cardinal Constantin, son oncle, dont il était le coadjuteur. C'était un fort grand seigneur, pour qui les domaines de l'évêché en France et en Allemagne n'étaient, disait-il, qu'une bague au doigt. Quel anneau pastoral ! Son chapitre, composé de douze chanoines et de douze domicellaires, alla le recevoir à la porte de sa splendide cathédrale. Né en 1734, jeune encore par conséquent, il était fort beau sous ses riches ornements. Je l'ai souvent rencontré, et j'aurai occasion d'en reparler encore.

Je retournai au printemps à Montbéliard, pour y fêter l'heureuse nouvelle de la naissance du grand-duc Constantin Paulowitz, venu au monde le 8 mai. Son adorable mère était bien souffrante, et nous en avions ici de cruelles inquiétudes. Heureusement elles se dissipèrent, et nous pûmes vivre tranquillement tout cet été, que je passai presque en entier à Étupes. L'absence de la princesse Marie-Fœderowna se faisait sentir, la gaieté n'était plus aussi expansive ; les princesses ses sœurs étaient moins rieuses qu'elle, et la baronne de Borck était un peu moins tourmentée. Cependant elle nous amusait encore souvent au reversis, lorsqu'elle faisait des signes au baron d'écarter quinola. Nous avions acquis une personne d'un tout autre genre, madame de Schack, une des dames de la duchesse[1]. Elle était pleine d'esprit et d'instruction, d'une pénétration et d'une finesse dignes d'un plus grand théâtre. Elle observait et voyait tout, sans rien dire, car elle parlait à peine ; le baron de Maucler,

---

[1] Elle avait remplacé mademoiselle de Schilling, laquelle avait suivi madame la grande-duchesse en Russie où elle épousa le baron de Benckendorf. Madame la princesse de Lieven est sa fille.

gouverneur des jeunes princes, avec lequel j'en parlais souvent, ne l'aimait point à cause de cette grande réserve.

Il se fit au mois d'octobre de cette année, un mariage dont tout le monde se crut le droit de causer. Le prince de Nassau-Saarbruck fit épouser à son fils, âgé de douze ans, mademoiselle de Montbarey qui en avait dix-huit. On s'étonna de ce mariage, non parce qu'il était protestant et elle catholique, ces unions mixtes étant très-fréquentes dans ce pays-ci, mais à cause de l'âge du prince. La jeune personne retourna du reste auprès de ses parents aussitôt la cérémonie faite, et elle y restera jusqu'à ce que son mari puisse l'être réellement. Mademoiselle de Montbarey est la fille de l'ancien ministre de la guerre. Il avait été choisi par le comte de Saint-Germain, Franc-Comtois comme lui, pour adjoint à ce même ministère, dans lequel il devait lui succéder. Comme il est fort adroit, il a tiré un excellent parti de sa position : il s'est fait créer prince du Saint-Empire, grand d'Espagne, chevalier de l'ordre et grand-bailli de Haguenau. Sa femme a été d'une grande beauté : un teint admirable, pour dents des perles, un joli sourire et des yeux veloutés, caressants, en faisaient la plus charmante personne du monde. On l'accuse d'avoir eu le cœur trop tendre ; pourtant elle est généralement aimée, et a joui avec goût et sagesse de la position de son mari.

C'était un fort grand mariage que celui du prince de Nassau-Saarbruck avec mademoiselle de Montbarey. Le comté de Saarbruck, ainsi que celui de Saarwerden, ont été cédés à la France avec nombre de terres et seigneuries immédiates en 1680, par suite de l'interprétation du traité de Westphalie. Pour dédommager le comte de Nassau-Saarbruck, l'empereur, par

11.

ettres patentes du 4 août 1688, l'éleva à la qualité de prince du Saint-Empire.

On célébra de toutes les manières les jeunes époux. Voici des vers adressés à la princesse par un poëte de salon ; on les répandit avec profusion pendant les fêtes du mariage, j'en ai gardé une copie.

> Vous partez, vous allez loin de votre patrie
> Passer des tendres mains d'une mère chérie,
> Dans *les avides* bras d'un époux *enchanté.*
> Déposant un fardeau si cher, si regretté,
>   L'une l'arrosera de larmes ;
>   L'autre, possesseur de vos charmes,
>   Sera de plaisir transporté.
> Dans ce monde admirable ainsi tout se compense ;
>   Votre beauté mettait en France
>   Mille esclaves à vos genoux ;
> Sur de nouveaux sujets, par votre bienfaisance,
> Vous allez exercer un empire plus doux.
>   Ici l'on vous aurait haïe,
>   Se voyant toujours dédaigner,
>   Là vous serez toujours chérie.
> D'une ou d'autre façon il vous faudra régner.

Ces vers sont assez plats, mais je les cite parce qu'ils nous amusèrent. Il faut songer que cet époux *enchanté, transporté de plaisir, possesseur de ses charmes,* était un bambin de douze ans, qui pleurait du matin au soir, furieux d'être l'objet de la curiosité de tous, fuyant sa femme, la repoussant même avec une brusquerie d'enfant mal élevé, et n'ayant aucune envie de réclamer des droits qu'il ne comprenait pas. Madame de Montbarey oublia son esprit ordinaire, en faisant parade de ces vers ; il eût été plus convenable de les cacher.

M. de Dietrich, qui avait acheté la seigneurie de Reishoffen, (ou Reichshofen) près de Haguenau, en 1761, lorsqu'on la confisqua sur le prince de Vaudémont, fit reconstruire le château en 1769. Cette terre portait le nom d'une ancienne famille d'Alsace, entièrement éteinte [1]. Le prince régnant de Nassau-Saarbruck y accepta des fêtes brillantes pour célébrer le mariage de son fils avec la princesse Maximilienne de Montbarey. On y convia toute la province, toutes les cours environnantes; ce fut magnifique. Les chasses, les repas, les promenades en voiture durèrent trois jours. M. d'Oberkirch et moi nous nous y rendîmes. J'y rencontrai beaucoup de personnes de ma connaissance, tant allemandes que françaises. Le marié ne voulut pas danser avec sa femme, au bal; il fallut lui promettre le fouet s'il continuait à crier comme une chouette, et lui donner au contraire un déluge d'avelines, de pistaches, de dragées de toutes sortes, pour qu'il consentît à lui donner la main au menuet. Il montrait une grande sympathie pour la petite Louise de Dietrich, jolie enfant plus jeune encore que lui, et retournait auprès d'elle aussitôt qu'il parvenait à s'échapper. C'était là cet époux dont les *avides bras* s'ouvraient pour la jeune princesse. Je ne puis dire combien nous avons ri de ces exagérations et de la figure de ce petit bonhomme.

Mon frère avait entrepris de le consoler, et il lui montra des gravures dans un grand livre; il s'y trouva une procession et une noce de je ne sais qui. Lorsqu'il aperçut ce mot: *les noces*, il referma vite la page, et dit à mon frère :

— Otez-moi cela, monsieur; les noces ! je n'ai

[1] Jacques de Reichshoffen, prieur de Saint-Thomas, mort en 1520, était le dernier de sa famille.

que faire de les voir, c'est trop ennuyeux, et tenez, ajouta-t-il en montrant une grande figure, voilà qui ressemble à mademoiselle de Montbarey.

Quel doux pronostic d'avenir !

CHAPITRE VII.

1780. Le commandeur de Waldner fait maréchal de camp. — La cour de Montbéliard en deuil. — Conversation avec l'abbé Raynal. — Colère de madame Hendel. — Lettre de la grande-duchesse de Russie. — Madame de Benckendorf. — Le comte de Cagliostro à Strasbourg. — Visite au cardinal de Rohan. — Sa résidence de Saverne. — Sa magnificence. — Obélisque qu'il fait élever à Turenne. — Le comte de Cagliostro. — Accueil qu'il reçoit. — Mes rapports avec lui. — Prédictions. — Mort de Marie-Thérèse. — Courages. — Vers.
1781. Départ pour Montbéliard. — MM. de Wangen et de Wittinghoff. — Mariage de la princesse Frédérique. — Le prince coadjuteur de Lubeck. — De la ville et du chapitre de Lubeck. — Arrivée de l'empereur à Montbéliard. — Je soupe avec S. M. — But de son voyage. — Mariage du grand-duc de Toscane avec la princesse Élisabeth. — Confidence de la duchesse de Montbéliard. — La landgrave de Hesse-Cassel. —. La princesse Antoinette me prend en amitié. — Départ. — Dîner chez le cardinal de Rohan. — Encore Cagliostro. — Extravagance de quelques femmes. — Foi du cardinal en Cagliostro. — Confidences. — Réflexions.

1780. Mon oncle, le commandeur de Waldner, fut compris dans la promotion du 1er mars 1780 comme maréchal de camp. J'appris cette nouvelle au moment où je partais pour me rendre à Montbéliard. J'y devais passer seulement une semaine, M. d'Oberkirch soupirant après Strasbourg ; il préférait cette ville à nos autres résidences. Nous trouvâmes la cour de Montbéliard en deuil. Madame la princesse de Montbéliard avait perdu la duchesse régnante de Wurtemberg, princesse de Brandebourg-Bareuth, morte à quarante-huit ans, fille du margrave Frédéric et de la princesse Frédérique de Prusse, sœur du grand Frédéric. Elle était par conséquent à la fois belle-sœur et cousine germaine de la duchesse de Montbéliard. On la regretta peu ; c'était une personne étrange, depuis longtemps séparée de son mari, dont elle n'eut qu'une fille, morte en bas âge. Elle ne put rendre heureux ni le duc Charles, ni ceux qui l'approchaient. On n'en prit pas moins la laine, comme pour une mère, et nous nous privâmes de tout divertissement.

J'obtins de M. d'Oberkirch de me laisser tout l'été à Montbéliard, contre son intention première ; j'y fis venir ma fille, dont la princesse raffolait, peut-être à cause de sa marraine. Au mois d'octobre, le prince Frédéric-Guillaume, l'aîné de ses fils, épousa la princesse Auguste de Brunswick-Wolfenbuttel. Il était entré comme colonel au service de Prusse, et devint major général pendant la guerre de la succession d'Autriche. Ses parents furent heureux de cette alliance. Madame la duchesse était si bonne mère, elle ne vivait que pour ses enfants, et s'en occupait sans cesse. Jamais on ne vit famille plus unie.

Un mois après ce mariage, en novembre, nous eûmes une visite dont je me serais bien passée, mais que je ne veux point laisser dans l'oubli, puisqu'il s'agit d'un personnage célèbre : c'était l'abbé Raynal. Il arrivait de Genève, où il venait de faire imprimer une nouvelle édition de son *Histoire philosophique des Indes*, qui lui a fait une si grande réputation. C'était un homme d'environ soixante-cinq ans, qui me parut fort laid ; peut-être était-ce un effet de la prévention. Comme cela m'arrive toujours avec ceux qui me déplaisent, il ne manqua pas de s'accrocher à moi et de m'accabler de dissertations religieuses et politiques, sous prétexte que j'avais l'esprit sérieux et que je savais le comprendre; tout cela avec l'accent de Pézenas, sa patrie, qu'il conservait dans toute sa pureté. Il était impossible de gasconner d'une façon plus désagréable. Voyant que je ne répondais rien à tous ses paradoxes, il interrompit son discours tout à coup, et me demanda :

— Est-ce que vous n'êtes point philosophe, madame la baronne ?

— Je n'ai point cet honneur, monsieur l'abbé.

— Vous êtes au moins très-convaincue de l'absurdité de certaines doctrines ?

— Monsieur l'abbé, ne discutons pas ensemble, nous ne nous entendrions pas. Grâce à Dieu, je suis bonne protestante, et je ne me mêle point des affaires des athées. Ma conscience me suffit.

— Ah! si vous êtes protestante, madame, c'est différent, il n'y a rien à faire avec vous.

Il me tourna le dos et ne m'adressa plus la parole : j'y gagnai le repos. A Montbéliard, on accueillait toutes les célébrités, quelles qu'elles fussent, sauf à ne pas approuver les opinions qu'on ne partageait pas. L'abbé Raynal réussit peu [1]. Il effaroucha les jeunes princesses, et madame Hendel ne put jamais lui pardonner de lui avoir offert un mauvais livre de je ne sais quelle académie.

— Si j'avais su cela d'avance, disait-elle en furie, je lui aurais fait donner une taie d'oreiller de coton.

C'était là sa punition rigoureuse. Elle prétendait

---

[1] « L'abbé Raynal faisait taire tout le monde pour être mieux entendu, puis disait : *C'est joli, l'avez-vous bien compris ?* » (Mémoires du comte d'Allonville, t. I, p. 376.)

qu'on ne dormait pas sur la toile des Indes, nouveauté à laquelle elle ne s'accoutumerait jamais. Elle n'en souffrait que quelques-unes, comme punition, je le répète, dans la maison de Monseigneur; encore, voyaient-elles rarement le jour. J'appris sa colère de sa propre bouche, un matin qu'elle m'apporta une lettre de ma chère princesse, que je vais transcrire ici.

Saint-Pétersbourg, ce $\frac{14}{25}$ novembre 1780.

« Ma chère, ma bonne amie Lanele, la générale Benckendorf, gouvernante de mes enfants, m'a instamment priée de vous faire parvenir cette lettre. Elle vous conjure de l'envoyer à sa belle-fille [1]. Cette lettre contient deux mille roubles en lettres de change, qu'elle envoie à son fils. Elle vous conjure encore d'en faire mystère à Montbéliard. Vous voudrez bien me garder aussi le secret, ma chère amie ; j'ose compter sur votre discrétion. La chère me supplie tous les jours, au nom de Dieu, d'accélérer le retour de son fils ; mais, en conscience, je ne puis m'en mêler. J'ai écrit à Tille qu'elle fasse ce que sa conscience demandera d'elle, et que, absente comme présente, elle sera toujours mon amie chérie. Tout ceci m'inquiète, et que je plains ma pauvre, ma bonne maman ! Au nom de Dieu, chère Lane, au nom de notre amitié, soyez souvent chez elle, engagez-y votre mari ; vous savez que vous êtes regardée chez nous comme l'enfant de la maison. La petite Marie vous suit toujours, et vous serez au sein de l'amitié et dans une maison dont tous les êtres vous chérissent si infiniment. De grâce, écri-

---

[1] Madame de Benckendorf née de Schilling. Son mari était arrivé à Montbéliard en juin (lettre du $\frac{5}{16}$ juin 1780).

vez-moi bientôt ; ma chère Lane me néglige, et n'aime plus aussi tendrement sa sincère amie

« Marie. »

« J'embrasse ma petite filleule. Le grand-duc vous fait ses compliments. Mes enfants se portent au mieux. Eux et leur père font ma félicité, mais c'est aussi la seule que je trouve dans ce tourbillon du grand monde. »

Ce n'est pas ici le lieu de raconter le sujet des inquiétudes de la grande-duchesse. Je parlerai plus tard de cette madame de Benckendorf et de son fils. La princesse savait que j'allais retourner pour l'hiver chez moi, et elle me conjurait de quitter sa mère le moins possible ; mon inclination m'y portait de reste, mais j'étais tenue à rester pourtant quelque temps à Strasbourg : le rang que j'y occupais m'en faisait une loi. En y arrivant, à la fin de novembre, nous trouvâmes toutes les têtes occupées d'un charlatan devenu célèbre, qui commençait alors avec une rare adresse les jongleries qui lui ont fait jouer un rôle si étrange. Je vais en dire ce que j'en ai vu, avec sincérité, laissant à mes lecteurs à juger ce que je n'ai pû comprendre.

Aussitôt après notre arrivée, nous fûmes rendre nos devoirs à Son Éminence le cardinal de Rohan, prince-évêque de Strasbourg. Il revenait d'un voyage de l'autre côté du Rhin, où il était allé visiter ses domaines. C'est le troisième ou même le quatrième cardinal du nom de Rohan qui soit évêque de Strasbourg, de sorte qu'il regarde un peu les terres de l'église comme lui appartenant par droit d'héritage. Il a bâti et arrangé à Saverne une des plus charmantes résidences du monde. C'est un beau prélat, fort peu dévot, fort adonné aux femmes ; plein d'esprit et d'amabilité, mais d'une faiblesse, d'une crédulité qu'il a expiées bien cher, et qui a coûté bien des larmes à notre pauvre reine dans la misérable histoire du collier.

Son Excellence nous reçut dans son palais épiscopal, digne d'un souverain. Il menait un train de maison ruineux et invraisemblable à raconter. Je ne dirai qu'une seule chose, elle donnera l'idée du reste. Il n'avait pas moins de quatorze maîtres d'hôtel et vingt-cinq valets de chambre. Jugez! Il était trois heures de l'après-midi, la veille de l'octave de la Toussaint, le cardinal sortait de sa chapelle, en soutane de moire écarlate et en rochet d'Angleterre d'un prix incalculable. Il avait une aube des grandes cérémonies quand il officiait à Versailles, en point à l'aiguille, d'une telle richesse qu'on osait à peine les toucher. Ses armes et sa devise étaient disposées en médaillons au-dessus de toutes les grandes fleurs ; on l'estimait plus de cent mille livres. Ce jour-là, nous n'avions que le rochet d'Angleterre, un de ses moins beaux, disait l'abbé Georgel, son secrétaire. Le cardinal portait à la main un missel enluminé, meuble de famille d'une antiquité et d'une magnificence uniques ; les livres imprimés n'étaient pas dignes de lui.

Il vint au-devant de nous avec une galanterie et une politesse de grand seigneur que j'ai rarement rencontrées chez personne. Il s'informa de nous, des princes de Montbéliard, de la grande-duchesse de Russie, comme si cela eût été son unique affaire. Il nous raconta son voyage avec mille détails intéressants ; je me souviens entre autres qu'il nous parla de Salzbach, le lieu où fut tué le maréchal de Turenne.

— La pensée m'est venue, nous dit-il, d'élever un monument à ce grand homme ; j'ai donc acheté le champ où un boulet le frappa, et avec lui la fortune de la France, pour y faire construire une pyramide. Je ferai bâtir à côté une maison pour y établir un gardien, un vieux soldat invalide du régiment de Turenne ; je désire que ce soit de préférence un Alsacien. La pyramide aura vingt-cinq pieds de haut et sera entourée de lauriers, garantis des passants par une grille en fer. Que vous semble de ce projet, madame la baronne ?

Nous assurâmes Son Éminence qu'il était tout à fait patriotique. Une conversation intéressante commença alors ; j'y prenais un vrai plaisir : le cardinal était fort instruit et fort aimable. Elle fut interrompue tout à coup par un huissier qui, ouvrant les deux battants de la porte, annonça : — Son Excellence M. le comte de Cagliostro !

Je tournai promptement la tête. J'avais entendu parler de cet aventurier depuis mon arrivée à Strasbourg, mais je ne l'avais pas encore rencontré. Je restai stupéfaite de le voir entrer ainsi chez l'évêque, de l'entendre annoncer avec cette pompe, et plus stupéfaite encore de l'accueil qu'il reçut. Il était en Alsace depuis le mois de septembre, et il y faisait un bruit incroyable, prétendant guérir toutes sortes de maladies. Comme il ne recevait pas d'argent, et qu'au contraire il en répandait beaucoup parmi les pauvres, il attirait la foule chez lui, malgré la non-réussite de sa panacée. Il ne guérissait que ceux qui se portaient bien, ou du moins ceux chez lesquels l'imagination était assez forte pour aider le remède. La police avait les yeux sur lui, elle le faisait épier d'assez près, et il affectait de la braver. On le disait Arabe ; cependant son accent était plutôt italien ou piémontais. J'ai su depuis qu'en effet il était de

Naples. A cette époque, pour frapper l'esprit du vulgaire, il affectait des bizarreries. Il ne dormait que dans un fauteuil et ne mangeait que du fromage.

Il n'était pas absolument beau, mais jamais physionomie plus remarquable ne s'était offerte à mon observation. Il avait surtout un regard d'une profondeur presque surnaturelle ; je ne saurais rendre l'expression de ses yeux : c'était en même temps de la flamme et de la glace ; il attirait et il repoussait ; il faisait peur et il inspirait une curiosité insurmontable. On tracerait de lui deux portraits différents, ressemblants tous les deux et aussi dissemblables que possible. Il portait à sa chemise, aux chaînes de ses montres, à ses doigts, des diamants d'une grosseur et d'une eau admirables; si ce n'était pas du strass, cela valait la rançon d'un roi. Il prétendait les fabriquer lui-même. Toute cette friperie sentait le charlatan d'une lieue.

A peine le cardinal l'aperçut-il, qu'il courut au-devant lui, et pendant qu'il saluait à la porte, il lui dit quelques mots que je ne cherchai pas à entendre. Tous les deux revinrent vers nous; je m'étais levée en même temps que l'évêque, mais je me hâtai de me rasseoir, ne voulant pas laisser croire à cet aventurier que je lui accordais quelque attention. Je fus bientôt contrainte à m'en occuper, néanmoins, et j'avoue en toute humilité, aujourd'hui, que je n'eus pas à m'en repentir, ayant toujours beaucoup aimé l'extraordinaire.

Son Éminence trouva le moyen, au bout de cinq minutes, et quelque résistance que j'y fisse, ainsi que M. d'Oberkirch, de nous mettre en conversation directe; elle eut le tact de ne pas me nommer, sans quoi je serais partie sur-le-champ, mais elle le mêla dans nos propos et nous dans les siens ; il fallut bien se répondre. Cagliostro ne cessait de me regarder ; mon mari me fit signe de partir ; je ne vis pas ce signe, mais je sentis ce regard entrant dans mon sein comme une vrille, je ne trouve pas d'autre expression. Tout à coup il interrompit M. de Rohan, lequel, par parenthèse, s'en pâmait de joie, et me dit brusquement :

— Madame, vous n'avez pas de mère, vous avez à peine connu la vôtre, et vous avez une fille. Vous êtes la seule fille de votre famille, et vous n'aurez pas d'autre enfant que celle que vous avez déjà.

Je regardai autour de moi, si surprise, que je ne suis pas revenue encore d'une telle audace s'adressant à une femme de ma qualité. Je crus qu'il parlait à une autre, et je ne répondis pas.

— Répondez, madame, reprit le cardinal d'un air suppliant.

— Monseigneur, madame d'Oberkirch ne répond qu'à ceux qu'elle a l'honneur de connaître sur pareilles matières, répliqua mon mari d'un ton presque impertinent ; je craignis qu'il ne manquât de respect à l'évêque.

Il se leva et salua d'un air hautain ; j'en fis de même. Le cardinal, embarrassé, accoutumé à trouver partout des courtisans, ne sut quelle contenance tenir. Cependant il s'approcha de M. d'Oberkirch (Cagliostro me regardait toujours), et lui adressa quelques mots d'une si excessive prévenance, qu'il n'y eut pas moyen de s'y montrer rebelle.

— M. de Cagliostro est un savant qu'il ne faut pas traiter comme un homme ordinaire, ajouta-t-il ; demeurez quelques instants, mon cher baron ; permettez à madame d'Oberkirch de répondre, il n'y a là ni péché, ni inconvenance, je vous le promets, et d'ailleurs, n'ai-je pas des absolutions toutes prêtes pour les cas réservés ?

— Je n'ai pas l'honneur d'être de vos ouailles, monseigneur, interrompit M. d'Oberkirch avec un reste de mauvaise humeur.

— Je ne le sais que trop, monsieur, et j'en suis marri; vous feriez honneur à notre Église. Madame la baronne, dites-nous si M. de Cagliostro s'est trompé, dites-nous-le, je vous en suplie.

— Il ne s'est point trompé dans ce qui concerne le passé, répliquai-je, entraînée par la vérité.

— Et je ne me trompe pas davantage en ce qui concerne l'avenir, répondit-il d'une voix si cuivrée qu'elle retentissait comme une trompette voilée de crêpe.

Il faut bien que je l'avoue, j'eus en ce moment un irrésistible désir de consulter cet homme, et la crainte de contrarier M. d'Oberkirch, dont je savais l'éloignement pour ces sortes de momeries, put seule m'en empêcher. Le cardinal restait bouche béante ; il était visiblement subjugué par cet habile jongleur, et ne l'a que trop prouvé depuis. Ce jour-là restera irrévocablement gravé dans ma mémoire. J'eus de la peine à m'arracher à une fascination que je comprends difficilement aujourd'hui, bien que je ne puisse la nier. Je n'en ai pas fini avec Cagliostro, et ce qui me reste à dire de lui est au moins aussi singulier et plus inconnu encore. Il prédit d'une manière certaine la mort de l'impératrice Marie-Thérèse, à l'heure même où elle rendait le dernier soupir. M. de Rohan me le dit le soir même, et la nouvelle n'arriva que cinq jours après. Ce fut une immense perte que celle de cette grande souveraine. Si elle vivait encore, les choses n'en seraient pas en France où elles en sont ; elle dominait l'Europe par son génie. Elle et Catherine II, la Sémiramis du Nord, n'ont point eu d'égaux parmi les monarques de ce siècle, si ce n'est Frédéric de Prusse. Marie-Thérèse mourut avec un courage héroïque ; elle fut sublime de résolution et de présence d'esprit. Elle voulut connaître au juste le moment de sa fin. Son fils, l'empereur Joseph II, s'évanouit en entendant l'arrêt prononcé par le premier médecin. L'impératrice le soutint, le consola, lui donna les conseils et les instructions nécessaires. Elle s'occupa jusqu'au bout de ses actes de souveraineté, et dicta avec une netteté incroyable des lettres à son auguste fils, pour tout régler dans l'empire, et lui ôter tout embarras. On mit ces vers au bas de son portrait :

> Cette merveille de notre âge,
> A de son sexe la beauté,
> Du nôtre elle a tout le courage,
> Elle a des dieux la majesté.

1781. Je partis pour Montbéliard au mois de mars 1781, à ma grande joie ; je n'avais pu y retourner de l'hiver, la santé de ma fille demandant de trop grands ménagements. J'emmenai avec moi dans mon carrosse le baron de Wangen dont j'ai déjà parlé ; il avait été nommé lieutenant général l'année dernière, ainsi que le baron de Wittinghoff qui commandait le régiment de Hesse-Darmstadt, et que nous emmenâmes également. Il fut maréchal de camp de la même promotion : c'était un militaire distingué. Né en Courlande, en 1722, il quitta le service de Pologne pour celui de France, où il fut d'abord nommé colonel de Royal-Bavière. Il portait l'ordre de l'Épée de Suède.

Madame la princesse de Montbéliard était assez triste de la mort du fameux médecin Bernouilli. Il habitait Bâle, et S. A. R. le fit souvent venir pour les princes ses enfants ; elle avait toute confiance en lui ; il était à la fois botaniste, anatomiste et physicien. Cette famille était incarnée dans la science : Jean et Jacques Bernouilli, célèbres mathématiciens, étaient l'un son père, et l'autre son oncle.

— Je suis désolé de le voir partir sitôt, me dit le prince fort plaisamment, j'espérais ne mourir que de sa main.

Quelques jours après mon arrivée, madame la duchesse me confia le mariage de sa seconde fille, la princesse Frédérique, avec le prince Pierre-Frédéric-Louis de Holstein, coadjuteur de Lubeck. Ce mariage fut en effet célébré le 26 juin suivant, et je ne manquai pas d'y assister après quelques jours passés chez moi.

La princesse Frédérique n'avait que seize ans ; elle était charmante d'esprit et de visage, quoique moins grande et moins régulièrement belle que la grande-duchesse de Russie. Sa physionomie était comme son caractère, mélancolique et douce.

Le prince, âgé de vingt-six ans, avait le nez aquilin, le menton rentrant et la lèvre inférieure un peu avancée. Il a généralement l'air sérieux et réfléchi. Les fêtes de ce mariage durèrent plusieurs jours. Ce mariage fut une grande joie dans toute la principauté, où la famille ducale était fort aimée. L'établissement était pourtant loin de celui de la princesse Dorothée. Le prince était coadjuteur du prince-évêque de Lubeck, son oncle, et administrait Oldenbourg depuis 1776 ; son cousin, le prince Pierre-Frédéric-Guillaume de Holstein-Oldenbourg, avait résigné en sa faveur. Le prince était aussi neveu du roi de Suède [1].

[1] Un jeune prince de Holstein-Eutin, oncle de Catherine II, avait été fiancé à la grande duchesse-Élisabeth de Russie, depuis tzarine, et mourut de la petite vérole au moment où il allait l'épouser. Ce souvenir contribua beaucoup au mariage de Catherine le Grand.

La ville de Lubeck, la principale des soixante-douze anséatiques, forme une république indépendante ; elle suit la confession d'Augsbourg depuis 1535. L'évêque (protestant) n'exerce aucune autorité souveraine ; il dépend de l'archevêque de Brême et réside ordinairement à Eutin. La ville et le chapitre de Lubeck élisent leur évêque. Ce chapitre se compose de vingt-deux chanoines protestants et de quatre catholiques, en tout, vingt-six. Cet évêché, situé dans le cercle de la basse Saxe, a été fondé dans la ville d'Oldenbourg par Othon Ier. En 1143, il fut transféré à Lubeck. Le luthéranisme a commencé sous son trente-neuvième titulaire, et s'est étendu sous ses successeurs. Depuis 1530, les évêques sont luthériens. Jean de Holstein, élu évêque en 1654, empêcha que le siége de Lubeck ne fût sécularisé à Munster ainsi que les autres. Par reconnaissance, le chapitre décida qu'on élirait successivement pour prélats six princes de Holstein, ce qui a toujours eu lieu depuis. Le prévôt de l'église est nommé alternativement par la ville et par le chapitre. L'évêque n'a aucun pouvoir sur la ville, mais il siége à la diète de l'Empire, au banc des évêques protestants et à côté de celui d'Osnabruck [1]. C'est en 1773 que Catherine, au nom de son fils, abandonna au prince-évêque de Lubeck, Frédéric-Auguste de Holstein-Gottorp, les comtés d'Oldenbourg et de Delmenhorst qu'elle avait reçus du Danemark en compensation de ses droits sur le Holstein auxquels elle renonça. Ces comtés ont été érigés en duché par l'empereur d'Allemagne, en 1776.

---

[1] L'évêque d'Osnabruck est alternativement catholique et protestant ; lorsqu'il est protestant, il est placé, au collége des électeurs, avec l'évêque de Lubeck sur un banc particulier placé de travers.

Ce prince s'intitule *héritier de Norwége*, duc de Schleswig, de Holstein, de Stormarn et de Ditmarsen, comte d'Oldenbourg et de Delmenhorst. Sa résidence est à Eutin; il a un palais épiscopal à Lubeck. Ses armes sont : d'azur à une croix alezée d'or surmontée d'une mitre épiscopale.

A peine ces fêtes étaient-elles finies, et commencions-nous à rentrer dans le calme, sans nous accoutumer cependant au départ de la jeune princesse, que nous fûmes bientôt mis en émoi par une bien autre nouvelle. Le 7 août, nous étions à Étupes, auprès d'un boulingrin que le prince affectionnait beaucoup, nous parlions des deux chères filles absentes, lorsqu'un courrier entra précipitamment et se présenta tout botté devant le duc, sans songer à l'étiquette, laquelle s'oubliait du reste souvent dans cette cour patriarcale ; il s'écriait :

— Monseigneur ! Monseigneur ! Sa Majesté l'empereur est à Montbéliard et attend Votre Altesse.

Nous ne nous le fîmes pas répéter deux fois, et un quart d'heure après nous étions tous en carrosse. L'empereur était descendu comme un simple particulier à l'hôtel du Lion rouge. Il venait de parcourir le nord de l'Allemagne, les Pays-Bas et une partie de la France. Il voyageait encore sous le nom de comte de Falkenstein, nom qu'il avait pris l'année précédente, lorsqu'il alla en Pologne visiter la czarine à Mohiloff et ensuite à Pétersbourg, et fut très-apprécié à Paris, où son auguste sœur, la reine Marie-Antoinette, lui prépara toutes sortes de plaisirs. Il était d'une simplicité extrême, je l'ai dit, et à Nantes, par exemple, comme on refoulait assez rudement le peuple pour le laisser passer, il dit à l'officier chargé de l'escorte :

— Doucement, monsieur, il ne faut pas tant d'espace pour qu'un homme puisse marcher.

Dès que nous arrivâmes à Montbéliard, le duc et la duchesse, les jeunes princes et toute la maison de Leurs Altesses se rendirent à l'auberge de Sa Majesté impériale. Le duc voulut fléchir le genou, pour lui rendre hommage conformément à ses devoirs de prince du Saint-Empire romain; mais l'empereur l'arrêta, en lui disant d'un air plein d'aménité :

— Pas de cérémonie, mon cher duc, c'est le comte de Falkenstein qui vous rend visite.

Nous fûmes présentés ensuite à Joseph II qui me plut extrêmement. Il avait l'air fier, non de sa haute position, mais du sentiment de sa supériorité personnelle. Très-grand, il se tenait cependant fort droit ; il portait une perruque qu'il dérangeait quelquefois sans s'en apercevoir. Ses manières sont de la plus noble simplicité, trop simples peut-être, et sa visite fut mauvaise pour la France ; elle contribua à discréditer la majesté royale, et à la rabaisser au niveau du peuple qui se hâta d'en profiter. L'esprit de justice de Joseph II, sa modération, son humanité, l'ont fait adorer de ses sujets. Ses façons inspiraient autant d'affection que de respect dès la première vue. Il met de la coquetterie dans son affabilité. Je ne lui ferai qu'un reproche, celui de ses tendances philosophiques, idées qu'il tient en partie du maréchal de Bathyani, par lequel il a été élevé. Il a cherché, assure-t-on, à marcher sur les traces du grand Frédéric ; il a voulu réfléchir et concerter lui-même un plan de gouvernement suivant ses nouvelles idées. Autant que mes faibles lumières me permettent de juger un si grand prince, je crois qu'il s'est trompé. Tout philosophe qu'il fût, il n'alla pas cependant, ainsi que je l'ai dit, voir M. de Voltaire à Ferney, ce dont le patriarche a eu bien de la peine à se consoler. Mais il paraît qu'il n'a fait en cela qu'obéir aux désirs de Marie-Thérèse.

Aussitôt que Leurs Altesses eurent salué l'empereur, elles l'emmenèrent au château, où on lui préparait à la hâte un appartement. Nous eûmes l'honneur de souper avec Sa Majesté, qui fut particulièrement gracieuse pour moi, en apprenant que j'étais amie de cœur de la grande-duchesse. Je regardai beaucoup et je parlai peu, devinant à certains signes très-connus de moi, si initiée aux particularités de cette maison, devinant, dis-je, une préoccupation grave et joyeuse tout à la fois chez le prince et la princesse. Le soir on joua fort petit jeu, du moins relativement, et l'empereur, interrogé sur cette sagesse bien rare dans un souverain, dit qu'il se ferait scrupule de perdre l'argent de ses sujets. Je trouvai cette réponse fort louable, mais un peu prétentieuse. En tout, il me sembla que le monarque posait toujours, comme s'il eût eu derrière lui un moraliste occupé à peindre le portrait de ses vertus.

La journée du lendemain se passa à visiter Étupes; l'empereur en fut charmé, même après les magnificences de Versailles et de Trianon. Il s'occupa d'une façon marquée de la princesse Élisabeth, la dernière des filles de la princesse de Wurtemberg; il l'interrogea sur différents points, relevant ses réponses, les commentant, et souriant à ses reparties. Ceci fut remarqué de toute la cour. Le soir j'en témoignai mon plaisir à S. A. R.

— Oui, me dit-elle, ma chère Lane, je suis bien heureuse, et je ne saurais tarder plus longtemps à vous le confier; le voyage de l'empereur n'avait qu'un but, celui du mariage de l'archiduc François de Toscane [1] avec ma fille Élisabeth [2]. Vous jugez si le duc et moi nous sommes satisfaits.

Je ne pus m'empêcher de baiser la main de S. A. R., tant j'étais contente. C'était un parti si brillant, si inattendu, et la demande faite par Joseph II en personne était de sa part une distinction si flatteuse. Le 9, l'empereur parti enchanté de notre petite cour, où il laissait un souvenir ineffaçable. Quant à moi, je le répète encore, bien que je rende justice au mérite de cet illustre monarque, je lui préfère de beaucoup son auguste sœur, la reine Marie-Antoinette. Elle est aussi bonne, aussi simple, mais elle est plus reine ; elle a plus de dignité, plus de franchise peut-être aussi ; elle tient davantage de la grande Marie-Thérèse.

L'empereur nous avait quittés depuis deux jours lorsque nous reçûmes une nouvelle visite, celle de la landgrave de Hesse-Cassel, seconde femme du landgrave Frédéric II, dont la première fut la princesse Marie d'Angleterre. Je dis *nous* quand je parle de cette noble famille, à laquelle j'étais inféodée, et dont je faisais partie par l'affection que chacun me témoignait. Qu'on me le pardonne donc ainsi qu'ils me le pardonnaient.

La landgrave Philippine de Brandebourg-Schwedt était la tante de madame la grande-duchesse de Russie, sœur de sa mère ; elle avait tenu ma fille sur les fonts de baptême et elle était pleine de bonté et d'affec-

---

[1] Depuis empereur d'Autriche.
[2] Le grand Frédéric avait songé à demander la main de la princesse Élisabeth de Wurtemberg pour son petit-neveu, héritier éventuel de son trône, mais la demande de l'empereur de la main de cette princesse pour son neveu le prince héréditaire de Toscane empêcha le roi de donner suite à cette idée. (*Note de l'auteur*.)

tion pour moi. Elle conduisait avec elle la princesse Antoinette de Hesse-Rheinfels-Rothembourg. Celle-ci se mit à m'aimer plus qu'elle, prétendant que j'étais parfaite, et que la princesse de Bouillon, sa sœur, le lui avait assuré. Je fus très-sensible à ces prévenances aussi flatteuses qu'honorables, mais je désirais m'y soustraire. Des affaires nous appelaient à Strasbourg, et puis, malgré ma position si enviable à Montbéliard, j'étais impatiente de retrouver mon *chez moi*. Je pris congé de mes augustes hôtes avec le même chagrin qu'à l'ordinaire ; je promis de revenir et de rester longtemps.

— Ah ! répétait souvent madame la duchesse, ma chère Lanele, que ne demeurez-vous toujours avec nous ! Je serais si heureuse de vous garder près de moi et de vous y donner la meilleure place, surtout maintenant que je vais être abandonnée de toutes mes filles.

Elle m'aimait autant qu'une mère, cela est certain, mais, quelque touchée que je fusse de ce désir, et quelque pressantes qu'aient pu être des instances semblables que me fit souvent madame la grande-duchesse, sa fille, je n'aurais pu me résoudre à enchaîner ma liberté en acceptant une charge de cour. Indépendante par caractère autant que par position, le titre d'amie dont j'étais honorée me paraissait bien préférable sous tous les rapports.

Aussitôt que je fus établie chez moi, à Strasbourg, on me remit une lettre cachetée d'un sceau immense, par laquelle monseigneur le cardinal de Rohan nous invitait à dîner, M. d'Oberkirch et moi, trois jours après. Je ne compris rien à cette politesse, à laquelle nous n'étions point accoutumés.

— Je gage, dit mon mari, qu'il veut nous mettre

en face de son maudit sorcier, auquel je ferais volontiers un mauvais parti.

— Il est à Paris, répliquai-je.

— Il est ici depuis un mois, suivi par une douzaine de folles auxquelles il a persuadé qu'il allait les guérir. C'est une frénésie, une rage; et des femmes de qualité encore ! voilà le plus triste. Elles ont abandonné Paris à sa suite, elles sont ici *parquées* dans des cellules; tout leur est égal pourvu qu'elles soient sous le regard du grand cophte, leur maître et leur médecin. Vit-on jamais pareille démence ?

— Je croyais qu'il était allé soigner le prince de Soubise ?

— Sans doute, mais il est revenu, et avec le cortége. Depuis son retour il a guéri ici d'une fièvre imaginaire, un officier de dragons qui passait pour gravement malade. C'est à qui, depuis lors, réclamera ses conseils [1]. Il fait grandement les choses, je l'avoue, et c'est un *philanthrope* de la meilleure espèce.

Ce mot, inventé depuis peu par le reste des encyclopédistes, me sembla au moins aussi étrange que ce qui précédait.

Nous hésitâmes assez longtemps avant de répondre au prince. M. d'Oberkirch avait grande envie de refuser, et moi, toujours au contraire ce désir inconcevable de revoir le *sorcier*, ainsi que l'appelait mon mari. La crainte d'être impolis envers Son Éminence nous décida à accepter. J'avoue que le cœur me battait au moment où j'entrai chez le cardinal; c'était une crainte indéfinissable, et qui n'était pourtant

---

[1] Ses principaux adeptes à Strasbourg étaient le baron de Dampierre, M. de Klinglin d'Esser, le comte de Lutzelbourg, le professeur Ehrmann et la baronne de Reich.

pas sans charme. Nous ne nous étions pas trompés : Cagliostro était là.

Jamais on ne se fera une idée de la fureur de passion avec laquelle tout le monde se jetait à sa tête ; il faut l'avoir vu. On l'entourait, on l'obsédait ; c'était à qui obtiendrait de lui un regard, une parole. Et ce n'était pas seulement dans notre province : à Paris l'engouement était le même. M. d'Oberkirch n'avait rien exagéré. Une douzaine de femmes de qualité, plus deux comédiennes, l'avaient suivi pour ne pas interrompre leur traitement, et la cure de l'officier de dragons, feinte ou véritable, acheva de le diviniser. Je m'étais promis de ne me singulariser en rien, d'accepter comme les autres la science merveilleuse de l'adepte, ou du moins d'en avoir l'air, mais de ne jamais me livrer avec lui, ni de lui donner l'occasion d'étaler sa fatuité pédante, et surtout de ne point permettre qu'il franchît le seuil de notre porte.

Dès qu'il m'aperçut, il me salua très-respectueusement ; je lui rendis son salut sans affectation de hauteur ni de bonne grâce. Je ne savais pourquoi le cardinal tenait à me gagner plus qu'une autre. Nous étions une quinzaine de personnes, et lui ne s'occupa que de moi. Il mit une coquetterie raffinée à m'amener à sa manière de voir. Il me plaça à sa droite, ne causa presque qu'avec moi, et tâcha par tous les moyens possibles de m'inculquer ses convictions. Je résistai doucement mais fermement ; il s'impatienta et en vint aux confidences en sortant de table. Si je ne l'avais pas entendu, je ne supposerais jamais qu'un prince de l'Église romaine, un Rohan, un homme intelligent et honorable sous tant d'autres rapports, puisse se laisser subjuguer au point d'abjurer sa dignité, son libre arbitre, devant un chevalier d'industrie.

— En vérité, madame la baronne, vous êtes trop difficile à convaincre. Quoi ! ce qu'il vous a dit à vous-même, ce que je viens de vous raconter, ne vous a pas persuadée. Il vous faut donc tout avouer ; souvenez-vous au moins que je vais vous confier un secret d'importance.

Je me trouvai fort embarrassée ; je ne me souciais pas de son secret, et son inconséquence très-connue, dont il me donnait du reste une si grande preuve, me faisait craindre de partager l'honneur de sa confiance avec trop de gens, et avec des gens indignes de lui. J'allais me récuser, il le devina.

— Ne dites pas non, interrompit-il, et écoutez-moi. Vous voyez bien ceci ?

Il me montrait un gros solitaire qu'il portait au petit doigt, et sur lequel étaient gravées les armes de la maison de Rohan ; c'était une bague de vingt mille livres au moins.

— C'est une belle pierre, monseigneur, et je l'avais déjà admirée.

— Eh bien ! c'est lui qui l'a faite, entendez-vous ; il l'a créée avec rien ; je l'ai vu, j'étais là, les yeux fixés sur le creuset, et j'ai assisté à l'opération. Est-ce de la science ? Qu'en pensez-vous, madame la baronne ? On ne dira pas qu'il me leurre, qu'il m'exploite, le joaillier et le graveur ont estimé le brillant vingt-cinq mille livres. Vous conviendrez au moins que c'est un étrange filou, que celui qui fait de pareils cadeaux.

Je restai stupéfaite, je l'avoue; M. de Rohan s'en aperçut et continua, se croyant sûr de sa victoire :

— Ce n'est pas tout, il fait de l'or ; il m'en a composé devant moi pour cinq ou six mille livres, là-haut dans les combles du palais. J'en aurai davantage, j'en aurai beaucoup ; il me rendra le prince le plus riche de l'Europe. Ce ne sont point des rêves, madame, ce sont des preuves. Et ses prophéties toutes réalisées, et les guérisons miraculeuses qu'il a opérées ! Je vous dis que c'est l'homme le plus extraordinaire, le plus sublime, et dont le savoir n'a d'égal au monde que sa bonté. Que d'aumônes il répand ! que de bien il fait ! Cela passe toute imagination.

— Quoi ! monseigneur, Votre Excellence ne lui a rien donné pour tout cela, pas la moindre avance, pas de promesses, pas d'écrit qui vous compromette ? Pardonnez ma curiosité, mais puisque vous voulez bien me confier ces mystères, je...

— Vous avez raison, madame, et je puis vous assurer un fait, c'est qu'il n'a absolument rien demandé, qu'il n'a rien reçu de moi.

— Ah ! monseigneur ! m'écriai-je, il faut que cet homme compte exiger de vous de bien dangereux sacrifices, pour acheter aussi cher votre confiance illimitée ! A votre place, j'y prendrais garde ; il vous conduira loin.

Le cardinal ne me répondit que par un sourire d'incrédulité ; mais je suis sûre que plus tard, dans l'affaire du collier, lorsque Cagliostro et madame de la Mothe l'eurent jeté au fond de l'abîme, il se rappela mes paroles.

Nous causâmes ainsi presque toute la soirée, et je finis par découvrir le but de ses cajoleries ; le pauvre prince n'agissait pas de lui-même. Cagliostro savait mon amitié intime avec la grande-duchesse, et il avait insisté près de son protecteur pour qu'il me persuadât de son pouvoir occulte, afin d'arriver par moi à Son Altesse impériale. Le plan n'était pas mal conçu, mais

13.

il échoua devant ma volonté; je ne dis pas ma raison, elle eût été insuffisante; je ne dis pas ma conviction, je la sentais ébranlée. Il est certain que si je n'avais pas dominé le penchant qui m'entraînait vers le merveilleux, je fusse devenue, moi aussi peut-être, la dupe de cet intrigant. L'inconnu est si séduisant ! Le prisme des découvertes et des sciences astrologiques a tant d'éclat ! Ce que je ne puis dissimuler, c'est qu'il y avait en Cagliostro une puissance démoniaque; c'est qu'il fascinait l'esprit, c'est qu'il domptait la réflexion. Je ne me charge pas d'expliquer ce phénomène, je le raconte, laissant à de plus instruits que moi le soin d'en percer le mystère.

Le cardinal de Rohan perdit plus tard des sommes prodigieuses avec ce *désintéressé*. On assure pourtant qu'il est encore complétement aveuglé, et qu'il n'en parle que les larmes aux yeux. Quelle tête, que celle de ce prélat ! Quelle position il a gâtée ! Que de mal il a fait par sa faiblesse et son inconséquence ! Il l'expie cruellement; mais il a été bien coupable.

CHAPITRE VIII

Naissance d'un nouveau prince. — Projet de voyage du grand-duc et de la grande-duchesse de Russie. — Ils partent de Saint-Pétersbourg. — Les parents de la princesse vont la rejoindre. — Je pars avec eux. — Réception à Stuttgard. — Je tombe malade. — Dévouement de mademoiselle de Cramm. — Chagrin. — Consolation. — Projet de voyage à Paris. — Journal. — Lettre de Vienne. — Naissance du dauphin. — Mode des dauphins en or. — Anniversaire de la réunion de Strasbourg à la France. — Fêtes. — M. Gérard. — Pièce de M. Rochon de Chabannes. — Naïveté des paysans. — La princesse Christine de Saxe. — Le chapitre de Remiremont. — Discussions entre les dames *tantes* et les dames *nièces*. — Le baron de Wimpffen. — M. de Flachsland. — M. de Saint-Germain, ministre de la guerre. — M. de Maurepas. — Présentation à Fontainebleau. — Singulier costume. — Événement tragique. — Mort de deux princesses de Wurtemberg. — Nouvelles de Venise et de Naples.

Le 27 de septembre 1781, nous étions à Montbéliard lorsqu'il naquit un fils au duc *Frédéric-Guillaume* [1] de Wurtemberg. On le nomma Frédéric-*Guillaume*-Charles. Le prince de Montbéliard, son grand-père, en fut enchanté; il ne pouvait contenir sa joie, et la montrait à tout le monde. Une autre grande joie les attendait. Madame la grande-duchesse Marie allait voyager; elle comptait les voir, et on juge si j'étais empressée de me joindre à eux. M. d'Oberkirch me l'a-

---

[1] *Frédéric*-Guillaume, né en 1754, duc régnant en 1797, électeur en 1803, premier roi de Wurtemberg en 1806, mort en 1816, fut marié d'abord à la princesse Auguste-Caroline de Brunswick morte en 1788, et ensuite en 1797 à la princesse Charlotte d'Angleterre. Il a eu de sa première femme les ducs Guillaume et Paul, ainsi qu'une princesse mariée à Jérôme Bonaparte, roi de Westphalie. Son fils Guillaume lui succéda et fait le bonheur de son peuple. Le duc Paul, qui a longtemps habité Paris, a marié la princesse Hélène, sa fille, au grand-duc Michel de Russie.

vait promis; nous devions tous aller au-devant d'elle, à Vienne, et nous comptions les jours, jusqu'à celui-là. Madame la duchesse de Montbéliard en maigrissait d'impatience. Madame la grande-duchesse avait expressément demandé que je fusse du voyage. Nous avions mille choses à nous raconter, on le comprend, après une si longue absence, après un tel changement d'état. Il fut convenu que ma fille resterait avec ma belle-mère, quelque chagrin que j'eusse de m'en séparer. Je comprenais que cela était indispensable, et je m'y résignai pour l'amour de ma chère princesse.

Le grand-duc Paul et la grande-duchesse Marie étaient donc partis de Saint-Pétersbourg avec une suite nombreuse. Ils avaient obtenu de l'impératrice la permission de voyager, et ils en profitèrent avec toute l'impatience de leur âge. Ils devaient parcourir la Pologne, l'Autriche, l'Italie, et se rendre en France, accompagnés de l'aîné des frères de la princesse, le duc Frédéric-Guillaume, qui avait quitté le service de Prusse. Ils avaient pris le nom de comte et de comtesse du Nord. Les lettres de Son Altesse impériale étaient remplies de sa joie de nous revoir tous ; elle nous racontait les moindres détails, et se hâtait, disait-elle, pour être plus tôt près de nous. Madame la duchesse de Montbéliard me demanda expressément de partir dans la même voiture qu'elle et Son Altesse le duc.

Car, disait-elle, avec vous seulement, chère Lanele, nous pouvons parler de ma fille selon notre cœur ; vous nous répondez.

Enfin le grand jour arriva. Nous nous mîmes tous en route pour Stuttgard, où le prince régnant nous attendait; nous devions ensuite gagner Munich et Vienne. La grande-duchesse Marie y passait pour se rendre en Italie. Notre voyage, jusqu'à la capitale du duché de Wurtemberg, fut un enchantement. Nous riions, nous chantions, nous étions aussi heureux qu'on le peut être, en allant rejoindre une amie, une fille bien-aimée. A Stuttgard, la réception fut charmante. Son Altesse sérénissime le duc Charles nous retint plusieurs jours, et voulut nous faire divertir ; elle nous prépara tous les plaisirs imaginables, dont nous ne profitâmes qu'à moitié : nos pensées étaient ailleurs.

Après une semaine de séjour, un soir, j'étais à jouer au piquet à écrire avec plusieurs personnes, lorsque je me sentis la tête fort lourde et mal au cœur. Je crus que le repos me ferait du bien, et je demandai à Son Altesse la permission de me retirer ; on me l'accorda en se moquant de moi, on m'appela douillette, on m'accusa de paresse ; madame la duchesse de Montbéliard ajouta même :

— Ce n'est pas l'occasion d'être malade.

Je n'en fus pas moins prise la nuit d'une fièvre terrible, et le lendemain les médecins déclarèrent que j'avais la petite vérole. Cette nouvelle m'atterra, non pas tant encore pour cette terrible maladie et pour ses suites, mais à cause de la nécessité de rester où je me trouvais.

— Je ne verrai pas la grande-duchesse Marie, répétais-je sans cesse en pleurant comme une petite fille.

On me séquestra, ainsi que cela se fait toujours ; on me cacha le départ de la famille pour Vienne, afin de ne me pas trop tourmenter ; c'était facile, puisque je ne voyais personne. Leurs Altesses impériales, m'assurait-on, avaient changé de route, et ne viendraient à Vienne qu'au retour. Je le crus, et je consentis à me soigner attentivement, M. d'Oberkirch ne me quitta pas.

J'avais été reçue avec beaucoup d'empressement et d'amitié par la famille de Cramm. Mademoiselle de Cramm avait alors vingt et un ans. C'était une personne des plus distinguées, de toutes manières. Nous éprouvâmes l'une pour l'autre beaucoup d'attrait, et nous nous liâmes presque sur-le-champ. Madame sa mère a épousé successivement deux cousins germains de son nom. Cette famille de Cramm est de Brunswick ; elle porte, je ne sais pourquoi ni comment, trois fleurs de lis d'or sur champ d'azur. Ce sont tout bonnement les armes de France. Cela m'a fort étonnée ; il serait curieux d'en connaître l'origine, mais je l'ignore, ayant négligé de le demander ; je m'en accuse.

Lorsque mademoiselle de Cramm apprit le coup dont j'étais frappée, elle n'eut pas un moment d'hésitation ; oubliant le danger, la contagion, oubliant sa jeunesse, son joli visage, elle vint s'enfermer avec moi, et s'exposa à toutes les conséquences de ce fléau. Elle me soigna avec un dévouement, avec une affection sans pareille ; elle passa à mon chevet les jours et les nuits, attentive à mes désirs, les prévenant tous, les satisfaisant avec cette grâce qui double le bienfait. J'en serai reconnaissante toute ma vie.

Je fus en danger pendant quelques jours ; ma garde-malade fit si bien qu'elle me sauva. Les progrès du mieux furent sensibles, j'entrai promptement en convalescence. Il devint impossible de me cacher la vérité sur ce voyage de la comtesse du Nord, dont tout le monde parlait ; la désolation me reprit. Je ne pouvais m'en taire ni m'en consoler.

— Monsieur, dit un jour mademoiselle de Cramm à M. d'Oberkirch, la pauvre baronne en perdra l'esprit de n'avoir point vu la princesse.

— Elle n'en perdra rien du tout, si elle veut être

CHAPITRE VIII.

sage, se soigner et se rétablir vite ; je la mènerai à Paris attendre Son Altesse impériale. Elle la verra ainsi, mieux et plus longtemps.

J'entendis ces mots, et j'en aurais sauté d'aise, si je n'avais été clouée sur mon lit de douleur.

— Oh ! je vous promets de faire tout ce que vous voudrez, de prendre sans difficulté les plus noires médecines et les plus affreuses tisanes, afin d'être en état de vous suivre. Vous me rendrez ainsi mieux la santé que par toutes les ordonnances des médecins.

En effet, cette perspective m'apporta une consolation et un bien-être qui me firent revenir comme par enchantement. Ma charmante infirmière partagea ma joie, et l'augmenta en me parlant continuellement de mon voyage, et en me le montrant comme le terme et la récompense de ma patiente docilité. M. d'Oberkirch tint parole, et lorsque le comte et la comtesse du Nord arrivèrent à Paris, le 18 mai 1782, j'y étais déjà, ainsi qu'on le verra en son lieu.

C'est alors que je tins exactement un journal pendant mon voyage ; je le rédigeai plus en détail à mon retour en Alsace. C'est celui qu'on lira bientôt ; si j'y ajoute quelques nouveaux détails, je reviendrai chaque fois au texte que je suivrai jour par jour, pour être sûre de ne pas me tromper.

Aussitôt qu'il fut possible de me transporter, M. d'Oberkirch me ramena à Strasbourg, où mon père m'attendait avec impatience. On me trouva fort changée, point défigurée néanmoins ; j'avais surmonté mes souffrances, grâce aux avertissements et aux prières de mademoiselle de Cramm, qui ne me voulait point comme une écumoire, en quoi elle avait parfaitement raison.

Madame la comtesse du Nord m'écrivit de Vienne :

Vienne, 24 décembre 1781.

« A la fin, ma chère Lane, je puis suivre le penchant de mon cœur et vous dire mes regrets et ma joie. J'ai cru tomber en faiblesse lorsque l'empereur m'a annoncé votre cruelle maladie, mes yeux se sont remplis de larmes, et je me suis dit que mon amie n'est pas née pour le bonheur. Vous vous faisiez une fête de ce voyage, et moi je me disais que votre présence mettrait le comble à ma satisfaction. Mais enfin le ciel en dispose autrement : que faire, si ce n'est de prendre le parti de s'armer de résignation, comme vous l'avez fait, ma chère Lanele ? J'avoue que ce courage d'esprit vous rend encore plus respectable à mes yeux. Enfin je bénis Dieu de vous savoir tout à fait rétablie ; on m'assure que vous ne serez pas marquée du tout, et que ma Lane sera tout aussi jolie qu'elle l'a toujours été. Dans cinq mois je vous tiendrai dans mes bras, et j'espère par mon amitié et mes soins empressés, vous prouver combien sincèrement j'aime l'amie de mon cœur.

« Ma joie en revoyant ma bonne maman ne s'exprime pas. Je l'ai serrée contre mon cœur, je ne pouvais me détacher d'elle. Nous avons oublié dans ce moment la présence de l'empereur. Cette scène était si touchante qu'il en a été attendri..... Après les premiers instant j'ai demandé après ma Lanele...... Tous ces embrassements n'ont pas cessé de la journée. J'étais hors de moi-même ; pendant cinq années de ma vie mon âme avait été fermée à ces doux sentiments ; mais à cette heure que je suis réunie à mon adorable maman mon cœur s'épanouit. Malheureusement le 3 janvier en sera le terme..... »   « MARIE. »

CHAPITRE VIII.

Pendant ma maladie, un grand événement eut lieu à Versailles : la reine était accouchée de M. le dauphin. Il fut baptisé le lendemain de sa naissance par M. le cardinal-prince de Rohan, grand aumônier, évêque de Strasbourg, et tenu sur les fonts au nom de l'empereur et de madame de Piémont, par Monsieur, frère du roi, et par Madame, comtesse de Provence. La mode vint de porter des dauphins en or, ornés de brillants, comme on portait des jeannettes. A la suite de ses couches, les cheveux de la reine sont tombés ; elle a adopté alors une coiffure dite à l'enfant. Cette coiffure basse a été prise successivement par la cour et par la ville. Ce fut une grande joie dans le royaume que la naissance de ce royal enfant.

La ville de Strasbourg, comme toutes les autres, fit de grandes réjouissances ; elles se rencontrèrent presque avec celles de la réunion de Strasbourg à la France, il y avait cent ans (le 30 septembre 1681), par conséquent un mois avant la naissance de l'héritier du trône.

On sait que, par le traité de Munster ou de Westphalie, de novembre 1648, l'empereur et la maison d'Autriche cédèrent au roi de France la plus grande partie de l'Alsace, c'est-à-dire la haute Alsace, la basse Alsace, le Sondgau, Brisach, et la préfecture de Haguenau, avec tous les droits de souveraineté et de haute puissance qu'ils pouvaient avoir sur ces terres ; mais Strasbourg, Ferrette et d'autres villes ne furent réunies que plus tard et après la paix de Nimègue.

Perdue et reconquise par Turenne en 1675, réunie en 1680, l'Alsace fut entièrement cédée à la France par le traité de Ryswick en 1697. Strasbourg avait capitulé dès le 30 septembre 1681, et s'était soumise à Louis XIV. Il est remarquable qu'aucun noble ne voulut signer cette capitulation, qui fut consentie à Illkirch dans une maison qui existe encore [1].

En vertu de cette capitulation, la ville de Strasbourg a conservé le privilége de se gouverner par ses propres magistrats. Le roi nomme seulement un préteur royal pour le représenter auprès du sénat, ainsi qu'un syndic.

On maria et on dota, lors de cet anniversaire, vingt jeunes filles, une par tribu, aux frais du magistrat de la ville, et l'on accorda à leurs maris le droit de bourgeoisie. Les dix mariages luthériens se sont faits au temple neuf, et les dix catholiques à la cathédrale, où on a chanté un *Te Deum* en latin. Il a, comme de raison, été chanté en allemand au temple. Toute l'artillerie des remparts tirait, ainsi que les régiments. Le cardinal de Rohan officia à la cathédrale, secondé de l'évêque de Tournay, et partit le lendemain pour Versailles où l'appelaient les cérémonies pour les couches de la reine. Le maréchal de Contades, qui commande pour le roi, le marquis de la Salle, l'intendant, M. de la Galaisière, le préteur royal, M. Gérard, les stettmeistre et ammeistre, les conseillers des chambres des

---

[1] Longtemps même après la paix de Nimègue et l'occupation de Metz et de Brisach, devenues d'importantes juridictions destinées à réunir à la couronne de France les anciennes dépendances de l'Alsace, Strasbourg, cette ville grande et riche, maîtresse du Rhin, formait seule une république dont l'arsenal, renfermant neuf cents pièces d'artillerie, n'était pas le moindre mérite.

C'en était assez pour que Louvois n'épargnât rien pour la donner au roi. Un jour Louvois parut à ses portes avec vingt mille Français; les forts du Rhin furent pris en un instant; le traité de reddition proposé par les magistrats fut signé, et le même jour Louvois prit possession de la place.

Cette ville, dont Vauban a fait depuis une redoutable forteresse, voulait évidemment être française. Aussi pourrait-on dire qu'elle résista à Louvois, non pas même pour l'acquit de sa conscience, mais pour la forme, ainsi qu'une coquette.

Treize, des Quinze et des Vingt-et-un, ceux du grand sénat, les échevins des tribus, etc., ont reçu des médailles d'or ou d'argent à l'effigie de Louis XVI et frappées à cette occasion. Les personnes de distinction en ont reçu également.

Les trente-trois médailles d'or étaient chacune de la valeur de deux cents livres; les autres, au nombre de trois cent cinquante, de la valeur de douze livres chacune. Il y avait en outre quinze cents jetons d'argent, de la valeur d'un florin, avec ces mots : *Argentoratum felix* d'un côté, et de l'autre une fleur de lis.

M. Gérard, le préteur royal, qui est lié avec M. Rochon de Chabannes, lui a écrit pour le prier de composer une pièce de circonstance. Cette pièce, intitulée *la Tribu*, a eu le plus grand succès. Le sujet était pris dans les mœurs de Strasbourg, et la moralité a pour but le besoin et la nécessité de vaincre les préventions et l'ancienne antipathie entre les deux nations allemande et française, antipathie qui existe encore parmi le peuple. D'heureuses pensées, des couplets charmants furent applaudis avec enthousiasme. Cette représentation n'eut lieu que le 1ᵉʳ octobre, et ne fut pas gratuite, ce qui fut blâmé, car cette pièce était composée pour tout le monde. Il est vrai que les gens de basse classe savent généralement peu le français. Peut-être s'était-on rappelé que, dans une autre occasion où le spectacle était gratis, ils n'avaient pas été satisfaits.

— Messieurs, avaient dit les paysans, nous sommes restés jusqu'au bout, donnez-nous au moins quelque chose pour boire.

Madame la princesse Christine de Saxe, abbesse de Remiremont, était à cette comédie, ainsi que plusieurs princes et seigneurs étrangers et toute la noblesse de l'Alsace.

M. Gérard avait remplacé, comme préteur royal, M. le baron d'Antigny qui lui-même remplaçait son oncle M. Gayot. Ce dernier était aussi considéré par sa scrupuleuse probité que par sa capacité et ses moyens; il passa à l'administration de la guerre, et est mort depuis quelques années. M. Gérard porta des médailles d'or au roi, à la famille royale et aux ministres. D'un côté est l'effigie de Louis XVI, et de l'autre : *Argentoratum felix votis sæcularibus* 1781. Le professeur Oberlin rédigea cette inscription.

Je n'assistai point à ces fêtes, mais j'en entendis le récit par beaucoup de personnes de ma famille et de mes amis. Je l'ai soigneusement recueilli, attendu qu'on ne verra plus les pareilles de cent ans, si on les voit. J'aime tout ce qui est rare et curieux.

Je parlais tout à l'heure de la princesse Christine de Saxe, abbesse de Remiremont, et je suis charmée de l'occasion d'en parler davantage. Cette princesse sœur de la Dauphine Marie-Joséphine, mère de Louis XVI, était fille de Frédéric-Auguste, électeur de Saxe et successeur de Stanislas Leczinski au trône de Pologne. Elle avait fait construire place des Juifs, au coin de la rue des Charpentiers, un bel hôtel où elle résidait souvent, lorsqu'elle n'était point à son château de Brumath ou à Remiremont. Le chapitre de Remiremont est fort intéressant; il offre beaucoup de particularités remarquables que je me suis empressée de mettre en note. Nous voyions souvent la princesse Christine et plusieurs dames chanoinesses à Montbéliard et à Strasbourg; elles étaient presque toujours en route. On s'amusait pourtant à l'abbaye; on y recevait beaucoup de monde dans les appartements particuliers de la princesse et aux bâtiments des étrangers.

Le chapitre noble de Saint-Pierre de Remiremont,

situé au diocèse de Saint-Dié, fut fondé en 620 par saint Romaric. Il est composé d'une abbesse et de deux dignitaires : la doyenne et la secrète.

Il y a de plus l'aumônière et la tourière. Les dames chanoinesses ne font pas de vœux ; elles peuvent rentrer dans le monde et même se marier. Elles ont chacune le droit de choisir une *nièce*, c'est-à-dire une coadjutrice qui doit leur succéder. Il faut prouver neuf générations ou deux cent vingt-cinq ans de noblesse chevaleresque, tant du côté de la mère que du côté du père. Les dames nièces payent soixante livres de pension aux dames *tantes* pour leur entretien.

Les chanoinesses sont séculières, et soumises immédiatement au saint-siége. L'abbesse est princesse de l'Empire et jouit des droits régaliens. Le chapitre a le droit de fixer lui-même sa part dans les contributions de l'État. Il jouit des haute, basse et moyenne justices dans la sénéchaussée de Remiremont.

Les chanoinesses portent une croix, sur laquelle est saint Romaric, attachée à un large cordon bleu liséré de rouge, qu'elles mettent en écharpe de droite à gauche.

Ce chapitre a toujours joui de la protection la plus immédiate des souverains, depuis saint Romaric, prince de sang royal, son fondateur, jusqu'à nos jours. Les ducs de Lorraine venaient en personne à Remiremont jurer de conserver les droits de l'abbaye, et de ne pas souffrir qu'on y portât atteinte. Cette cérémonie se faisait avec la plus grande pompe. Les officiers de ces dames, les douze chanoines-curés, les chapelains, y assistaient en grand costume. Parmi les prérogatives de l'abbesse, une des plus précieuses est celle de délivrer, à certains jours, tous les prisonniers détenus à la Conciergerie.

A l'époque dont je parle, il s'était élevé une difficulté disciplinaire entre les dames tantes et les dames nièces. Celles-ci ont voulu pouvoir voter librement, ce qu'elles n'ont pas le droit de faire autrement que par l'organe des tantes, et s'émanciper de cette tutelle. Il en résulta un grand scandale, ou du moins un grand éclat, qui fut suivi d'un procès [1].

Il y a, du reste, une excessive liberté dans cet établissement qui n'est que mondain. Les prébendistes, et à plus forte raison les nièces, n'ont aucune règle, s'habillent comme tout le monde, portant seulement la croix et le cordon qui caractérisent le chapitre et la dignité.

La princesse Christine était du parti des jeunes chanoinesses. Cette princesse était bonne jusqu'à la faiblesse. Elle habitait le plus ordinairement Strasbourg, et m'a toujours témoigné beaucoup d'affection et de bontés. Élue en 73, elle a remplacé la princesse Anne-Charlotte de Lorraine. Les plus grandes dames françaises et étrangères tiennent à honneur d'être admises dans cette maison. Elles ont tous les agréments possibles, la liberté des femmes mariées, et pas de mari qui les contrecarre. Je ne me ferai point l'écho des bruits et des accusations tant répétés contre les chapitres ; il y a du bon et du mauvais partout : la perfection n'est point dans les institutions humaines.

---

[1] Les dames de Remiremont ne démentaient pas par la fierté de leurs prétentions le sang dont elles étaient sorties. Elles ont presque toujours été en querelle, d'abord entre elles et parfois avec leurs seigneurs suzerains, les ducs de Lorraine, contre lesquels elles se sont plusieurs fois révoltées ; ne voulant jamais relever que de l'Empire et ne cédant le plus souvent qu'à l'emploi de la force, lorsqu'on avait mis des soldats en garnison chez elles, ou fait venir dans la ville de Remirémont, pour les intimider, l'exécuteur des hautes œuvres. » (D'Haussonville, t. I, p. 455.)

CHAPITRE VIII.

Pendant ma maladie, nous perdîmes le baron Christian de Wimpffen, maréchal de camp depuis l'année dernière, inspecteur des troupes et commandeur de Saint-Louis. C'était un officier supérieur distingué, dont mon père faisait beaucoup de cas, et qui fut fort regretté. Le colonel de Wimpffen, qui remplaçait M. de Flachsland dans le commandement du régiment de Bouillon, assistait à l'enterrement, et parut fort affecté. Le baron Christian de Wimpffen jouit d'une grande influence pendant le ministère de M. de Saint-Germain, dont il était le bras droit. Aussi lui a-t-on fortement reproché l'ordonnance qui exigeait, pour ceux qui entraient comme officiers dans les régiments, les mêmes preuves que pour les élèves de l'École militaire, c'est-à-dire quatre degrés de noblesse. Cette ordonnance a été blâmée comme impolitique. M. de Wimpffen n'était pas Alsacien, mais d'une maison allemande du cercle de Souabe. Sa famille était nombreuse et ses frères servaient en Allemagne.

Lors des nouveaux règlements de M. de Saint-Germain dont je viens de parler, règlements qui faisaient de chaque blessure un droit à l'avancement, Carlin disait à son interlocuteur Scapin :

« Je me ferai couper un bras, et on me fera capitaine ; puis l'autre, et je serai major ; avec un œil de moins, je serai colonel ; puis, je me ferai couper la tête pour devenir général. »

Le public comprit la critique, et Carlin fut couvert d'applaudissements [1].

---

[1] Le marquis de Talaru, général désigné par le comte de Saint-Germain dans la division de Dauphiné et qu'on avait surnommé l'*Amour du militaire*, a refusé, afin de n'avoir pas à appliquer ces nouveaux règlements ; le comte de Périgord fit de même. L'ordonnance sur les coups de plat de sabre causa beaucoup de désertions. *Nous aimons mieux le tranchant* disaient les soldats.

M. de Saint-Germain a été diversement jugé, et toujours presque avec injustice. J'en puis dire quelques mots certains, mes relations de famille m'ayant mise à même de savoir beaucoup de choses sur ce ministre, dont les intentions et les talents ont été, j'ose le dire, méconnus.

Né en Franche-Comté, près de Lons-le-Saulnier, il passa successivement du service de France où il était sous-lieutenant à celui de l'électeur palatin, de l'Autriche, de la Bavière et de la Prusse. Rentré en France comme maréchal de camp, il y fit la guerre de 56. A la suite de quelques différends avec M. de Broglie, il prit tout à coup du service en Danemark, et se retira ensuite à Lauterbach en Alsace. Il avait perdu sa fortune dans une banqueroute à Hambourg; les régiments allemands se cotisèrent pour lui faire un revenu de seize mille livres, jusqu'au moment où il reçut une pension du roi. Il s'occupait à Lauterbach de travaux sur l'état militaire de la France, qu'il adressa à M. de Maurepas; ce travail fit jeter les yeux sur lui pour en faire un ministre.

M. de Saint-Germain avait les meilleures intentions, il voulait réprimer les abus, et donner à l'organisation de l'armée plus de discipline. Mais il lui manquait la fermeté nécessaire à la réalisation de ses idées. Il fléchit dès le début devant le crédit de personnages puissants, et dès ce moment il devint incapable d'opérer le bien qu'il avait rêvé. Il accepta le ministère à contre-cœur; M. de Maurepas conseilla à Louis XVI de le prendre à la mort du maréchal du Muy; on eut beaucoup de peine à le déterminer. Ce fut M. Dubois, préteur de Schélestadt, son ami intime, et l'abbé Dubois, son frère, qui le décidèrent. Il céda et partit pour Fontainebleau. M. de Maurepas était si pressé de le présenter au roi, qu'il le força de venir dans son cabinet en costume de voyage, c'est-à-dire en habit de campagnard et en perruque de laine ronde. Cet engouement passa vite; on le trouva trop sévère, et on le remplaça par le prince de Montbarey, père de la princesse de Nassau-Saarbruck dont on a vu le mariage.

A peine étais-je rétablie ou du moins en convalescence, qu'il fallut m'apprendre un événement affreux dont nous fûmes tous consternés. Le neveu du général de Wurmser, notre parent, mourut de la manière la plus tragique et la plus douloureuse pour tous ceux qui lui appartenaient. Il menait une fort mauvaise conduite, dissipant sa fortune, fréquentant des compagnies indignes de lui, tant et si bien que son oncle fut contraint de demander un ordre du roi pour le faire enfermer pendant quelque temps. Avant de le conduire dans une citadelle, on le mit à l'Abbaye et au secret. Le désespoir s'empara de lui, mais un désespoir, calme et résigné en apparence, qui trompa tous les yeux. Le geôlier s'attendrit sur son sort (non qu'il lui eût donné de l'argent, car on lui avait retiré le peu qui lui en restait), mais il lui fit tant de prières, lui montra un repentir si touchant, qu'il en obtint tout ce qu'il voulut. Il lui donna d'abord de petites douceurs de table, puis en vint même à lui accorder un couteau et une fourchette pour manger plus facilement. On l'avait privé de tout cela, ce qui était bien sévère, il faut en convenir. Il avait imploré plusieurs fois la clémence de sa famille et celle du roi, sans l'obtenir. Furieux d'être traité en criminel, il résolut de mourir et se porta plusieurs coups de couteau. Avec cette arme ébréchée et détestable, il se fit des blessures épouvantables, et il expira, perdant tout son sang, dans les bras du guichetier, avant même qu'on eût le temps de faire venir un médecin. Il écrivit sur la muraille ces quelques lignes, que j'ai toujours retenues, et qui, si Dieu m'avait accordé un fils, et qu'il eût eu une jeunesse orageuse, eussent certainement réglé ma conduite avec lui. Mon cœur se fend de pitié rien qu'en y songeant.

« Je ne puis supporter le déshonneur et la position que m'ont faite mes parents ; leur sévérité cruelle me rendra plus coupable encore, car je succombe aux traitements injustes dont je suis victime. Si on s'était adressé à mon cœur, il eût mieux répondu à leur attente. Je vais mourir, puisqu'on m'y force ; je vais expier mes fautes en donnant ma vie. Je pardonne à ceux qui me tuent, comme je prie Dieu de me pardonner ; mais je ne puis m'empêcher de regretter l'existence, en songeant que j'aurais pu être heureux si j'avais été plus sage, et que j'aurais pu effacer mes torts, si on ne m'avait pas mis dans l'impossibilité de les réparer. Adieu à tous ceux que j'aimais, non pas à ceux qui m'aimaient, car il n'y en a pas. Que le ciel les sauve du désespoir et leur épargne de souffrir jamais autant que moi. »

M. d'Oberkirch et moi, nous fûmes réellement affligés et tout à fait saisis de douleur, en lisant ces lignes touchantes. Cette mort fit plus de bruit qu'on ne l'aurait voulu. Les nouvelles à la main la racontèrent. Nous en reçûmes de toutes parts des compliments dont nous nous serions bien passés. Ce deuil, car c'en était un véritable, se joignit à celui de la maison de Montbéliard, qui perdit peu de temps après et à peu de distance l'un de l'autre deux de ses membres : d'a-

CHAPITRE VIII.

bord, le 7 février 1782, et à l'âge de soixante-six ans, la femme du margrave Frédéric-Henri de Brandebourg-Schwedt, oncle de madame la princesse ; c'était une princesse d'Anhalt-Dessau ; puis, le 7 mai suivant, la duchesse douairière de Wurtemberg, princesse de Brandebourg-Schwedt, tante par sa mère de Son Altesse royale, et veuve du prince héritier du rameau aîné, mort avant son père, ce qui fit passer le duché au rameau actuel. Cette princesse était alors dans sa quatre-vingt-unième année.

Madame la grande-duchesse Marie en prit le deuil pour quelques jours, presque aussitôt son arrivée à Paris. J'eus de ses nouvelles de Venise où elle avait passé six jours. Le $\frac{16}{27}$ janvier 1782, elle m'écrivait de Ferrare, après avoir fait un voyage de trois jours par eau depuis Venise ; j'eus encore de ses nouvelles de Bologne ; enfin le $\frac{8}{19}$ février elle était à Naples. Je devançais en espérance le moment qui devait me réunir à elle et à notre chère Tille.

CHAPITRE IX

Départ. — La douairière d'Oberkirch. — La branche catholique. — MM. de Butler et de Sœttern. — Le marquis de Talaru. — Lunéville. — La gendarmerie. — Le maréchal de Stainville. — Le prince de Monaco. — M. de Stainville et le régent. — Les Zuckmantel. — La comtesse de Lénoncourt. — Les *grands chevaux* de Lorraine. — La seconde chevalerie. — M. Franck, le *grand patriote*. — La famille Helvétius. — Les d'Andlau. — Le bon roi Stanislas. — Les comtes de Ligneville. — Nancy. — Cathédrale de Toul. — Les écrevisses. — Naïveté de l'aubergiste. — Le rocher de Sisyphe. — Les commis de la ferme. — Châlons-sur-Marne. — Paris. — Le prince Baradinsky. — Champigny. — Le marquis de la Salle. — Les robes de la comtesse du Nord chez mademoiselle Bertin. — Souper chez la baronne de Hahn. — Je vais au-devant de la comtesse du Nord jusqu'à Froidmanteau.

Nous devions partir pour Paris le 12 mai, de l'année 1782, et la veille, à la pointe du jour, nous nous mîmes en route pour Quatzenheim, où nous voulions passer la journée pour mettre ordre à quelques affaires.

J'étais la plus heureuse personne du monde; je ne savais comment remercier M. d'Oberkirch du plaisir qu'il me faisait. Je ne dormis point cette nuit à Quatzenheim. J'avais les yeux ouverts à l'aurore; je fis lever tout le monde. Nous partîmes enfin, mon mari, moi et ma femme de chambre, l'excellente Schneider, cette fille si dévouée qui, je l'espère, ne me quittera jamais. Ce n'était pas la moins heureuse de la caravane; elle jouissait d'avance de sa supériorité sur madame Hendel, forcée de rester à Montbéliard, de ne point voir madame la grande-duchesse, et qui avait failli en faire une maladie. Nous avions de plus deux domestiques, une bonne voiture à quatre places, et nous allâmes avec nos chevaux jusqu'à Saarbourg, après avoir dîné à Saverne. Ma belle-mère et ma fille nous accompagnèrent jusque-là. Ma belle-mère, la baronne douairière d'Oberkirch, née baronne de Buch, avait alors soixante-quatorze ans, et ce n'était pas sans quelque chagrin que je lui confiais ma chère Marie. Elle l'aimait beaucoup, mais je redoutais son caractère parfaitement désagréable. Je craignais que l'enfant ne s'en effrayât, ne s'en rebutât. Nos deux cousins, MM. Christian et Frédéric d'Oberkirch, vinrent aussi passer quelques moments avec nous. Ils venaient de Molsheim, où ils demeurent et où ils ont une jolie maison en forme de château moderne, sur les bords de la Bruche. Ce sont les représentants de la branche catholique. Les Oberkirch avaient tous embrassé le protestantisme à l'époque de la réforme, mais le bisaïeul de mon mari abjura cette religion, à l'âge de soixante-quatorze ans, ainsi que son plus jeune fils, Frédéric-Léopold d'Oberkirch, capitaine au régiment de Bernhold, de qui part cette branche. MM. d'Oberkirch sont donc les cousins issus de germain de mon mari ; ils nous ont toujours témoigné beaucoup d'amitié. Frédéric a quarante-cinq ans ; il a servi dans les gendarmes de la garde, puis comme capitaine dans Royal-allemand, cavalerie.

Je pleurai beaucoup en quittant ma fille ; c'était une vraie douleur pour moi, et sans mon affection si tendre pour madame la grande-duchesse Marie, je crois que j'aurais renoncé au voyage en cet instant cruel. Enfin M. d'Oberkirch m'emmena, bien qu'il fût très-ému lui-même.

La Schneider pleurait aussi, de quoi je lui cherchai querelle. Elle ne laissait point derrière elle une enfant chérie. En passant à Phalsbourg, nous trouvâmes madame de Sœttern et le colonel, et madame de Butler, qui y étaient venus tout exprès pour nous voir encore. Nous restâmes plus d'une heure avec eux. M. de Sœttern est de la famille du célèbre Philippe-Christophe de Sœttern, électeur de Trèves, qui fut enlevé de sa capitale en 1635 par les Espagnols, lesquels le gardèrent dix ans prisonnier pour le punir de s'être mis sous la protection de Louis XIII. Cet acte de violence fut une des raisons de la guerre entre la France, l'Espagne et l'Empereur.

Le marquis de Talaru, gouverneur de Phalsbourg, n'y réside pas. Ce gouvernement vaut douze mille livres de rentes. Il est lieutenant général, grand-croix de Saint-Louis, et maître d'hôtel de la reine en survivance.

Je fus très-sensible à l'attention de mes amis, et j'aurais souhaité rester plus longtemps avec eux, mais c'était impossible ; il avait plu toute la journée, les chemins étaient fort mauvais ; il y avait loin jusqu'à Saarbourg, où nous devions coucher.

Nous renvoyâmes nos chevaux, et prîmes la poste. On nous en attela six, avec lesquels nous arrivâmes pour dîner à Lunéville, où résida si longtemps le bon roi Stanislas. La gendarmerie y est en garnison ; ce beau corps est l'occupation unique de tout ce pays. Ces cavaliers font la loi aux bourgeois, et même à la noblesse, et cela le plus galamment du monde. Ils sont fort aimés ; ils le sont trop même, assure-t-on ; ce qu'il y a de certain, c'est qu'ils s'y plaisent beaucoup. Nous nous promenâmes dans les jardins du château, qui sont assez beaux, bien qu'un peu négligés maintenant.

Nous devions aller coucher à Nancy. Nous nous arrêtâmes à une demi-lieue de la ville chez M. de

Stainville-(Choiseul), à sa maison de la Malgrange. M. de Stainville, lieutenant général, a été il y a dix ans gouverneur de la ville de Strasbourg et commandant en chef dans la Lorraine; plus tard il a remplacé le maréchal de Contades dans son gouvernement. Il fut nommé maréchal de France un mois, jour pour jour, après cette visite. Mademoiselle sa fille venait d'épouser, le 16 avril précédent, le prince Joseph de Monaco, second fils du prince souverain de ce nom. L'aîné, duc de Valentinois, était le mari de mademoiselle d'Aumont depuis plusieurs années. Une des anecdotes que le maréchal aimait à raconter était celle-ci :

Son grand-père, ministre plénipotentiaire de M. le duc de Lorraine près de M. le régent, fut rencontré par ce prince au moment où il était furieux contre le duc, dont il croyait avoir à se plaindre. Il s'animait en lui parlant, selon son habitude, et alla jusqu'à lui dire :

— Je crois en vérité, monsieur de Stainville, que votre maître se f... de moi.

— Monseigneur, répliqua avec fierté M. de Stainville, le duc mon maître ne m'a pas chargé d'en informer Votre Altesse royale.

Mesdames de Zuckmantel et de Bernhold (cette dernière est de mes parentes) demeuraient à la Malgrange, et c'était à elles surtout que s'adressait notre visite. Madame de Zuckmantel est veuve du général de Zuckmantel, cordon rouge, et ambassadeur à Lisbonne. Les Zuckmantel sont une des plus anciennes et des plus puissantes familles de basse Alsace. Ils ont eu une princesse abbesse de Sainte-Odile, au seizième siècle. Madame de Zuckmantel [1] habite

---

[1] Anne-Françoise de Cléron d'Haussonville, ci-devant chanoinesse de Remiremont, morte en 1789.

Paris l'hiver, et y tient un brillant état. Je ne l'avais pas vue depuis longtemps, et nous avons été charmées de nous retrouver. Elle avait perdu sept mois auparavant son fils unique, dernier rejeton de sa famille, mort à dix-neuf ans, chef d'escadron dans le régiment de Schomberg. Sa mère pénétrée de douleur a quitté sur-le-champ Osthoffen où elle lui fait élever un monument funèbre. Cette aimable et brillante femme parut touchée de mon intérêt. Nous rencontrâmes aussi, à la Malgrange, madame la comtesse de Lénoncourt, née également d'Haussonville, la comtesse de Mun, et madame Frank l'*ammeistre*. Tout ce cercle nous reçut à merveille ; on nous raconta de beaux détails des fêtes données à l'Hôtel-de-ville de Paris, pour la naissance de M. le dauphin ; on me félicita d'aller dans cette capitale, où tant de plaisirs m'attendaient. J'étais peu à la conversation, l'impatience d'arriver me dominait, et j'aurais voulu ne m'arrêter jamais.

La Lorraine a beaucoup de noblesse, et qui porte des dénominations particulières, en usage seulement dans ce duché. Les quatre principales familles sont nommées les *Grands-Chevaux*, ce sont :

D'Haraucourt, Lénoncourt, Ligneville, du Châtelet.

La seconde chevalerie, familles qui en descendent par les filles, et qui peuvent aller de pair avec elles, sont :

Stainville, Ludre, Saffré d'Haussonville,[1] Lambertie, Gournay, Fiquelmont, d'Ourches, Helmstadt, Marle, Mauléon, Mercy, Hunolstein.

On a souvent dit que ces maisons égalaient bien les quatre premières, et que ces *petits chevaux* va-

---

[1] « La maison d'Haussonville est tombée partie en celle de Nettancourt, pourquoi le comte de Vaubecourt en porte le nom et les armes ; partie en celle de Saffre-Cléron. » (État de la France.)

laient quelque fois mieux que les *grands chevaux*, dont les prétentions sont discutables. De là l'expression *monter sur ses grands chevaux*.

Toutes ces grandes maisons fournissaient de chanoinesses les chapitres de la Lorraine, où il y en avait plusieurs. Ils venaient peu à la cour de France, et ne se regardaient guère comme Français. Madame de Lénoncourt était veuve depuis plus de trente ans; c'était une belle vieille femme, son seul chagrin était de n'avoir pas d'enfant. Le nom de Lénoncourt est porté, par substitution, par les Sublet d'Heudicourt. Elle raffolait et avec raison de madame de Franck, la femme de l'ammeistre de Strasbourg, qui venait la voir tous les matins. Ce titre d'ammeistre se donne au chef du petit conseil, au *magistrat* [1] de la ville. Il a déjà été porté par un autre membre de la famille de Franck, et son avénement aux fonctions d'ammeistre a été assez singulier pour que je le rapporte ici.

A la suite de discussions intestines dans le *magistrat*, son prédécesseur donna sa démission, et on ne trouva personne pour le remplacer. Les discours et même les écrits de M. de Franck l'avaient fait beaucoup aimer dans le menu peuple, et, comme il disait hautement qu'un bon citoyen ne pouvait refuser ces fonctions, ni se dispenser d'aller siéger, même quand

---

[1] Le magistrat, c'est-à-dire le gouvernement de Strasbourg, se compose de conseillers nobles élus par le corps de la noblesse, et de conseillers bourgeois nommés par les échevins des vingt tribus. Ils sont répartis en cinq chambres, savoir : trois conseils de justice nommés conseils des Treize, des Quinze et des Vingt et un ; le grand et le petit sénat.

Les conseillers nobles nomment parmi eux quatre *S'ettmeisters*, qui président alternativement le sénat. Les quatre *ammeisters* sont successivement en office, pendant une année, et chargés de proposer toutes les affaires.

il serait mourant, on le prit au mot, et on le nomma. Il était précisément fort malade. La populace se porta en foule devant sa porte, on lui fit, de force, quitter son lit ; on le porta en triomphe, malgré qu'il en eût, en criant :

— Vive le grand patriote !

Il manqua en mourir, et le nom lui en est resté. Je crois bien qu'il se repentit un peu de ses maximes hasardées, et qu'il eût préféré n'être point si grand patriote, afin de l'être plus longtemps. Ce qu'il y a de sûr, c'est qu'il se mesura davantage, et qu'il n'étala plus des devoirs aussi impérieux devant ses concitoyens [1].

Madame de Mun, que nous vîmes aussi chez M. de Stainville, était la fille de M. Helvétius, fils du médecin de la reine, et la sœur de la comtesse d'Andlau. M. Helvétius, tout fermier général qu'il fût, n'en avait pas moins épousé mademoiselle de Ligneville, qui n'avait rien et qui se mésallia avec lui pour sa grande fortune. Madame la comtesse de Mun était alors en visite chez sa sœur, la comtesse d'Andlau, nièce du baron d'Andlau, qui habitait Colmar, et a épousé la mère de madame de Genlis. Les comtes

---

[1] Madame d'Oberkirch se montre peut-être un peu sévère. La ville de Strasbourg se trouvait par suite de la guerre de trente ans dans la situation la plus critique ; et la difficulté des temps à cause des partis qui s'emparaient alternativement de l'Alsace, avait empêché toutes les personnes successivement élues aux fonctions d'ammeistre d'accepter une si lourde tâche. M. de Franck, cédant aux vœux de la ville, la gouverna avec tant de sagesse et de fermeté qu'il fut élu une seconde fois à la même dignité.

Madame de Franck, dont il est question plus haut, était née de Bock, et son fils a épousé une Turckheim.

Les Franck possédaient en partie, comme alleu, le village de *Hipsheim* sur l'Ill conjointement avec les Berstett, et l'un d'eux ayant acquis des propriétés seigneuriales immédiates à *Seinstetten* dans le duché de Wurtemberg, l'Empereur lui donna le titre de baron.

d'Andlau sont deux frères ; l'un a commandé le régiment de Royal-Lorraine, cavalerie, et a été depuis nommé ministre plénipotentiaire à Bruxelles. Ces d'Andlau, établis en Lorraine, sont une branche des d'Andlau d'Alsace, famille si nombreuse et si étendue. Le chef de cette maison a pour titre :

« Premier des quatre chevaliers héréditaires du
« saint-empire romain [1]. »

Il porte ses armes soutenues par le quart d'un manteau impérial.

Il faut savoir que cette maison d'Andlau et celle de Berckheim sortent de la même souche. Schœpflinus et Hertzog sont d'accord là-dessus, et ces deux familles elles-mêmes l'ont toujours authentiquement reconnu. Mais cette séparation entre les Andlau d'Andlau et les Andlau de Berckheim est si ancienne, qu'elle se perd dans la nuit des temps. Cependant on croit qu'elle s'est faite au douzième siècle.

Nous passâmes toute la journée à la Malgrange ; on voulait nous y retenir le soir, mais nous préférâmes retourner à Nancy ; nous devions y retrouver mon beau-frère, capitaine dans Berchigny-hussards [2], en garnison à Saint-Mihiel, et qui venait exprès pour nous voir. C'est le frère cadet de mon mari ; sa femme est une Rathsamhausen. Nous le revîmes avec bien du plaisir. Nous avions ainsi des affections sincères sur toute la route ; c'était un vrai voyage de cœur. Nous nous mîmes à courir la ville neuve, qui est très-belle et très-bien bâtie : la place Carrière, la place Royale, la Pépinière, charmante promenade,

[1] Les trois autres étaient Strundeck, Meldingen et Frauenberg.
[2] A l'époque du mariage de Marie-Antoinette, l'Autriche avait fait don à la France de trois régiments de hussards : Berchini, Esterhazy et Chamborant.

où nous rencontrâmes beaucoup de personnes de qualité qui nous firent accueil. Si nous eussions voulu rester deux semaines à Nancy, tous les jours étaient pris d'avance. M. d'Oberkirch retrouva, entre autres, deux comtes de Ligneville, qu'il avait connus autrefois : l'un, ancien capitaine de vaisseau, qui avait épousé une demoiselle Conte ; l'autre, sous-lieutenant des gardes du corps du roi, très-bel homme et très-recherché des dames.

Cette ville de Nancy me sembla très-agréable à habiter. Il y avait quantité de noblesse fort magnifique ; beaucoup de parures, des officiers très-galants, parmi lesquels la gendarmerie de Lunéville tenait sa place. Cependant je ne sais si je ne préfère pas Strasbourg. Nous sommes moins élégants, plus sérieux, c'est vrai, mais nous sommes aussi, ce me semble, plus dignes, plus suivis dans notre genre d'esprit. Il est très-facile d'être honnêtes gens dans un pays comme le nôtre, où les tentations manquent, où les mœurs sont sévères, où la moindre inconséquence est punie d'un blâme universel. A Nancy comme à Paris, comme à la cour, la vie est tout autre ; les plaisirs et la galanterie y sont la grande occupation ; les personnes graves et retenues y sont traitées de prudes. Les paroles et les actions ont une facilité qui, sans conduire au mal, je n'en doute pas, le laisse craindre ou soupçonner. Je comprends combien il est facile de le supposer ; je comprends aussi combien, pour être juste et impartial, il faut mesurer ses jugements et les tourner *sept fois* dans sa tête, selon la recommandation du sage. Ainsi veux-je faire.

Nous partîmes de Nancy le samedi 14 mai, à dix heures du matin, par un temps délicieux. Nous roulions très-vite ; les chemins de Lorraine sont assez beaux, moins beaux que ceux d'Alsace, cependant. Nous passâmes à Toul, et nous nous y arrêtâmes juste le temps de changer de chevaux et de visiter la cathédrale. C'est un superbe morceau gothique; nous y remarquâmes surtout une chapelle, véritable dentelle de pierre. J'aime les églises anciennes, et je comprends que ces grands vaisseaux, sonores et sombres, parlent vivement à l'imagination des catholiques.

Nous dînâmes à Void, petit bourg dans le diocèse de Toul. Je remarquai une chose singulière, c'est que ce cabaret borgne, où ne logeaient et ne descendaient guère que des gens de peu, avait une excellente cuisine; nous y mangeâmes des écrevisses grosses comme des homards, je n'en ai jamais revu de pareilles, même sur les tables des princes. M. d'Oberkirch s'amusa à faire monter l'hôte pour lui adresser un compliment. Celui-ci arriva, son bonnet de coton à la main, en tirant sans cesse la jambe gauche, manière de saluer particulière aux paysans lorrains, et que celui-ci outrait d'une façon toute comique.

— Où prenez-vous de si belles écrevisses? demandai-je, vous les nourrissez donc exprès?

— Que non, madame, nous ne pourrions pas suffire, elles finiraient par nous manger.

Je trouvai la naïveté admirable, et M. d'Oberkich en rit de tout son cœur.

Nous couchâmes à Saint-Dizier, en Champagne; tout ce pays est fort laid et fort triste. Saint-Dizier est une vilaine petite ville, où l'on ne trouve que des auberges détestables; je n'y pus dormir de la nuit, à cause d'une assemblée de rouliers, établie sous mes fenêtres, et qui ne pouvaient venir à bout de charger leur voiture d'un gros ballot, retombant toujours comme le rocher de Sisyphe. Ils dépensèrent une telle quantité de paroles et de jurements, qu'ils durent en avoir au moins pour quinze jours à s'en passer.

Le matin avant notre départ, les commis de la ferme vinrent faire semblant de nous fouiller, ils avaient à peine ouvert un œil; la veille, il y avait eu, il paraît, une débauche chez ces messieurs, à cause d'une belle prise qu'ils firent sur un fraudeur de vins, et dont ils burent l'appoint et les intérêts. Ils ménagèrent nos coffres à la grande admiration de l'honnête Schneider, qui voulait absolument leur donner pour boire.

— Eh! ils n'ont que trop bu, répliqua M. d'Oberkirch, ayez pitié d'eux.

— Ils n'ont, au contraire, disais-je, bu que juste assez; un peu plus, ils seraient querelleurs; un peu moins, ils seraient ennuyeux et voudraient tout voir. Ils poussèrent la politesse jusqu'à aider nos gens à recharger les malles. Nous leur donnâmes enfin, pour prix de tant de bonne grâce, de quoi reprendre la *chose* où ils l'avaient laissée la veille. Ils burent donc à notre santé accompagnée de celle du fraudeur.

Le 15, nous nous arrêtâmes pour manger à Châlons-sur-Marne, capitale de la Champagne, qu'il ne me plairait point d'habiter. Je lui trouve un vilain air. Nous couchâmes à Dormans, autre petite ville champenoise, où nous arrivâmes fatigués. Depuis Saint-Dizier, il pleuvait sans cesse, et les chemins étaient abominables. J'avais les côtes brisées des cahots, bien que notre voiture fût excellente.

Enfin, nous aperçûmes la grande capitale, et bientôt nous y arrivâmes. Son aspect ne me frappa que par le mouvement; les quartiers que je parcourus ne me semblaient pas plus magnifiques que nos villes de province. Il faut habiter Paris pour l'apprécier. Nous descendîmes chez mon oncle, le comte de Waldner, qui demeurait à la Chaussée-d'Antin et qui, devant rester à la campagne avec sa femme, nous céda son appartement. Nous nous y trouvâmes fort bien logés, et je m'y établis sur-le-champ avec un très-grand plaisir.

On me remit, à notre débotté, une lettre de madame de Benckendorf, qui accompagnait madame la comtesse du Nord dans son voyage. Elle me priait de la part de la princesse d'aller au-devant d'elle avec M. d'Oberkirch jusqu'à Fontainebleau. Cette attention de madame la comtesse du Nord me toucha profondément. Je m'empressai de répondre que je me rendrais à ses ordres, et ce fut de toute la joie de mon cœur.

Je finissais à peine ma réponse, qu'on m'annonça le prince Baradinski, ministre de Russie; il venait aussi de la part de ma chère princesse, me parler de son voyage, me dire tous les endroits où elle s'était reposée, comment elle se trouvait, qu'elle n'était point fatiguée du voyage et qu'elle désirait me voir.

Le prince Baradinski partait le lendemain pour Fontainebleau, il allait à la rencontre de Leurs Altesses impériales. J'étais très-résolue à en faire autant, et c'était pour moi une joie extrême. Le prince Baradinski était, comme presque tous les Russes de la cour de Catherine, un homme fort distingué; il avait les meilleures manières et rien du Sarmate et du Goth, je vous en réponds.

Après sa visite, nous reçûmes celle de la baronne de Hahn, la même dont j'ai déjà parlé et dont le mari est colonel attaché au régiment d'Anhalt.

Ensuite, nous nous couchâmes très-fatigués, très-agités, ainsi que cela arrive en pareil cas.

17 mai. — Nous étions pourtant debout de très-bonne heure, et nous nous mîmes en chemin pour Champigny, où demeurait le comte de Waldner, mon oncle, auquel nous allâmes rendre nos devoirs. Il avait acheté là une assez jolie maison de campagne, qu'il habitait une grande partie de l'année. Il nous reçut à bras ouverts, comme ses enfants. Je le trouvai si changé que j'en fus touchée jusqu'aux larmes. Le pauvre homme se soutenait difficilement ; il fallait l'aider lorsqu'il allait de son fauteuil à son lit ; son esprit a baissé en proportion. C'est un douloureux spectacle, quand on pense surtout à ce qu'il a été. Je revins après dîner, le cœur navré de cette transformation. Les fatigues de la guerre y ont sans doute contribué plus encore que l'âge.

En rentrant à Paris, nous allâmes faire une visite à madame la marquise de la Salle dont le mari, lieutenant général, commande en second en Alsace. C'est un homme de beaucoup d'esprit ; la marquise est plus ordinaire, quoiqu'elle ait du monde autant que femme en France. Elle a deux fils, dont l'un au service, l'autre encore enfant [1]. Madame de la Salle est une Clermont-Chaste, et madame sa mère était mademoiselle de Butler.

J'allai, en quittant madame de la Salle, faire une visite de femme chez mademoiselle Bertin, fameuse marchande de modes de la reine, selon l'ordre que j'en avais reçu de madame la grande-duchesse, afin de m'informer si ses robes étaient prêtes. Toute la

---

[1] Le chevalier de Caillebot de la Salle, aide de camp de M. le comte d'Artois, depuis Charles X. Il est venu à Strasbourg en 1814 en qualité de commissaire extraordinaire du roi.

boutique travaillait pour elle; on ne voyait de tous côtés que des damas, des dauphines, des satins brochés, des brocarts et des dentelles. Les dames de la cour se les faisaient montrer par curiosité; mais jusqu'à ce que la princesse les eût portées, il était défendu d'en donner les modèles. Mademoiselle Bertin me sembla une singulière personne, gonflée de son importance, traitant d'égale à égale avec les princesses.

On raconte qu'une dame de province vint un jour lui demander une coiffure pour sa présentation; elle voulait du nouveau. La marchande la toisa des pieds à la tête, et, satisfaite sans doute de cet examen, elle se retourna d'un air majestueux vers une de ses demoiselles en disant :

— Montrez à madame le résultat de mon dernier travail avec Sa Majesté.

Madame la baronne de Hahn partait le soir même; elle nous avait fait promettre de souper chez elle. Nous voulions partir aussi, de notre côté, pour aller au-devant de madame la comtesse du Nord jusqu'à Fontainebleau. Pour aucun prix nous ne pûmes trouver des chevaux de poste. M. d'Oberkirch fit courir et courut lui-même tout Paris inutilement; j'en aurais pleuré. Il fallut se résigner à attendre le lendemain. Il fut convenu que nos chevaux de renvoi nous conduiraient à la rencontre de Leurs Altesses impériales aussi loin que possible. Je ne voulus point me coucher; je passai une grande partie de la nuit à écrire à madame la princesse de Montbéliard. Mon cœur était si plein qu'il ne pouvait s'adresser qu'à elle seule. J'étouffais de joie et d'impatience. J'allais donc la revoir, cette amie si chère, cette charmante princesse! j'allais la revoir au comble du bonheur et de la gloire. Mon vœu le plus ardent s'accomplissait ainsi.

« Ah ! madame, écrivais-je à son auguste mère, j'ai bien envié votre sort, mais c'est vous maintenant qui allez envier le mien. »

18 mai. — Le lendemain, en effet, nous marchâmes assez vite trois postes durant, et à Froidmanteau, nous attendîmes de neuf heures à deux heures l'arrivée des carrosses.

CHAPITRE X

Arrivée de la comtesse du Nord. — Tendre entrevue. — Bienveillance du comte du Nord. — La marquise de Bombelles. — Sa famille. — La marquise de Travanet. — La marquise de Louvois. — Folies du marquis de Louvois. — Singulière anecdote. — Mademoiselle Colombe, de la Comédie italienne. — Affluence à l'ambassade de Russie. — Portrait du comte du Nord. — M. et madame de Benckendorf. — Le prince Kourakin. — Trait de générosité du comte du Nord. — Procession des cordons bleus. — La comtesse Skzrawonsky. — La comtesse Zoltikoff. — Le général Wurmser. — La cour russe à Versailles. — La baronne de Mackau. — Le prince Baradinsky. — Présentation des illustres voyageurs. — Timidité de Louis XVI. — Le comte du Nord chez le dauphin. — La comtesse de Vergennes. — La famille royale. — Les grandes charges. — Le maréchal de Duras. — Le prince de Beauvau. — Madame la comtesse de Provence. — Madame la comtesse d'Artois. — Concert à la cour. — La reine me dispense du cérémonial. — Sa Majesté me parle plusieurs fois. — Le sieur Legros et madame Mara. — Souper chez madame de Mackau. — Attention du comte du Nord. — L'*Inconnu persécuté*. — Rondeau. — Accident et bonté de la comtesse du Nord. — Pressentiment. — Le petit Trianon. — La *Reine de Golconde*. — M. de Monsigny. — Souper chez la princesse de Chimay. — Son singe. — Les bouquetières du Pont-Neuf. — Les prisonniers de la Force. — Mot du roi. — Les enfants de France. — Les femmes des ministres. — Goûts de Louis XVI. — Les ducs d'Aumont et de Villequier. — La duchesse de Villeroy. — M. de La Harpe. — La princesse de Bouillon. — La duchesse de Bouillon et mademoiselle Lecouvreur. — La comtesse de Halwill. — La vicomtesse d'Ecquevilly. — Le vautrait. — Jargon du bel air.

Enfin nous entendîmes le bruit des roues, les fouets des postillons, les grelots des chevaux; les carosses parurent, nous nous élançâmes dehors. Madame la grande-duchesse mit la tête à la portière et agita son mouchoir en m'apercevant, et dès que la voiture s'arrêta, M. le comte du Nord sauta à terre et vint au-devant de moi; il me reçut admirablement bien, avec une affabilité et une bonne grâce qui ressemblaient presque à de l'amitié. Mais ma chère princesse, elle me combla de caresses et d'affection ! Ce moment fut un des plus beaux de ma vie ; le cœur me battait avec une émotion que je ne puis rendre. Je restai presque cinq minutes serrée dans ses bras.

— Ma bonne, ma chère Lanele ! répétait-elle, que je suis aise de te revoir !

— Et moi donc !

Nous rentrâmes à Paris à la suite de Leurs Altesses impériales, après cette courte entrevue, et nous eûmes l'honneur de les accompagner à leur hôtel. Là, je retrouvai ma bien-aimée princesse Dorothée comme aux jours de Montbéliard, aussi simple, aussi bonne, aussi confiante. Elle me présenta de nouveau au grand-duc, en ajoutant :

— C'est une autre moi-même ; je vous prie de l'aimer pour l'amour de moi.

J'en fus attendrie jusqu'aux larmes. M. le comte du Nord, tout ému, me baisa les mains. Son auguste épouse lui était si chère, qu'il partageait tous ses sentiments. Madame la comtesse du Nord me parla ensuite de ses enfants, dont elle était idolâtre.

— Mon cher Alexandre, mon cher Constantin, j'ai de leurs nouvelles tous les ordinaires, mais je trouve le temps bien long. Cependant, loin d'eux, ma chère Lanele, mon cœur est partagé en plusieurs morceaux ; c'est le sort de celles qui sont destinées au trône. Il nous est interdit de réunir jamais près de nous à la fois tous ceux que nous chérissons. Et ma petite filleule, pourquoi ne l'avez-vous pas amenée ? J'aurais été charmée de la voir, de l'embrasser.

Nous avions bien des choses à dire, à nous raconter : nos maris, nos familles, toutes les circonstances de notre vie depuis notre séparation. J'étais particulièrement curieuse de détails sur la grande Cátherine, et madame la comtesse du Nord ne me les épargna pas. On nous dérangeait à chaque instant, car les visites et les compliments pleuvaient. Nous trouvâmes cependant moyen de faire une bonne trouée dans le passé, sauf à reprendre les choses où nous les laissions, ce qui nous amena des fous rires qui semblaient l'écho de ceux d'autrefois.

On logea fort magnifiquement la suite de madame la grande-duchesse. Madame de Benckendorf eut un joli appartement, et comme je m'y étais retirée un un instant avant le souper, madame la marquise de Bombelles, dame pour accompagner Madame Élisabeth de France, sœur du roi, vint m'y chercher; c'était une fort aimable personne. Le marquis de Bombelles, son mari, ministre du roi près de la diète générale de l'Empire, avait succédé dans ce poste au baron de Mackau, son beau-père. Le beau-frère de la marquise, M. le comte de Bombelles, est maréchal de camp et sert dans les gardes françaises. Le marquis de Bombelles est seigneur des fiefs de Worck et Achenheim, en Alsace, à une lieue de Strasbourg. Son père était lieutenant général des armées du roi et commandant des ville et château de Bitche, de la frontière de la Lorraine allemande et de la Sarre, ambassadeur, etc.[1].

---

[1] La marquise de Bombelles avait toute la confiance de Madame Élisabeth. Elle échappa miraculeusement aux égorgeurs de septembre, grâce au dévouement de M. de Chazet, beau-père de M. de Mackau, son frère à elle. Déguisé en ramoneur, il se mêla aux assassins et parvint à la sauver. Elle mourut en couches en Moravie en 1800. Son mari, désespéré, voua le reste de ses jours à la religion et devint évêque. Il était père de madame de Casteja, dame

Deux demoiselles de Bombelles, ses sœurs, ont épousé, l'une le marquis de Travanet, et l'autre le marquis de Louvois, qu'on appelait autrefois le chevalier de Souvré. Je suis liée avec madame de Travanet de la plus vive amitié; c'est une des meilleures, une des plus spirituelles, une des plus charmantes femmes que je connaisse. Elle a été dame de Madame Élisabeth, et ne l'était plus au moment dont je parle. C'est elle qui a composé la chanson du *Pauvre Jacques* [1], dont l'air et les paroles sont si touchants. Je voyais sans cesse madame de Travanet, et je suis même entrée en correspondance avec elle.

Quant à madame de Louvois, elle était fort jeune, et venait d'être présentée cet hiver-là même. C'était la quatrième femme de M. de Louvois. Il avait

de madame la dauphine et de trois fils, élevés à Vienne et devenus Autrichiens : deux ont été ambassadeurs; le second a élevé l'empereur actuel. L'un d'eux a épousé S. M. Marie-Louise de l'aveu de la cour d'Autriche.

[1] Voici les paroles de cette romance longtems à la mode, et qui se rattachait à un acte de bonté de Madame Élizabeth de France, dont tout Paris s'était occupé.

Pauvre Jacques, quand j'étais près de toi,
Je ne sentais pas ma misère ;
Mais à présent que tu vis loin de moi,
Je manque de tout sur la terre.

Quand tu venais partager mes travaux,
Je trouvais ma tâche légère.
T'en souvient-il? tous les jours étaient beaux.
Qui me rendra ce temps prospère ?

Quand le soleil brille sur nos guérets,
Je ne puis souffrir la lumière ;
Et quand je suis à l'ombre des forêts
J'accuse la nature entière.

Quant à l'*air* du pauvre Jacques, il a été donné depuis au beau cantique :

« Vous qu'en ces lieux combla de ses bienfaits,
« Une mère auguste et chérie... »

épousé en premières noces mademoiselle de Logny ; il ne vécut avec elle que quelques années, et se remaria peu après sa mort avec une Hollandaise, la baronne de Wriezen-d'Hoffel. Il était fort extravagant, et connu pour tel ; la baronne ne l'était pas mal non plus. En revenant de l'autel, elle lui dit d'un air agréable qu'elle espérait le voir devenir sage désormais.

— Je vous assure, répondit M. de Louvois, que de toutes mes sottises j'ai fait la dernière.

La pauvre marquise aurait pu lui donner bien des démentis, quoique sa vie eût été courte. Il avait la rage du mariage, il convola donc de nouveau avec la comtesse de Reichenberg. Celle-là vécut moins que que les autres encore, à peine quelques mois. Avait-elle ouvert plus tôt les portes du cabinet de la Barbe-Bleue ? Je l'ignore ; mais mademoiselle de Bombelles fit certainement un acte de courage en se risquant au quatrième numéro.

M. de Louvois avait fait mille folies dans sa jeunesse. Il jetait l'argent par les fenêtres avec une facilité merveilleuse, et tellement que M. de Louvois, son père, lui coupa les vivres au mauvais moment, celui où il ne trouvait plus de crédit. Il fallut donc revenir sous l'aile paternelle, malgré qu'il en eût, et il arriva au château d'Ancy-le-Franc comme l'enfant prodigue, sans un habit de rechange ! Le lendemain, il y avait beaucoup de monde à dîner, et il ne pouvait décemment paraître vêtu comme il l'était ; d'ailleurs la compagnie l'ennuyait, il prit le prétexte de sa toilette pour s'excuser de descendre.

— Je vous demande pardon, monsieur, lui dit son père, vous viendrez à ce dîner.

— Monsieur, je ne demande pas mieux, mais voyez, cela est impossible, cet habit...

— Mettez-en un autre.

— Je n'en ai pas.

— Vous n'en avez pas ! après avoir dépensé soixante mille livres chez les tailleurs et les brodeuses.

— Enfin, monsieur, ce n'est *plus* une raison ; c'en était une jadis... je ne dis pas... A présent, ils sont usés.

— Ayez-en un.

— Monsieur, c'est facile à dire ; mais pour avoir un habit... il faut de l'argent, et... dans ce moment-ci...

— Comment, monsieur !... Et vous avez emprunté deux cent mille livres chez les usuriers !

— Mon Dieu, monsieur, je ne dis pas le contraire, mais les écus sont allés avec les habits.

M. de Louvois leva les yeux et les bras au ciel, poussa une exclamation de colère, et sortit. Au moment de fermer la porte, il se retourna :

— Je n'entre pas dans vos extravagances, monsieur ; tout ce que je puis vous dire, c'est que *je veux* vous voir à ma table au jour convenu, et que je vous défends d'y paraître avec un pareil habit.

Le chevalier resta fort stupéfait, fort embarrassé et fort contrit. La volonté paternelle était positive, et si elle n'était point exécutée, il ne restait plus d'espoir de pardon. Il se creusa la tête pour chercher un expédient, appela son valet de chambre, espèce de Scapin; et tous les deux se mirent à retourner toutes leurs rubriques sans rien trouver de présentable. Enfin, les yeux du chevalier se portèrent sur la tapisserie de la chambre représentant le mariage de Statira et d'Alexandre, avec une foule de personnages plus curieux les uns que les autres.

— Ah s'écria-t-il, j'ai mon affaire ; va me chercher le tailleur du village, qu'il vienne de suite, qu'il apporte tous ses outils, et qu'il se prépare à passer la nuit au château.

— Mais, monsieur le chevalier...

— Va vite, et ne réplique pas.

A peine le valet fut-il parti, qu'il se mit à décrocher avec beaucoup de sang-froid les rideaux de son lit, et les étala sur une table, marqua avec de la craie les figures qui lui plaisaient le plus, et dès que le tailleur fut arrivé :

—Taille-moi là dedans habit, veste et culotte, mon garçon, lui dit-il; choisis les plus jolies femmes pour me les mettre par devant, et quant au grand prêtre que voici, lui et sa barbe seront admirablement placés dans mon dos.

Le tailleur ouvrit d'aussi grands yeux que le valet de chambre; ils crurent la raison de leur jeune maître dérangée; mais celui-ci insista si fort, avec tant de gaieté, qu'ils se décidèrent à obéir.

L'habit fut prêt pour le lendemain ; il allait à ravir, et le chevalier de Souvré se présenta sans sourciller à la table du marquis. On juge des exclamations, des étonnements, des rires. Le père se fâcha. Pourtant cette honte publique faite à sa parcimonie l'obligea de rouvrir sa bourse. Il habilla de neuf son héritier, de quoi celui-ci profita pour prendre la clef des champs. Il revint à Paris, et se mit fort dans les bonnes grâces de mademoiselle Colombe, actrice de la Comédie italienne, et, dans un transport de reconnaissance, il lui demanda ce qui pourrait lui faire plaisir.

— Envoyez-moi des chatons, répondit-elle, j'en veux composer un collier.

Le lendemain, il fit porter chez elle une boîte remplie de petits chats. A la cour et dans les coulisses, ce qui commençait à se mêler beaucoup trop ensemble, on en rit pendant huit jours. Après, une autre facétie fit oublier celle-là.

Revenons maintenant aux illustres voyageurs. Ils étaient logés à l'hôtel de l'ambassade de Russie, autrefois hôtel de Lévis, au coin de la rue de Gramont et de l'ancien boulevard. Quand ils arrivèrent, une affluence choisie les attendait ; ils furent couverts d'applaudissements, et saluèrent indistinctement tout le monde. Les jours suivants, un peuple immense s'y portait et criait : — Vivent M. le comte et madame la comtesse du Nord ! aussitôt qu'ils paraissaient. Dans la crainte de quelque mouvement, un exempt logeait à leur hôtel et se tenait absolument à leur disposition. Il prenait leurs ordres plusieurs fois par jour.

M. le comte du Nord avait alors vingt-huit ans, étant né le 1ᵉʳ octobre 1754. Il ne séduisait pas au premier abord : il était de fort petite taille, et ses traits étaient ceux des races du Nord dans ce qu'elles ont de moins régulier. Mais, en le regardant mieux, on découvrait dans sa physionomie tant d'intelligence et de finesse ; ses yeux étaient si vifs, si spirituels, si animés, son sourire si malin, qu'on ne comprenait pas comment ils conservaient néanmoins une grande expression de douceur et une dignité qui ne se démentait jamais, malgré l'aisance et le naturel de ses manières. Il a été élevé par le comte Panin qui était grand gouverneur.

Madame la grande-duchesse était devenue la plus belle personne du monde. Elle avait grandi encore, sa taille s'était développée ; elle marchait avec une grâce et une majesté qui ne pouvaient être comparées qu'à celles de notre charmante reine. Je n'ai pas besoin de dire ce qu'elle était, du reste; elle est suffisamment connue de mes lecteurs.

Outre sa dame d'honneur et deux autres de ses dames, madame la comtesse du Nord avait avec elle la baronne de Benckendorf, sa meilleure amie après moi [1]. Le colonel de Benckendorf était attaché au grand-duc et l'accompagnait dans ce voyage. Ce nom de Benckendorf a été illustré, pendant la guerre de Sept ans, par son père, général de cavalerie, qui décida le gain de la bataille de *Kollin* contre Frédéric.

Le grand-duc avait aussi auprès de lui le prince Alexandre Kourakin, son compagnon d'enfance et son ami [2] et le prince Yousoupoff, premier chambellan. Lorsque Son Altesse impériale sortait sans ses gens et sans madame la comtesse du Nord, le prince Kourakin l'accompagnait toujours. Le prince n'avait point du tout l'air de ces *barbares du Nord*, et il eut beaucoup de succès à Versailles.

Madame la comtesse du Nord avait encore retrouvé à Lyon sa famille, c'est-à-dire ses augustes père et mère et un de ses frères. Ils demeurèrent avec elle tout le temps qu'elle y resta et l'accompagnèrent jusqu'à Dijon, où ils la quittèrent pour retourner à Montbéliard. Madame la grande-duchesse me parlait sans cesse d'eux; elle ne les avait pas assez vus, et malgré les séductions de Paris, elle tournait souvent un œil de désir vers l'asile de son enfance. Peut-on oublier les premières impressions de la vie !

[1] Les deux dames qui suivaient, ainsi que la baronne de Benckendorf, madame la comtesse du Nord, étaient fort petites; ce qui contrastait singulièrement avec la grande et noble taille de la princesse.

[2] Gentilhomme de la chambre à cette époque, le prince Kourakin avait alors vingt-quatre ans; il est devenu vice-chancelier de l'empire, et ambassadeur à Paris auprès de Napoléon Ier.

Le comte du Nord a eu à Lyon un plaisir bien digne de son âme généreuse, celui de libérer du service, en rachetant son engagement, un Russe qui se trouvait dans le guet de cette ville. Il lui donna cinquante louis et l'engagea à se présenter à lui à Saint-Pétersbourg, où il s'occuperait de son avenir.

Ce soldat, qui appartenait à une bonne famille, avait été obligé de quitter la Russie à la suite d'une accusation injuste. Son Altesse impériale nous raconta elle-même toute la joie qu'elle avait éprouvée en retrouvant ce pauvre compatriote si loin de son pays.

— La Russie m'est si chère ! ajoutait-il l'œil humide d'émotion. Je voudrais si bien voir tous les sujets de l'impératrice heureux, et être aimé d'eux comme je les aime.

Il est doux et consolant de trouver de pareils sentiments dans un aussi grand prince.

19 mai. — Je me levai à six heures pour me faire coiffer, les coiffeurs étant déjà retenus pour les heures suivantes par leurs pratiques. J'allai de fort bonne heure chez madame la comtesse du Nord, avec laquelle je causai longtemps en particulier. Je revins m'habiller chez moi, et je retournai chez Son Altesse impériale pour le dîner. Le bel air était de dîner à deux heures. Il n'y eut personne, la princesse se reposa. Le comte du Nord, au contraire, se fit conduire incognito à Versailles ; il entendit la messe et fut placé dans une tribune, sans aucune cérémonie. Il assista à la procession des cordons bleus, c'est-à-dire des chevaliers de l'ordre du Saint-Esprit, procession qui a lieu selon le vœu de Louis XIII. Il en revint enthousiasmé de la magnificence de Versailles, des costumes, de l'élégance des ajustements, surtout de la beauté de la reine. Madame la grande-duchesse en

CHAPITRE X.

eut un peu de trouble que le sourire de son cher mari effaça bientôt.

Après le dîner, selon l'ordre de ma princesse, je montai en carrosse pour faire des visites à toutes les dames russes qui se trouvaient alors à Paris : la comtesse Skzrawonsky [1], la comtesse Bruce, l'une et l'autre dames à portrait, c'est-à-dire ayant le droit de porter à leur côté gauche le portrait de l'impératrice entouré de diamants, comme on porte une croix de chanoinesse ; c'était une grande faveur.

La comtesse Paul Skzrawonsky avait une tête d'une beauté idéale ; impossible d'être plus jolie. Elle était nièce du prince Potemkin, et son nom était Engelhard. Elles étaient cinq sœurs, la comtesse Branitzky [2], la femme du prince Serge-Federewitz-Galitzin, une autre qui avait épousé le général Schepeloff, et enfin la dernière mariée à son cousin Michel Potemkin. La comtesse Skzrawonsky [3] a beaucoup d'influence sur l'esprit de son oncle. Celui-ci jouissait de la plus haute faveur, et il passait pour être d'une avidité extrême ; on raconte même à ce sujet une réponse assez fine du comte Panin. Le marquis de Vérac, ministre de France, se plaignant à ce dernier de ce que Potemkin avait reçu cinquante mille roubles de l'ambassadeur d'Angleterre, le comte Panin lui dit : — « Soyez bien persuadé, monsieur le marquis, que le prince ne se laisse point gagner par cinquante mille roubles. » — La vérité est qu'il avait reçu davantage.

---

[1] La famille Skzrawonsky descend d'un frère de Catherine, première femme de Pierre le Grand.
[2] Alexandra, née en 1754, fut plus tard dame d'honneur et favorite de Catherine II, gouvernante des grands-ducs Alexandre et Constantin.
[3] Elle épousa en secondes noces le comte Litta et fut nommée dame d'honneur en 1824.

J'allai ensuite chez la comtesse Zoltikoff, pleine de raison et de douceur, et chez madame de Zoltikoff, mère de deux filles, dont l'une surtout est charmante. Je me rendis encore chez la comtesse de Travanet (prononcez Travanette), et je revins souper en petit comité avec le comte et la comtesse du Nord. Ce repas fut charmant. Le grand-duc nous raconta ses impressions de la matinée, ce qu'il avait vu, ce qu'il avait observé; ses remarques étaient pleines de finesse. Il avait déjà deviné bien des dessous des cartes avec la sagacité d'un vieux courtisan.

Je rentrai chez moi à onze heures et demie. Cette vie-là ne me fatiguait pas trop, tant j'avais le cœur content. Le général de Wurmser, mon parent, vint encore me voir, n'ayant pas pu me trouver chez moi de toute la journée. C'est l'ancien colonel du régiment d'Alsace dont j'ai parlé, devenu lieutenant général et grand'croix du Mérite militaire. Il habite ordinairement Paris; il avait été longtemps inspecteur général des régiments allemands; il se reposait cette année-là. C'était un aimable vieillard, qui nous portait beaucoup d'affection.

20 mai. — C'était un grand jour. M. le comte et madame la comtesse du Nord et toute la cour russe devaient faire leur entrée à Versailles. On appelait la cour russe : Leurs Altesses impériales, leur suite, l'ambassade, et un peu moi aussi, comme on le verra plus loin. Nous fûmes tous prêts de bonne heure. Madame la grande-duchesse était fort parée, d'un grand habit de brocart bordé de perles, sur un panier de six aunes. Elle avait les plus belles pierreries qui se puissent imaginer; je ne me lassais pas de l'admirer, et le grand-duc aussi. — Serai-je aussi belle que la reine? lui demanda-t-elle malignement.

On partit. Je ne suivis point Leurs Altesses impériales dans la présentation, n'en ayant pas le droit, puisque j'étais Française. J'allai dîner, comme c'était convenu, chez madame la baronne de Mackau, sous-gouvernante des enfants de France. Son mari est Alsacien, ancien ministre du roi à la diète de l'Empire, ainsi que je l'ai dit ; il a toujours été dans d'excellentes relations avec ma famille. Madame de Mackau, née de Ficte de Soucy, est une femme éminemment distinguée, avec laquelle je suis intimement liée, ainsi qu'avec tout ce qui lui appartient. Sa belle-fille est mademoiselle Alissan de Chazet. M. de Mackau, son mari, est lieutenant-colonel de dragons. Ils ont été présentés en 1781. Les Mackau sont parents des Bernhausen, grande famille allemande [1].

M. le comte du Nord fut présenté à Leurs Majestés et à la famille royale, accompagné par le prince Baradinski, ambassadeur de la czarine, et par M. de Vergennes. Il fut d'abord annoncé par M. de Sequeville, secrétaire du roi, à la conduite des ambassadeurs ; et M. de Lalive, introducteur des ambassadeurs, présenta M. le comte du Nord en forme à Sa Majesté. Le roi l'a attendu dans son grand cabinet ; les deux princes se sont salués avec beaucoup d'effusion.

— Combien je suis heureux, Sire, de voir Votre Majesté ! c'était le principal but de mon voyage en France. L'impératrice ma mère m'enviera ce bonheur, car en cela, comme en toutes choses, nos sentiments sont les mêmes.

Louis XVI est timide, et malgré l'habitude qu'il en doit avoir, il est toujours un peu embarrassé dans les cérémonies. Il répondit à ce compliment par quelques

[1] La mère de M. l'amiral baron de Mackau est madame de Mackau, née de Chazet.

phrases assez vagues. Le grand-duc trouva cette première entrevue un peu froide. Il présenta ensuite au roi deux lettres, l'une de Naples, l'autre de Parme.

Son Altesse impériale passa ensuite chez M. le dauphin; il l'embrassa beaucoup, le trouva fort bel enfant; c'était le premier dauphin, celui que nous venons de perdre (le 4 juin 1789). Le grand-duc fit ensuite beaucoup de questions à madame la princesse de Guéménée, gouvernante de l'auguste enfant. Elle y répondit avec toute la dignité et la mesure qui la caractérisaient.

— Madame, dit M. le comte du Nord, rappelez souvent à M. le dauphin la visite qu'il reçoit aujourd'hui ; rappelez-lui l'attachement que je lui voue dès son berceau, qu'il soit le gage d'une alliance et d'une union éternelles entre nos États.

Ces paroles furent répétées à tout le monde à Versailles, on les trouva fort sages et fort belles ; Leurs Majestés en furent charmées.

Pendant ce temps, madame la comtesse de Vergennes, femme du ministre des affaires étrangères, conduisait madame la comtesse du Nord chez la reine et chez les princesses de la famille royale, auxquelles elle la présenta. La reine fut charmante, pleine de bonne grâce et d'affabilité ; elle traita madame la comtesse du Nord comme si elle l'eût connue toute sa vie, s'informa minutieusement de ses goûts, de tout ce qu'elle pourrait lui offrir d'agréable, et la pria de la voir souvent. Madame la grande-duchesse répondit comme elle le devait à ces prévenances, et sortit enchantée de notre souveraine.

La famille royale se composait alors :
De Leurs Majestés
Louis XVI, né le 23 août 1754 ;

Marie-Antoinette d'Autriche, née le 2 novembre 1755.

Madame Adélaïde, née le 23 mars 1732, \
Madame Victoire, née le 11 mai 1733 } tantes du \
Madame Louise ¹,   / roi;

Monsieur, frère du roi, comte de Provence, né le 17 novembre 1755 ;

Madame, comtesse de Provence; née en 1753;

M. le comte d'Artois, né le 9 octobre 1757 ;

Madame la comtesse d'Artois, née le 31 janvier 1756;

M. le Dauphin, né le 22 octobre 1781 ;

Madame Royale, fille du roi, née le 19 décembre 1778;

M. le duc d'Angoulême, né le 6 août 1775, fils de M. le comte d'Artois;

M. le duc de Berry, né le 24 janvier 1778, *idem.*

Madame Élisabeth, sœur du roi, née le 3 mai 1764.

Les grandes charges à la couronne étaient ainsi remplies :

M. le cardinal de Rohan, grand aumônier;

Monseigneur le prince de Condé, grand maître de France et de la maison du roi;

Monseigneur le duc de Bourbon en survivance;

M. le prince de Rohan-Guéménée, grand chambellan;

M. le duc de Bouillon en survivance ;

M. le prince de Lambesc, grand écuyer;

M. le duc de Brissac, premier panetier;

M. le marquis de Verneuil, premier échanson;

M. le duc de Penthièvre, grand veneur;

M. le comte de Vaudreuil, grand fauconnier;

M. le comte de Flamarens, grand louvetier;

M. le duc de Penthièvre, amiral de France;

M. le marquis de la Suze, grand maréchal des logis;

---

¹ Madame Louise était carmélite à Saint-Denis.

M. le marquis de Sourches, grand prévôt de France;

M. le marquis de Tourzel, en survivance;

M. de Maupeou, grand chancelier;

M. Hue de Miromesnil, garde des sceaux.

M. le maréchal de Duras était d'année pour 1782, comme premier gentilhomme de la chambre. MM. le prince de Beauvau et le prince de Poix, en survivance, étaient de service pour le quartier d'avril, comme capitaines des gardes.

M. le comte et madame la comtesse du Nord, après avoir vu Leurs Majestés et les princes, se retirèrent chez eux. Ils y reçurent plusieurs visites et présentations, entre autres M. le maréchal de Biron, qui leur présenta les officiers des gardes françaises. M. le grand-duc les admira beaucoup.

La cour russe dîna ensuite avec la famille royale dans les grands cabinets. Le roi fut un peu plus à son aise et se montra, par conséquent, plus affable. La reine continua son accueil affectueux. Madame la comtesse de Provence n'était pas jolie, mais elle avait de fort beaux yeux, une conversation pétillante d'esprit, et de la gaieté sans malice, chose précieuse, à la cour surtout. Madame la comtesse d'Artois, sa sœur cadette, petite, douce, ingénue, généreuse, est pleine des plus admirables qualités. Elle avait un fort beau teint, mais le nez un peu long.

Madame la grande-duchesse brilla fort à ce dîner; elle y montra un esprit et un tact bien rares à son âge. Les représentations d'étiquette sont pénibles et fatigantes pour les princes; je ne sais comment ils peuvent s'y accoutumer. Après le dîner, on passa chez la reine, où toute la cour se trouva réunie, pour un grand concert dans le salon de la Paix. Il y eut des pliants dans la galerie pour les personnes présentées qui n'avaient pas eu d'invitations. On illumina le château comme les jours de grand appartement. Mille lustres descendaient du plafond, et des girandoles à quarante bougies surmontaient toutes les consoles. L'orchestre était placé sur des gradins. Rien ne peut donner une idée de cette splendeur et de cette richesse. Les toilettes étaient miraculeuses. La reine, belle comme le jour, animait tout de son éclat.

Sa Majesté avait été prévenue que j'avais l'honneur d'être l'amie intime de madame la grande-duchesse, mais que je ne pouvais lui être présentée par elle, n'étant pas Russe. Elle envoya sur-le-champ un de ses valets de chambre me prier à son concert. Pendant que nous étions à dîner, elle me fit encore dire, par une dame du palais, qu'elle me dispensait du cérémonial de la présentation.

— Je serais bien maladroite en vous privant de votre amie, madame, dit-elle à madame la comtesse du Nord, moi qui voudrais, au contraire, réunir autour de vous tout ce qui peut vous plaire.

La reine me reçut, en effet, avec une bonté excessive lorsque j'entrai chez elle.

— Vous êtes bien heureuse, madame, de posséder une aussi illustre amitié : je vous l'envie ; mais je ne puis m'empêcher d'envier aussi à madame la comtesse du Nord une amie telle qu'on m'a dit que vous êtes vous-même.

Je n'oublierai jamais ces paroles, ni le regard qui les accompagna.

La reine me fit placer derrière elle et madame la comtesse du Nord, entre madame de Benckendorf et madame de Vergennes. Elle me fit l'honneur de m'adresser la parole cinq ou six fois pendant le concert.

— Vous êtes d'un pays que j'ai trouvé, à mon passage,

bien beau et bien fidèle, madame la baronne ; je me souviendrai toujours que j'y ai reçu les premiers vœux des Français. C'est là que j'ai compris le bonheur de devenir leur reine.

Un peu plus tard, après m'avoir demandé combien j'avais d'enfants :

— Il est dommage que vous n'ayez point de fils, mais j'espère qu'il vous en viendra ; ils serviront le roi, comme l'ont fait leurs pères et toute leur famille.

A ce concert, qui fut magnifique, il n'y avait que la famille royale, la cour russe et les grandes charges de la couronne. Le sieur Legros, de l'Opéra, y chanta des morceaux admirables, ainsi que la célèbre madame Mara. C'est une fort belle personne, Saxonne d'origine, et dont le talent musical est plein de chaleur et d'énergie. Elle ne faisait pas partie, cette année, des concerts spirituels, dont le sieur Legros était directeur. Le sieur Laïs et madame Saint-Huberti faisaient les délices de ces concerts, où l'on admirait les virtuoses les plus habiles. On vantait beaucoup, surtout, un *Stabat* mis en musique par différents maîtres célèbres, et exécuté par un concours de talents du premier ordre dans tous les genres. Ces concerts n'étaient ouverts qu'aux grandes fêtes et pendant certains jours du carême, où les autres spectacles n'avaient pas lieu.

Je retournai souper chez madame de Mackau, et nous ne quittâmes Versailles qu'à trois heures du matin. Nous étions tous si fatigués, que nous nous endormîmes dans les carrosses. Madame la grande-duchesse avait mal à la tête, de tout cet éclat, de ce bruit, des phrases à faire et à écouter. Leurs Altesses impériales revinrent enchantées de Versailles et de l'accueil qu'elles y avaient reçu. Elles en écrivirent, le lendemain, de longues lettres à la czarine.

CHAPITRE X.

21 mai. — Nous nous levâmes tard. Je trouvai à mon réveil une charmante attention de M. le comte du Nord, qui m'envoyait un panier de primeurs et de fruits magnifiques, choisis chez le verdurier du roi. J'avais dit la veille, devant lui, que je les aimais beaucoup. J'allai voir Leurs Altesses impériales, et je remerciai mille fois le grand-duc. La princesse rit beaucoup de l'excès de ma reconnaissance, qu'elle trouvait proportionnée à l'*indigestion* que toutes ces grosses fraises et ces hottées de cerises pouvaient causer.

J'allai le soir à l'Opéra, avec M. et madame de Benckendorf. J'aime infiniment le spectacle, et je ne perdais aucune occasion de me donner ce plaisir. On jouait l'*Inconnu persécuté*, comédie-opéra-bouffon, représentée pour la première fois, six mois avant, sur le théâtre des Menus. Les paroles étaient de M. du Rozay, et la musique de M. Anfossi, célèbre compositeur italien. On avait fait, disait-on, beaucoup de changements et d'additions à cet ouvrage, qui l'avaient fort amélioré. La salle était pleine, les applaudissements prolongés. C'était très-beau, je n'avais jamais vu une représentation aussi splendide. Madame de Benckendorf me dit que le théâtre de Saint-Pétersbourg n'était pas aussi bien.

22 mai. — Je voulus dîner chez moi, bien que madame la grande-duchesse m'eût fait l'honneur de me dire que mon couvert et celui de M. d'Oberkirch étaient mis à sa table tous les jours. J'allai lui présenter mes devoirs dans la matinée, et comme nous étions près de la fenêtre, nous entendîmes de grands cris dans la rue. Je m'avançai promptement vers le balcon où je vis une grande foule amassée, sans en saisir le motif. Un des gens de madame la comtesse du Nord y alla voir, et revint annoncer que c'était

une pauvre femme écrasée par un cabriolet devant l'ancien hôtel de la police.

— Ah ! s'écria madame la grande-duchesse, cette femme a peut-être un mari, des enfants !

Ses yeux se mouillèrent de larmes; elle pensait aux siens éloignés d'elle et à tout ce qu'elle aurait à souffrir s'il fallait s'en séparer tout à fait.

— Tenez, ajouta-t-elle en prenant sa bourse où se trouvaient vingt-cinq louis à peu près, portez-lui cela, et dites que si cela ne suffit pas, on lui en donnera davantage.

Elle envoya, le lendemain, savoir des nouvelles de la malade et un nouveau secours. M. le comte du Nord aimait à la voir ainsi, et encourageait encore ses dispositions bienfaisantes.

Le soir de ce jour, je partis pour aller coucher à Versailles à l'hôtel des Ambassadeurs. Il y avait, le lendemain, grand spectacle à la cour, dans la salle du palais; la reine avait eu la nouvelle bonté de m'y faire donner une loge. Madame la grande-duchesse en fut touchée; c'était une manière si délicate de lui être agréable ! Cette salle de Versailles est féerique, tant par sa forme que par la richesse de ses ornements, ses dorures et la beauté des décorations. Je devais la voir le lendemain dans toute sa splendeur, aussi n'y entrâmes-nous point.

23 mai. — Je fus le matin de bonne heure visiter le Petit-Trianon de la Reine. Mon Dieu, la charmante promenade ! que ces bosquets parfumés de lilas, peuplés de rossignols, étaient délicieux ! Il faisait un temps magnifique, l'air était plein de vapeurs embaumées, des papillons étalaient leurs ailes d'or aux rayons de ce soleil printanier. Je n'ai de ma vie passé des moments plus enchanteurs que les trois heures

employées à visiter cette retraite. La reine y restait la plus grande partie de la belle saison, et je le conçois à merveille.

Le Petit-Trianon est bâti vis-à-vis du grand. Il appartenait autrefois à madame Dubarry, et Louis XV l'avait fait meubler avec goût et magnificence. Bien que le château ne soit pas grand, il est admirablement distribué et peut contenir beaucoup de monde. Les jardins sont délicieux, surtout la partie anglaise que la reine venait de faire arranger. Rien n'y manquait : les ruines, les chemins contournés, les nappes d'eau, les cascades, les montagnes, les temples, les statues, enfin tout ce qui peut les rendre variés et très-agréables. La partie française est dans le genre de *Le Nôtre* et des quinconces de Versailles. Au bout se trouve une mignonne salle de spectacle, où la reine aime à jouer elle-même la comédie avec M. le comte d'Artois et des amis intimes.

En revenant de Trianon, nous dînâmes à notre hôtel avec madame de Bombelles, puis nous nous habillâmes pour le spectacle. La reine avait eu la bonté extrême de me faire placer dans la petite loge grillée du roi, derrière la sienne. Elle me fit l'honneur de me parler encore plusieurs fois, et toujours avec une amabilité bien flatteuse.

On donnait le grand opéra d'*Aline ou la Reine de Golconde*, tiré d'une nouvelle de M. le chevalier de Boufflers, auquel, à ce qu'il paraît, il est arrivé quelque chose dans ce genre-là. Les paroles sont du sieur Sedaine, la musique de M. de Monsigny, et l'arrangement des ballets de M. de Laval, maître des ballets du roi. La musique de M. de Monsigny est charmante, et elle fut admirablement exécutée. Ce qui me charma le plus, ce furent les danses ; à quel point de perfection on a poussé cet art voluptueux ! Celles du premier acte sont de M. Gardel l'aîné, celles du second de M. Vestris, et enfin celles du troisième de M. Noverre. Les décors étaient d'une fraîcheur et d'une vérité inouïes. On aurait voulu être Aline pour régner sur ce délicieux pays.

M. de Monsigny est maître d'hôtel ordinaire de M. le duc d'Orléans. Il est fort estimé pour sa bonté et toutes ses vertus, qu'on vante à qui mieux mieux.

Après l'opéra, je fus engagée à souper chez madame la princesse de Chimay, dame d'honneur de la reine. Il y arriva une drôle d'aventure. Pendant que nous étions encore au théâtre, un singe de la plus mignonne espèce, et que la princesse aimait beaucoup, parvint à casser sa petite chaîne et à s'enfuir, sans que personne y prît garde. Il couchait dans un cabinet, derrière sa chambre, en compagnie d'une chienne bichonne aussi petite que lui. Ils vivaient en parfaite intelligence, ne se battaient jamais, à moins qu'il n'y eût quelque amande ou quelque pistache à partager. Le singe, tout heureux de sa liberté, en usa d'abord sobrement, à ce qu'il paraît ; car il se contenta de verser de l'eau dans l'écuelle de sa compagne et d'en inonder le tapis. Un peu plus hardi, sans doute, il risqua un pas dans la chambre voisine, et enfin dans le cabinet de toilette qu'il connaissait parfaitement ; on l'y amenait tous les jours, et la belle toilette de vermeil de la princesse faisait, depuis longtemps, l'objet de sa convoitise. On juge s'il s'en donna. Ce fut un massacre de boîtes, de houppes à poudre, de peignes et d'épingles à friser. Il ouvrit tout, répandit toutes les essences, mais après avoir eu le soin de s'en couvrir. Il se roula après dans la poudre, se regarda au miroir, apparemment, et, satisfait de cette transformation, il la rendit complète en s'appliquant du rouge et des mouches, ainsi qu'il l'avait vu faire à sa maîtresse; seulement il se mit le rouge sur le nez, et la mouche au milieu du front. Ce ne fut pas tout; il se fit un pouf avec une manchette, et tout à coup, au moment où on s'y attendait le moins, au milieu du souper, il entra dans la salle à manger, sauta sur la table dans cet accoutrement, et courut vers sa maîtresse.

Les dames poussèrent des cris affreux et s'enfuirent; elles crurent que c'était le diable en personne. La princesse elle-même eut de la peine à le reconnaître; mais, lorsqu'elle se fut assurée que c'était bien Almanzor, lorsqu'elle le montra, assis à côté d'elle, enchanté de sa parure et faisant le beau, les rires chassèrent les craintes; ce fut à qui lui donnerait des gimblettes et des avelines. Quant à moi, je ne partageai pas l'engouement général. Je trouve les singes fort drôles de loin, mais non pas dans les appartements, où ils commettent toutes sortes de dégâts et où ils apportent de la malpropreté. Cependant celui de madame la princesse de Chimay me sembla très-comique, ainsi accommodé.

Pendant que j'étais à Versailles, madame la comtesse du Nord reçut les bouquetières du Pont-Neuf, qui lui apportaient une corbeille des plus belles fleurs du monde. Elle leur fit de grandes générosités, proportionnées à son plaisir *impérial*. Elle aimait passionnément les fleurs, et, si on l'eût laissée faire, cette corbeille aurait passé la nuit dans sa chambre. Elle en envoya chez moi, recommandant de les bien conserver pour que je les retrouvasse à mon retour.

Elle alla ensuite visiter les nouvelles prisons de la rue des Ballets, à l'ancien hôtel de la Force. Elle prit en grande pitié ces pauvres prisonniers, et, de moitié avec son auguste époux, elle fit distribuer dix mille livres à ceux enfermés pour dettes. Dieu, les malades et les malheureux eurent ses premières visites, car elle alla, le lendemain 25, à Notre-Dame et à l'Hôtel-Dieu ; elle y sema l'or, ainsi qu'elle le faisait partout. Elle dépensa des trésors dans ce voyage, mais presque toujours en bienfaisance, en encouragements, en récompenses ; elle céda peu à ses fantaisies et donna beaucoup aux pauvres.

24 mai. — J'étais encore à Versailles ; je dînai chez madame de Mackau, si parfaitement aimable pour moi. Nous causâmes beaucoup. M. de Mackau me conduisit, avec M. d'Oberkirch, à la ménagerie du roi, fort peu peuplée d'animaux rares. J'en fis l'observation, à quoi M. de Mackau répondit :

— Que voulez-vous qu'on en fasse ici ? n'y a-t-il pas assez de courtisans ?

Le gouverneur de la ménagerie, chevalier de Saint-Louis, homme très-original et très-sale, occupait déjà cette charge du vivant de Louis XV. Peu de temps avant la mort de ce prince, il s'était imaginé d'acheter un troupeau de dindons. Le roi se promenait accompagné, ainsi qu'il était d'usage chaque fois qu'il sortait même à pied, de son capitaine des gardes de quartier, et suivi de douze gardes du corps et de douze cent-suisses ; il passa devant la ménagerie et trouva ces bêtes désagréables. Il le témoigna, le gouverneur n'en tint compte ; le roi, en repassant, les revit encore.

— Monsieur, lui a-t-il dit, que cette troupe disparaisse, ou je vous en donne ma parole royale, je vous ferai casser à la tête de votre régiment.

Madame de Mackau eut ensuite la bonté de m'introduire chez les enfants de France. Je vis Madame Royale, qui est un miracle de beauté, d'esprit, de dignité précoce ; elle ressemble à son auguste mère. Elle me regarda avec attention, demanda mon nom ; lorsqu'on le lui eut dit :

— Vous êtes donc Allemande, madame ? dit-elle.

— Non, madame, je suis Française ; Alsacienne.

— Ah ! tant mieux ! car je ne voudrais pas aimer des étrangères.

Cela n'est-il pas charmant à cet âge ?

M. le dauphin était superbe. Comment s'attendre alors à voir périr ce frais bouton d'une tige royale? En quittant les enfants de France, j'allai avec madame de Bombelles faire des visites à toutes les femmes des ministres.

Elle me conduisit aux appartements et petits cabinets du roi, que je ne connaissais point. Je les trouvai moins beaux et moins ornés que ceux de la reine. Louis XVI a des goûts simples; ils percent dans tout ce qui l'entoure. Nous montâmes par un escalier dérobé jusqu'à un réduit, qu'il s'est créé dans les combles, et où il travaille à la serrurerie, ce qui l'amuse infiniment. Il a plusieurs pièces remplies des outils nécessaires ; je fus tout impressionnée en y entrant. Un si grand roi s'occuper de si petites choses !

Nous revînmes souper chez madame la duchesse de Villequier [1] ; c'est la seconde femme du duc, d'abord marquis de Villequier (second fils du duc d'Aumont), marié d'abord à une Courtanvaux-Louvois, dont il a un fils créé duc de Pienne par brevet de 1786 [2]. Le frère aîné du duc de Villequier, mari d'une Durfort-Duras, dont j'ai déjà parlé, a porté longtemps le titre

---

[1] Elle était la seconde femme du duc qu'elle avait épousé en 1771 ; elle en eut un fils et trois filles dont deux épousèrent les comtes Alexandre et Charles de Sainte-Aldegonde.

[2] Né en 1762, marié à mademoiselle de Rochechouart-Faudoas, il

de duc de Mazarin. A la mort de son père, il a pris le titre de duc d'Aumont. Leur fille a épousé, comme on sait, le prince de Monaco, d'où il résulte que l'héritage des Mazarin s'est fondu avec la fortune des Valentinois.

La sœur du duc d'Aumont et du duc de Villequier a épousé le duc de Villeroy, son cousin germain. C'était une des femmes les plus remarquables de la cour, d'un esprit supérieur, jugeant sûrement les hommes et les choses. Sa mémoire est prodigieuse, son imagination surprenante. Elle est admirable dans la discussion, et son génie observateur lui fournit les traits les plus piquants. Elle est d'ailleurs assez vindicative et devient caustique sous l'empire de ses rancunes. Elle est cependant au fond très-bonne et même très-sensible, mais d'une grande susceptibilité. Elle est ce qu'on peut appeler une bonne méchante; c'est ainsi que quelques personnes l'avaient surnommée; le nom est resté. Elle aime et déteste bien.

Elle a dans sa jeunesse cultivé avec passion la musique, les arts, les plaisirs de l'esprit. Plus tard elle s'est occupée de politique et en parle avec les hommes de façon à étonner. Elle ne partage pas les idées du jour, et lutte énergiquement contre les tendances révolutionnaires. Son mari était lieutenant général.

Ce soir-là dont je parle, elle soupait avec nous chez sa belle-sœur et nous prit en suprême pitié, parce que nous jouions au loto-dauphin. Elle se moqua très-drôlement de ce jeu, très à la mode, et qui réellement ne demandait pas un grand travail d'intelligence. Madame la duchesse de Villeroi resta à causer dans un coin avec une espèce de savant, dont j'ai oublié le nom, mais qui habitait un coin de

fut, sous le nom de duc d'Aumont, premier gentilhomme de la chambre de Louis XVIII.

l'hôtel d'Aumont à Paris, ce qui lui avait été fort utile dans les études de sa jeunesse. Il était pauvre et timide; elle ne souffrait pas qu'on l'attaquât. Son cœur se montrait ainsi partout dans mille choses, en même temps que son esprit déchirait à droite et à gauche. Malheureusement il est difficile au cœur, quelque excellent qu'il soit, de faire autant de bien que l'esprit peut faire de mal par un seul mot.

25 mai. — Je revins de Versailles à Paris, et je courus chez madame la comtesse du Nord. Elle me retint à dîner, me fit raconter tout ce que j'avais vu, et en fit autant pour moi de son côté. Elle voyageait avec beaucoup de fruit, profitait de tout, prenait toutes ses notes et écrivait avec une lucidité remarquable. C'est elle qui me donna l'idée de ce journal, et par suite de ces Mémoires.

— Il est doux dans un âge avancé, me disait-elle, de se rappeler les premières années et tout ce qu'on a vu et fait; et puis n'aimez-vous pas la pensée de laisser un sillon derrière vous, quand vous avez traversé cette mer pleine de tempêtes, qui représente la vie? Nos enfants trouveront ces pages; ils y verront nos sentiments, nos idées, ils sauront combien nous les avons chéris dès leur berceau, ils songeront davantage et plus longtemps à nous.

L'après-midi, nous eûmes une solennité. M. de La Harpe dînait chez la princesse; il lut sa traduction du second chant de Lucain, qui passe pour fort belle et qui l'est en effet. M. de La Harpe ne me plaît pas beaucoup; je lui trouve l'air pédant, composé, content de lui-même jusqu'à la vanité. Il versait des flots de bile sur tous ses confrères; il ne leur permet pas d'avoir de l'esprit. Madame la grande-duchesse était entièrement de cet avis-là.

Après Lucain, j'allai chez madame la princesse de Bouillon, née princesse de Hesse-Rothembourg. Le prince de Bouillon, son mari, était propriétaire du régiment que mon père avait longtemps commandé, ainsi que mon oncle le commandeur, et qui le fut ensuite par M. de Wimpfen. Le prince conserva toujours beaucoup de bienveillance pour mon père, et la princesse me reçut à merveille. Le duc de Bouillon, père du prince, vit encore aujourd'hui ; il est veuf d'une princesse de Lorraine-Marsan. La princesse, sa belle-fille, avait pour père le landgrave Constantin de Hesse-Rhinfels-Rothembourg, et pour mère la comtesse Marie de Staremberg. Les anciens ducs de Bouillon étaient de la maison de la Marck qui, s'étant éteinte dans les mâles, se perpétua dans la maison de la Tour-d'Auvergne par le mariage de l'héritière Charlotte de la Marck avec le maréchal de Turenne, en 1591. Madame de Bouillon voulait absolument me retenir à souper. Elle avait le duc et la duchesse de Bouillon, son beau-père et sa belle-mère. J'étais curieuse de les voir, je l'avoue. L'un était petit-fils, par sa mère, du grand Sobieski, frère de la princesse de Rohan-Montbazon, l'autre était célèbre par ses aventures. Elle avait aimé le maréchal de Saxe, et la chronique l'accusait d'avoir fait empoisonner mademoiselle Lecouvreur dont elle était jalouse. Combien une femme de cette qualité doit-elle s'être oubliée, pour qu'on ose faire monter jusqu'à elle un crime aussi bas ! Quelle leçon pour les autres ! Ah ! qu'on doit souffrir de semblables calomnies !

J'avais promis à madame la comtesse du Nord de revenir, et puis il me restait quelques visites à faire : une d'abord chez la comtesse de Halwyll, avec laquelle j'avais quelques relations de famille. Le comte de Halwyll était maréchal de camp; il avait longtemps commandé le régiment de Halwyll-Suisse, qui a été réformé. C'est un très-ancien nom d'Argovie. Un Halwyll figura dans un carrousel, à Augsbourg, en 1080. Puis ce nom doit rappeler à mes lecteurs Jean de Halwyll, qui commandait les quarante-cinq mille Suisses, vainqueurs de Charles le Téméraire à Morat.

Après la comtesse de Halwyll, je vis madame la vicomtesse d'Ecquevilly, toute jeune et tout agréable femme, mariée depuis fort peu de temps, et présentée depuis six jours. Son beau-père, le marquis d'Ecquevilly, était lieutenant général et capitaine du *vautrait*, charge presque héréditaire dans sa famille. On appelle ainsi vulgairement la charge de capitaine des toiles de chasse, tentes et pavillons du roi, et de l'équipage du *sanglier*.

Le marquis d'Ecquevilly a deux fils; le vicomte, celui qui venait d'épouser mademoiselle Deick, était colonel en second du régiment de Deux-Ponts-Dragons.

Je fis d'autres visites, dont plusieurs *en blanc*, c'est-à-dire que je me suis fait écrire. Le jargon et le bel air de ce pays parisien ont été de tout temps éminemment fantasques, et il faut se remettre au courant, sous peine de passer pour des *pecques provinciales*, ainsi que le disait madame de Villeroi dans sa colère contre des gens de province qui venaient la saluer à son château. Madame la comtesse du Nord, d'un esprit sérieux et juste, a bien souvent ri avec moi de ces *petites grandes* choses, auxquelles elle se conformait néanmoins. La mode ne régit-elle pas les rois eux-mêmes?

CHAPITRE XI

La comtesse du Nord à Notre-Dame. — Saint-Pierre de Rome et la cathédrale de Strasbourg. — Cadeau de la reine. — *Iphigénie en Tauride.* — Mademoiselle Laguerre ivre. — Le duc de Bouillon son amant. — Couplets. — Ordre de la Félicité. — Origine des gluckistes et des piccinistes. — Les sujets de la danse. — Incendie de l'Opéra. — M. de Beaumarchais chez la comtesse du Nord. — Jalousie de La Harpe. — Lecture du *Mariage de Figaro.* — — Séance à l'Académie. — M. d'Arnoud. — Les cannes *Barmécides.* — Le comte du Nord au Théâtre-Français. — Vers. — La nouvelle salle. — Les acteurs. — Sur la prétendue décadence de l'art. — Le petit Dunkerque. — Variétés amusantes.

26 mai. — Madame de Benckendorf vint me prendre pour aller voir le dôme des Invalides. Cette promenade m'intéressa beaucoup. Madame de Benckendorf est grosse et fort souffrante; cependant il est impossible de l'empêcher de courir sans cesse, de s'agiter et de se donner un mouvement perpétuel. Nous revînmes ensemble chez madame la comtesse du Nord, où nous dînâmes; ce dîner fut charmant. On causa beaucoup. Ma princesse nous raconta sa visite à Notre-Dame, où elle avait été pendant mon séjour à Versailles. Elle aime beaucoup la peinture, ce qui se comprend, car elle dessine en perfection, et a fort admiré les tableaux qui ornent l'église. Bien que Leurs Altesses impériales n'aient pas prévenu de leur visite, espérant au contraire tout voir incognito, quelques chanoines ont été instruits à temps et leur ont

fait les honneurs. La princesse a beaucoup causé avec l'abbé de Lafage, qui connaît l'Alsace et y a des parents.

A propos de Notre-Dame, madame la grande-duchesse nous a beaucoup parlé de Saint-Pierre de Rome et de cette capitale du monde catholique. Je me souviens toujours de son parallèle entre ces deux églises, qui ne peuvent se comparer que d'après le même point de vue qu'elle.

— A Saint-Pierre, disait la grande-duchesse, on est écrasé par la beauté, par l'élévation, par la majesté du vaisseau ; il semble qu'on n'ose prier l'Être tout-puissant auquel les hommes ont bâti un pareil temple. Il est trop haut et trop loin. A Notre-Dame, au contraire, ce mystère, cette obscurité des vitraux, cette architecture des siècles où la religion avait tant de puissance, imprime le recueillement et l'amour. On a l'espoir d'être écouté, la certitude d'être entendu, on aime et on espère ; voilà du moins ce que j'ai éprouvé dans les deux églises. Ce qui vous paraîtra peut-être étrange, c'est qu'à tout je préfère encore nos églises grecques.

Heureusement pour elle, la grande-duchesse me parut ainsi tout à fait convaincue, et ne pas regretter le culte de son enfance.

Après le dîner, madame la comtesse du Nord nous montra un magnifique éventail enrichi de diamants, que lui a donné la reine le jour du spectacle de Versailles. Il renferme une lorgnette qui servit de prétexte à Sa Majesté pour le lui offrir, et cela comme elle fait tout, avec cette grâce et ce tact exquis dont elle a le secret.

— Je sais, dit-elle à madame la comtesse du Nord, que vous avez comme moi la vue un peu basse ; permettez-moi d'y remédier, et gardez ce simple bijou en mémoire de moi. Le voulez-vous bien, Madame ?

— Je le conserverai toute ma vie, répondit la princesse, car je lui devrai le bonheur de mieux voir Votre Majesté.

Après le dîner, j'allai avec le général de Wurmser à l'Opéra, où on donnait *Iphigénie en Tauride*, de M. Piccini, et le *Devin du Village*, paroles et musique du fameux Jean-Jacques Rousseau. *Iphigénie en Tauride* est le même sujet et presque le même poëme que celui de Guimond de Latouche, déjà mis en musique par M. Gluck en 1779[1]. Cette pièce eut alors un immense succès ; le sujet était d'un intérêt soutenu, la musique en parfaite harmonie avec les paroles ; enfin c'était un chef-d'œuvre de musique dramatique. Mademoiselle Levasseur jouait Iphigénie ; Larrivée, Oreste ; Legros, Pylade ; et Moreau, Thoas.

Piccini fit depuis, en 1781, un opéra sur le même poëme, à la grande indignation des gluckistes. A la seconde représentation de cette pièce, mademoiselle Laguerre se montra sur la scène ivre comme une bacchante. Le public siffla, hurla, trépigna, demanda à grands cris qu'elle fût emmenée au For-l'Évêque, ce qui arriva, au déplaisir du duc de Bouillon, son amant, qui s'est tout bonnement ruiné par amour pour elle. Rien n'a pu arrêter cette folle passion, et enfin on l'a chansonnée plus tard, comme on chansonne tout en France. Voici ces couplets, assez spirituels, cette fois :

---

[1] C'est à Marie-Antoinette, c'est à son amour éclairé pour les arts que la France doit la révolution qui s'opéra alors dans la musique. C'est elle qui fit venir à Paris, qui encouragea, qui protégea contre toutes les cabales le chevalier Gluck qui avait eu l'honneur de lui donner des leçons. (*Mémoires de Joseph Weber*, t. I, p. 396.)

CHAPITRE XI.

Bouillon est preux et vaillant,
　　Il aime la Guerre ;
A tout autre amusement
　　Son cœur la préfère ;
Ma foi, vive un chambellan
Qui toujours s'en va disant :
Moi, j'aime *la Guerre*, ô gué,
　　Moi, j'aime la Guerre.

Au sortir de l'opéra
　　Voler à la Guerre,
De Bouillon (qui le croira ?)
　　C'est le caractère ;
Elle a pour lui des appas
Que pour d'autres elle n'a pas.
Enfin c'est la Guerre, ô gué,
　　Enfin c'est la Guerre.

A Durfort il faut *du Thé* [1],
　　C'est sa fantaisie ;
Soubise, moins dégoûté,
　　Aime *la Prairie* [2],
Mais Bouillon, qui pour son roi
Mettrait tout en désarroi,
Aime mieux la Guerre, ô gué,
　　Aime mieux la Guerre.

Ce pauvre duc de Bouillon, que d'extravagances il a faites ! que de singularités il a eues ! Il avait inventé, à peu près à cette époque, un ordre de *la Félicité*, qu'il donnait aux jeunes femmes, et que celles-ci s'empressaient de porter. Le marquis de Chambonas, son ami, qui demeurait chez lui, et si à la mode par son esprit et sa prodigalité, en était le lieutenant-maître. Les statuts se composaient de maximes de galan-

[1] Autre actrice de ce temps.
[2] *Idem.*

terie, auxquelles nulle ne pouvait manquer. Un ruban vert, symbole de l'espérance, soutenait une petite croix que ces dames portaient sur le cœur.

M. le duc de Bouillon me fit offrir son ordre; je le refusai. Je n'avais pas besoin de toute cette chevalerie-là, ni surtout de l'ordre de la Félicité, pour être heureuse.

Revenons à l'Opéra et à *Iphigénie*. J'entendis donc l'opéra de M. Piccini, et bien que gluckiste et amateur de la musique d'expression, je suis obligée de convenir qu'il s'y trouve de grandes beautés. Pourquoi comparer deux hommes absolument différents? pourquoi élever l'un aux dépens de l'autre? Cette grande guerre a commencé en 1778. Elle eut pour origine un mot de l'abbé Arnaud; il imprima que Gluck faisait un Orlando, et Piccini un Orlandino. M. de Marmontel, qui avait écrit le poëme d'un opéra pour M. Piccini, se mit en furie, déclama, tempêta; et de là, la bataille. Les femmes s'en mêlèrent comme les hommes. Ce furent des rages et des cris tels qu'on était souvent souvent obligé de séparer les gens, et qu'il y eut nombre d'amis, d'amants, brouillés pour cette cause. Elle troubla même des ménages, et je connais une très-jolie femme que je ne nommerai pas, laquelle donnait pour raison de ses torts envers son mari :

— Comment voulez-vous endurer cet homme-là et lui être fidèle? Il est picciniste, et m'écorche les oreilles du matin au soir.

— Alors vous le lui rendez du soir au matin, lui répliqua-t-on.

Après *Iphigénie* nous entendîmes le *Devin du village*. C'est une charmante bergerie. Mademoiselle Maillart[1],

---

[1] Cette belle chanteuse est arrivée à l'emploi des reines, où sa ré-

qui débutait alors avec beaucoup de succès, tenait le rôle de Colette. Elle chantait mieux que mademoiselle Audinot, sa devancière, mais elle jouait mal. Le sieur Duquesnoy était fort agréable dans le rôle de Colin.

Les premiers sujets de la danse étaient mademoiselle Guimard, jolie et gracieuse personne dont on a parlé partout, Vestris fils et Nivellon. Vestris fils, qu'on appelait Vestr-Allard, du nom mêlé de son père et de sa mère, ne vaudra jamais, assure-t-on, le *Diou* de la danse. Il a cependant beaucoup de succès.

La salle de l'Opéra était fort belle; c'était le nouveau théâtre de la Porte-Saint-Martin, l'autre ayant été incendié l'année précédente, le 8 juin.

Le feu prit à huit heures et demie du soir; l'Opéra était alors au Palais-Royal [1]. On venait de donner l'*Orphée*, de M. Gluck, et l'acte de *Coronis*. Il y avait foule, mais heureusement les spectateurs étaient partis, et aucun n'a eu de mal. Le feu commença par une toile du cintre, on coupa une des cordes, on ne put couper l'autre. L'incendie augmenta d'une façon terrible, et bientôt la salle fut embrasée. Il se communiqua au Palais-Royal et à d'autres édifices. La charpente s'écroula une heure après avec un fracas épouvantable, des flammèches s'envolèrent fort loin, mais il plut, fort heureusement. Ces acteurs eurent le temps de s'enfuir, néanmoins quelques subalternes ont péri.

La salle provisoire qu'on a construite près de la porte Saint-Martin, où était autrefois le magasin de la ville, sur les dessins de M. Lenoir, architecte, fut com-

---

putation s'est fondée. Elle a joué plus tard, dans les fêtes de la révolution, le triste rôle de Déesse de la liberté.

1. Là où se trouve maintenant *la cour des Fontaines*.

mencée au mois de juillet. Le 27 octobre, elle était finie, garantie pour *six ans* [1]; on en fit l'ouverture par la représentation d'*Adèle de Ponthieu*, de Piccini, donnée gratis en l'honneur de la naissance de M. le dauphin.

Il y a opéra quatre fois par semaine, les dimanche, mardi, jeudi et vendredi. Les bals de l'Opéra commencent à minuit et finissent à sept heures du matin.

En revenant de l'Opéra, nous retournâmes chez madame la comtesse du Nord, où un grand plaisir nous attendait, en dépit de M. de La Harpe, que je me réjouissais, je l'avoue, de voir enrager. M. de Beaumarchais devait lire à Leurs Altesses impériales son *Mariage de Figaro*, encore inconnu à la scène, où on lui refusait la permission de le faire représenter. M. de La Harpe venait tous les jours chez M. le comte du Nord, sous prétexte qu'il était son correspondant. Le prince et nous tous commencions à nous en lasser fort. Cet amour-propre excessif, ridicule, qu'aucun compliment ne pouvait satisfaire, nous pesait comme une obligation importune. Son Altesse impériale hésita à entendre la lecture de M. de Beaumarchais, dans la crainte d'exciter la jalousie de M. de La Harpe, et disait en riant :

— Je ne veux pas me brouiller avec les grandes puissances.

Cependant madame la comtesse du Nord insista, et il y consentit.

Autant la mine de chafouin de M. de La Harpe m'avait déplu, autant la belle figure, ouverte, spirituelle, un peu hardie peut-être de M. de Beaumarchais, me séduisit. On m'en blâma; on disait que c'était un vau-

[1]. Elle dure encore.

rien. Je ne le nie pas, c'est possible, mais il a un esprit prodigieux, un courage à toute épreuve, une volonté ferme que rien n'arrête ; ce sont là de grandes qualités. Fils d'un horloger, il est arrivé, par son seul mérite, à la familiarité des plus illustres personnages ; tous ceux qui ont essayé de se moquer de lui ont été confondus ; il a triomphé des obstacles et s'est créé une immense fortune. C'est un homme remarquable à beaucoup d'égards. On assure qu'il aime sa fille à la passion ; un bon père ne peut être un mauvais cœur.

Quoi qu'il en soit, son *Mariage de Figaro* nous intéressa beaucoup [1]. On trouvait la pièce moins bonne que le *Barbier de Séville*; je n'étais point de cet avis ;

---

[1] Nous voyons dans l'intéressant livre de M. de Loménie (*Beaumarchais et son temps*), publié depuis la première édition du présent ouvrage, que le baron de Grimm assistait à la lecture du *Mariage de Figaro* chez M. le comte du Nord. Beaumarchais sembla vouloir prendre acte de l'approbation que le célèbre critique avait donnée ce soir-là à sa pièce, car il lui écrivit le lendemain 27 mai, la lettre qui commence ainsi : « Monsieur le baron, c'est bien la moindre chose que vous receviez mes premiers remerciments, puisque c'est à vous que je dois la réception pleine de bienveillance dont Leurs Altesses impériales ont daigné honorer ma grave personne, et mon fol ouvrage. Hier encore, à la lecture, ne voyais-je pas du coin de l'œil que vous aviez la bonté de donner à des choses assez communes l'importance de votre approbation, qui eût suffi pour entraîner celle du couple auguste ?... »
Beaumarchais chercha surtout à exploiter le suffrage de M. le comte et de madame la comtesse du Nord pour obtenir la représentation de sa pièce. « Elle a eu le bonheur de plaire au couple auguste de nos illustres voyageurs » (écrit-il au lieutenant de police) ; et plus loin : « M. le grand-duc et madame la grande-duchesse montrent un désir si public de voir représenter l'ouvrage ; ils l'ont dit à tant de monde, qu'il n'y a plus moyen de faire semblant de l'ignorer ; ce refus peut finir par avoir quelque chose de très-désobligeant. Je vous prie en grâce, monsieur, en votre qualité de magistrat, de m'indiquer ce que je dois répondre à M. le grand-duc, qui sait fort bien que ma pièce n'est pas immorale, et à son auguste mère, qui la veut avoir très-promptement. »

peut-être n'est-elle pas autant dans les règles, je ne sais, mais elle est plus amusante, les saillies en sont plus vives, le style plus étincelant. Les ennemis de M. de Beaumarchais prétendent qu'il s'était peint dans Figaro, c'est possible ; mais il en a peint bien d'autres à côté. Je dirai plus tard mon sentiment sur la réputation de cette pièce à laquelle j'ai assisté, et les réflexions qu'elle m'inspira.

27 mai. — Madame la comtesse du Nord avait eu la bonté de me demander une matinée pour examiner des toilettes et recevoir des marchands qui lui apportaient leurs chefs-d'œuvre. Elle acheta une superbe parure d'émaux entourés de marcassites. C'était une collection vraiment curieuse, et qu'elle paya aussi cher que des pierres précieuses. J'eus ensuite l'honneur de suivre Leurs Altesses impériales à l'Académie. Il y avait une séance en leur honneur. Cette réunion m'imposa beaucoup. Nous retrouvâmes l'inévitable M. de La Harpe ; il lut une épitre en vers, éloge du comte du Nord. Il parut tout à fait manquer de tact et de goût, et cela par plusieurs raisons ; d'abord parce qu'il fut trop long, ensuite par la critique qu'il fit des poëtes allemands, en la présence et pour flatter sans doute madame la grande-duchesse, princesse allemande. Elle le sentit vivement et m'en fit le soir même l'observation. Son Altesse impériale aime et connaît à fond les poëtes de son pays ; M. de La Harpe ne les a peut-être jamais lus dans leur langue naturelle : il ne peut donc pas les juger impartialement. Il a comparé M. le comte du Nord à Pierre le Grand, et ce prince, qui a l'esprit fort juste, repoussa cet encens mal placé, en disant :

— Toute mon ambition est de lui ressembler un jour, et de continuer l'œuvre qui l'a illustré ; mais

CHAPITRE XI.

jusqu'ici je n'ai pas même le droit de mettre mon nom sans gloire à côté du sien.

On a cependant remarqué un vers dans la pièce de M. de La Harpe à cause de sa vérité ; c'est celui-ci :

Aux courtisans jaloux il apprend l'art de plaire.

Quant à l'épître au comte Schouwalow, elle a fait bâiller toute l'assemblée.

M. d'Arnoud parla assez longtemps et fort bien, à ce qu'on assure, de Jules César ; je ne me permettrai pas de juger un morceau aussi supérieur et aussi loin de mes faibles lumières. A la fin de la séance, M. d'Alembert distribua des jetons à toutes les personnes de la suite de Leurs Altesses impériales. Jamais figure plus ignoble ne servit d'enseigne à un philosophe ; il nous cria des compliments du même son de voix aigu avec lequel il nous eût injuriés. Je ne savais trop comment les prendre dans le premier moment.

Madame la comtesse du Nord a étonné les académiciens par sa prodigieuse instruction. Elle a trouvé le moyen de citer à presque tous un passage de leurs ouvrages les plus renommés ; ils en ont été ravis. Les augustes voyageurs ont daigné promettre à messieurs les quarante leurs portraits. On les placera à côté de celui de la fameuse Christine, reine de Suède.

Nous revînmes dîner, et nous ne pûmes nous taire sur les immortels, et en particulier sur M. de La Harpe. Pauvre M. de La Harpe ! les épigrammes lui tombaient dru comme grêle dans tous les coins de Paris. Je me souviens d'une anecdote sur lui ; on me la raconta je ne sais à quelle époque, peut-être à ce voyage, peut-être aux suivants, je ne me le rappelle plus. Il était en carrosse de gala au bois de Boulogne avec deux dames de la cour, dont l'une était, je crois, la duchesse de Gramont. Il avalait l'encens qu'il se faisait offrir et qu'il rendait aux autres, en les jugeant d'après lui-même. Un quidam passait près de la voiture, qui marchait au pas, en criant :

— Qui veut m'acheter des cannes à la Barmécide !

— Des cannes à la Barmécide ! monsieur de La Harpe, dit une de ces dames, cela vous regarde. Permettez-moi de vous en offrir une en mémoire de votre grand succès.

M. de La Harpe regardait les représentations des *Barmécides*, cette tragédie de momies persanes, comme un succès. On appela le marchand, il s'approcha du carrosse et montra trois ou quatre bâtons noueux surmontés d'une pomme d'ivoire ; c'était fort laid.

— Quoi ! voilà vos Barmécides, reprirent ces dames ; pourquoi leur donner un pareil nom ?

— Vous allez voir, madame, poursuivit le marchand d'un air futé.

Il démonta la pomme montée à vis, et montra à la carrossée un gros sifflet caché sous l'ivoire. M. de La Harpe resta tout penaud, mais ces dames eurent la cruauté d'éclater de rire. Que devint son visage ! Comme le disait M. de Beaumarchais, « il aurait volontiers pleuré de la bile. »

Après dîner Leurs Altesses impériales se rendirent au *Théâtre-Français*, nouveau nom de la Comédie française. Elles préféraient ce spectacle à tous les autres, et s'y étaient fait marquer une loge pour tout le temps de leur séjour à Paris. Elles y allaient pour la troisième fois. Cette préférence prouve leur goût éclairé. La représentation fut très-brillante, on jouait le *Mercure galant* et la *Partie de chasse de Henri IV*, dont M. le comte du Nord demanda une seconde représentation. On lui apporta à ce sujet les vers suivants :

> Lorsque du bon Henri l'idolâtre Français
> Sur la scène t'offrit la vivante peinture,
> L'art imitait si bien les traits de la nature,
> Que tu pensas le voir auprès de ses sujets.
> De tant de vertus généreuses
>   Ton cœur se sentit transporté ;
> Prince ! tu répandis ces larmes précieuses,
> Qu'en tombant de tes yeux un peuple sait compter,
> Ah ! comme Henri de la France
>   Fut le père et le bienfaiteur,
> Tu sauras, nouveau Czar, par ton expérience,
> Des tiens étendre aussi la gloire et le bonheur.
> En toi, je vois déjà naître la ressemblance,
> Jusque dans le beau choix d'un hymen enchanteur.
> Ton épouse t'apprit à connaître l'amour ;
> Ta mère, comme il faut gouverner et combattre ;
> Et baigner de tes pleurs l'image d'Henri Quatre,
> C'est annoncer que tu dois l'être un jour.

Leurs Altesses impériales furent très-applaudies ce soir-là au théâtre ; elles y répondirent par de fréquentes révérences, en témoignage de leur satisfaction. Les applaudissements les reconduisirent jusqu'à leur carrosse.

Le Théâtre-Français venait seulement de s'établir dans une salle neuve ; on n'y jouait que depuis deux mois. Elle était construite près du Luxembourg, sur l'emplacement de l'ancien hôtel de Condé, acheté d'abord par la ville, ensuite par le roi, et cédé par lui à Monsieur, à charge d'y faire construire la salle. Elle lui revient à deux millions. Le public n'en était point content, on la trouvait d'une architecture lourde, on se plaignait de la petitesse des loges, de la manière dont la salle était coupée; il y avait nombre de places desquelles on ne voyait point. Cependant le parterre était assis, heureuse innovation. On critiqua fort la la couleur blanche des peintures; les femmes se plaignirent qu'elle écrasait leurs toilettes.

Quant aux acteurs, il n'y avait pas le plus petit mot à dire. Quelle admirable réunion de talents! Il suffit de nommer MM. Préville, Brizard, Molé, Dugazon, Desessarts, Larive, Dazincourt, Fleury, mesdemoiselles Belcourt, Vestris, Préville, Molé, Doligny, La Chassaigne, Raucourt, Suin, Sainval, Contat; l'éloge est superflu.

Cependant on entend toujours dire que l'art est en décadence. On ne songe pas à la difficulté immense de ce *métier* de comédien, comme disait mademoiselle Clairon, en colère, au margrave d'Anspach. Ce n'est pas trop de toute une carrière pour arriver à la perfection. Le plus beau génie ne se développe tout à fait qu'après une vie d'expérience, d'études, d'observations. On a la mauvaise foi de toujours comparer l'acteur complet qui se retire à celui qui le remplace et qui n'a pas encore acquis la moitié de ce qu'il aura un jour. La comparaison est nécessairement au désavantage du dernier venu.

Mademoiselle Raucourt, à cette époque, commençait à faire oublier mesdemoiselles Clairon et Dumesnil, qu'on mettait si fort au-dessus d'elle à ses débuts. Préville et Molé ont plus de talent que leurs prédécesseurs, et certainement Dazincourt, Fleury, mademoiselle Contat, qui, en ce temps-là, ne donnaient encore que des espérances, surpassent maintenant leurs anciens maîtres. Il n'y a donc rien de vrai dans ces critiques exagérées. Sans doute les talents ne renaissent pas, mais d'autres se présentent sous une autre forme, et le Théâtre-Français fera longtemps la gloire de notre pays.

Le théâtre fit, en cette même année 1782, une grande perte : mademoiselle Lusy, qui jouait les soubrettes en perfection, se retira ; on la regretta beaucoup [1].

Nous revînmes souper chez madame la comtesse du Nord. Elle était ravie de notre soirée.

— Ah ! monsieur, disait-elle au grand-duc, s'il y avait moyen d'obtenir un spectacle pareil à Saint-Pétersbourg !

— Pourquoi pas ? répondit Son Altesse impériale en rêvant ; nous y penserons.

Le 28 mai, madame de Benckendorf vint me prendre de bonne heure, et nous courûmes toute la matinée les marchands. Nous restâmes plusieurs heures au *Petit-Dunkerque*. C'était l'enseigne d'un bijoutier demeurant à la descente du Pont-Neuf. Rien n'est joli et brillant comme cette boutique, remplie de bijoux et de colifichets en or, dont on paye la façon dix fois ce que vaut la matière. On vendait à prix fixe, et, bien que les modèles soient élégants et variés, bien que le travail en soit exquis, le fabricant vendait au bon marché, disait-il ; aussi il y avait tant d'acheteurs que souvent on y plaçait une garde.

Nous choisîmes le joujou à la mode, une sorte de petit moulin pour mettre à la montre. Madame la comtesse du Nord en emporta beaucoup en Russie.

Après avoir dîné avec les Benckendorf, je fis des visites d'après-midi, et j'allai avec madame de Skzra-

---

[1] Mademoiselle Doligny dont le talent était plein de charme et la conduite irréprochable se retira aussi en 1783, et épousa M. Dudoyer, littérateur estimé. Elle avait créé avec un grand succès le rôle de Rosine dans le *Barbier de Séville*.

wonski aux *Variétés amusantes*, où nous nous *amusâmes* beaucoup à *Jérôme pointu*. La salle était pleine de gens de la cour, qui riaient à gorge déployée. En sortant de la comédie, nous retournâmes dans les boutiques, en particulier chez les ébénistes et les quincailliers. Nous y vîmes les plus belles choses du monde. J'étais rentrée chez moi à neuf heures.

CHAPITRE XII

Chez la comtesse de Vergennes. — Propos indiscret de la comtesse Diane de Polignac. — Brevet de dame. — Spectacle à la cour. — Mademoiselle Heinel, danseuse, se retire au couvent. — Vers. — Les rimailleurs de France. — Les princesses de Chimay. — Les d'Hénin-Liétard. — La comtesse du Nord à Notre-Dame. — Ordonnance du roi sur les enfants protestants. — La comtesse de Bruce. — Jalousie de Catherine II. — Disgrâce. — Les Invalides. — M. Thélusson. — Le Palais-Royal. — Le chat de la maison. — Une petite maison. — Esprit de mademoiselle Dervieux. — Anecdote. — Souper chez madame de Travanet. — Réponse au roi du marquis de G***. — La comtesse du Nord à Bagatelle, chez M. le comte d'Artois. — Vers. — La duchesse de Lauzun. — Passion insolente du duc de Lauzun pour la reine. — La princesse d'Hénin délaissée pour mademoiselle Arnould. — Société de la princesse de Bouillon. — Les globes du père Coronelli. — Le grand-duc au tombeau de Richelieu. — *Thésée*, opéra. — La reine et la comtesse du Nord au bal de l'Opéra. — Aventure du duc de Chartres à ce bal. — Réflexions du comte du Nord.

Le 29 mai, je fus obligée de partir seule pour Versailles, à ma grande contrariété, M. d'Oberkirch étant un peu incommodé depuis deux jours. Je ne pouvais faire autrement que de m'y rendre, la reine ayant daigné me le faire dire la veille, et madame la comtesse du Nord comptant absolument sur moi. J'allai dîner chez madame de Mackau, où il y avait beaucoup de monde, et je fis ensuite quelques visites à la cour, entre autres chez madame la comtesse de Vergennes, femme du ministre des affaires étrangères. Ses deux beaux-frères, le marquis et le vicomte, étaient : l'un ambassadeur en Suisse, l'autre capitaine-colonel des gardes de la Porte ; ce dernier avait épousé mademoiselle de Lentilhac. On parlait beaucoup, chez madame de Vergennes, d'une grande aventure arrivée depuis quelques jours, et qui courait sous le manteau. Je ne nommerai personne, l'honneur y étant compromis ; si jamais ces Mémoires tombent entre les mains de ceux qui savent cette histoire, ils ne la reconnaîtront que trop.

Une jeune fille d'un grand nom, sortant du couvent de Belle-Chasse, pour être mariée, refusa obstinément le parti magnifique qu'on lui proposait, et refusa tout aussi obstinément de recevoir personne, d'aller nulle part, même chez Madame Élisabeth qui avait bien voulu la faire demander. La famille s'en inquiéta. On interrogea la jeune fille de toutes les manières, on questionna ses bonnes amies du couvent, les religieuses, personne ne put donner la clef de ce singulier entêtement. Sa mère, qui était au désespoir, lui promit tout ce qu'elle voudrait, à condition qu'elle paraîtrait un jour chez Mesdames, où il y avait concert. Elle refusa. Cette obstination étonnait de plus en plus, on l'entourait d'espions, elle ne voyait qui que ce fût, et n'écrivait à personne. On la crut atteinte de monomanie. Cela dura trois mois, jour pour jour, après quoi elle déclara qu'elle irait à la messe du roi, le dimanche suivant, si on voulait l'y conduire. Ses parents se hâtèrent de lui préparer une toilette ; elle parut et fit sensation ; d'abord elle était belle, ensuite tout le monde connaisssait sa singularité. Elle ne se déconcerta pas, et ne cessa de regarder autour d'elle. Tout à coup elle fit un geste de surprise, au moment où on sortait, et se penchant vers sa mère, elle lui dit :

— Quel est ce seigneur en habit gris de lin, madame, s'il vous plaît?

— C'est le marquis d'***.

— Et la dame qu'il accompagne?

— C'est sa femme, la marquise d'***, mademoiselle de La..... qu'il vient d'épouser, il y a quinze jours.

— Marié! s'écria-t-elle, il est marié!

Ce mot fit retourner tout le monde. La mère entrevit quelque affreux malheur, elle emmena sa fille sans passer par la galerie. Celle-ci jetait les hauts cris et se précipitait à travers toutes les portes comme une folle qu'elle était.

Les interrogatoires recommencèrent avec plus d'insistance, enfin on lui tira par lambeaux la vérité. La sœur du marquis d'*** était à Belle-Chasse, son frère vint la voir souvent, et la sœur conduisit sa bonne amie au parloir. Il la trouva belle, il la savait riche, il chargea sa sœur de ses intérêts. Ainsi qu'il arrive toujours, ces petites filles se montèrent la tête ensemble, et arrangèrent un mariage que les familles ignoraient; elles trouvèrent moyen dans leurs sorties d'éloigner et d'occuper les gouvernantes, tant y a que les jeunes gens se virent en particulier. Comment? combien de fois? jusqu'où cette intimité alla-t-elle? on l'ignora. Ce qu'il y a de sûr, c'est qu'on proposa dans l'intervalle, au marquis, un parti bien plus riche, bien plus brillant surtout, la nièce d'un homme en faveur, apportant, outre sa dot, une place des plus importantes. Il rompit en lui-même son union enfantine et consentit à tout ce qu'on voulut. L'embarras était la première accordée.

Elle allait sortir du couvent, elle apprendrait infailliblement son inconstance, sa famille puissante prendrait fait et cause pour elle, et pouvait le gêner considérablement. Il connaissait la faiblesse de sa tête, son amour pour lui ; il lui joua des scènes de sentiment, et prenant un air mystérieux, il lui confia que leur bonheur était menacé, qu'il dépendait d'elle de l'affermir par un sacrifice, quelque pénible qu'il lui semblât, et enfin il lui fit jurer sur l'Évangile de ne voir personne, de ne pas sortir de sa chambre avant trois mois révolus, après lesquels elle pourrait aller à la chapelle le dimanche suivant. Ce temps lui était nécessaire pour conduire à sa fin la négociation et la noce.

On juge de la furie où entrèrent le père et la mère : il n'y avait pas de remède, mais un éclat déshonorait leur fille sans qu'il fût possible d'y revenir jamais. Elle était d'un caractère sans force, peureux ; elle se jeta aux genoux de tous les siens, et perdit pour ainsi dire la raison. Après bien des délibérations pendant lesquelles nul ne la voyait, elle passait pour malade, on l'emmena au fond du Languedoc, dans une magnifique terre, et là on déterra un voisin, d'une grande naissance, sans fortune, ignorant la cour et ce qui s'y passait. Mademoiselle de....., malgré sa déraison, était pour lui un parti inespéré. Il l'épousa sans y regarder davantage, et fit ainsi taire les propos et les conjectures. On ne parla d'autre chose à Versailles pendant huit jours, après quoi on n'y pensa plus. Le temps amena chez cette pauvre créature une révolution heureuse ; elle oublia sa première déconvenue, s'attacha à son mari, forma son jugement, et depuis je l'ai rencontrée quelquefois à Paris ; tout le monde l'estimait et l'aimait. C'est une des femmes les plus honnêtes de la cour et de la ville. Le jour où j'appris cette histoire, le contrat avait été signé par Leurs Majestés. C'était la nouvelle la plus fraîche.

Après ces visites, j'allai voir madame la comtesse du Nord, dans son appartement. Je la trouvai fort choquée d'un propos indiscret tenu par la comtesse Diane de Polignac, chez Madame Élisabeth, dont elle était dame d'honneur. Madame la grande-duchesse ayant fait une visite à cette princesse, la comtesse Diane fut chargée de la reconduire, ainsi que cela se doit, jusqu'en dehors de l'appartement. Madame la comtesse du Nord loua beaucoup les grâces, l'amabilité et le charmant visage de Madame Élisabeth.

— Oui, répondit madame de Polignac, elle a de la beauté, mais l'embonpoint gâte tout.

Ce propos était doublement maladroit, car, s'il y avait quelque chose à critiquer dans ma princesse, ce serait justement cet embonpoint, que sa haute et riche taille dissimule heureusement. Il lui déplut, on le conçoit; aussi quitta-t-elle la comtesse en lui disant assez sèchement :

— J'ai trouvé Madame Élisabeth on ne peut mieux, madame, et je n'ai pas été frappée du défaut dont vous parlez.

La comtesse Diane de Polignac n'était ni mariée, ni chanoinesse, bien qu'elle portât la croix honoraire d'un chapitre de Lorraine. Le roi lui donna un *brevet de dame*, ce qui ne s'était point fait encore. Elle n'était ni belle, ni bien faite : sa mise n'était pas élégante, mais son esprit et sa sensibilité la faisaient aimer de tous. Un rien la troublait, elle rougissait comme une pensionnaire. Elle avait pourtant beaucoup de caractère, et ceux qui la croyaient faible se trompaient grossièrement. Elle aimait et soutenait sa famille avec une énergie et une ardeur au-dessus de tout éloge. La séduction de son esprit créait des amis aux Polignac, pendant qu'elle imposait silence aux sots et aux méchants en se faisant craindre.

J'allai, en sortant de chez ma princesse, au spectacle de la cour, où la reine avait eu la bonté de me désigner la même loge que la première fois, derrière elle et madame la comtesse du Nord ; elle daigna m'adresser la parole plusieurs fois, et me pria, avec une grâce et une amabilité charmantes, à souper chez elle le jeudi suivant. Elle donnait une fête à madame la grande-duchesse dans les jardins de Trianon.

On représentait au théâtre de la cour *Iphigénie en Aulide*, tragédie-opéra en trois actes. Le poëme est de M. du Rollet, et la musique du chevalier de Gluck. Les ballets sont de M. Gardel, maître de ballets du roi. On joua ensuite l'admirable pantomime de *Ninette à la cour*, dans laquelle parut mademoiselle Heinel, danseuse célèbre, qui s'était retirée dans un couvent par amour pour Vestris, assurait-on, et qui désirait l'épouser. Vestris père, qui avait quitté la scène l'année précédente, sortit aussi de la retraite pour cette représentation. Mademoiselle Heinel avait autrefois fait partie de la troupe de Stuttgard et excellait surtout dans le genre noble ; on improvisa les vers suivants :

> Que dans tout son éclat Ninette a paru plaire !
> Qu'embelli par Vestris, ennobli par Heinel,
>   Ce ballet a dû satisfaire !
> Puisqu'il n'était déjà critique si sévère
>   Qui ne dît : Quand on a Gardel,
>   On ne peut regretter Noverre.

Noverre était à Londres, où il obtenait beaucoup de succès avec ses ballets. Il en dédia un à la duchesse de Devonshire, qu'il intitula *Adèle de Ponthieu*.

Madame la comtesse du Nord produisit un grand effet à cette admirable représentation. Elle attira tous les regards et était éclatante de beauté et de parure. C'est, disait-on, Minerve sous les traits des Grâces.

Parmi tous les vers dont on accabla les illustres voyageurs, voici, à mon avis, les meilleurs et surtout les plus vrais. Ils furent composés par un homme de la cour, le jour du spectacle :

> La Renommée annonce vos bienfaits :
> Prince, armez-vous de grande patience
> Pour lire les rondeaux, les odes, les couplets,
> Que forgeront pour vous les rimailleurs de France.

On me remit ces vers après l'opéra, chez madame la princesse de Chimay, dame d'honneur de la reine, où j'allai faire une visite avant de souper chez madame de Mackau. La princesse de Chimay était, je l'ai dit, une femme charmante et bonne, aussi élégante que distinguée par sa conduite et ses vertus. La princesse de Chimay, douairière, sa belle-sœur, est dame de Madame Victoire ; c'est une Lepelletier de Saint-Fargeau. Elle est veuve du frère aîné, car ils étaient trois. Le prince de Chimay, frère du prince d'Hénin, avait épousé mademoiselle de Fitz-James, dont le père, M. le duc de Fitz-James, était gouverneur du Limousin. Ils sont de la maison d'*Hénin-d'Alsace* ou d'*Hénin-Liétard*. Leur sœur, mademoiselle d'Alsace, a épousé le comte de Caraman [1]

---

[1] Le comte de Caraman, devenu prince de Chimay à la mort de ses beaux-frères morts sans postérité, marié à la célèbre madame Tallien, en eut deux fils : l'un, le prince Joseph, né en 1808, marié à mademoiselle Pellapra, l'autre, le prince Alphonse, né en 1810, marié à mademoiselle de Caraman, sa cousine (sœur du duc de Caraman), et une fille mariée au marquis du Hallay-Coëtquen.

(Riquet), descendant de l'ingénieur du canal de Languedoc. La mère des princes de Chimay et du prince d'Hénin était une Beauvau-Craon. Le titre de prince de Chimay a été porté autrefois par les princes de Ligne et a passé par mariage dans la maison d'Hénin.

30 mai. — Il fallut me lever de fort bonne heure, car j'avais promis à madame la comtesse du Nord de la suivre à Notre-Dame ; ce qui devait être d'ailleurs pour moi un fort beau spectacle. La cérémonie fut en effet magnifique ; l'archevêque, M. Leclerc de Juigné, officia. On nous plaça dans le jubé. La musique était fort belle, et toute cette pompe catholique a réellement quelque chose d'imposant. M. le comte et madame la comtesse du Nord distribuèrent, ce jour-là, une somme considérable aux enfants trouvés et aux pauvres. Leur bienfaisance était inépuisable ; on ne se figure pas ce qu'ils donnèrent pendant ce voyage de Paris. Jamais une demande ne leur fut adressée en vain ; ils sortaient avec des bourses pleines d'or, au retour il n'en restait plus. L'impératrice le voulait ainsi, et ses augustes enfants, trop heureux de lui obéir, ne ménageaient pas sa cassette.

J'appris, ce jour-là même, une chose qui me combla de joie, par les espérances qu'elle donnait à tous ceux de ma religion. Une ordonnance du roi, enregistrée au parlement, enjoignait aux curés d'écrire les déclarations des personnes qui présenteraient leurs enfants telles qu'elles leur seraient faites, sans y rien ajouter, sans les interpeller aucunement. C'était pour empêcher certains curés de jeter du doute sur la légitimité des enfants des protestants, ou même de la faire soupçonner. Si ce n'était pas encore reconnaître tout à fait la validité des mariages, c'était du moins un acheminement à une position meilleure.

Madame la grande-duchesse s'en félicita tout comme moi. Au fond du cœur elle aimait toujours ses anciens frères.

Après la messe, nous dînâmes chez madame la comtesse du Nord, et fûmes ensuite avec madame de Benckendorf aux Gobelins. Cette intéressante manufacture de tapisseries de haute et basse lisse est unique en Europe. On assure que l'eau de la petite rivière contribue à la beauté de la teinture et des laines. Le roi fit présent à Leurs Altesses impériales de plusieurs tentures de ces magnifiques tapisseries. On nous les montra ainsi que beaucoup d'autres, c'est un travail inouï. Madame de Benckendorf me donna quelque inquiétude dans cette visite ; elle se trouva mal trois fois ; elle se fatiguait trop dans un commencement de grossesse, mais elle voulait suffire à tout. Nous revînmes le soir souper avec tous les Russes chez la comtesse Skzrawonski, elle n'y put rester. J'eus pour m'en consoler la comtesse de Bruce, personne d'infiniment d'esprit et célèbre par sa beauté, dont le mari était premier major des gardes, je crois, et depuis gouverneur de Pétersbourg. La comtesse de Bruce était sœur du maréchal Romanzoff. Elle a été longtemps honorée de l'amitié de l'impératrice et une de ses confidentes les plus intimes. Mais elle excita sa jalousie, s'étant fort éprise de Korzakoff, qui était alors son favori, et la czarine, ayant eu la preuve de leur trahison, exila la première à Moskow et retira à celui-ci ses bonnes grâces qu'elle a reportées sur un de ses chevaliers-gardes nommé de Lanskoi, mort quatre ans après, en 1784, à la fleur de son âge, et l'objet de ses plus amers regrets.

Le comte de Bruce ne partagea pas la disgrâce de sa femme.

Je causai avec celle-ci fort longtemps; elle est d'une instruction variée et d'une simplicité charmante.

31 mai. — Je me rendis de bonne heure chez madame la comtesse du Nord, pour aller avec elle visiter les Invalides. M. le comte du Nord était fort préoccupé, il admirait beaucoup cette institution. Nous parcourûmes la maison tout entière, nous arrêtant partout où nous trouvions à examiner; le dôme est magnifique. Ici comme toujours, madame la grande-duchesse étonna par son goût et ses observations qui dénotent tant d'instruction. Elle critiquait ou louait, en connaissance de cause, les peintures des chapelles, du dôme. Chacun est frappé de sa supériorité en tout genre. Elle causa beaucoup avec le gouverneur, M. d'Espagnac; le grand-duc s'informa des détails les plus minutieux relatifs à ces braves soldats.

En quittant les Invalides, j'allai prendre la comtesse Skzrawouski pour visiter avec elle la maison Thélusson, au bout de la rue d'Artois. C'est une singulière fantaisie que celle-là. Elle coûtait déjà sept cent mille livres et elle était loin de sa perfection. On assure que M. Thélusson y a enfoui plus de deux millions et demi. Elle attirait en ce temps-là tout Paris; il fallait des billets pour être admis. Elle me parut plus bizarre que belle; cependant les détails en sont du meilleur goût. L'escalier est superbe, partout on ne voit que des colonnes. On se demandait comment M. Thélusson ferait pour s'y maintenir avec le train de gens qu'elle exige. Il est cependant d'une famille de banque fort riche. L'arcade qui est sur la rue écrase à mon avis la perspective; on la blâme généralement.

Après le dîner je repartis, toujours avec la comtesse. Nous nous rendîmes au Palais-Royal, on y montrait les tableaux de M. le duc de Chartres et la galerie de l'Encyclopédie naturelle en petit. Les tableaux me plurent infiniment ; il s'y trouve quantité de chefs-d'œuvre. Quant au reste, je n'ai pas la prétention d'être savante. Ce qui nous amusa le plus, ce fut un vieux valet de chambre, sorte de chat de la maison, auquel on donne les invalides dans le palais, et qui n'en est pas sorti depuis nombre d'années. Il y est né, aux écuries de M. le régent, dont il a été jockey. Il a vu passer tous les princes depuis, et seul il a survécu à ses maîtres. Il est fort âgé, plus de quatre-vingts ans, mais il est vert encore et il sait mille contes, mille choses qu'on ignore. Son bonheur est de montrer le Palais-Royal ; il vous promène partout, vous fait une histoire sur chaque pièce, sur chaque corridor. Lorsqu'on veut lui donner une récompense, il la refuse fièrement.

— Monseigneur paye ses gens, nous dit-il, et le vieux Laplace mange le pain de la maison d'Orléans depuis qu'il est au monde.

En sortant du Palais-Royal, nous allâmes voir la petite maison et le jardin de mademoiselle Dervieux, célèbre fille entretenue. C'est une délicieuse bonbonnière. L'ameublement vaut la rançon d'un roi. La cour et la ville y ont apporté leur tribut. Mademoiselle Dervieux avait à peu près trente ans ; elle était, disait-on, plus belle que celles de vingt. Elle a débuté à l'Opéra à quatorze ans, et y est restée longtemps rivale de mademoiselle Guimard. Sa maison est rue Chantereine[1] ; elle a fait dessiner le jardin à l'anglaise et y a réuni une foule de mer-

---

[1] Au n° 28. Cette maison était un des chefs-d'œuvre de l'architecte Bellanger, le fidèle ami de Sophie Arnould.

veilles. Je n'en finirais pas si je voulais décrire tout ce que j'y vis. On prête beaucoup d'esprit à cette demoiselle. Parmi ses mots, on en cite un qui aurait été *volé* par mademoiselle Sophie Arnould, et qu'il serait juste de lui restituer. En écrivant sur mes contemporains, pour ceux qui doivent nous succéder, je me permets une fois de répéter un écho de ce monde dangereux et coupable, afin de parler de tout.

Un jeune provincial, peu connu, avec peu de bien, devint éperdument amoureux de cette belle Terpsichore. Il l'écrivit, le dit, le fit dire sous toutes les formes et de toutes les manières, sans pouvoir être écouté. On avait autre chose à faire. Un jour enfin il se jeta à ses genoux en pleurant, la conjurant de l'aimer un peu.

— Faites-moi cette aumône, je vous en supplie.

— C'est impossible, monsieur, j'ai mes pauvres [1].

Une autre fois la duchesse de ***, personne fort acariâtre, fort méchante, fort laide, ce dont elle enrageait, car elle était, en outre, fort galante (on voit bien que j'ai raison de ne pas la nommer); la duchesse de *** se fit conduire à cette fabuleuse maison par un de ses adorateurs qui passait pour l'être aussi de mademoiselle Dervieux. Elle trouva comme nous le logis vide, en apparence du moins, et, se croyant bien seule avec son introducteur, elle donna carrière à sa jalousie, à l'indignation que lui inspirait ce luxe, très-déplacé il est vrai, et n'épargna pas la propriétaire. En entrant dans le boudoir, la plus coquette de toutes les retraites, elle redoubla ses exclamations.

— Ah! s'écria-t-elle, c'en est trop, ceci passe toute idée, c'est un conte des *Mille et une Nuits*.

---

[1] Elle disait un jour en parlant d'une femme de ce temps : « Elle se conduit vis-à-vis de ses idées comme on doit faire à l'égard de ses amis ; comme elle en a peu, elle y tient beaucoup. »

En ce moment, un petit œil-de-bœuf, adroitement dissimulé dans une rosace de cristal de roche, s'ouvrit, une tête mutine et railleuse se montra : c'était mademoiselle Dervieux, cachée en observation et impatientée de s'entendre habiller de la sorte.

— Oui, madame, répondit-elle, et je doute qu'aucune des vôtres en ait jamais valu autant.

Voilà à quoi on s'expose en se posant en rivale de ces sortes de personnes; je ne sais comment une femme peut se dégrader ainsi, et je ne connais pas de passion qui puisse servir d'excuse à pareille chose.

Après cette visite un peu légère, tout vide que fût ce logis, nous allâmes visiter Saint-Roch, Saint-Sulpice et l'église des Quatre-Nations, où se trouve le mausolée du cardinal Mazarin. C'est un très-beau morceau de sculpture, moins beau néanmoins que celui du cardinal de Richelieu que nous vîmes à la Sorbonne. Je le regardai avec un véritable plaisir. Je ne ferai la description ni de l'un ni de l'autre, tout le monde les a vus, ou en a entendu parler, et j'évite autant que possible les détails de ce genre.

Nous nous dirigeâmes ensuite vers le jardin des Tuileries tout embaumé, tout parfumé de fleurs; nous ne pouvions nous en arracher. Enfin il fallut se rendre à souper chez madame de Travanet; je l'avais promis. J'y trouvai les Mackau avec lesquels je me liais de plus en plus, et mademoiselle Zicart[1] qui joua fort joliment de la harpe. Cet instrument est à la mode. Quelques femmes en abusent pour montrer leur pied, leur bras, pour déployer toutes leurs grâces; mademoiselle Zicart est au contraire très-modeste; je la trouvai mon goût, et je la ramenai chez elle avec sa mère.

---

[1] Sicard.

Le 1er juin, je dînai chez madame de Travanet. M. d'Oberkirch, un peu souffrant depuis quelques jours, ne put m'y accompagner.

Le dîner fut gai et amusant; j'y rencontrai la comtesse de Clermont-Tonnerre, mariée au commencement de cette année. Elle était précédemment chanoinesse de Remiremont et dame pour accompagner Madame Élisabeth. On l'appelait la comtesse Delphine de Sorrans. Vive, d'un esprit enjoué et plein de saillies, elle m'inspira le désir de la voir souvent, ce qui arriva en effet. J'aurai occasion d'en reparler: Elle nous raconta que le jour du spectacle de Versailles, où avait assisté madame la comtesse du Nord, le roi remarqua le marquis de G*** comme ayant l'habit le plus riche et le plus élégant ; il l'en complimenta. Ce seigneur, fort endetté, lui répondit avec un sérieux comique :

— Sire, cela se doit !

J'avais été le matin à Bagatelle avec madame la comtesse du Nord. C'est une charmante petite maison dans le bois de Boulogne, appartenant à M. le comte d'Artois, qui en fit les honneurs avec sa grâce accoutumée. On y entendit un concert magnifique exécuté par les meilleurs musiciens de Paris. Madame la comtesse du Nord en fut enchantée. La collation qui suivit fut des plus galantes. Il y avait les plus beaux fruits de primeur qui se puissent rencontrer. M. le comte d'Artois est le prince le plus aimable du monde. Il a infiniment d'esprit, non pas dans le genre de M. le comte de Provence, c'est-à-dire sérieux et savant, mais le véritable esprit français, l'esprit de saillie et d'à-propos. La grande-duchesse en était ravie. Au moment de partir, un homme de la cour lui remit l'impromptu suivant, écrit au crayon :

Il suffit de vous approcher,
Couple auguste, pour vous connaître.
Si vous voulez tout à fait vous cacher,
Voilez donc les vertus que vous faites paraître.

Après le dîner, M. d'Oberkirch m'ayant fait dire qu'il allait mieux, je fis une visite à madame la princesse de Bouillon ; j'y trouvai la duchesse de Lauzun et la princesse d'Hénin, ses deux amies. Madame de Lauzun, petite-fille de la maréchale de Luxembourg, était une des plus charmantes personnes du monde. Son éducation, son esprit, ses manières, son caractère surtout la faisaient aimer et rechercher de tous. Elle était ordinairement triste, à cause de la conduite de son mari, qui la négligeait, lui donnait d'indignes rivales et qui, maintenant, bien pis encore, affichait une passion insolente pour la reine, qui, elle, ne pouvait le souffrir. Il courait une anecdote sur lui, et on se la répétait bien bas, autant par convenance que pour ne pas affliger la duchesse, en révélant les fautes de son mari. On assurait, et j'ai peine à le croire, que, pour se faire remarquer de la reine, il avait eu l'audace de se présenter sous sa livrée, de la suivre tout le jour, partout où elle se rendit, et de ne pas quitter la porte de son appartement la nuit comme un chien de garde. Il arriva que Sa Majesté ne jeta pas les yeux de son côté et qu'elle ne le remarqua point. Il allait en être pour ses frais de service, lorsqu'il imagina, au moment où la reine rentrait en carrosse d'une promenade à Trianon, de mettre un genou en terre, afin qu'elle posât le pied sur l'autre, au lieu de se servir du marchepied de velours. Sa Majesté, étonnée, le regarda alors pour la première fois, mais en femme d'esprit et de sens qu'elle était, elle ne fit pas semblant de le reconnaître, et appela un page.

CHAPITRE XII.

— Dites, je vous prie, monsieur, qu'on renvoie ce garçon ; c'est un maladroit, il ne sait même pas ouvrir la portière d'un carrosse.

Et elle passa outre. On assure que M. de Lauzun a été blessé jusqu'au cœur de cette leçon, et que depuis lors il se présente à peine aux regards de Sa Majesté.

Madame de Lauzun n'a point l'air heureux, et je crois qu'elle en sait plus que personne sur le compte de son mari. Elle ne se plaint point, elle ne l'accuse même pas ; elle reste silencieuse et ne parle guère en général.

Madame la princesse d'Hénin, comme chacun sait, s'est vue délaissée pour mademoiselle Arnould. Elle ne prit jamais la chose au grave, et prétendait au contraire que la célèbre actrice était le vengeur de ses maux. Elle aimait son mari juste assez pour ne pas le haïr ; elle se montrait charmée qu'il eût ce qu'elle appelait *ses occupations*.

— Un homme désœuvré est si ennuyeux ! ajoutait-elle.

— Est-ce que M. le prince d'Hénin a quelque chose à faire ? reprenait, avec une naïveté cousue de malice, madame de Clermont.

— Ce n'est pas chez moi du moins, ajoutait la princesse avec un grand sang-froid.

Ce pauvre prince d'Hénin était (cela est vrai) le roi des ennuyeux.

Je ne sais plus qui avait imaginé de le nommer le *nain des princes*.

Le 2 juin, j'allai de très-bonne heure chez madame la comtesse du Nord ; elle avait bien voulu me demander de la suivre à la Bibliothèque du roi. Nous en fûmes enchantées; on nous montra tous les trésors de science qu'elle renferme, les manuscrits, les livres, sacrés, les médailles et les pièces antiques ; nous en eûmes pour plusieurs heures, tout en ne faisant qu'*apercevoir*. Nous examinâmes plus en détail les deux superbes globes du père Coronelli, qu'on venait d'y placer. Ils étaient depuis 1704 au château de Marly, dans les derniers pavillons. Ce sont les plus beaux et les plus grands qui existent. On les avait déposés dans une salle du rez-de-chaussée de cette année seulement ; ils sont montés sur leurs colonnes. Ces globes ont douze pieds de diamètre, tandis que le plus grand de ceux de Saint-Pétersbourg, m'a dit le comte du Nord, n'en a que onze. Madame la grande-duchesse s'intéresse beaucoup à la science, et s'en occupe extrêmement. Elle a, dit-elle, envie de tous les livres plus que de tous les chiffons. Son éducation a toujours été tournée du côté des choses sérieuses. Madame la princesse de Montbéliard déteste la frivolité et la légèreté de nos habitudes françaises ; elle n'a point souffert qu'on les inculquât à ses filles, en quoi elle a eu parfaitement raison. Madame la comtesse du Nord réunissait toutes les perfections. On la goûte et l'apprécie tout à fait à Paris, où l'on juge bien les gens.

Après la Bibliothèque, nous revînmes dîner chez madame la comtesse du Nord ; nous étions en petit comité, et nous causâmes, ce que M. le comte du Nord préfère à tous les plaisirs. Il s'en acquitte à merveille pour sa part. Il nous raconta en riant ce qui lui était arrivé la surveille à la Sorbonne. Il allait voir le tombeau du cardinal de Richelieu. Un des savants du lieu lui faisait les honneurs, et lui montrait en détail les magnificences de cet établissement royal.

— Le czar, votre illustre aïeul, l'immortel Pierre le Grand, est venu ici, monseigneur ; il s'est agenouillé devant la tombe du cardinal, en disant : « O grand homme, si tu vivais, je te donnerais la moitié de mon royaume pour que tu m'apprennes à gouverner l'autre. »

— A la place du cardinal, monsieur, j'aurais eu peur de ne pas garder longtemps le cadeau, répliqua le comte du Nord.

Cette réponse est bien fine, surtout dans la bouche du fils de Catherine II.

Le général de Wurmser me conduisit à l'Opéra voir *Thésée*, dont la musique est du sieur Gossec. Les femmes étaient magnifiquement parées. La musique a été applaudie à tout rompre, le chœur des démons surtout. Je vis le sieur Legros et le sieur Larrivée. Ils jouent merveilleusement avec mademoiselle Duplan.

Madame la grande-duchesse m'avait suppliée de venir avec elle au bal de l'Opéra, et je m'y étais engagée uniquement pour ne point la contrarier, car je goûte peu ces sortes de plaisirs. Je soupai chez ma chère princesse, qui se faisait une joie d'enfant de cette fête nocturne.

— Je vais donc être moi-même jusqu'à demain, répétait-elle.

— Ne vous y fiez pas, madame, lui répondit l'ambassadeur de Russie, vous ne serez pas plus maîtresse de vous-même là qu'ailleurs : pour ma part, j'ai dix espions autour de votre personne, dont je réponds à l'impératrice ; le lieutenant de police en a bien dix autres. La reine, que Votre Altesse impériale retrouvera sans doute, en a de patentés : M. le ministre de la maison du roi, qui est obligé par sa charge de ne la point quitter en pareille circonstance. Trouvez-vous que cela soit assez ?

— Cela est trop, s'écria la princesse en riant, et

vous allez m'ôter tout mon plaisir. Mais je ne vous crois pas.

Madame la comtesse du Nord prit un superbe domino en chauve-souris, suivant la mode ; elle le laissa ouvert pour montrer son devant de robe tout orné d'une broderie admirable de jayet et de paillons. Madame la grande-duchesse ne quitta le bras de son illustre époux que pour prendre celui de M. Amelot, ministre de la maison du roi, quand elle eut rejoint Sa Majesté, qui donnait le bras à Monsieur, comte de Provence. Les princesses ont fort peu quitté leur loge, et sont restées tout le temps ensemble. La reine, quoi qu'on en dise, ne se mêle jamais à la foule sans s'arranger de manière à être reconnue. Elle ne veut point de suite, mais elle s'en fait une de tout ce que renferme le bal. On m'a raconté depuis un propos piquant et presque injurieux adressé à M. le duc de Chartres, par un masque inconnu. Cela se passait fort près de moi, à ce qu'il paraît, sans que je m'en aperçusse. Le prince causait avec une femme ; un masque, vêtu en *tour*, se mêlait à la conversation, ce qui contrariait vivement les interlocuteurs. M. le duc de Chartres, enfin poussé à bout, lui demanda vivement s'il ne le reconnaissait pas. La conversation avait pris un tour cynique, habituel à M. le duc de Chartres, et dont il se fait une sorte de gloire, ce qui, en revanche, lui fait le plus grand tort à la cour et dans le monde.

— Je vous demande pardon, monseigneur, j'ai l'honneur de vous reconnaître ; vous vous êtes parfaitement démasqué. Son Altesse sérénissime resta tout ébahi de cette hardiesse. Lorsqu'il revint à lui, il trouva à ses côtés la tour immobile, qui semblait le narguer, et il fit un geste à un de ses gentilshommes :

— Qu'on arrête cet insolent ! dit-il.

On se précipita sur la tour, mais on la trouva vide. Le quidam avait ouvert la porte après sa bordée lâchée, et s'était perdu dans la foule. Le prince se mit en furie, mais il n'y eut pas moyen d'y remédier. Je me souviens que M. le comte du Nord, auquel on racontait cette aventure et les mille déportements de M. le duc de Chartres, avec son esprit frondeur par-dessus le marché, dit dans l'intimité :

— Le roi de France est bien patient ! si ma mère avait un pareil cousin, il ne resterait pas longtemps en Russie. Les conséquences de ces rébellions sourdes dans la famille royale sont toujours plus graves qu'on ne croit.

Je ne m'amusai guère à ce bal. Je ne peux pas me faire au métier d'*intrigueuse*. Ce n'est point un plaisir d'honnête femme. On est exposé à entendre et à voir bien des choses qui font rougir. Ici ces dames trouvent cela tout simple ; elles y sont accoutumées. Nous autres provinciales, nous n'avons jamais rien ouï de pareil, et cela nous blesse ; aussi, on nous traite de prudes. Est-ce une injure ? J'ai souvent envie, quand j'assiste à tout ce qui se passe, de prendre cette épithète pour un compliment.

CHAPITRE XIII

Déjeuner à Sceaux chez le duc de Penthièvre. — Détails sur le mariage du duc de Chartres. — Répugnance du roi. — Les Carmélites. — M. Prati. — Vers. — Encens grossier. — Visite de la duchesse de Chartres à la comtesse du Nord. — Mesdames de Lawœstine et de Genlis. — Établissements de Saint-Sulpice. — Cadeau de la czarine. — La Folie-Boutin. — Le comte du Nord et M. Necker. — Madame Necker et sa fille. — M. de Condorcet. — Petit événement à la fête de madame de Montesson. — Son mariage avec le duc d'Orléans. — Mot de madame Du Barry. — M. de Caumartin. — Mesdemoiselles Dugazon, Colombe et Lescot, de la Comédie italienne. — Comédie à Trianon. — La reine me parle. — Je suis placée à souper près de Madame Élisabeth. — Entretien sur la famille de Lort. — La femme philosophe auteur de trente-deux volumes.

3 juin. — Madame la comtesse du Nord eut l'extrême bonté de venir me prendre dès huit heures du matin pour me conduire à Sceaux, chez M. le duc de Penthièvre. Elle devait y aller déjeuner, et elle exigea que j'y fusse avec elle. Je n'eus point à m'en repentir, car je visitai un endroit délicieux, et je vis le plus vertueux, le meilleur des princes et la plus charmante des princesses. M. le duc de Penthièvre, fils du comte de Toulouse et petit-fils de Louis XIV, est certainement l'homme le plus parfait qu'il y ait sur la terre. Il vit à Sceaux dans une retraite enchantée, loin de la cour, loin des intrigues. Il ne s'est jamais consolé et ne se consolera jamais de la mort de M. le prince de Lamballe, son fils unique. C'est une douleur que rien ne peut ni rendre ni effacer. Il lui reste seulement madame la duchesse de Chartres, sa fille, laquelle a hérité de sa bonté et de ses vertus, comme elle héritera de son immense fortune.

Le mariage de mademoiselle de Penthièvre, tout brillant qu'il fût, s'est accompli malgré la volonté de son père. Certes, le parti était de haute importance ; le premier prince du sang faisait en effet grand honneur à la fille d'une race bâtarde en lui donnant son nom. M. le duc de Penthièvre n'enviait pas tant de gloire. Le caractère de M. le duc de Chartres ne lui convenait pas. L'abbé de Breteuil, chancelier de M. le duc d'Orléans, eut la première idée de cette union, mais M. le duc d'Orléans lui-même n'y voulut point consentir. M. le prince de Lamballe vivait encore ; il ne trouvait point mademoiselle de Penthièvre assez riche pour lui faire oublier son horreur des bâtards. Il en fut ainsi jusqu'à la maladie répétée du pauvre prince de Lamballe ; alors l'abbé de Breteuil remit la chose sur le tapis, et par l'immortelle raison de la dot, il triompha de toutes les répugnances de M. le duc d'Orléans. Le duc de Choiseul fut prié par lui de conduire cette affaire. Pendant ce temps-là, M. le prince de Condé demandait aussi mademoiselle de Penthièvre pour M. le duc de Bourbon, et il s'adressa également au ministre dans le même but. M. de Choiseul ne lui cacha pas ses engagements positifs avec la maison d'Orléans et ne lui laissa guère d'espoir de réussite. M. le duc de Penthièvre, en effet, accepta la proposition, remit un état de tous ses biens, et son testament pour qu'on le consultât ; mais il ne voulut donner pour le moment que cinquante mille écus de rente. Les d'Orléans crièrent, M. le duc de Penthièvre répondit que son fils vivait, qu'il était condamné sans doute, mais que Dieu pouvait faire un miracle. En effet, il se trouva mieux. M. le duc d'Orléans retira alors sa proposition, prétextant toujours la modicité de la dot. M. le duc de Penthièvre en devint furieux, M. de Choiseul aussi ; il s'emporta contre M. le duc d'Orléans, et protesta que de sa vie il ne s'occuperait de ses affaires. M. le prince de Condé, attentif à tout cela, crut le moment favorable pour se remettre en ligne ; le duc de Choiseul parla pour lui. M. le duc de Penthièvre allait céder peut-être, lorsque son fils mourut. Alors la maison d'Orléans reprit ses idés premières ; le calcul fut fait, les biens de cette maison réunis à ceux de mademoiselle de Penthièvre formeraient plus de huit millions de rentes ; il ne fallait pas laisser échapper cela. M. de Penthièvre, de son côté, tout blessé qu'il fût, sentait la beauté du parti ; ce qui le décida surtout, ce fut l'inclination très-prononcée de sa fille. Elle avait vu M. le duc de Chartres une seule fois chez madame de Modène, il lui donna la main pour la reconduire à son carrosse ; en rentrant au couvent, elle déclara qu'elle n'en épouserait jamais d'autre que lui.

Le plus difficile fut d'y faire consentir le roi. Quoi qu'on en ait dit et qu'on en dise tous les jours, le roi Louis XV avait le sens droit ; il sentit quel puissant levier était une pareille fortune entre les mains du premier prince du sang, et ce qu'il pouvait en faire s'il avait l'esprit de révolte. Il refusa d'abord, et M. de Choiseul eut beaucoup de peine à l'y amener.

— Songez donc, disait le roi, que mes petits-fils, le comte de Provence et le comte d'Artois, sont loin d'une pareille fortune, et que vous allez rendre MM. d'Orléans bien plus riches que leurs aînés.

— Sire, les aînés ont la couronne, qui les place toujours hors de toute comparaison.

— Prenez garde de donner aux cadets le moyen de la leur enlever, monsieur le duc.

Le roi refusa longtemps ; il ne céda qu'aux instances de M. le duc de Penthièvre, pour lequel il avait une amitié de jeunesse; encore son consentement fut-il accompagné de restrictions et d'observations répétées.

— Vous avez tort, mon cousin, lui dit-il, le duc de Chartres a un mauvais caractère, de mauvaises habitudes; c'est un libertin, votre fille ne sera pas heureuse. Ne vous pressez pas, attendez.

La princesse était pressée, elle. Son père l'adorait, il céda ; le mariage se fit. Depuis ce temps-là, le père et la fille ont dû souvent se rappeler les paroles du vieux roi.

Notre fête à Sceaux n'en fut pas moins charmante ; madame la duchesse de Chartres en fit les honneurs avec une amabilité extrême. Les eaux jouèrent partout. On visita ce parc et ce lieu enchanteur en carrosses à six chevaux, c'est-à-dire deux calèches découvertes dans lesquelles presque toutes les dames se placèrent. Le monde était des plus choisis ; le déjeuner d'une magnificence exquise. M. le duc de Penthièvre est adoré de ses vassaux, qu'il comble de bienfaits ; il n'y a pas de malheureux à Sceaux. Partout sur le passage de Leurs Altesses ce furent des cris d'enthousiasme; jamais je n'en vis de pareils. Qu'il est doux d'être aimé ainsi !

En revenant à Paris, j'allai prendre la comtesse Skzrawonsky, chez laquelle je dînai, pour parcourir différentes églises; d'abord les deux qui sont dédiées à sainte Geneviève, puis celle de Notre-Dame, la cathédrale, le Val-de-Grâce, enfin les Carmélites. Nous y admirâmes le superbe tableau de madame de La Vallière, représentant une vierge ; c'est là que cette célèbre pécheresse finit sa vie dans la pénitence et le repentir, après huit ans de retraite et de larmes. On est touché chaque fois qu'on y pense, et l'on voudrait pouvoir excuser une faute si cruellement expiée. Nous allâmes après faire quelques visites et souper chez madame la comtesse du Nord, où il ne fut question que de Sceaux et de ses propriétaires. Nos éloges ne tarirent pas. M. le comte du Nord emportait le souvenir le plus touchant du bon duc de Penthièvre ; c'était bien un prince selon son cœur.

4 juin. — Lorsque j'arrivai chez madame la comtesse du Nord, elle me montra une romance et un rondeau pour le clavecin, qui lui avaient été présentés le matin même par un compositeur de musique nommé M. Prati. Ils sont ornés des chiffres de madame la comtesse du Nord (Marie-Fœderowna) et de celui de son mari (Paul-Petrowitz), dessinés avec une grande délicatesse et une grande élégance. Dans les jambages des lettres M F se trouvent ces vers :

> Semblable aux fleurs qui naissent sur ses traces,
> Marie étonne et charme tous les yeux.
> A son port noble, à son air gracieux,
> On a cru voir la plus jeune des Grâces.

Entre les lettres P P se trouvent ceux-ci :

> Législateur du Nord et vainqueur de l'Asie,
> Créant un vaste empire au milieu des déserts,
> Pierre étonna l'Europe et fonda la Russie.
> Voyageant pour s'instruire au loin de sa patrie,
> Son jeune successeur annonce à l'univers
> Qu'héritier de son trône, il l'est de son génie.

Je cite scrupuleusement tous les vers adressés aux augustes voyageurs, tous ceux que j'ai connus du moins, pour montrer combien la flatterie est rarement adroite, et combien l'encens qu'on brûle devant les princes est grossier.

CHAPITRE XIII.

Madame la duchesse de Chartres arriva au milieu de ce discours avec madame la comtesse de Lawœstine, dame pour accompagner. L'air de cette princesse me plut et me toucha encore plus que la veille. Son sourire est triste, ses yeux sont mélancoliques ; dès qu'elle ne parle pas, elle soupire ou elle rêve. Elle aime passionnément ses enfants ; et un de ses grands sujets de chagrin est de se voir enlever la direction de leur éducation par madame de Genlis. Je n'aime point à enregistrer les scandales, mais celui-là passe tous les autres. Madame de Genlis ou madame de Sillery est fort belle, fort spirituelle, mais un peu pédante aussi. C'est une madame Necker élégante. Je ne sais qui l'a représentée en caricature, armée d'un bâton de sucre d'orge et d'une férule ; c'est absolument la vérité. Madame de Lawœstine est la fille de madame de Genlis.

Quand la princesse fut partie, nous allâmes aux Gobelins que j'avais déjà visités et que je retrouvai avec plaisir. Madame la comtesse du Nord donna cinquante louis aux ouvriers. De là, nous nous rendîmes aux établissements du curé de Saint-Sulpice, que madame la comtesse du Nord examina en détail. M. le curé nous montra tout lui-même. Il nous dit les choses les plus intéressantes et présenta à madame la grande-duchesse une médaille en or qu'il venait de recevoir de la czarine, à laquelle il avait envoyé un précis de sa méthode. Il était pénétré de reconnaissance et portait l'impératrice aux nues.

— Vous avez bien raison, répondit la princesse. L'impératrice est la mère de ses sujets ; c'est à la fois la plus forte tête et le meilleur cœur de l'Europe.

Je n'ai jamais entendu madame la comtesse du Nord tenir un autre langage ; ceux qui ont cru à d'autres dispositions se sont trompés. Je ne fis pas grand'chose ce jour-là, je rentrai de bonne heure. Leurs Altesses royales se rendirent à une fête particulière donnée par M. le duc d'Orléans dans sa maison de la Chaussée-d'Antin.

5 juin. — Nous avions une journée fort occupée; aussi fallut-il nous lever de bonne heure et nous faire habiller à la hâte.

Madame la comtesse du Nord m'avait déclaré qu'elle ne me tiendrait quitte de rien, et que je la suivrais partout. Je ne demandais pas mieux. Tout mon bonheur était de rester avec elle, de la voir le plus possible; ce bonheur devait m'échapper si vite! Nous allâmes avant le déjeuner visiter le jardin de M. Boutin, receveur général des finances, puis conseiller d'État, puis trésorier de la marine et frère de l'intendant des finances, dont il a été question lors de la création de la Compagnie des Indes. Il a donné à son jardin le nom de *Tivoli*, mais l'appellation populaire est : la *Folie-Boutin*. Folie est le mot; il y a dépensé ou plutôt enfoui plusieurs millions. C'est un lieu de plaisance ravissant, les surprises s'y trouvent à chaque pas; les grottes, les bosquets, les statues, un charmant pavillon meublé avec un luxe de prince. Il faut être roi ou financier pour se créer des fantaisies semblables. M. Boutin fait souvent en cet endroit des soupers fins qui ne sont pas moins somptueux que le local.

Après Tivoli, où nous prîmes d'excellent lait et des fruits dans de la vaisselle d'or, nous allâmes faire une autre visite, bien plus intéressante, selon moi, chez M. et madame Necker à Saint-Ouen. Ils avaient là une campagne qui leur appartenait [1]. M. Necker avait

---

[1] Ils habitaient à Paris, chaussée Gaillon (maintenant chaussée d'Antin) un hôtel construit en 1775, par l'architecte Cherpitel, occupé de nos jours par le chemin de fer de Lyon et détruit maintenant.

CHAPITRE XIII.

quitté le contrôle général en 1781, après son fameux compte rendu. Sa disgrâce ou sa retraite fit beaucoup de bruit en Europe. Les opinions se partageaient sur son compte; les uns le portaient aux nues, les autres le blâmaient à l'excès. Quelle que puisse être ma sympathie pour un protestant, il me faut avouer que M. Necker, après avoir tant parlé de la diminution des impôts, n'a fait que les augmenter. Ses ennemis semblent bien avoir quelque raison en l'accusant de charlatanerie. M. le comte du Nord s'entretint pendant une heure, seul à seul, avec l'ancien ministre.

— Je viens, lui dit-il en l'abordant, joindre mon tribut d'admiration à celui de l'Europe entière.

Il me semble qu'en quittant le grand homme, Son Altesse impériale était moins satisfaite. Elle nous demanda dans le carrosse si nous connaissions la fable des Bâtons flottants sur l'eau. Dans la bouche du grand-duc, c'était toute une appréciation.

Quant à moi, M. Necker ne me plut point. Je fus frappée de sa ressemblance inouïe avec Cagliostro, mais sans son étincelant regard, sans sa physionomie étourdissante. C'était un Cagliostro guindé, aux formes roides et désagréables; un vrai bourgeois de Genève. Il n'a rien d'aimable malgré sa volonté de l'être. Madame Necker est bien pis encore. En dépit des grandes positions qu'elle a occupées, c'est une institutrice, et rien de plus. Elle est pédante et prétentieuse au delà de tout. Fille d'un ministre de village du nom de Churchod, elle a reçu une excellente éducation, dont elle profite par le travers. Elle est belle, et elle n'est point agréable; elle est bienfaisante, et elle n'est point aimée; son corps, son esprit, son cœur, manquent de grâce. Dieu, avant de la créer, la trempa en dedans et en dehors dans un baquet d'empois. Elle n'aura jamais l'art de plaire. Pour tout dire en un mot, elle ne sait ni pleurer ni sourire. Son père était pauvre ; elle se mit à tenir une pension de jeunes filles à Genève ; elle fut amenée à Paris par madame de Vermenoux, dont la beauté et la galanterie sont connues. Cette madame de Vermenoux était liée avec l'abbé Raynal, avec M. de Marmontel, avec d'autres philosophes, enfin avec M. Necker. Celui-ci l'ennuya bientôt, je le conçois du reste, il m'eût ennuyée bien autant ; pour s'en débarrasser, elle imagina de lui faire épouser mademoiselle Churchod.

— Ils s'ennuieront tant ensemble, dit-elle, que cela leur fera une occupation.

Ils ne s'ennuyèrent point, mais ils ennuyèrent les autres et se mirent à s'adorer, à se complimenter, à s'encenser sans cesse. Ils s'établirent en thuriféraires l'un de l'autre, surtout madame Necker devant son mari.

Mademoiselle Necker me parut une tout autre personne que ses parents, bien qu'elle eût aussi son petit coin de Genevois et son grand coin de thuriféraire. Ses yeux sont admirables ; à cela près, elle est laide ; elle a une belle taille, une belle peau et quelque chose de parfaitement intelligent dans le regard ; c'est une flamme. Je portai d'elle un jugement qui s'est réalisé depuis ; c'est et ce sera une femme remarquable.

M. le comte et madame la comtesse du Nord furent pleins de bienveillance pour cette famille ; madame la grande-duchesse, en particulier, dit tant de choses bien senties sur cette retraite et sur la manière dont elle était supportée, que madame Necker s'évanouit, tant elle était émue ! La grâce et la distinction si nobles et si touchantes dans cette princesse lui gagnent tous les cœurs.

Cette visite nous retint jusqu'à une heure. On attendait Leurs Altesses impériales à l'Académie des sciences. Elles furent reçues par tous les immortels ; M. de Condorcet prononça un discours emphatique, ampoulé et prétentieux. Il entra dans des dissertations métaphysiques bien pauvres et bien faibles en comparaison de nos philosophes allemands. Madame la comtesse du Nord me regarda du coin de l'œil pendant qu'il étalait ce pathos.

On présenta à M. le comte du Nord un morceau d'ivoire travaillé par le czar Pierre Ier, et dont il fit présent à l'Académie en 1717. Il est resté à la belle place de la collection. Nous nous mourions de faim, de sorte que le grand-duc abrégea son admiration et ses éloges. On reconduisit Leurs Altesses impériales avec le même cérémonial, et je me rappelle toujours madame de Benckendorf à laquelle son état de grossesse donnait un appétit perpétuel ; elle grignotait un morceau de pain qu'elle tirait de sa poche tout en faisant la révérence, absolument comme une petite fille qui a peur du fouet ; madame la grande-duchesse pensa en éclater de rire.

Nous nous mîmes à table comme des affamés. Pendant le dîner, on parla beaucoup du spectacle de la veille chez M. le duc d'Orléans ou plutôt chez madame de Montesson. Il y avait à cette fête un souper magnifique. M. le comte du Nord se trouvait un peu souffrant ; il n'y assista pas, non plus que madame la grande-duchesse; ce fut une mortification sensible pour madame de Montesson. La princesse en avait éprouvé une petite à son arrivée, qui mit en émoi M. le duc d'Orléans et la maîtresse du logis. Pendant que Comus faisait ses tours [1], avant la comédie, plusieurs per-

---

[1] Le duc de Chartres a fait un cours d'escamotage chez Comus et

sonnes eurent l'indiscrétion de se mettre aux meilleures places dans la salle du théâtre, sans attendre madame la comtesse du Nord, ni laisser de place vide pour elle. M. le duc d'Orléans, je l'ai dit, en témoigna tout haut et très-vivement sa mauvaise humeur. Malgré les efforts de la grande-duchesse, très-fâchée d'être la cause involontaire de tout cela, il fit expulser les indiscrets.

On prétendait à la cour que Son Altesse sérénissime n'ayant pu obtenir du roi la permission de faire de madame de Montesson une duchesse d'Orléans, s'était fait, au contraire, lui, M. de Montesson. Rien de plus vrai, quant à l'apparence : le prince entrait dans les propos, dans les tripotages, dans les petites haines de la marquise ; il ne voyait que par ses yeux, et il est certain qu'elle l'avait rendu terriblement petit. Madame de Montesson jouait la comédie avec beaucoup d'âme et de sensibilité. C'était une personne d'esprit, mais tracassière et désagréable, lorsqu'elle voulait l'être, à un point extrême. On n'était pas d'accord sur sa naissance, que les uns faisaient illustre et les autres bourgeoise, selon les amitiés ou les antipathies. Elle s'appelait mademoiselle de La Haye. Le marquis de Montesson, son mari, était mort à cette époque-là ; c'était un vieillard en enfance, qu'elle avait épousé pour le nom et pour le bien. Elle se fit aimer de M. le duc d'Orléans, brave prince, mais bien nul. Avant de la connaître, il n'avait ressenti qu'une seule passion, la gourmandise [1]. Elle eut l'adresse de le tenir en

---

profitait singulièrement, disait-on, des leçons de cet homme habile. (L'*Espion anglais*, t. I, p. 144.) Comus est le grand-père du trop célèbre Ledru-Rollin.

[1] Il avait aussi celle de la comédie. C'est à sa maison de Bagnolet que fut jouée, pour la première fois, en 1766, la *Partie de chasse*

haleine et de se poser en grande vertu jusqu'à la mort de son mari, où, enfin, Son Altesse sérénissime lui offrit le mariage. La fine mouche l'accepta, et se mit à courtiser madame du Barry, du vivant du feu roi. Celle-ci poussa tant qu'elle put au mariage ; l'avilissement de la famille royale ne lui importait guère, et si elle avait pu se faire épouser aussi, elle n'eût point empêché cette chute de la couronne dans la boue, par un dévouement patriotique. On sait ce qu'elle dit à cette occasion à M. le duc d'Orléans, dans son langage trivial, lorsqu'il lui demandait de parler au roi en sa faveur :

— Épousez toujours, *gros père*, nous verrons après.

Il épousa en effet, mais il ne put jamais obtenir la permission de déclarer le mariage ; au contraire de cela, le roi lui signifia que, si madame de Montesson tentait par les moindres manières à se mettre au-dessus des femmes de qualité, il la ferait jeter à la Bastille sans le moindre ménagement. Il fallut bien accepter cet arrêt et s'en tenir à son exécution. Le prince en gémissait presque tout haut ; il était fou de la marquise ; il se désolait de ne pouvoir lui donner le rang dû à ses charmes : il lui en donnait du moins la fortune, car il dépensait un argent immense, soit à Sainte-Assise, soit à Paris [1].

Parmi les acteurs favoris de madame de Montesson, on remarque M. de Caumartin, maître de requêtes et fils du prévôt des marchands. C'était un jeune homme de trente ans, fort agréable et qui avait beaucoup de

---

de Henri IV, dans laquelle il créa avec un grand succès le rôle du meunier Michau. Cette soirée finit par une *fricassée* qui fut dansée devant le prince et sa cour.

[1] Madame de Montesson avait une belle maison rue Grange-Batelière, la livrée et les armes d'Orléans.

succès parmi les femmes de tous les rangs. Une des plaies de la société, qui commence à s'étendre, et qui s'étendra bien davantage encore, si cela continue, c'est l'importance donnée par les hommes aux filles entretenues et de théâtre. Ils s'en occupent fort, sinon ostensiblement, ils ne l'oseraient pas, au moins en particulier. Ils se ruinent à les couvrir d'or et de bijoux. C'est un scandale sans pareil, auquel les bons esprits répugnent et auquel personne ne met ordre, malgré les réclamations des familles. Je n'ai point envie de moraliser, mais j'avoue que souvent je me félicite de n'avoir point de fils pour être quitte de cet embarras-là.

Ce 5 juin, aussitôt après dîner, je rentrai pour faire ma toilette, et j'allai de là aux Italiens, dans la loge de la comtesse d'Halwyll. On donnait les *Mariages Samnites*. La pièce m'amusait beaucoup ; mais il y a à la Comédie italienne trois charmantes actrices, mesdemoiselles Dugazon, Colombe et Lescot.

La première est fort jolie et a le jeu le plus spirituel ;

La seconde est fort belle et d'une magnifique taille ;

La troisième est pleine de grâce et d'ingénuité.

On a fait sur elles les couplets suivants :

> C'est pour l'indolente richesse
> Que l'on inventa les sofas,
> Mais vers ce lit de la mollesse
> Mes désirs ne me portent pas.
> Moi, je préfère la nature
> A tous les coussins d'édredon ;
> Qui fait le mieux, je vous le jure,
> Parler d'amour ? c'est : *du Gazon*.
>
> Circé changeant l'homme en oiseau,
> D'un seul coup de baguette,

CHAPITRE XIII.

Fournit la femelle au moineau,
　　Le mâle à la fauvette.
Chez elle, il faut s'appareiller ;
　　Si dans ses mains je tombe,
Qu'elle me transforme en ramier,
　　Car j'aime la *Colombe.*

En prenant des bains dans un fleuve,
Mon mal de nerfs doit s'affaiblir ;
Je brûle de tenter l'épreuve ;
Mais quel fleuve dois-je choisir ?
L'eau du Rhin n'est pas assez pure ;
Le Danube a trop de froidure,
Le Sénégal serait trop chaud ;
Je le vois, le mal que j'endure
Ne peut guérir que par l'*Escaut* (Lescot).

Ces vers ont trop de liberté de langage et surtout de pensée, mais je tiens à les citer à l'appui de ce que je disais tout à l'heure ; la licence était partout. Le sans-gêne des relations avec ces demoiselles amène petit à petit un sans-gêne de façon dont rien n'approche. On tient, devant les femmes les plus irréprochables, des propos inouïs. Ceci est un trait de mœurs que je n'ai pas voulu omettre et dont la source vient de plus loin. Il faudrait des volumes pour démontrer cette vérité, *trop vraie*, comme dit Figaro.

6 juin. — Mademoiselle Schneider vint me réveiller dès six heures du matin. Je devais me faire coiffer et mettre un grand habit pour aller à Versailles. La reine donnait la comédie à Trianon, pour madame la comtesse du Nord. Ces toilettes de cour sont éternelles, et le chemin de Paris à Versailles bien fatigant, lorsque l'on craint surtout de chiffonner sa jupe et ses falbalas. J'essayai pour la première

fois une chose fort à la mode, mais assez gênante : des petites bouteilles plates et courbées dans la forme de la tête, contenant un peu d'eau, pour y tremper la queue des fleurs naturelles et les entretenir fraîches dans la coiffure. Cela ne réussissait pas toujours, mais lorsqu'on en venait à bout, c'était charmant. Le printemps sur la tête, au milieu de la neige poudrée, produisait un effet sans pareil.

Madame la comtesse du Nord était déjà dans son appartement au château lorsque j'y arrivai. Je rencontrai la reine dans son antichambre ; elle sortait de chez ma princesse. Lorsque je lui fis mes révérences, elle eut la bonté de me remarquer, et me fit l'honneur de me dire avec sa grâce ordinaire qu'elle comptait bien me voir le soir à Trianon.

— Je vous y verrai venir avec grand plaisir, madame la baronne, ajouta-t-elle ; madame la comtesse du Nord parle trop souvent de vous pour qu'on n'en ait pas à vous recevoir plus souvent encore.

On donna à Trianon *Zémire et Azor*, ce délicieux opéra de M. Grétry. Il fut chanté dans la perfection. Sa Majesté y tient la main ; elle est fort bonne musicienne et élève du chevalier Gluck. Le petit théâtre de Trianon est un bijou ; il y a une décoration de diamants dont l'éclat éblouit les yeux.

Après *Zémire et Azor* vint *la Jeune Française au sérail*, ballet d'action du sieur Gardel aîné, maître des ballets de la reine. Les danses sont tout à fait gaies et touchantes, les costumes admirables, et les acteurs plus admirables que les costumes. La cour était radieuse. Madame la comtesse du Nord avait sur la tête un petit oiseau de pierreries qu'on ne pouvait pas regarder tant il était brillant. Il se balançait par un ressort, en battant des ailes, au-dessus d'une rose, au moindre de ses mouvements. La reine le trouva si joli qu'elle en voulut un pareil.

Il y eut ensuite un souper de trois tables, à cent couverts par table. J'eus l'honneur d'être placée près de Madame Élisabeth, et de regarder bien à mon aise cette sainte princesse. Elle était dans tout l'éclat de la jeunesse et de la beauté, et refusait tous les partis pour rester dans sa famille.

— Je ne puis épouser que le fils d'un roi, disait-elle, et le fils d'un roi doit régner sur les États de son père. Je ne serais plus Française; je ne veux pas cesser de l'être. Mieux vaut rester ici, au pied du trône de mon frère que de monter sur un autre.

Elle me fit l'honneur de me parler beaucoup de la famille de Lort, ayant connu la mère à la cour et la fille à Saint-Cyr. Je les connais tous particulièrement; ils sont de Lorraine. Madame Élisabeth avait retenu cette circonstance, je ne sais comment, et en fit le sujet d'un entretien fort agréable.

La reine me fit l'honneur de me parler plusieurs fois et de prendre part à ma conversation avec la princesse, dont elle entendait des bribes au milieu de toutes les autres.

On alla ensuite dans les jardins voir l'illumination, qui était magnifique. Trianon est certainement un lieu enchanteur, mais bien des jardins de particuliers ont coûté plus cher, ainsi : la folie Boutin, la folie Saint-James, la folie Beaujon, le parc de Brunoy, que sais-je! On n'en a pas moins accusé la reine de dépenser les deniers du royaume en inventions insensées. Tout cela, parce qu'elle a fait un hameau suisse! N'est-ce pas une fantaisie exorbitante, en effet, pour la reine de France!!! Ah! l'envie est toujours cruelle; le secret de bien des colères est là.

7 juin. — Je revins de Versailles juste à temps pour dîner. Je m'étais reposée des fatigues de la veille, et puis promenée un peu dans le parc. Après un repas conjugal, je me rendis chez un ébéniste appelé Éricourt, qui faisait des meubles merveilleux. Il nous en montra de toutes les manières. J'y passai plus de deux heures, si bien que j'eus à peine le temps d'arriver pour l'Opéra avec madame la comtesse du Nord. On donnait *Thésée*, qu'elle voulait entendre de nouveau. Ma princesse était ravie de la fête de la veille; elle ne pouvait se taire de la reine et de ses prévenances.

— Combien j'aimerais à vivre avec elle, et combien je serais charmée que M. le comte du Nord fût dauphin de France! sans toutefois perdre la czarine, ajoutait-elle en souriant. J'éprouve pour mon cœur l'embarras des richesses.

Elle me donna à lire ensuite de singuliers vers qu'elle venait de recevoir. Les voici avec leur titre, assez prétentieux :

PRÉDICTION A MADAME LA COMTESSE DU NORD,

PAR UNE FEMME PHILOSOPHE, AUTEUR DE TRENTE-DEUX VOLUMES.

De l'étoile du Nord la brillante lumière
De notre cour augmente et le charme et l'éclat ;
Paraissant ralentir son immense carrière,
Semble fixer sa marche en cet heureux climat.
A son aspect charmant le ciel est sans nuages,
Pour lui plaire, Phébus, recommençant son cours,
De ses rayons divins éclairant les orages,
Va du printemps tardif ramener les beaux jours.

Ce n'est pas la peine d'avoir imprimé trente-deux volumes pour composer une semblable platitude.

CHAPITRE XIV

Le Luxembourg, lieu de querelles. — M. Daubenton. — Bal paré chez la reine. — A-propos du comte du Nord. — Je parle allemand à la reine. — Souper chez la princesse de Lamballe. — La reine y danse. — Les gardes-françaises. — Le maréchal de Biron. — Collation offerte au comte du Nord. — Billet de la comtesse du Nord. — Visite à Chantilly. — Les princes de la maison de Condé et les princes d'Orléans. — Surprises. — M. Laujon. — Illuminations. — L'Ile d'Amour. — Le prince de Condé. — Mademoiselle de Condé. — Bouts rimés. — Chasse aux étangs. — Les fameuses écuries. — Chasse aux flambeaux. — Le duc d'Enghien. — Le duc de Bourbon. — Chasse au cerf. — Vers sur l'amour. — Amitié des deux princes.

8 juin. — Madame la comtesse du Nord aimait beaucoup les excursions matinales ; elle aimait surtout à les faire avec moi, cela lui rappelait notre cher Montbéliard. Nous fûmes au Luxembourg admirer la galerie des tableaux, une des plus belles qui soit au monde. Le palais du Luxembourg renferme bien des souvenirs. Nous nous fîmes montrer les chambres de Marie de Médicis et de la grande Mademoiselle. Une remarque singulière que nous fîmes, c'est que dans ce palais où a toujours été en querelle avec quelqu'un. Ainsi, Marie de Médicis et Louis XIII ; mademoiselle de Montpensier et son père, Monsieur (Gaston d'Orléans), d'abord ; puis sa belle-mère, madame de Lorraine, et ses sœurs, les autres filles de Monsieur, ses égales en rang, ses inférieures en fortune ; après, madame la duchesse de Berry, fille de M. le régent, en bataille réglée avec tout le monde. De nos jours, enfin, M. le comte de Provence, qui n'a pas l'air de s'accorder beaucoup avec personne. Certains lieux sont

marqués pour certaines choses dans les idées de la Providence.

Du Luxembourg nous allâmes au Jardin du Roi. On attendait Leurs Altesses au cabinet d'histoire naturelle et des expériences de physique. Nous nous arrêtâmes d'abord aux serres et aux plantes. Le jardin est admirablement entretenu. Le cabinet d'histoire naturelle n'a pas son semblable, tant pour le genre végétal que pour le genre animal et minéral. Nous y vîmes faire plusieurs expériences superbes sur les airs fixes, phlogistiques, déphlogistiques et sur leurs propriétés. Ce qui surprend partout, c'est l'instruction prodigieuse du comte du Nord. Rien ne lui est étranger dans la science ni dans les arts. Dans ses visites, il prend intérêt à tout ce qu'on lui fait voir, et sait toujours dire ce qui doit flatter les personnes et la nation. M. Daubenton en est enchanté. Voici les vers qu'on a adressés au prince à cette occasion. Il faut convenir que les Parisiens sont bien rimeurs.

> Pierre, que l'univers a surnommé le Grand,
> Parmi nous autrefois voyagea pour s'instruire ;
> Les leçons qu'il reçut, Europe, il te les rend
> Dans l'héritier de son empire.

Après la visite au Jardin du Roi, je rentrai chez moi pour m'habiller et me rendre à Versailles, où se donnait un bal paré chez la reine. Je ne puis encore revenir de la difficulté de se tenir toute vêtue et coiffée dans les carrosses de Paris à Versailles ; on est aussi mal à son aise que possible, et les femmes qui font ce métier de postillon plusieurs fois par semaine doivent en être bien lasses.

Le bal était admirable ; il y avait une profusion de bougies et de girandoles. Les salons que tout le monde connaît étaient étincelants, surtout la galerie. Toute la cour était habillée de sa plus grande parure ; les femmes qui dansaient étaient en domino de satin blanc, avec un petit panier et de petites queues. Le comte et la comtesse du Nord y furent très-remarqués comme à l'ordinaire : l'un par son aisance et son esprit d'à-propos, l'autre par sa grâce et sa beauté. La toilette de la princesse était magnifique ; elle avait ces célèbres calcédoines dont on a tant parlé, les plus belles qui fussent en Europe. La reine ne pouvait se lasser de les admirer, et les princesses venaient à tour de rôle pour tâcher de les voir de plus près, tant elles éblouissaient de loin.

M. le comte du Nord eut un de ces mots justement appliqués qui lui ont fait tant d'honneur pendant son séjour à Paris. La foule, curieuse de le voir, se portait du côté où il était avec le roi, pendant qu'ils se dirigeaient vers la place où ils allaient s'asseoir, et le roi se plaignit de ce qu'on le pressait beaucoup. M. le comte du Nord s'éloigna aussitôt, comme tout le monde, en disant :

— Sire, pardonnez-moi, je suis devenu tellement Français, que je crois, *comme eux*, ne pas pouvoir m'approcher trop près de Votre Majesté.

La reine dansa avec le grand-duc ; il est impossible de déployer plus de grâce et de noblesse que notre auguste souveraine. Elle a une taille et un port merveilleux. Je me trouvai un instant derrière elle et derrière la grande-duchesse.

— Madame d'Oberkirch, me dit la reine, parlez-moi donc un peu allemand ; que je sache si je m'en souviens. Je ne sais plus que la langue de ma nouvelle patrie.

I.   23

Je lui dis plusieurs mots allemands; elle resta quelques secondes rêveuse et sans répondre.

— Ah! reprit-elle enfin, je suis pourtant charmée d'entendre ce vieux tudesque; vous parlez comme une Saxonne, madame, sans accent alsacien, ce qui m'étonne. C'est une belle langue que l'allemand; mais le français! Il me semble, dans la bouche de mes enfants, l'idiome le plus doux de l'univers.

Elle a toujours bien aimé la France, cette auguste princesse, quoi qu'en disent ses calomniateurs.

Un des beaux coups d'œil que j'ai vus, c'est l'entrée de la famille royale au bal, lorsque toute la cour est réunie. Les airs de tête de la reine sont d'une majesté gracieuse qui n'appartient qu'à elle. Le roi a une bonté, une affabilité extrême. Madame Élisabeth et tous les princes et les princesses les suivent, ainsi que le service de chacun; c'est magnifique par la quantité et l'éclat des bijoux, par les broderies d'or et d'argent, par la richesse des étoffes. On ne peut s'en faire une idée sans l'avoir vu.

La fête ne se prolongea pas très-tard. Ces réunions d'étiquette ne sont point amusantes, quand chacun a vu il brûle de se retirer. Nous en étions d'autant plus pressées, que nous devions nous rendre ensuite, pour le souper, chez madame la princesse de Lamballe, surintendante de la maison de la reine et son amie. C'est une princesse de Savoie-Carignan, mariée au fils de M. le duc de Penthièvre, ce jeune prince de Lamballe mort si jeune, par conséquent une belle-sœur de madame la duchesse de Chartres. Elle est belle et charmante; c'est un modèle de toutes les vertus, surtout de la piété filiale envers le père de son malheureux mari, et d'affection dévouée envers la reine. Elle avait invité Leurs Altesses impériales par ordre de Sa Majesté, qui voulait passer cette soirée avec elles et leur procurer un nouveau plaisir. Le cercle était peu nombreux, mais très-choisi. Après le souper, on joua au loto, jeu fort à la mode en ce temps-là et où l'on perdait beaucoup d'argent. J'eus l'honneur d'être assise près de madame la comtesse de Provence ; la famille royale tout entière était venue. Après le loto, on dansa, et la reine dansa une contredanse. Ce petit bal fut bien plus gai que l'autre, sans comparaison. Le roi ne fit qu'y paraître, et se retira. Après son départ, le respect ne gêna pas le plaisir, et on fut extrêmement content de cette sorte d'intimité que la reine n'écartait pas.

Nous quittâmes Versailles pour revenir à Paris à quatre heures du matin. J'étais bien fatiguée. C'est une grande débauche pour moi qu'une nuit passée à une fête.

9 juin. — Je dormis jusqu'à midi, et si l'on ne m'avait pas éveillée, je dormirais encore. Je devais aller, avec madame de Benckendorf, au Champ-de-Mars voir manœuvrer les gardes françaises. La veille, le comte du Nord avait visité le dépôt ; il y était allé à pied et fut reçu par le maréchal de Biron, leur colonel. Le prince Baradinsky accompagnait Son Altesse impériale. La matinée fut charmante pour le grand-duc ; il resta longtemps avec les élèves destinés au régiment et goûta leur soupe. Le maréchal se retourna vers le jeune homme qui avait prêté sa cuillère.

— Gardez précieusement cette mauvaise cuillère d'étain et souvenez-vous que le comte du Nord en a fait usage.

M. le comte du Nord nous avait raconté la veille tout cela ; nous étions donc encore plus intéressés pour ce beau régiment des gardes-françaises, composé de trois mille hommes, les plus choisis du royaume. C'était un coup d'œil admirable.

Le vieux maréchal marchait à la tête de cette troupe, la commandait et la dirigeait avec une ardeur de jeune homme. Le Champ-de-Mars était rempli d'une foule nombreuse. Le peuple se pressait tout autour, et c'étaient des cris, des vivats, des applaudissements, des gaietés sans terme. Jamais je ne vis de plus près et n'appris mieux à connaître les Parisiens. Ils buvaient et chantaient comme aux Porcherons; quelques-uns même dansaient au son de la musique. Leurs Altesses impériales s'en amusèrent beaucoup. Nos Allemands et les Russes ne leur ressemblent guère.

La suite de M. le comte du Nord et du maréchal était des plus brillantes [1]. Des gentilshommes français et moscovites, revêtus des plus beaux costumes, étincelaient au soleil. Parmi les spectateurs se trouvaient beaucoup d'officiers en uniforme.

Après la manœuvre et l'exercice à feu, M. le comte du Nord visita les soldats malades à l'hôpital, et leur fit distribuer de nombreux secours. La sollicitude du maréchal de Biron pour eux était paternelle. Il les connaissait tous, les appelait par leurs noms et s'informait de leur santé dans les plus grands détails. Le prince en fut ému jusqu'aux larmes.

— Ce sont mes enfants, disait le maréchal, nous

---

[1] M. le comte du Nord montait à cette revue un fort beau cheval que M. le maréchal de Biron lui avait prêté pour cette circonstance. Il le mania avec grâce et facilité et assura le maréchal qu'il n'en avait jamais monté qui lui plût davantage. Plus tard à son retour à Saint-Pétersbourg, le grand-duc de Russie vit arriver ce même cheval richement caparaçonné et conduit par trois piqueurs. L'un tenait la bride, l'autre l'étrier, et le troisième remit au prince de la part de M. le maréchal de Biron une respectueuse lettre d'hommage.

sommes ensemble depuis bien des années ; je veux qu'ils soient heureux, et qu'il ne leur manque rien lorsqu'ils souffrent.

Le maréchal pria ensuite la comtesse du Nord et les dames de vouloir bien accepter une collation à son hôtel de la rue de Varennes, ainsi que le grand-duc avec ses officiers. La table fut servie dans le jardin, un des plus grands de tout Paris, avec une collection de fruits et de fleurs qui embaumaient l'air. La musique du régiment des gardes était cachée derrière les bosquets, et jouait les airs les plus mélodieux et des fanfares. Après le repas, Leurs Altesses impériales firent le tour du cercle et parlèrent à tous les officiers ; puis elles visitèrent les bosquets, les pavillons, les cabinets de verdure. Le maréchal était rayonnant.

En rentrant chez eux, les illustres voyageurs envoyèrent cinq cents louis pour boire aux soldats des gardes françaises, et madame la comtesse du Nord y joignit un petit billet écrit de sa main, adressé au maréchal de Biron. Le billet était charmant, le maréchal l'a gardé comme un trophée, disait-il. J'allai ensuite chez madame de Benckendorf, et le soir visiter la galerie de Rubens au Luxembourg. Il n'y a rien à dire sur ce grand peintre, tout a été répété cent fois.

10 juin. — Il fallut encore se lever dès l'aube, pour faire ma toilette. Les grandes toilettes sont terribles et ennuyeuses, surtout aussi matin que cela. Nous devions aller à Chantilly, chez M. le prince de Condé, et il fallait y être pour le dîner. Cette partie fut, à mon sens, une des plus agréables que nous eussions faites. Chantilly est le plus beau lieu du monde, non plus comme au temps de madame de

Sévigné, tapissé de mille écus de jonquilles, mais enchanteur, mais superbe. Les eaux, les bois, les jardins, sont délicieux ; les naïades de ces fontaines ont un air de cour, appuyées sur leurs urnes, et les allées sablées de cette forêt sont mille fois plus charmantes que celles d'un parterre. Le dîner qui ouvrit la journée fut splendide. Les princes de la maison de Condé ont toujours été magnifiques et chevaleresques ; aussi, je ne saurais trop en dire la raison, ils ont obtenu les sympathies de la noblesse infiniment plus que leurs aînés, les princes d'Orléans. M. le prince de Condé et M. le duc de Bourbon ont une suite nombreuse de gentilshommes, tous recommandables par leur bravoure et leur loyauté. Les familiers du Palais-Royal, au contraire, sont peu estimés, peu honorés : on ne les reçoit guère que là. C'est une mauvaise compagnie pour un jeune homme ; c'est presque une mauvaise note. M. le comte du Nord faisait là-dessus des réflexions très-justes et très-profondes ; je ne les répéterai point ici, mais elles m'ont été souvent rappelées depuis par les événements qui se passent sous nos yeux.

Nous étions cent cinquante personnes, et un domestique trois fois aussi nombreux au moins, sans compter ceux de la maison du prince. En sortant de table, on trouva des calèches attelées. M. le duc de Bourbon, M. le prince de Condé conduisirent eux-mêmes les dames, à travers mille surprises, sous des voûtes de verdure, ornées de banderoles, de rubans et des chiffres de Leurs Altesses impériales. Le temps était à souhait : c'était un délice.

En rentrant, on alla à la salle de spectacle, fort jolie et fort ornée ; on joua *l'Ami de la maison*. Mademoiselle Audinot fut charmante dans le rôle d'Agathe.

M. le comte du Nord la trouva si jolie que la princesse lui en fit la moue.

Après *l'Ami de la maison*, on joua une pièce de circonstance, en vaudevilles, par M. Laujon, secrétaire des commandements de M. le prince de Condé. Le titre était : *le Poëte supposé*, et M. Champein l'avait mis en musique. Les couplets de la fête du jour étaient surtout très-jolis et furent parfaitement chantés. Il y eut une décoration d'une superbe chute d'eau naturelle et un ballet où parurent les plus célèbres danseuses. Toute la comédie était parfaitement organisée comme le reste de la fête. M. Laujon fut présenté à M. le comte du Nord qui lui fit le compliment le plus aimable. M. Laujon est l'auteur de *l'Amoureux de quinze ans*, joué à Chantilly pour le mariage de M. le duc de Bourbon, en 1770, et d'une autre spirituelle bluette à l'intention de madame la duchesse de Bourbon qui y jouait un rôle, ainsi que plusieurs dames de son intimité. Cette manière de proverbe s'appelait *les Soubrettes;* elle était excessivement piquante.

Avant *l'Ami de la maison*, on avait donné des fragments de l'*Iphigénie* de M. Gluck. Cet opéra, tout superbe qu'il soit, fit moins d'effet que les petites pièces et surtout le ballet.

Nous trouvâmes ensuite une illumination complète dans les jardins et un feu d'artifice éblouissant. La façade du château représentait l'écusson du comte et de la comtesse du Nord avec leurs chiffres symboliques en lacs d'amour : c'était du dernier galant.

On soupa dans l'Ile d'amour; il s'y trouva toutes sortes de jeux de bague et d'escarpolette ; puis le bal; ensuite : ce fut d'une gaieté, d'un entrain qu'on ne rencontre point ordinairement à la cour. J'ai su depuis combien la reine avait regretté de ne point assister à cette fête, mais le roi ne l'aurait point permis. Le trône de France est entouré d'un rempart d'étiquette bien difficile à franchir. On le dit nécessaire ; c'est possible, mais il est bien rigoureux. On se coucha quand on voulut ; toutes les chambres étaient préparées, et, sans presse, sans confusion, la liberté la plus entière régnait dans cette maison, héritage d'une si grande race. On se fût cru pour cela chez un particulier. Les mesures étaient si bien prises que le matin on n'entendit point de bruit qui pût troubler le repos des hôtes ; tout se fit comme par enchantement, et tout fut prêt. Madame la comtesse du Nord le remarqua.

— Ah ! madame, lui répondit une dame de cette cour, depuis longtemps on parle en France de l'*hospitalité des Condé*, elle a laissé des souvenirs ineffaçables dans l'histoire ; et dans quelle occasion plus belle pourrait-elle se signaler qu'en recevant Votre Altesse impériale ?

Madame la comtesse du Nord était ce soir-là d'une beauté digne de la fête.

11 juin. — On alla, après le déjeuner que chacun prit où et comme il le voulut, vers le cabinet d'histoire naturelle de M. le duc, père du prince de Condé actuel, qui fut ministre sous la régence. M. le prince de Condé est un homme d'esprit, d'un tact et d'un sens exquis ; il n'aime pas les philosophes, et n'a jamais donné dans l'engouement de ces messieurs qui nous ont fait et nous feront encore tant de mal. Il ne se laisse pas éblouir par des réputations souvent usurpées.

— J'aime mieux, disait-il souvent, les bons esprits que les beaux esprits.

Il donnait fréquemment ce qu'il appelait des dîners

militaires, et il aimait à s'entourer de tout ce qui rappelle ou annonce la gloire de la France et la mémoire de ses ancêtres. Son caractère est d'une affabilité rare ; il accueille tout le monde en restant ce qu'il doit être : c'est un des princes les plus braves de l'Europe et, en cas de guerre, le roi aurait en lui une vaillante épée. C'est, du reste, une vertu héréditaire dans cette branche de héros, et M. le duc de Bourbon et M. le duc d'Enghien ne failliront pas à leurs ancêtres. M. le prince de Condé a une grande instruction, des connaissances littéraires variées, beaucoup plus qu'on ne lui en suppose généralement. Il a énormément lu, il retient et il sait. Il causa longuement avec M. le comte du Nord, si profondément savant, et celui-ci fut étonné de tout ce qu'il rencontra chez ce prince, en apparence livré seulement au métier des armes.

Les appartements de Chantilly sont ornés de superbes tableaux, représentant des faits de guerre glorieux pour la maison de Condé. C'est un choix de batailles magnifiques et bien remarquables. Le grand prince de Condé est partout. C'est une figure historique de prédilection pour le grand-duc, il en parla toute la matinée. Nous ne pouvions sortir de ces appartements si pompeusement décorés, et nous y revînmes à plusieurs fois, toujours conduits par mademoiselle de Condé qui ne quitta pas madame la comtesse du Nord. Celle-là aussi est digne de ses ancêtres. C'est une de ces personnes tellement au-dessus des autres, que leur haut rang n'ajoute rien à leur valeur personnelle. Mademoiselle de Condé, née dans une ferme, eût été la première dans cette ferme et n'eût point ressemblé aux autres paysannes, par son esprit supérieur et par sa distinction innée. Elle est en effet belle, mais à la manière des reines ; il y a de la puissance et de la force jusque dans son sourire. Elle a cependant, en même temps, une grande tendresse de cœur : c'est un front à porter une couronne ou un voile de religieuse. Elle avait alors vingt-cinq ans et était restée au couvent jusqu'à vingt-trois; aussi sa piété était-elle angélique. Elle conservait partout une sérénité d'âme et de regard qui ne va qu'à une créature privilégiée de Dieu. Elle était bonne musicienne, avec une belle voix et un jeu fort agréable sur le clavecin ; elle savait même la composition. Elle peignait de plusieurs manières et faisait fort bien les vers.

Un soir, dans un petit cercle d'amis réunis chez madame la duchesse de Bourbon, on joua un jeu de bouts rimés; on donna à mademoiselle de Condé les mots *fantaisie, amour, folie, vautour*. Elle les remplit sur-le-champ, presque sans chercher, par des vers délicieux. Je les ai copiés sur l'original resté entre les mains de madame la duchesse de Bourbon.

> N'avoir jamais d'amant, telle est ma fantaisie ;
> Je crains trop les transports d'un dangereux amour;
> Et j'évite ce dieu guidé par la Folie,
> Comme l'oiseau timide évite le vautour.

Madame la comtesse du Nord me dit qu'après la reine, mademoiselle de Condé était celle de toutes nos princesses qui lui plaisait le plus, et dont elle eût voulu faire son amie. Je le conçois parfaitement.

Après le dîner aussi beau que celui de la veille, on se promena en calèche dans le parc, puis il y eut une chasse aux étangs pour ceux qui voulurent s'y rendre. Après quoi, la nuit étant venue, il sortit, je crois, des lampions de toutes les feuilles. On improvisa différents bals dans des salles de verdure et dans des pavillons. Le souper était servi au hameau, pittoresque réunion de fabriques champêtres au milieu de jardins anglais. La plus grande des cabanes est tapissée à l'intérieur en feuillages de verdure et l'extérieur est entouré de tout ce qui est nécessaire à un bon laboureur. C'est dans cette chaumière, qui forme une seule pièce en ovale, que l'on soupa à une douzaine de petites tables avec dix à douze couverts chacune. C'était commode, gai, sans façon et parfaitement bien imaginé.

Nous avions fort remarqué sur la place une statue représentant un connétable de Montmorency. C'est par cette maison de Montmorency que Chantilly est arrivé à celle de Condé, mais bien différent de ce qu'il est aujourd'hui. M. le duc, du temps de la régence, y a dépensé des millions, sans compter tout ce qu'y avaient fait le grand Condé et son fils. M. le duc de Bourbon, gagna immensément au système ; aussi prétendit-on alors qu'il avait détourné le Pactole dans Chantilly.

Nous avions, après le dîner, été manger des fruits dans un pavillon situé au milieu de ces bois, et que nous n'avions pas vu encore. Ce pavillon est une seule rotonde isolée, dans le haut de laquelle on a préparé des places invisibles pour des musiciens ; de sorte qu'étant assis bien mollement dans la salle sur un sofa, on entend de la musique au-dessus de soi, sans l'apercevoir le moins du monde. Cela fait une illusion charmante ; on croit entendre chanter les anges du ciel.

Les plus jeunes et les plus jolies femmes de Paris, les cavaliers les plus aimables, se trouvaient à cette fête qui n'aurait pu être aussi belle dans aucun autre lieu. La ménagerie est plus nombreuse et plus soignée que celle du roi, et quant aux écuries, tout le monde sait qu'on les traverse aisément en voiture à quatre chevaux.

Après cette musique il y eut encore une promenade, et le soir chasse aux flambeaux dans les toiles. Ce fut un coup d'œil ravissant, toutes les dames étaient en calèche découverte, les princesses ensemble, les cavaliers galopaient aux portières. On voyait les cerfs effrayés par les torches, la meute les suivait en aboyant, c'était féerique. Madame la comtesse du Nord fut ravie. Au moment où elle montait en voiture, M. le duc d'Enghien, bel enfant de dix ans, qui promettait déjà tout ce qu'il a tenu, lui apporta un immense bouquet des fleurs les plus rares et les plus odorantes. Elle fut excessivement sensible à cette attention, car elle aimait beaucoup les fleurs. C'était pour elle une passion difficile à satisfaire à Saint-Pétersbourg.

Un jour, je lui demandais si elle en avait dans ses maisons de plaisance; elle me répondit : Je suis obligée de m'en priver, ou du moins de restreindre beaucoup ma collection. L'impératrice en a des plus superbes, beaucoup de grands seigneurs aussi; moi j'en voudrais comme à notre cher Étupes, partout, et cela coûterait des sommes folles. J'aime mieux donner à de pauvres mères, à de pauvres enfants qui souffrent; j'en suis bien plus heureuse, je t'assure.

L'excellent cœur de cette chère princesse se révélait à chaque instant.

M. le duc de Bourbon avait alors vingt-six ans à peu près, une belle tournure et le teint éclatant de fraîcheur. M. le prince de Condé, âgé de quarante-six ans, était jeune et vigoureux comme lui. Ils montaient tous les deux à cheval comme les premiers écuyers de France. C'était plaisir à les voir arriver de cette chasse. Ce plaisir, tout royal, est particulièrement goûté des princesses de la maison de Condé. Je le comprends, quand on a vu leurs forêts, leurs équipages, tout cet attirail de vénerie qui, en vérité, donnerait du courage aux plus timides.

Le souper était de toute recherche. « Il y avait là, disait madame la comtesse du Nord, des friandises qui feraient venir l'eau à la bouche à mon adorable maman. » Je dois avouer que Son Altesse royale faisait, en effet, assez cas de ces délicatesses.

Après le souper on fit ce qu'on voulut. Beaucoup de personnes restèrent dans le parc jusqu'à une heure très-avancée. Moi, je me couchai ; la vue de toutes ces merveilles m'avait horriblement fatiguée. Je m'endormis au son de la musique lointaine et des fanfares qui retentissaient encore dans le bois. Ce séjour de Chantilly était un véritable enchantement.

Le 12 juin la chasse recommença dès l'aube dans le parc ; plusieurs des personnes qui y assistaient ne s'étaient point couchées, entre autres M. le duc de Bourbon. Le cerf se fit courir trois heures et forcer dans la tête du canal, qu'il traversa suivi de toute la meute. Le coup d'œil était superbe et les chasseurs enchantés. Les honneurs furent, comme de raison, pour madame la comtesse du Nord. M. le prince de Condé lui donna les quatre dents et les bois du cerf ; elle fit monter les dents en girandole en les entourant de diamants. C'était bizarre et assez joli ; mais le souvenir était tout pour elle.

Après la chasse, on dîna dans le hameau de la même manière que les jours précédents. On se promena de nouveau, on voulait revoir encore ces lieux enchanteurs. Je me rappelle une statue placée dans l'Ile d'amour, représentant un enfant qui tient en sa main un cœur enflammé. En bas sont les vers suivants, que je copiai parce que je les trouvai jolis :

> N'offrant qu'un cœur à la beauté,
> Aussi nu que la vérité,
> Sans armes comme l'innocence,
> Sans ailes comme la constance,
> Tel fut l'amour au siècle d'or :
> On ne le trouve plus, mais on le cherche encor.

M. le prince de Condé, qui recevait le comte du Nord avec tant d'éclat, a conçu pour le prince une véritable amitié que celui-ci lui rendait de tout son cœur. Les caractères nobles se comprennent vite. Lorsque après le dîner et la promenade on se sépara pour aller à Paris, ce fut avec un véritable chagrin.

— Nous serons bien éloignés l'un de l'autre, disait M. le prince de Condé ; mais si Votre Altesse impériale le permet, et que le roi ne s'y oppose pas, je pourrai un jour aller lui rendre à Saint-Pétersbourg la visite qu'elle a bien voulu me faire.

— Nous vous recevrons avec enthousiasme, monsieur, et l'impératrice sera trop heureuse de vous voir dans notre pays sauvage.

— Hélas ! ce sont des rêves, reprit le prince de Condé en soupirant.

Le fait est que les princes sont bien souvent malheureux de leur esclavage. Leurs chaînes pour être d'or ne sont que plus lourdes.

CHAPITRE XV

Conversation chez M. le comte du Nord. — Sur la famille royale. — Sur quelques personnes de la cour. — M. de Maurepas. — La maréchale de Luxembourg. — Les convives des dîners et ceux des soupers. — Visite à la duchesse de Polignac. — Ses rapports avec la reine. — Visite de maisons fameuses. — M. Beaujon. — Singulière vie de ce financier. — Ses berceuses. — M. de La Reynière. — Le sieur Clérisseau. — Scène inconvenante qu'il fait au comte du Nord. — Tact de ce prince. — La marquise de la Rivière. — Un nouveau Lycurgue. — Le duc d'Aumont. — La marquise de La Ferté-Imbault. — M. de Burigny. — Sur madame Geoffrin. — *Castor et Pollux.* — Cercle chez la duchesse de Chartres. — A Versailles, chez madame de Mackau. — Madame de Benckendorf tombe malade. — Je la remplace. — La reine et la comtesse du Nord à Marly. — Sèvres, magnifiques cadeaux. — La comtesse du Nord au bal de l'Opéra. — Le parlement. — M. d'Ormesson. — La princesse de Marsan. — Vers sur la princesse de Piémont. — Adieux. — Départ. — Succès des augustes voyageurs. — Mots du comte du Nord.

13 juin. — Nous avions tous besoin de repos. Cependant je me levai de bonne heure pour me faire coiffer et essayer les frisures à la mode. Madame la comtesse du Nord me l'avait fait promettre ; elle prétendait qu'avec mon crêpé droit je ressemblais à madame Hendel, notre vieux joujou de Montbéliard. Il me fallut bien la satisfaire malgré ma répugnance. Du reste, je reçus des compliments de tout le monde ; j'étais, à ce qu'il paraît, réellement mieux ainsi. Quand j'arrivai pour dîner, Son Altesse impériale fit un cri de joie et m'embrassa, en me disant que j'étais enfin moi-même, sa vraie Lane, et non plus son portrait de famille, selon l'expression de madame de Benckendorf. Après que nous eûmes bien ri, on se mit à table et l'on parla, bien entendu, des jours précédents ; chacun donna

son avis, il fut unanime sur la beauté, la magnificence et l'agrément. Quelqu'un rapporta un mot qui courait déjà dans Paris, et qui était remarquablement vrai.

— Le roi a reçu M. le comte du Nord en ami, M. le duc d'Orléans l'a reçu en bourgeois, et M. le prince de Condé en souverain.

— Cela est profondément juste, répondit le comte du Nord. On ne peut rien dire de trop de la maison de Condé, aucun monarque de l'Europe n'aurait pu faire mieux; ne fût-ce qu'à cause de ce beau lieu de Chantilly que rien n'égale.

C'était une opinion déjà exprimée la veille par Son Altesse impériale, et d'une manière charmante; il disait à M. le prince de Condé :

— Je changerais ce que je possède contre votre beau Chantilly, monsieur.

— Oh! monsieur, vous y perdriez trop.

— Non, répliqua M. le comte du Nord, car ce serait devenir Condé ou Bourbon.

On causa ensuite de la famille royale, de son union si remarquable, de la cour, de tout ce qui s'y rattache, et des personnes considérables qui la composent. Le roi a la plus grande confiance dans madame Adélaïde sa tante, elle lui donne d'excellents conseils pour le bien de l'État. Il les suit toujours religieusement. Mais personne n'est plus à même de guider Louis XVI, s'il avait besoin de l'être, que son auguste épouse la reine Marie-Antoinette, dont la pureté de vues et l'attachement qu'elle porte au Roi lui donnent tous les droits possibles à sa confiance. Monsieur, comte de Provence, et M. le comte d'Artois ont chacun leur caractère distinct : Monsieur est un homme d'une instruction variée et même profonde; M. le comte d'Artois a les grâces, la bonté, l'esprit d'Henri IV, son aïeul. C'était une chose touchante que de voir ces trois jeunes couples se promener ensemble dans le parc de Versailles ou à Trianon. Là est l'espoir de la France et son avenir. Que Dieu le lui conserve !

Parmi les personnes remarquables de la cour, on cite M. et madame de Maurepas, Philémon et Baucis, les époux les plus unis qui existent. M. de Maurepas est la légèreté en personne, et pourtant c'est un mari fidèle ; il n'a pas une idée sérieuse dans la tête, excepté quand il est question de sa femme et de ce qui la concerne. Quand il a été ministre, il eût volontiers mis la politique en chansons, et une larme de madame de Maurepas le rendait triste pendant des mois entiers. C'est un singulier assemblage. Ils sont très-vieux l'un et l'autre, et certainement ils ne se survivront pas ; ils s'en iront ensemble.

On nomme encore MM. de Miroménil, de Puységur, le duc de Coigny ; puis la marquise d'Ossun, née Hocquart de Montfermeil ; la comtesse de Châlons, née d'Andlau : sa mère est une Polastron, cousine des Polignac ; c'est une des plus jolies femmes de la cour (j'entends madame de Châlons), des plus élégantes et des plus recherchées ; enfin, la vieille maréchale de Luxembourg, cet arbitre souverain de l'esprit, de la beauté, de la réputation des femmes ; cette personne à laquelle il a fallu tant pardonner dans sa jeunesse et qui est devenue si sévère pour les autres ! Sa maison est un vrai tribunal où elle juge sans appel ; ses arrêts font loi. On les répète, on les colporte, et on s'y soumet. Madame de Luxembourg était mademoiselle de Villeroy, et en premières noces duchesse de Boufflers. Elle fut affichée autant qu'on peut l'être sous Louis XV, à cette époque où il était si difficile de primer dans ce genre-là. Les ponts-neufs les plus injurieux coururent sur elle ; on les sait encore parmi le peuple, et comme elle a changé de nom, elle ne semble pas se douter qu'il soit question d'elle. J'entendais ce matin un palefrenier, dans la cour, chantant en étrillant ses chevaux :

> Quand Boufflers parut à la cour,
> Des Amours on crut voir la mère, etc.

La maréchale n'était point instruite, mais elle avait beaucoup d'esprit, du plus fin et du plus délicat. On la trouvait pédante, si je puis m'exprimer ainsi, pour peindre l'affectation du langage de bonne compagnie, l'affectation de l'élégance et du code des usages dont elle donnait les explications les plus amusantes et les plus spécieuses. Elle condamnait une personne à l'expulsion sur un seul mot qui ne lui plaisait pas; il n'y avait plus moyen d'y revenir, quelque prière qu'on lui adressât. Ainsi, pour les soupers, par exemple, où l'on ne voulait que des gens aimables, sur une sentence de madame de Luxembourg on était banni de toutes les tables un peu du bel air. Ce qu'elle frappait surtout impitoyablement, c'étaient les prétentions et la fatuité. Elle avait inventé le bon moyen d'être toujours entourée ; les jeunes gens lui faisaient la cour ; il fallait être dans ses bonnes grâces pour trouver un parti. Pas une jeune mariée n'eût risqué sa présentation sans aller d'abord se montrer chez la maréchale : c'était une véritable autorité.

Il y a deux espèces de convives : ceux du dîner et ceux du souper ; ceux du dîner sont souvent, presque toujours (quand ce ne sont pas des amis), des personnes sérieuses, âgées, des obligations, des ennuyeux même ; on dîne facilement en ville, pour peu qu'on ait une société un peu étendue. Mais le souper, c'est différent ; il faut des qualités très-difficiles à réunir, dont la plus indispensable est l'esprit. Sans esprit, sans élégance, sans la science du monde, des anecdotes, des mille riens qui composent les nouvelles, il ne faut pas songer à être admis dans ces réunions pleines de charmes. Là seulement on cause : on cause sur les propos les plus légers, par conséquent les plus difficiles à soutenir ; c'est une véritable mousse qui s'évapore et qui ne laisse rien après elle ; mais dont la saveur est pleine d'agrément. Une fois qu'on en a goûté, le reste paraît fade et sans aucun goût. Madame la comtesse du Nord m'a écrit bien des fois que ce qu'elle regrettait le plus de Paris, c'était l'esprit. Tous les étrangers intelligents disent de même.

Après ce dîner, où l'on causa si bien, quoique ce fût un dîner, je fis plusieurs visites ; une en particulier à la duchesse de Polignac, l'amie de la reine, la belle-sœur de la comtesse Diane dont j'ai déjà parlé. La duchesse de Polignac, d'abord la comtesse Jules (son mari, créé duc héréditaire en 1780, est le neveu du marquis de Polignac, premier écuyer de M. le comte d'Artois, remplacé depuis dans cette charge par le marquis actuel (Melchior-Armand) qui l'occupe au moment où j'écris) ; madame de Polignac, dis-je, née de Polastron, était l'amie de cœur de la reine qui en a fait depuis la gouvernante de ses enfants. La reine l'aimait, en effet, si tendrement, que, lorsqu'elle fit ses couches à Passy, Sa Majesté alla s'établir à la Muette, afin de la voir plus à son aise et plus souvent. Déjà, l'année précédente, Marie-Antoinette, profitant de l'absence du roi, établi à Fontainebleau pour quelques chasses, s'était rendue à Clayes, chez madame la duchesse Jules, et cela plusieurs fois de suite, faisant ainsi vingt lieues dans un jour. Jamais sujette ne jouit d'une pareille faveur auprès de sa souveraine. Aussi ait-elle autant de jaloux qu'il y a de courtisans.

Elle est petite et mal faite, bien qu'elle soit très-droite, mais elle marche mal et n'a aucune grâce; son visage est parfait, à l'exception de son front trop brun et dont la forme est désagréable; elle a la physionomie la plus charmante, la plus douce, la plus naïve, la plus candide; son sourire est enchanteur. Loin d'être enivrée de la place qu'elle occupe, elle conserve toute sa simplicité, les manières les plus naturelles; ses traits sont d'un calme inaltérable, le calme d'une bonne conscience qui s'allie néanmoins avec une vive sensibilité.

— Quand je suis avec elle, dit Sa Majesté, je ne suis plus la reine; je suis moi-même.

Je restai longtemps chez elle; j'aime son esprit sans prétention. Beaucoup assurent qu'elle n'en a aucun. Il faut bien lui faire payer sa faveur par des calomnies ou des injures.

J'allai ensuite souper chez madame de Benckendorf, de plus en plus souffrante, et très-inquiète de savoir comment elle pourrait faire un si long voyage. Elle me pria de l'excuser auprès de madame la comtesse du Nord si elle ne la suivait pas le lendemain dans ses courses, mais elle en était entièrement incapable.

14 juin. — Madame la comtesse du Nord me conduisit avec elle visiter plusieurs maisons fameuses par la beauté et la richesse des ameublements. Nous passâmes plusieurs heures à examiner ces belles choses; j'en avais mal à la tête, et je n'ai pu me les rappeler toutes. Nous allâmes d'abord chez M. de Beaujon, le banquier de la cour, où il déploie tout

le luxe des banquiers les plus riches. Les princes ne sont rien auprès de cela, si ce n'est la solidité pourtant et la magnificence positive.

La maison de M. Beaujon, qu'il appelle son ermitage, est un bâtiment situé au milieu d'un jardin à l'anglaise, qu'il a fait planter dans un vaste terrain près de la grille de Chaillot, aux Champs-Élysées [1]. C'est une vraie campagne, avec une ménagerie, une laiterie, et même une chapelle. La maison est meublée magnifiquement, des meubles anciens surtout et des *vernis-Martin* admirables. On nous montra un escalier en bois d'acajou et une table à manger du même bois de trente couverts. Je ne dis rien des statues, des tableaux, des objets curieux qu'on trouve à chaque pas; il faudrait un catalogue. La bibliothèque est célèbre; on y voit les éditions les plus rares. Les princes de la famille royale ont tous donné leur portrait à M. Beaujon, je ne sais à quel titre; peut-être est-ce à cause de la beauté de ses salons, qui ne sont pas fort grands, mais où tout est soigné, tout est splendide, jusqu'aux plus petits détails.

La vie de ce financier est, à ce qu'on assure, des plus singulières. Il était malade, et il lui était défendu de manger autre chose qu'une sorte de brouet au lait sans sucre. Il donnait des dîners dignes de Comus, il voyait manger ses convives, il sentait l'odeur des mets, et il ne touchait à rien. Il était entouré des plus jolies femmes de Paris, qui le traitaient tout à fait sans conséquence; elles le lutinaient et l'aga-

---

[1] C'est le palais de l'Élysée. Il avait appartenu à madame de Pompadour, et fut vendu au roi Louis XV, par M. de Marigny, frère de la favorite. On en avait fait d'abord l'Hôtel des ambassadeurs extraordinaires, puis le garde-meuble de la couronne. M. de Beaujon, qui en était devenu possesseur et en fit longtemps son séjour ordinaire, le revendit en 1786.

çaient sans cesse. La moindre galanterie lui était défendue, les émotions lui étaient interdites. Le soir sa maison était pleine d'une joyeuse compagnie, le souper était étincelant, les mots et les bouchons se croisaient. Pendant ce temps, le propriétaire, ce Crésus envié de tous, était condamné à se mettre au lit, où il ne dormait pas à cause de ses souffrances. Ces dames se relevaient autour de lui, et l'une après l'autre le berçaient de leurs chansons, de leurs histoires, de leurs propos. De là le nom de *berceuses* de M. de Beaujon, qu'on leur donna fort généreusement. Du reste, c'était un homme excellent, faisant un bien infini, et employant sa fortune en bonnes œuvres.

La maison de M. de La Reynière est située rue du Faubourg-Saint-Honoré, elle a une sortie sur les Champs-Élysées, près de la place Louis XV, à côté du pavillon Péronnet [1]. On a dit de cette maison que c'est la meilleure auberge des gens de qualité. Ce qui est certain, c'est qu'on s'arrache les invitations, en ayant l'air de les compter pour rien. Comme les véritables gourmands, il a la bonté de l'insouciance; il ne s'occupe que de son dîner, des morceaux qu'il avalera et des menus singuliers dont il aura la primeur. Tout le monde se moque de lui; c'est à qui le tournera en ridicule, en mangeant son argent. Il aime et protége les arts; il les protége non pas en homme éclairé et spécial peut-être, mais en bon cœur, en homme qui désire être utile et soulager ceux qui souffrent. Madame de La Reynière est une belle femme se mourant sans cesse, et faisant pourtant à merveille les honneurs de

---

[1] Ce pavillon, où en 1848 des soldats de la garde municipale furent après une héroïque défense massacrés ou brûlés vifs par la populace, vient d'être détruit. La maison de M. de La Reynière est occupée aujourd'hui par le *club Impérial*.

chez elle. Les dames de la cour sont fort jalouses, non-seulement de sa beauté et de ses triomphes, mais surtout du luxe, de l'élégance au milieu desquels elle vit. On ne peut se figurer sans les avoir vus ce que sont ces appartements. Quelle recherche! quelle coquetterie! Les cabinets de toute sorte, les niches, les draperies, les porcelaines, enfin une véritable curiosité. Nous y restâmes deux heures et nous n'en avons pas vu la moitié.

A peine entrions-nous dans la salle à manger, un vrai temple! qu'un homme s'avança vers M. le comte du Nord et le salua : c'était M. Clérisseau, architecte de l'impératrice de Russie, et associé honoraire de l'Académie de Saint-Pétersbourg. Le prince lui rendit son salut avec la même politesse qu'il le fait à tout le monde, et fit deux pas en avant. Cet homme lui barra le passage et l'arrêta de nouveau.

— Que voulez-vous, monsieur? demanda le prince.

— Vous ne me reconnaissez pas, monseigneur?

— Je vous reconnais parfaitement, monsieur, vous êtes le sieur Clérisseau.

— Pourquoi ne me parlez-vous pas, alors?

Nous crûmes tous que cet homme était fou. M. le comte du Nord haussa légèrement les épaules et voulut passer outre, après avoir répondu :

— Parce que je n'ai rien à vous dire.

— Et vous allez être ici ce que vous avez été chez vous, monseigneur, me méconnaître, me traiter comme un étranger, moi, l'architecte de l'impératrice, moi qui suis en correspondance avec elle. Aussi je lui ai écrit à madame votre mère, pour me plaindre de l'indigne réception que vous m'avez faite.

A ce mot, tout le monde se regarda. Son Altesse impériale hésita un instant, puis il reprit avec un fin sourire, en écartant légèrement le sieur Clérisseau :

Écrivez-lui donc aussi à *madame ma mère* que vous m'empêchez de passer, monsieur! elle vous en remerciera certainement.

Cette scène inconvenante que j'hésiterais à rapporter, que j'aurais tue, si elle n'avait pas eu tant de témoins et si elle n'avait pas été déjà imprimée ailleurs; cette scène, dis-je, nous fut à tous horriblement désagréable; mais à M. et à Mme de La Reynière plus qu'à personne. Ils avaient permis au sieur Clérisseau de se trouver chez eux au moment de la visite de Leurs Altesses impériales. Celui-ci, s'étant présenté chez M. le comte du Nord avec une vanité gonflée comme celle de la grenouille, fut tout surpris d'être reçu poliment, et rien de plus. Il ne put le pardonner au grand-duc, et imagina de le lui dire publiquement, espérant acquérir ainsi de l'importance. Le prince le punit de la meilleure manière, en n'ayant pas l'air de donner la moindre attention à si peu de chose. M. le comte du Nord possède un tact parfait et une grande puissance sur lui-même. Il ne s'offense point de la vérité, fût-elle désagréable, fût-elle exagérée, et il s'en retire toujours avec les honneurs de la guerre.

Entendant dire un jour dans la foule qu'il était laid (ce qui n'est pas vrai pourtant) :

— Si les Français sont aimables, dit-il, avec beaucoup de finesse, en se retournant vers l'ambassadeur de la czarine, on ne peut pas non plus les accuser de manquer de franchise.

Madame la comtesse du Nord eut la bonté de s'en affecter; le prince la plaisanta gaiement, de bon aloi, comme un homme sûr de ce qu'il vaut : elle finit par le croire et se consoler.

CHAPITRE XV.

Nous vîmes après la maison de la marquise de La Rivière, née de Rozet de Rocozel de Fleury. Elle était veuve depuis 1778. Son neveu, le marquis de Fleury, a épousé plus tard (en 1784) la fille du comte de Coigny, chevalier d'honneur de madame Élisabeth et est devenu duc en 1788, par succession d'aïeul. Cette maison est moins somptueuse que les autres, mais elle est plus jolie, de meilleur goût peut-être ; la femme de qualité se sent partout jusque dans les moindres détails. On voit que l'or n'est pas tout dans ce logis.

Il ne faut pas confondre la famille de madame de La Rivière avec M. Mercier de La Rivière, écrivain fort distingué et qui a été en Russie sur l'invitation de la czarine, à qui M. Diderot avait donné envie de le voir. C'est un homme d'un amour-propre féroce ; il s'imagina qu'il allait jouer près d'elle le rôle du prince Potemkin, et devenir premier ministre. Ce Lycurgue n'a pas caché cette pensée en arrivant à Saint-Pétersbourg, et il le disait à tout le monde, avec une naïveté inouïe. On comprend, du reste, qu'il ne joua rien du tout que le rôle d'un sot, malgré son esprit. Il avait été conseiller au parlement de Paris en 1747, et plus tard intendant de la Martinique. Il ne croyait pas les Russes plus avancés que les nègres, et ne revenait pas de leur civilisation. L'impératrice acheva de le consoler de sa déconvenue ambitieuse et de ses mécomptes d'amour-propre, par ses générosités. Il rapporta beaucoup d'argent, beaucoup de cadeaux, et convint de bonne grâce que les sauvages avaient du bon.

Nous trouvâmes toute la livrée du duc d'Aumont rangée sous le vestibule de son hôtel, et en deuil de son père, mort le 15 avril précédent. Le duc d'Aumont était premier gentilhomme de la chambre ; son frère, le duc de Villequier, a la survivance. Le duc d'Aumont actuel a fait dire de lui que sa montre retarde toujours. Homme excellent, plein de sens, mais sans esprit, et dont l'indécision, la faiblesse de caractère sont passées en proverbe. Son père était l'homme le plus original et le plus sale de France. C'était lui qui, se regardant dans sa glace, disait :

— D'Aumont, Dieu t'a fait bon gentilhomme, le roi t'a fait duc, fais quelque chose pour toi à ton tour ; fais-toi la barbe.

Les mauvais plaisants ajoutaient une variante par rapport à madame la duchesse d'Aumont, que je ne me permettrai pas de répéter, mais que l'on trouve dans les comédies de Molière.

Cela n'empêchait pas l'hôtel d'Aumont d'être admirablement meublé et de renfermer de grandes richesses.

Quant à la marquise de La Ferté-Imbault, chez laquelle nous nous rendîmes ensuite, c'est la fille de la célèbre madame Geoffrin. Elle a épousé le petit-fils du maréchal de La Ferté-d'Étampes, et a été sous-gouvernante des enfants de France. C'est elle qui a fait l'éducation de Madame Élisabeth. Veuve à vingt et un ans, elle a renoncé à un second mariage et elle a donné tout son temps à la science et aux arts. Sa maison était le rendez-vous des beaux esprits, mais ses idées ne ressemblaient pas à celles de sa mère ; au contraire ; elle haïssait les philosophes, et je ne l'en blâme pas. Le jour où nous allâmes voir son logis, nous y trouvâmes M. de Burigny, membre de l'Académie des inscriptions, charmant vieillard de quatre-vingt-dix ans, de la conversation la plus intéressante ; il n'avait presque pas d'infirmités. C'était l'ami de madame de La Ferté-Imbault, il demeurait chez elle ; doyen de la littérature, il était respecté comme tel. On estime son traité de l'*Autorité des Papes*. Ami de madame Geoffrin, il se rencontrait chez elle avec le baron d'Holbach, Marmontel, Helvétius, Raynal, d'Alembert et toute la clique de l'Encyclopédie. Madame Geoffrin ne sortait jamais, et l'on était toujours sûr de la rencontrer tous les soirs. Son cercle était des plus choisis, même en femmes, à part ces malheureux philosophes et ces gens d'esprit crottés qu'elle appelait *ses bêtes*. Elle a été fort à la mode sous Louis XV. Depuis, elle s'est rendue en Pologne, pour y voir le roi Poniatowsky, qu'elle avait comblé de biens lorsqu'il était simple gentilhomme et assez malheureux à Paris. Il fut reconnaissant, chose rare, surtout à la cour. Madame de La Ferté-Imbault avait, à l'époque de notre visite, environ soixante-sept ans, ce qui n'avait rien ôté ni à son esprit ni à la gaieté de sa conversation.

Après toutes ces courses, nous dînâmes chez madame la comtesse du Nord, et j'allai ensuite voir *Castor et Pollux* à l'Opéra. C'est un chef-d'œuvre de musique; il a immortalisé Rameau. C'était pour le faire juger au comte et à la comtesse du Nord qu'on le remettait au répertoire. Ils en furent enchantés. La demoiselle Girardin a été très-applaudie, et elle le méritait. La pompe du spectacle était magnifique, les ballets variés et soutenus par une mélodie enchanteresse. Les effets d'harmonie ne sont pas moins puissants; tout est admirable dans cet opéra.

On s'est plaint, on se plaint encore de ce que la nouvelle salle de l'Opéra est trop courte. Rien n'est plus vrai, cela empêchait toute illusion dans la décoration des Champs-Élysées de *Castor et Pollux*. On a longtemps parlé d'allonger le théâtre par derrière du côté de la rue de Bondy; je ne sais si on l'a fait ou si on le fera.

Après le spectacle, j'allai avec madame de Polignac chez madame la duchesse de Chartres, où il y avait cercle, et où je devais rendre mes devoirs. C'était fort triste, la princesse était si triste elle-même !

15 juin. — Je voulus aller voir madame de Mackau à Versailles qu'elle ne quittait guère. Je passai la journée tout entière avec elle, et nous parlâmes de bien des choses que je voudrais raconter en détail. Elle savait si bien la cour ; elle en connaissait si parfaitement le dessous des cartes ! Je rentrai chez moi à une heure du matin. Ces courses étaient très-fatigantes ; M. d'Oberkirch y mettait une complaisance infinie, mais sa santé n'y résistait pas aussi bien que la mienne.

16 juin. — J'allai voir de bonne heure madame la comtesse du Nord dans son appartement ; elle était soucieuse et ennuyée de la santé de madame de Benckendorf. La faculté annonçait qu'elle ne pourrait la suivre dans son voyage sans faire une fausse couche. C'était un véritable chagrin pour la princesse qui ne voulait pas l'exposer à un danger pareil, et qui cependant se trouverait bien isolée sans une amie dévouée. Elle me proposa alors de l'accompagner dans ce voyage, et insista auprès de M. d'Oberkirch pour qu'il y consentît. Il le fit, et j'en fus à la fois heureuse et triste, car mon mari allait revoir ma fille avant moi.

Je fus un peu rêveuse pendant le voyage de Marly. Les eaux y jouèrent, et la reine y mena madame la grande-duchesse. Ce château, presque abandonné sous Louis XV, n'avait jamais repris sous Louis XVI le brillant et l'éclat que lui avait donné Louis XIV. Il était beau, original, mais il n'avait pas le grandiose de Versailles, tout en ayant coûté presque autant d'argent [1].

---

[1] Il a coûté beaucoup plus, d'après Saint-Simon.

CHAPITRE XV.

C'est une large et longue pelouse entourée de portiques de verdure avec un miroir au milieu. A un des bouts se trouve un vaste et grand pavillon carré, où logent le roi et la famille royale ; et de chaque côté des portiques, six autres pavillons destinés aux personnes de la cour, et à celles désignées pour être du voyage. L'architecture de ces pavillons est belle, sans doute ; mais je comprends la définition d'un courtisan, qui comparait Marly à un jeu de tric-trac sur lequel les dés sont jetés au hasard. Ces pavillons carrés ressemblent assez à des dés de cornet. Les eaux sont belles, moins belles que celles de Versailles. Elles jouèrent toute la journée.

J'entendis madame la comtesse du Nord parler à la reine d'une visite qu'elle avait faite, avec le grand-duc, à la manufacture de Sèvres, et dans laquelle elle avait trouvé une raison nouvelle de louer la grâce inimitable avec laquelle Sa Majesté savait tout faire. L'auguste couple acheta pour trois cent mille livres de porcelaines. Sur la fin, on présenta à la princesse une toilette d'une grande beauté. Elle était tout en porcelaine bleu-lapis, ornée de peintures et de bordures en émail, imitant les pierres fines et les perles, et montée en or. Deux Amours placés sur le miroir se jouent aux pieds de trois Grâces, qui le soutiennent. La princesse, en admirant ce bijou, s'écria :

— Mon Dieu ! que c'est beau ! C'est sans doute pour la reine !

— Madame, répondit M. le comte d'Angivillers, la reine l'offre à madame la comtesse du Nord ; elle espère qu'elle lui sera agréable, et qu'elle la conservera en mémoire de Sa Majesté.

— Ah ! voici partout mes armes, en effet, reprit madame la grande-duchesse. La reine est mille fois trop aimable ; je la remercierai moi-même. Oh ! le magnifique présent !

Pendant ce temps, M. le comte du Nord examinait aussi des vases et un service de la plus grande beauté, marqués à ses armes de la part du roi ; c'était quelque chose de merveilleux. Toute la peur de madame la comtesse du Nord était que, pendant la route, on ne brisât ces magnificences. Elle en fit prendre tous les soins possibles.

Le même jour où elle vit les porcelaines, elle visita les prisons. Elle et son auguste époux descendirent dans les cellules ; ils voulaient voir comment les prisonniers étaient traités, et leur distribuer eux-mêmes les aumônes qu'ils leur destinaient. Ils les soulagèrent tous et grandement. Dans les différentes prisons qu'ils visitèrent, ils donnèrent plus de dix-huit mille francs; aussi leur nom était-il béni de tous.

Après avoir visité Marly en détail, nous revînmes à Paris, et j'obéis à ma princesse, en allant dîner chez madame de Benckendorf, à laquelle je racontai la bonne nouvelle. La baronne apprit avec une grande joie que la princesse ne serait point réduite à ses deux dames russes, avec lesquelles elle n'était point liée, et que pendant ce temps, elle, baronne de Benckendorf, s'en irait à petites journées tranquillement à Montbéliard, pour y attendre madame la grande-duchesse.

Madame la comtesse du Nord m'emmena avec elle revoir *Castor et Pollux*, dont elle fut encore émerveillée ; après l'opéra, nous nous habillâmes vite pour retourner au bal masqué. Madame la comtesse du Nord voulait encore en revoir un.

17 juin. — Le matin, je me rendis chez madame la comtesse du Nord pour aller avec elle au parlement. C'était une cérémonie fort imposante. On députa deux

de *Messieurs* au-devant de Leurs Altesses impériales. Ils firent une espèce de compliment et de révérence à la manière des femmes, ce dont la gravité de Son Altesse impériale faillit être déconcertée; elle n'avait jamais vu cela. La Grand'Chambre était en robe rouge, et présidée par M. d'Ormesson [1]. On avait réservé la place de M. le comte et de madame la comtesse du Nord dans une lanterne, où nous entrâmes aussi. Nous entendîmes une cause fort intéressante [2]; M. Seguier, avocat général [3], trouva moyen de glisser un mot très-adroit et très-opportun sur la visite que recevaient Messieurs. Les avocats des parties en voulurent faire autant, avec moins de bonheur. M. le président fit ensuite visiter à Leurs Altesses impériales tout le palais, les différentes chambres et la Sainte-Chapelle, ce bijou de pierre. Le grand chantre, M. l'abbé Bezon, le complimenta à son tour. Malgré soi, on pense au *Lutrin*, lorsqu'on parle du grand chantre de la Sainte-Chapelle.

Tous les conseillers furent ensuite présentés aux princes, à qui ils refirent leurs révérences de femme. Cette fois-ci, madame la comtesse du Nord commençait à s'y accoutumer, elle garda son sérieux.

En sortant du palais, madame la comtesse du Nord alla faire une visite à madame la princesse de Marsan, ancienne gouvernante de madame Clotilde, sœur du

---

[1] Louis-François-de-Paule Lefèvre d'Ormesson, neveu du chancelier d'Aguesseau, président à mortier du parlement de Paris; il devint premier président en 1788, par suite de la retraite du premier président d'Aligre et mourut en 1789; il avait été remplacé comme président à mortier, par son fils.

[2] Entre le marquis de Veynes, le comte de La Tour-du-Pin et le marquis de Gouvernet.

[3] Cet éloquent magistrat exerça sa charge de 1755 à 1790. Il émigra et mourut à Tournai en 1792 à l'âge de soixante-cinq ans. Son fils est devenu premier président à la cour impériale de Paris.

roi, mariée au prince de Piémont. Madame de Marsan, née de Rohan-Soubise, était veuve de Gaston de Lorraine, comte de Marsan. Lorsqu'elle était gouvernante des enfants de France, elle occupait avec eux le pavillon des Tuileries, auquel son nom est demeuré et demeurera probablement. Madame la comtesse du Nord s'était intimement liée, pendant son voyage d'Italie, avec madame la princesse de Piémont; elle voulut donc accorder cette distinction à celle qui avait formé le cœur et l'esprit si distingué de son amie. Madame la princesse de Piémont, qu'on appelait *Madame* avant la mort de Louis XV, était déjà si grasse, que le roi, très-amateur de sobriquets, l'avait baptisée *Gros-Madame;* quand elle se maria, en 1775, on fit le quatrain suivant :

> Le bon Savoyard qui réclame
> Le prix de son double présent,
> En échange reçoit *Madame,*
> C'est le payer bien *grassement.*

Madame la princesse de Piémont est un ange de piété et de vertu, et certainement les catholiques ont dans leur calendrier bien des saintes qui ne la valent pas.

Madame la princesse ou comtesse de Marsan, ainsi qu'elle a longtemps été appelée, était sœur du prince de Soubise, mari d'une princesse de Hesse-Rothembourg. Elle avait alors soixante-deux ans. Elle resta veuve très-jeune et sans enfants. On la disait fort impérieuse et très-prude. Son beau-père, le prince Camille de Marsan de la maison de Lorraine, est mort cette même année de 1782.

Madame de Marsan avait remis sa charge de gouvernante à madame la princesse de Guéménée, qui, lors de la malheureuse banqueroute de son mari, la

CHAPITRE XV.

rendit à la reine. On la donna à la duchesse Jules de Polignac..

Après le dîner chez madame la comtesse du Nord, nous allâmes faire nos adieux à Champigny, M. d'Oberkirch et moi. Nous prîmes congé de mon oncle, toujours fort souffrant, et que nous n'avions pas pu voir autant que nous l'avions désiré. Nous revînmes à une heure après minuit.

19 juin. — J'avais été la veille voir cette pauvre madame de Benckendorf, si désolée et pourtant un peu consolée par ma présence.

— Comme je vous envie ! disait-elle.

— Qu'aurai-je donc à répondre, moi ? Vous la retrouverez dans deux mois et vous ne la quitterez plus ; tandis que je me séparerai d'elle, et ce sera pour toujours sans doute.

Après avoir dîné avec cette excellente femme, je l'embrassai bien des fois et je la quittai fort émue. Je revins chez moi faire mes paquets. M. d'Oberkirch voulut que je fisse une visite à madame la princesse de Bouillon. Je m'échappai en courant, n'ayant guère de temps à moi, on le pense, et je revins aussi vite. Malgré ma joie, j'étais triste de laisser partir sans moi mon mari, de ne point aller retrouver ma fille et mon père. Et puis, les départs me semblent toujours douloureux. Ils sont l'image de ce grand départ qui nous ôtera tout en ce monde, pour nous donner à Dieu dans l'autre, je l'espère.

Nous partîmes, le 19, avec M. le comte et madame la comtesse du Nord, pour aller à Montbéliard par le chemin des écoliers et par celui que La Fontaine prenait pour aller à l'Académie, puisque nous devions passer par la Bretagne, la Normandie, la Flandre, la Hollande et les électorats.

Au moment du départ, les illustres voyageurs reçurent encore des vers ; voici ceux du chevalier du Coudray :

> Par votre agréable présence
> Vous avez comblé nos souhaits;
> Par votre départ, votre absence,
> Princes, vous excitez nos sensibles regrets.
> Tels sont, en ce moment, les adieux de la France :
> Il fallait y rester, ou n'y venir jamais.

Le comte et la comtesse du Nord quittèrent Paris avec bien du regret. Ils avaient eu l'un et l'autre, tant à la cour qu'à la ville, un succès infini. On les trouva aimables, pleins d'esprit et de connaissances, d'une bonté, d'une affabilité, d'une politesse admirables. Le comte du Nord fut surtout extrêmement goûté pour ses réponses fines et spirituelles, pour ses à-propos si bien saisis. Leur triomphe fut général, et le peuple de Paris comme la bonne compagnie furent extrêmement touchés de leur mérite et de la beauté de madame la comtesse du Nord. Applaudis partout où on les vit, surtout aux spectacles, cet enthousiasme se soutint jusqu'au moment de leur départ. Ils réussirent ainsi dans toute la France, sans compter la Russie où on les adorait. On a retenu bien des mots de M. le comte du Nord, entre autres ceux-ci :

M. d'Alembert lui ayant présenté à l'Académie M. de Malesherbes, il dit à cet ancien ministre :

— C'est probablement *ici* que M. de Malesherbes s'est retiré.

M. de Malesherbes sentit toute la finesse de ce mot, et y fut très-sensible.

M. le comte d'Artois ayant fait voir à Leurs Altesses impériales des épées d'un travail admirable en acier ;

comme il les examinait avec attention et semblait en apprécier la supériorité, M. le comte d'Artois le pria d'en accepter une.

— Eh bien, lui dit le comte du Nord, je vous demanderai plus tard celle avec laquelle vous aurez emporté Gibraltar.

C'était le moment où le prince partait pour l'Espagne.

Madame de Benckendorf partit, de son côté, pour Montbéliard en même temps que nous, mais à petites journées. Madame la comtesse du Nord et moi, nous la chargeâmes de toutes nos tendresses et nos respects.

— Vous verrez mes chers parents avant moi, disait la princesse, portez-leur mes vœux, mes pensées, et répétez-leur que je compterai les jours jusqu'à notre réunion.

Nous montâmes dans une voiture à quatre, où nous étions : madame la comtesse du Nord, M. le comte du Nord, le prince de Baradinski et moi. Nous prîmes la route d'Orléans. En disant adieu à M. d'Oberkirch, je ne pus m'empêcher de pleurer un peu. Madame la grande-duchesse prétendit que j'avais versé trois larmes ; qu'elle les avait comptées et se moqua beaucoup de mes trois larmes avec son enjouement ordinaire. Je ne sais s'il n'en était tombé que trois ; mais je sais qu'il en est resté beaucoup sur mon cœur.

CHAPITRE XVI

Choisy. — Réception par la famille royale. — Ce que me dit la reine. — La table magique. — Orléans. — Les princes à Lyon. — Ménars. — M. de Marigny. — Accent des Blaisois. — Anecdote sur sir William Hamilton. — Le comte de Marmier. — Javotte. — Bienfait. — Nantes. — Le marquis de La Suze. — M. du Coetlosquet. — Encore M. de La Harpe. — Singulier gîte. — Le port de Lorient. — MM. de Pirch et de Weitersheim. — Le *Puissant* met à la voile. — Brest. — Le comte d'Hector. — M. de La Motte-Piquet. — Départ de soixante-dix bâtiments. — Simulacre de combat. — M. Groignard. — Le bas-breton. — Belle-Isle. — Sur madame de Montesson. — Le comte d'Artois et mademoiselle Duthé. — Le duché de Mayenne. — Le maréchal de Broglie. — Le château de Broglie. — Le marquis de Beuvron. — Le duc d'Harcourt. — Le maréchal d'Harcourt.

Toujours le 19 juin. — Nous marchâmes assez tristement, bien que nous voulussions mutuellement le cacher. Nous devions déjeuner à Choisy ; toute la famille royale s'y était rendue pour dire adieu à Leurs Altesses impériales. On servit un charmant repas. Les voyageurs seuls se mirent à table ; le roi, la reine, toute la famille royale, jusqu'à Mesdames tantes du roi, se promenèrent autour pour faire la conversation. Leurs Majestés et tous les princes me firent l'honneur de me parler, surtout notre charmante reine qui me dit avec cette affabilité qui transporte les choses les plus gracieuses.

— Vous allez faire un beau voyage, ajouta-t-elle, vous êtes bien heureuse. Il sera peut-être un peu fatigant, mais la compagnie compensera la fatigue.

Au moment du départ, elle me dit encore :

— Madame d'Oberkirch, vous êtes celle de tous ceux qui partent que je regrette le moins, car nous

nous reverrons, n'est-ce pas? et bientôt? Bon voyage pourtant, parlez de moi à nos bons Alsaciens; je ne les oublierai jamais.

Nous visitâmes tout le château qui a la vue sur la Seine. Les petits appartements du feu roi sont très-curieux.

Ils sont distribués de la manière la plus commode et remplis d'objets rares et précieux, entre autres d'une collection de porcelaines. On nous montra la fameuse table magique, qui ne servait plus depuis le nouveau règne et dont les ressorts étaient fort rouillés. Elle était placée dans une pièce où nul ne pénétrait que les convives invités par le roi Louis XV. Elle était de douze couverts. Des contre-poids la faisaient sortir du parquet dont elle faisait partie; le centre s'enfonçait à volonté, de manière à renouveler le service. Un cylindre en cuivre doré formait un tambour dont la bande fixe portait les couverts. Quatre *servantes* mouvantes à volonté apportaient ce que l'on demandait au signal de la sonnette et en écrivant son désir. Cette table est depuis longtemps détruite (en 1789), comme tout ce qui rappelait les malheureuses dernières années d'un roi si bon, égaré par de perfides conseils.

A Choisy comme partout, le comte et la comtesse du Nord ont laissé des marques de leur générosité.

Nous allâmes tout d'une traite à Orléans, sans nous arrêter que pour changer de chevaux. Nous arrivâmes à onze heures du soir, après une terrible journée, une chaleur et une poussière affreuses.

Nous visitâmes Orléans, bien entendu, dans tous ses détails le lendemain. Cela ne fut pas long et ne nous empêcha pas de partir de bonne heure. Le prince Baradinski nous quitta pour retourner à Paris, et M. de

Benckendorf *remplit* la place qu'il laissait dans la voiture.

20 juin. — Nous prîmes la route de Tours qui longe la rivière de la Loire ; ce pays est le vrai paradis terrestre.

— Ah ! disait madame la comtesse du Nord, que ma chère maman aimerait à voir cela !

Et elle se mit à me parler de ses parents, du bonheur qu'elle avait eu, lorsqu'en arrivant de Turin à Lyon, le mois de mai précédent, elle retrouva à l'hôtel d'Artois M. le duc et madame la duchesse de Wurtemberg, voyageant sous le nom de comte et de comtesse de Justin.

— Nous avons vu surtout, disait-elle, les colonnes antiques du temple d'Auguste, qui nous ont bien frappées, ainsi que les expériences de physique du sieur Crotone, à l'hôtel de ville.

Ils parlèrent encore de la salle d'armes, où sont déposés quatre-vingt mille fusils ; le grand-duc en était très-frappé.

— Et moi, dit madame la grande-duchesse, j'espère bien que ces vaillants et aimables Français ne les tireront jamais contre mes chers Russes ; il vaut mieux être amis.

M. le comte du Nord avait tenu à visiter les hôpitaux, malgré toutes les observations qu'on lui fit.

— Plus on est éloigné des misères de l'humanité, répondit-il, plus on doit s'en rapprocher pour les connaître et les soulager.

Il a joint l'action au précepte, en laissant à cet hôpital des marques de sa libéralité. Cette libéralité s'est étendue sur tous : sur les manufactures, sur ceux qui lui ont rendu le moindre service. Le sergent commandant le guet, chargé de sa sûreté, a reçu une montre enrichie de diamants. Il répandait l'or à Lyon comme à Paris, et dans son voyage de France, il a certainement distribué plus de deux millions.

On parla à ce propos de la cupidité des courtisans, et le grand-duc raconta que lors de la conclusion de son mariage à Berlin, il avait fait de fort beaux présents aux seigneurs de la cour de Prusse placés auprès de lui ou employés à le servir. Il avait eu soin de les montrer auparavant à un général prussien, en qui il avait beaucoup de confiance. L'un des seigneurs, qui avait reçu une fort jolie tabatière, vint se plaindre à ce général et témoigner sa mauvaise humeur de ce que le cadeau n'était pas assez important; ce à quoi celui-ci, qui connaissait la valeur de la boîte, répondit en lui en offrant mille écus, ce qui le fit taire et rougir de son impudence.

Nous nous arrêtâmes à Ménars avant d'arriver à Blois. C'est un superbe château appartenant au frère de madame de Pompadour, que le feu roi fit successivement marquis de Vandières (les courtisans disaient tout bas d'*avant-hier*), de Marigny et de Ménars. Il s'appelait tout simplement Poisson et ne s'en faisait pas accroire. Il est resté toute sa vie dans la bonne compagnie et fort aimé ainsi que sa femme. Il venait de mourir depuis un an, sans laisser d'enfants. Louis XV le fit aussi intendant des bâtiments et lui donna une charge dans la chancellerie de ses ordres, qui autorisait à porter le cordon bleu sans faire ses preuves. On dit à ce sujet, que ce *poisson* était trop petit pour être mis au bleu. Il faut toujours que les Français se moquent des fautes de leurs maîtres et même des leurs, quand ils ne peuvent pas faire autrement.

De Ménars, qui est un fort beau lieu, on a une vue superbe; on découvre toute la Loire, Blois, Chambord où est mort le maréchal de Saxe. Nous n'eûmes pas le temps d'aller jusque-là. Les jardins de Ménars sont superbes, ainsi que les bâtiments et les meubles, au superlatif. Tout y est recherché et rempli d'objets d'art, dont M. de Marigny était fort curieux.

Après Ménars, vient Blois où nous ne fîmes que passer, le temps d'entrevoir le château, la salle des États et la place où le duc de Guise fut assassiné. On dit que le peuple parle très-purement le français à Blois. Je ne sais si c'est un préjugé ou si ce sont mes oreilles alsaciennes, ce qu'il y a de sûr, c'est que je préfère de beaucoup l'accent parisien.

Je trouve, au contraire, aux Blaisois un parler traînard et chantant fort désagréable. Nous distinguâmes, à une petite distance, Chanteloup, bâti par la princesse des Ursins, pour s'en faire une principauté de retraite (ce qu'elle ne put obtenir), et appartenant alors au duc de Choiseul, ancien ministre disgracié de Louis XV.

Amboise, le vieux château de nos rois, où naquit Charles VII, se dessine de loin sur le haut d'un rocher. M. le comte du Nord voulut le visiter. Enfin, nous arrivâmes à Tours pour y coucher. Au moment où nous apercevions la ville, M. le comte du Nord, en riant et je ne sais à propos de quoi, embrassa madame la grande-duchesse. Puis, il ajouta d'un grand sang-froid en nous regardant :

— C'est que j'aime beaucoup ma femme.

Madame la grande-duchesse se mit à rire aux éclats.

— Racontez l'histoire à madame d'Oberkirch, racontez-la, je vous en supplie.

M. le comte du Nord ne se fit pas prier, et nous raconta en effet que, se trouvant à Naples et allant de Portici à Pompéi avec la princesse, il pria sir William Hamilton de les accompagner. A la suite d'un mot

CHAPITRE XVI.

gracieux dit par la grande-duchesse, son mari lui baisa le bout des doigts; mais il aperçut sur la grave figure du baronnet une contraction désapprobative. Il comprit qu'il avait blessé la sévère pruderie de l'Anglais, à cheval sur la plus stricte réserve, et résolut de s'en amuser. Amenant mille plaisanteries dans la conversation, il en vint à embrasser gaiement madame la grande-duchesse. Sir William, tout décontenancé, passa discrètement la tête par la portière, et fit semblant de regarder le paysage. Lorsqu'il revint à sa place, le comte du Nord lui dit gravement, ainsi qu'il venait de nous le dire à nous :

— C'est que j'aime beaucoup ma femme, monsieur le chevalier.

— C'est une affection toute naturelle, reprend celui-ci, un peu embarrassé.

— N'est-ce pas ? ajoute le comte du Nord.

Et en même temps, il embrasse encore la princesse qui s'y prêtait de fort bonne grâce et en riant.

Sir William fut en ce moment tout à fait embarrassé, et le comte du Nord répéta tout aussi gravement que la première fois :

— Aussi, voyez-vous, j'aime beaucoup ma femme.

Nous en riions encore, quand nous entrâmes dans la capitale de la Touraine, où l'on nous servit un mauvais souper et où l'on nous donna de mauvais lits. Mais nous étions montés en gaieté ce jour-là, et nous plaisantâmes de nos infortunes, tout en nous endormant néanmoins.

21 juin. — Nous allâmes, avant de quitter Tours, visiter le mail, qui passe pour le plus beau de France, et qui est en effet fort agréable. Nous le parcourûmes en courant, pressés de nous mettre en route. Il faisait une chaleur horrible. On arriva pour dîner à Saumur,

dont nous admirâmes de loin le château, et nous eûmes, pendant le repas, une charmante musique de régiment ; à Angers, où nous couchâmes, nous eûmes celle de Royal-Lorraine, cavalerie. C'était une galanterie du comte de Marmier, colonel en second. Le colonel en pied, le comte d'Andlau, venait d'être nommé ministre plénipotentiaire à Bruxelles et n'était pas encore remplacé. Je fus très-fâchée de ne pas le voir. Les officiers vinrent faire une visite de corps à Leurs Altesses impériales.

Dans l'auberge où nous descendîmes, pendant que nous soupions, une petite servante en bavolet et en tablier blanc se fit remarquer de madame la comtesse du Nord. Elle était jolie comme un ange, et paraissait accorte et intelligente. Madame la comtesse du Nord la montra au prince, qui, ainsi que nous, se mit à la regarder, ce qui ne la déconcerta pas du tout.

— Voilà une jolie fille, dit Son Altesse.

Elle leva la tête et sourit, en montrant deux rangs de dents blanches comme du lait, pour prouver qu'elle avait entendu.

— Comment t'appelles-tu, mon enfant ? demanda la princesse.

— Madame, je m'appelle Jeanne, mais on m'appelle Javotte, parce qu'on prétend que je parle beaucoup.

— Ah ! tu aimes à causer, poursuivit le prince. Veux-tu causer avec nous ?

— Dame ! si vous voulez...

— Tu n'es pas timide ?

— Je n'ai point honte avec vous, monsieur ; je sais bien que vous êtes un grand prince, très-riche, aussi riche que le roi ; mais vous avez l'air bon, et je n'ai pas si peur de vous que des sous-lieutenants de Royal-Lorraine.

CHAPITRE XVI.

Le grand-duc se mit à rire et nous dit :

— Vous voyez que Javotte, qui craint les jolis garçons, est de l'avis des Parisiens.

On se rappelle qu'un jour dans une foule on l'avait trouvé laid et qu'il l'avait entendu.

— Eh bien ! Javotte, puisque tu trouves que j'ai l'air bon, que veux-tu que je fasse pour toi ?

— Dame ! monsieur... je ne sais pas...

— Tu ne sais pas, cherche bien.

Elle se prit à sourire, du même sourire fin et perlé, comme une soubrette de comédie.

— Ah ! je sais peut-être bien ! mais...

— Veux-tu que je t'aide ?

— C'est cela, aidez-moi.

— Voyons, me répondras-tu franchement ?

— Ah ! que oui !

— As-tu un amoureux ?

Elle devint toute rouge, ce qui nous prouva qu'elle n'était point effrontée, malgré sa hardiesse, et répondit avec un sourire en roulant son tablier :

— Ah ! oui.

— Comment s'appelle-t-il ?

— Bastien Raulé, pour vous servir.

Et elle fit la révérence.

— Que fait-il ?

— Il est tailleur de pierres ; c'est un bon état, mais très-sale et très-ennuyeux.

— Pourquoi ne l'épouses-tu pas ?

— Ah ! voilà justement, monsieur, que vous y arrivez.

— Est-il riche ?

— Hélas ! non.

— Et toi ?

— Moi, j'ai mes gages, dix écus par an.

— C'est pour cela que vous ne vous mariez pas ?

— C'est pour cela, monseigneur, rien que pour cela; il en a bien envie, et moi aussi.

— Est-ce un joli garçon ?

— Ah ! pour ça, monsieur, j'en réponds ; plus joli, quand il est requinqué, que tous les officiers de Royal-Lorraine.

— Et combien vous faudrait-il pour vous marier ?

— Beaucoup, beaucoup d'argent, plus que vous n'en avez, peut-être, en ce moment, monsieur.

— Mais, encore ?

— Il nous faudrait.... cent écus !

Lorsqu'elle eut lâché cette *énormité,* elle baissa la tête et devint plus rouge encore. Le comte du Nord regarda en souriant son adorable épouse ; il voulait lui laisser le plaisir du bienfait.

— Viens ici, Javotte, dit celle-ci, et tends ton tablier.

Elle chercha sa bourse et en tira quinze louis d'or, qu'elle laissa tomber dans le tablier de la servante. Celle-ci fut si joyeuse, si étonnée, qu'elle lâcha les coins, et leva les yeux au ciel en s'écriant :

— Dieu du ciel ! est-il possible !

Les louis roulèrent sur le plancher, elle ne songea point à les ramasser ; mais, les yeux tout pleins de larmes, et sans rien ajouter, elle prit le bas de la robe de la princesse qu'elle porta à ses lèvres avec une grâce et une simplicité qui nous touchèrent tous. Cette fille avait certainement un bon cœur. On ne parla que d'elle pendant tout le reste du souper. Avant de m'endormir, j'écrivis cette petite scène telle qu'elle s'était passée, et je vous assure que rien n'était plus charmant. M. le comte du Nord me rappelait tout à fait la popularité de Henri IV.

22 juin. — Aussitôt notre réveil, de très-bonne heure, nous allâmes voir manœuvrer le régiment de Royal-Lorraine. Comme nous allions monter en carrosse, nous vîmes arriver Javotte avec un beau garçon qui la menait par la main, tous les deux endimanchés, et portant chacun un immense bouquet de roses. Ils firent une superbe révérence à Leurs Altesses impériales, et leur offrirent leurs fleurs, qui furent très-gracieusement acceptées. La pauvre fille était si émue, qu'elle ne pouvait pas parler; ce n'était pas là son joyeux babil de la veille. Nous partîmes ensuite pour aller dîner à Houdon. Là, il vint une personne d'une quarantaine d'années, encore belle, qui habitait les environs, pour saluer le comte et la comtesse du Nord. J'ai oublié son nom, mais je sais que c'était une *dame damée*, ou dame à brevet.

Il en existe encore beaucoup, et de très-jeunes personnes en ont obtenu du roi. C'est sous Louis XV que cet usage s'est introduit à la cour; mais on en a fait un tel abus, et il est si propre à favoriser les mauvaises mœurs, qu'on commence à ouvrir les yeux là-dessus, et qu'on n'en obtient maintenant qu'avec les plus hauts appuis. L'avantage est, pour les filles de qualité, de pouvoir être présentées et de jouir des avantages qui en sont la suite.

Nous arrivâmes d'assez bonne heure à Nantes. Cette ville nous plut infiniment. Hélas! l'édit que Henri IV y signa en faveur des protestants a été révoqué par Louis XIV. Dieu sait ce qui en résulta! Le marquis de La Suze, colonel de Dauphin-Infanterie, vint au-devant de Leurs Altesses impériales à une lieue et demie de la ville. Aussitôt après leur arrivée, les officiers se présentèrent en corps pour leur rendre leurs hommages, le roi ayant ordonné qu'on leur rendît partout les plus grands honneurs. M. du Coëtlosquet était colonel en second du régiment du Dauphin ; le vicomte de Hautefeuille et le vicomte de Foucault sont colonel et lieutenant-colonel du régiment d'Ile-de-France, dont les officiers firent aussi leur cour au prince et à la princesse. Le marquis de La Suze offrit son carrosse aux illustres voyageurs, et les mena voir le port, la promenade du cours, et enfin la comédie. On donna la *Coquette fixée*. M. le comte et madame la comtesse du Nord furent très-applaudis.

23 juin. — Dès le matin, nous allâmes à la manœuvre des deux régiments de la garnison, qui eut lieu au cours. Après les plus brillants honneurs militaires, nous nous mîmes en chemin pour aller dîner à Pont-Château. Nous étions fort gais et nous nous amusions beaucoup. Je ne sais qui parla de M. de La Harpe et l'appela *chafouin*.

— Le mot lui va à merveille, à cet *amoureux* de ma mère, répondit le grand-duc en riant ; je dirai certainement à l'impératrice comment est sa conquête en France.

Malgré ses moqueries, le comte du Nord n'en a pas moins donné à M. de La Harpe une superbe tabatière d'or enrichie de diamants, admirablement travaillée, et sur laquelle se trouvent les attributs des neuf Muses. Ce présent est d'une valeur considérable.

Nous passâmes la Vilaine en barque à la Roche-Bernard, pour aller coucher à Musillac. Nous trouvâmes de pitoyables auberges, et madame la comtesse du Nord rit pendant plus d'une heure de la tournure qu'avait son lit. On y avait entassé toutes les broderies et toutes les bonnes vierges de dix lieues à la ronde. Je passai toute la nuit dans sa chambre. Le grand-duc resta à écrire dans une salle à côté, et ne se coucha point.

Le 24 juin, la chaleur était épouvantable, pendant notre séjour à Vannes, où nous nous arrêtâmes trois heures, tous épuisés, bêtes et gens. Nous passâmes à Hennebon, où le régiment de Royal-Darmstadt était en garnison, ainsi qu'à Lorient, où nous arrivâmes à huit heures. Aussitôt MM. les chefs du port et de la garnison proposèrent à Leurs Altesses impériales une promenade en rade, en carrosse d'eau. Nous vîmes le port rempli d'une quantité de vaisseaux de toutes grandeurs et de toutes les nations, qui arborèrent leurs pavillons pour saluer les illustres étrangers. C'était un beau spectacle.

Le baron de Pirch était colonel de Royal-Darmstadt; j'appris avec plaisir qu'il ne se ressentait plus de sa blessure.

Je trouvai aussi le baron de Weitersheim, mon compatriote, qui est capitaine dans ce régiment. Je causai beaucoup avec lui de notre chère Alsace et des Wurmser, nos parents communs; les Weitersheim doivent être de la même souche que les Zuckmantel, car ils ont les mêmes armes.

25 juin. — Nous vîmes mettre à la voile le *Puissant*, de cent dix canons, et allâmes coucher à Quimper-Corentin. On offrit à madame la comtesse du Nord une corbeille de roses, les plus belles qu'on pût imaginer; ce fut un délice pour elle: il fallut les lui ôter; elle voulait les garder la nuit dans sa chambre, au risque de prendre la migraine. L'amour des fleurs, poussé à ce point, ressemble à une passion.

26 juin. — Nous dînâmes à Châteaulin et nous allâmes ensuite coucher à Brest. A notre arrivée, MM. d'Hector, commandant du port, et de Langeron,

commandant des troupes, vinrent saluer Leurs Altesses impériales et prendre leurs ordres. Les officiers du régiment de Lorraine firent également leur visite de corps. M. de Mortemart en était colonel et le comte de Buffévent lieutenant-colonel. Ce dernier était de ma connaissance. Son frère, le vicomte, capitaine de dragons, venait d'épouser mademoiselle de La Galaisière, fille de l'intendant d'Alsace.

Quant au comte d'Hector, ce nom, assez singulier, me fit faire à son sujet quelques questions. On me parla d'une lettre assez peu flatteuse adressée à cet officier et rendue à peu près publique, il y a deux ans. On ne se bornait pas à lui demander s'il était fils de Priam ou du valet de carreau; on lui reprochait d'avoir manqué de valeur dans le combat, et de n'avoir pas mis son habit d'uniforme ce jour-là, pour être moins distingué. On lui citait l'exemple du comte d'Estaing, dont on l'accusait d'être envieux; enfin, on l'invitait au courage et à se rendre digne de commencer une nouvelle branche d'Hectors.

Tout cela peut être fort injuste, mais n'en est pas moins pénible, même à entendre raconter.

27 juin. — Nous fûmes éveillés par les canons du fort et des navires qui partirent à la fois en l'honneur des augustes hôtes que la ville renfermait. M. d'Hector et messieurs de la marine vinrent nous prendre pour nous mener en carrosse d'eau jusqu'au vaisseau amiral *l'Invincible*, monté par le comte de La Motte-Piquet, lieutenant général de la marine, un des grands hommes de guerre de notre époque. Il s'était signalé au combat de Fort-Royal, et avait capturé à l'escadre de George Rodney vingt-six vaisseaux. Nous vîmes partir soixante-dix bâtiments pour l'Amérique, devant passer par La Rochelle, pour y rejoindre la

flotte. L'escadre du comte de La Motte-Piquet était de sept navires. Il donna à madame la comtesse du Nord un simulacre de combat entre deux vaisseaux de ligne. C'est un beau spectacle, mais un peu effrayant. Il me semble que je n'aimerais guère à y être acteur pour tout de bon.

Après le dîner on lança une frégate ; nous examinâmes ensuite des modèles de vaisseaux et celui du port de Toulon, exécuté par le fameux M. Groignard, et qu'il nous expliqua lui-même. Ce savant s'est fait une grande réputation, même à l'étranger, pour les travaux hydrauliques, et il a déjà reçu de plusieurs souverains l'invitation de visiter leurs ports et de régler les réparations à faire.

Madame la comtesse du Nord fut, après, conduite au spectacle, où l'on donna l'*Amour et la Folie*, mauvaise petite pièce, après laquelle on pria Leurs Altesses impériales de paraître sur une terrasse pour se montrer au peuple assemblé qui les demandait à grands cris. Ils y consentirent, et on les applaudit beaucoup. Le souper fut splendide ; nous retournâmes ensuite au port, M. de La Motte-Piquet ayant fait illuminer et pavoiser deux vaisseaux en l'honneur de madame la grande-duchesse.

28 juin. — Je ne sais ce que nous ne visitâmes point ce jour-là : les forçats, les régiments que nous passâmes en revue, et cela par une chaleur du Sénégal. Après ces courses, il fallut s'habiller, faire une grande toilette, dîner en cérémonie, retourner au spectacle, voir le *Jugement de Midas*, et ensuite faire une visite à madame d'Hector, qui rassemblait chez elle les principales femmes de la ville. Le prince et la princesse prirent, là, congé de tout le monde, fort satisfaits de leur séjour en cette ville. C'est une chose

merveilleuse que les détails d'un port et tout ce qui tient à la marine. Cela donne une grande idée du génie inventif de l'esprit humain. On ne peut aller en carrosse dans la ville de Brest, et les femmes y vont en chaise à porteurs.

29 juin. — Avant de partir il fallut encore revoir tous les corps; pendant cette revue la princesse me disait des folies. Elle cherchait des ressemblances, et en trouva une très-remarquable entre une beyeuse, qui restait près du carrosse, et une des femmes de chambre de la reine, dont on avait beaucoup parlé. Louis XVI la rencontrant un jour à Fontainebleau, je crois, couverte de diamants et très-richement mise, la prit pour une dame de la cour et la salua profondément. Cela revint à la reine qui en plaisanta le roi. A ce sujet, il a été fortement question de prescrire l'usage d'un petit tablier, qui indiquât la fonction de ces personnes. Il ne paraît pas cependant que cela ait eu lieu. Depuis cette aventure, cette femme de chambre de la reine eut une espèce de célébrité; on la montrait à ceux qui ne la connaissaient pas. Madame la comtesse du Nord l'avait vue et se la rappelait parfaitement.

Nous allâmes dîner à Landernau et coucher à Morlaix. Nous y vîmes une frégate, autrefois nommée *la Princesse Noire*, à présent, *la Marquise de Castries*. Personne ne put nous expliquer la raison de ces noms étranges. Cette Basse-Bretagne est un pays affreux; on y parle un langage incompréhensible, qu'on m'assure n'être pas un patois, mais seulement une corruption du celtique primitif. Ce qui me le ferait croire, c'est que cette même langue, légèrement modifiée, existe, dit-on, chez les montagnards du pays de Galles.

Quoi qu'il en soit, le bas-breton est mille fois plus éloigné du français que ne l'est du pur saxon notre pauvre allemand alsacien si dédaigné. On trouve de tout à manger dans ce pays, mais c'est si mal apprêté, tout y est si sale, qu'on ne mange point. Ces hommes habillés de peaux rappelèrent au comte du Nord ses Tartares.

30 juin. — Nous allâmes dîner à Belle-Ile, et coucher à Saint-Brieuc, où nous trouvâmes une pluie battante qui nous fit nous céler.

1er juillet. — Dîner à Broon, petit village où on nous donna à manger des œufs sous toutes les formes, et de là coucher à Rennes où nous nous dédommageâmes par un excellent souper et un fort bon logement. Nous y restâmes peu cependant, car nous ne trouvâmes guère à voir ni à apprendre dans ce pays perdu.

2 juillet. — Nous dînâmes à Vitré, baronnie appartenant au duc de la Tremouille, où M. le comte du Nord, je ne sais à propos de quoi, se mit à parler de madame de Montesson. Il me semble que ce fut parce qu'elle est Bretonne et peu aimée, peu considérée dans son pays. Il se pourrait bien que le prince n'eût pas été incommodé le jour de son spectacle, comme je l'ai dit en son temps, car il ajouta négligemment qu'il s'était imposé à Paris la loi de ne manger chez aucun particulier, pas même chez elle, qui s'en était flattée, à ce qu'il paraît.

— C'est par respect pour l'étiquette qui lui refuse les honneurs dus à une duchesse d'Orléans, que nous nous sommes bornés à paraître à son spectacle, ajouta le grand-duc.

Dans sa bouche ce mot était significatif.

Quelqu'un mit ensuite la conversation sur M. le comte d'Artois et sur son ménage, auquel il n'était pas toujours très-fidèle. On raconta un mot qui courait tout Paris :

« M. le comte d'Artois, ayant eu une indigestion de biscuit de *Savoie*, a pris *du Thé*. » Mademoiselle Duthé était alors la maîtresse du jeune prince [1].

En sortant de Vitré, nous eussions voulu aller visiter *les Rochers*, terre de la célèbre madame de Sévigné, mais on nous assura que les chemins étaient rompus par les grandes pluies, et que nous n'arriverions pas. Nous allâmes donc directement coucher à Mayenne. Ce nom me rappela le terrible ennemi de ceux de ma religion, lors de la Ligue, et les persécutions qu'ils essuyèrent. C'était, en effet, le chef-lieu de ce duché-pairie, appartenant à la maison de Lorraine. Le cardinal Mazarin l'acheta et le donna à Charles de La Porte, duc de La Meilleraye, en considération du mariage d'Hortense de Mancini, nièce du cardinal, avec le fils du maréchal qui prit le titre de duc de Mazarin.

3 juillet. — Nous entrâmes en Normandie, dînâmes à Prez-en-Pail, et traversâmes Alençon, où madame la grande-duchesse acheta quelques aunes de dentelles magnifiques ; puis nous couchâmes à Séez, où nous trouvâmes le chevalier de Broglie et son beau-frère, M. de Montmorency, qui vinrent tous deux faire leur cour à Leurs Altesses impériales et les prier, de la part du maréchal de Broglie, de lui faire l'honneur de s'arrêter chez lui, à Broglie, où il fallait passer le lendemain. Le prince et la princesse acceptèrent. Le régiment de Conti-Dragons vint faire une visite de corps, et nous allâmes sur la place le voir exercer à pied. Madame la grande-duchesse eût mieux aimé brûler Broglie. Le maréchal passait pour brus-

---

[1] Mademoiselle Duthé a été longtemps simple *espalier d'Opéra*, c'est-à-dire faisant partie des chœurs, sous le nom de Rosalie.

que et peu agréable. Bien qu'elle ne craignît pas, bien entendu, qu'il le fût avec elle, elle regarda cette visite comme une corvée, et s'en lamenta avec moi. Il lui échappa une phrase qu'elle ne répéta jamais (ce sujet nous avait amenés à des choses graves). Cette phrase me sembla l'expression vraie de ce qu'elle ressentait.

— Ah ! me dit-elle, ma bonne Lane, souvent j'oublie que je ne suis plus Dorothée, mais Marie Fœderowna.

Le maréchal de Broglie, prince du Saint-Empire, gouverneur et commandant en chef de Metz et du pays Messin, chevalier des ordres du roi, marié en secondes noces à mademoiselle de Crozat de Thiers, en a eu sept ou huit enfants, je ne sais plus. Je ne me souviens que de deux : l'aîné, bon et excellent cœur, d'abord colonel du régiment de Saintonge, puis mestre de camp, enthousiaste des idées nouvelles, grand partisan des Américains, dont je ne me soucie guère, je l'avoue. Il a accompagné le marquis de La Fayette pour soutenir leur indépendance. Je ne suis point politique, mais il me semble que le roi Louis XVI a commis une grande faute en les y autorisant. A quoi bon ce donquichottisme pour des rebelles ?

Le prince de Revel, second fils du maréchal, était en ce moment aide de camp du comte de Falkenhàyn, mon parent [1], à l'expédition de Minorque. Il fut chargé par son général de rapporter les drapeaux pris sur l'ennemi, ce qui lui valut de l'avancement à la fin de cette même année 1782. Il venait d'épouser mademoiselle de Verteillac.

Parmi tous ces Broglie, il y avait des alliances avec

[1] Les Falkenhayn, originaires de Silésie, ont hérité en Alsace des Holtzapfel auxquels ils se sont alliés.

les Lameth, les Montmorency, les Damas-Crux, les Helmstadt, les Boisse, mais je ne saurais point numéroter tout cela.

4 juillet. — Nous partîmes de Séez à six heures du matin ; nous dînâmes à Verneuse, petit village, et nous nous arrêtâmes à Broglie une heure environ.

Le maréchal avait fait construire un pont au bout de son parc, sur la chaussée, pour faire passer Leurs Altesses impériales jusqu'au château. Les princes furent reçus par le maréchal, lequel a fait bâtir le château, qui pourtant semble vieux. Il est vaste, les dehors en sont agréables ; il est situé dans la paroisse de Ferrières. On fit servir une magnifique collation à laquelle on ne toucha point, on se promena un peu, on fut très-froid, très-compassé, très-ennuyeux, et l'on se sépara assez charmés, je crois, d'être quittes les uns des autres, malgré toutes les bonnes mines que l'on se fit.

Nous poussâmes jusqu'à Rouen, et cela nous parut étrange de nous retrouver si près de Paris après avoir tant couru. Le marquis de Beuvron, qui y commande, vint, avec madame sa belle-fille, faire une visite à Leurs Altesses impériales. Le marquis de Beuvron, lieutenant général, est le second fils du maréchal d'Harcourt et frère du duc d'Harcourt. Il est marié à mademoiselle Rouillé de Jouy, dont il a deux enfants : le comte de Beuvron, colonel en second de cavalerie, marié depuis deux ans à mademoiselle Leveneur de Tillières, la même qui venait voir madame la grande-duchesse ; et une fille, mariée au marquis d'Harcourt d'Olonde, son cousin, maréchal de camp.

Le maréchal d'Harcourt, père de M. de Beuvron, vivait encore à quatre-vingt-un ans. Il était gouverneur de la Normandie, et s'était démis de cette dignité, depuis quelques années seulement, en faveur de son fils aîné, le duc d'Harcourt, qui avait épousé une d'Aubusson.

Le vieux maréchal, qui eu beaucoup de succès. auprès des dames, a conservé les plus grandes et les plus gracieuses manières. C'était un homme d'un grand mérite et d'une grande bonté. Son esprit n'avait jamais de malice, et son cœur était sensible comme celui d'une femme.

CHAPITRE XVII

Le baron de Bock. — M. de Canrobert. — Amiens. — Arrivée du prince Baradinski. — Le comte d'Ecquevilly. — Le prince de Robecq. — Sur la maison de Montmorency. — Le chien de Nivelle. — Dunkerque. — Ostende. — L'archiduchesse Christine gouvernante des Pays-Bas. — Le prince de Stahremberg. — Les grandes charges. — Anecdote sur le prince de Stahremberg et le duc de Choiseul. — Le prince de Kaunitz. — Le prince de Ligne. — Anecdote. — La religieuse. — Le dreekcheid. — Les vieilles villes de Flandre. — Curieux récit du comte du Nord. — Vision étrange. — Les béguinages. — Diner chez l'archiduchesse. — La perle malade. — Médaille. — Bal paré à la cour. — Le sellier Simon. — Le prince Galitzin. — M. de Markoff. — Le couvent de Saint-Michel.

4 juillet. — Le régiment de Boulonais vint également faire sa visite de corps. Le baron de Bock, mon parent, y était capitaine. Le comte du Nord demanda le nom d'un jeune officier, un lieutenant, je crois, qu'il avait remarqué à cause de sa bonne mine et qu'on appelait M. de Canrobert. Le même soir, le prince Baradinsky arriva de Paris pour faire sa cour à M. le comte et à Mme la comtesse du Nord. Nous le

revîmes avec plaisir; il nous donna des nouvelles de Versailles, où on s'amusait beaucoup. La reine envoyait à la princesse une charmante tasse en porcelaine de Sèvres, une pièce unique dont on avait cassé le moule et où les portraits de Leurs Altesses impériales, de M. le dauphin et de Madame Royale étaient peints d'une ressemblance frappante; une lettre autographe de Marie-Antoinette accompagnait ce délicieux présent auquel la grande-duchesse fut très-sensible.

Le soir, nous allâmes avec mesdames de Beuvron et d'Harcourt à la comédie. On y donna l'*Amant jaloux*. Madame la comtesse du Nord était épuisée de fatigue; cette représentation continuelle la brisait; elle me dit en se couchant qu'elle voudrait être une bonne paysanne normande et avec le grand-duc dans une chaumière.

— J'espère, ajoutai-je, que Votre Altesse impériale mettrait des papillotes à ses moutons et des rubans à sa houlette. Une bergère qui se respecte ne peut faire autrement que de se couronner de roses et de porter un serin sur son doigt.

Nous eûmes encore de bons rires comme autrefois dans notre enfance, quand nous étions si gaies.

5 juillet. — Nous vîmes tout ce qu'il y avait de beau à Rouen avec madame de Beuvron. Elle nous promena dans la ville, le pont et tout ce qui s'ensuit. J'en avais la tête tournée et je ne fus pas fâchée de monter en voiture. Nous fîmes encore beaucoup de chemin ce jour-là, et nous allâmes coucher à Amiens. Le prince Baradinski vint avec nous jusque-là, et il nous laissa le lendemain matin pour retourner à Paris. Nous fîmes un charmant souper à Amiens, tout fatigués que nous fussions.

CHAPITRE XVII.

6 juillet. — D'Amiens, dîner à Dourlans, à Saint-Pol, puis à Béthune, où nous trouvâmes le comte d'Ecquevilly, colonel de Royal-Cavalerie avec son régiment sous les armes. Ils rendirent beaucoup d'honneurs à Leurs Altesses impériales qui ne firent cependant que passer, ayant l'intention de coucher à Lille. Le gouverneur de la province de Flandre, le prince de Robecq, attendait M. le comte du Nord à son débotté et nous fit toutes les honnêtetés possibles.

Le prince de Robecq est un Montmorency et l'héritier du troisième rameau de la branche de Fosseux. Les deux premiers rameaux de cette branche sont représentés par les Montmorency du surnom de Luxembourg et de Tingry.

Tout le monde sait que les chefs des deux branches de Nivelle et de Fosseux avaient été déshérités par leur père pour avoir pris le parti du duc de Bourgogne contre Louis XI. Témoin la chanson de :

> Le chien de Nivelle,
> Qui s'en va quand on l'appelle.

Ces branches s'établirent dans les Pays-Bas. La première y acquit le comté de Horn, et le dernier comte de Horn périt décapité. Mais à l'extinction de la branche des ducs de Montmorency [1], par la mort du maré-

---

[1] De la branche de *Damville* qui sortait de Guillaume, troisième fils de Jean II de Montmorency, lequel avait déshérité ses deux fils *aînés*.

De la branche de Fosseux était la célèbre Françoise de Montmorency, surnommée *la belle Fosseuse*. et délaissée par le roi de Navarre pour la non moins belle Corisande de Gramont.

Les anciennes armes de Montmorency étaient *d'or à la croix d'argent* cantonnée de quatre alérions d'azur (ce qui, à cause du métal sur métal, constituait des *armes à enquérir*). Mais Mathieu II, *le grand Connétable* ayant pris à Bouvines douze enseignes impériales, le roi Philippe-Auguste, à qui il présentait ces trophées, trem-

chal de Montmorency, décapité à Toulouse, en 1632, les Montmorency-Fosseux rentrèrent en France, où ils continuent une suite de générations distinguées par leurs services. On voit qu'il y a encore de vrais Montmorency, quoi qu'en disent certaines personnes.

Le chef de cette maison porte le titre de baron, attendu que les Montmorency sont les premiers barons chrétiens, et ceci me rappelle une petite anecdote que l'on m'a racontée à Paris. L'hiver dernier, le baron de Montmorency, entrant dans je ne sais quel salon, en même temps qu'un baron de fraîche date, homme d'esprit d'ailleurs, un laquais annonça :

— Messieurs les barons de Montmorency et de *** (j'ai oublié le nom).

Ce dernier s'écria aussitôt :

— C'est le cas ou jamais de dire : les extrêmes se touchent.

On trouva le mot de fort bon goût de la part du nouveau baron, qui est d'ailleurs un mathématicien fort distingué.

M. le prince de Robecq fit comme les autres, il nous montra tout, nous promena partout dans son carrosse, entre autres à un hôpital qu'on appelle l'Hôpital Comtesse, dans lequel les malades sont servis dans de la vaisselle d'argent. C'est un vœu d'une comtesse de Flandre. Madame la comtesse du Nord prétendit que, si elle était la maîtresse, elle en ferait autant à Saint-Pétersbourg.

---

pant son doigt dans le sang qui s'échappait de ses blessures, traça une croix rouge sur l'écu du baron de Montmorency, dont les armes furent depuis cette époque *d'or à la croix de gueules cantonnée de seize alérions d'azur*, ajoutant ainsi douze alérions en mémoire des douze enseignes enlevées à l'ennemi.

C'est du second fils de Mathieu II de Montmorency, de Guy, marié à l'héritière de Laval, que sortent les Montmorency-Laval.

CHAPITRE XVII.

7 juillet. — Nous allâmes par un soleil brûlant sur l'esplanade, pour y voir manœuvrer et défiler les régiments de Colonel-Général-Infanterie qui est de la plus grande beauté, Orléans-Infanterie et Royal-Vaisseaux-Dragons. C'était superbe, mais nous fondions en eau.

— Mon Dieu! dit M. le comte du Nord, quand nous fûmes seuls dans le carrosse en quittant Lille, que les grandeurs sont souvent lourdes à porter! Avec une chaleur semblable, ne pouvait-on pas laisser ces pauvres gens tranquilles et nous aussi ?

Il avait bien raison.

Nous avions encore dîné à Lille, et après, lorsqu'il fit un peu moins chaud, nous nous dirigeâmes vers Dunkerque. Mon Dieu ! la jolie route ! c'est un jardin. On ne voit à droite et à gauche que des plantations, des villages propres comme le sont ceux de Flandre ; c'est délicieux. Le prince de Robecq suivait Leurs Altesses impériales, puisqu'on était toujours dans son gouvernement. Il nous fit servir un souper exquis avec les meilleurs poissons de mer, et il nous amusa de récits piquants. C'était bien un véritable grand seigneur, tel qu'il y en avait tant à la cour de France.

8 juillet. — Éternelle promenade pour *tout voir*, les fortifications détruites, le port, les soldats d'artillerie et le reste. Tout cela en courant comme à l'ordinaire.

Après le dîner, qui fut comme le souper, nous dîmes adieu à la France et nous entrâmes bientôt dans les Pays-Bas autrichiens. Nous devions coucher à Ostende.

En débarquant, la première chose que nous apprîmes, ce fut l'arrivée de madame la gouvernante des Pays-Bas, l'archiduchesse Christine, duchesse de Saxe-Teschen, sœur de l'empereur Joseph II et par conséquent de notre bien-aimée reine Marie-Antoinette, qui la chérit tendrement et dont elle est tendrement chérie. Cette princesse avait alors quarante ans. Le duc de Saxe-Teschen, son mari, un peu plus âgé qu'elle, était gouverneur.

Il avait pour ministre le prince de Stahremberg, chevalier de la Toison-d'or et grand-croix de Saint-Étienne; celui-ci était en outre ministre d'État de l'empereur et roi, et son ministre plénipotentiaire des Pays-Bas. Au fond, il avait toute l'autorité sous la dépendance de l'empereur.

Le prince de Grimberghe était grand écuyer;
Le prince de Gavre, grand maréchal.
Le comte de Sart, grand-maître des cuisines.

Toute cette cour accompagnait l'archiduchesse, plus le prince de Ligne, M. de Seckendorf et M. de Kempel.

Le prince de Stahremberg était un homme d'esprit, fin diplomate et fin courtisan. La princesse était contrefaite et n'en avait que plus de piquant et de piqué.

Le prince de Stahremberg avait été ambassadeur d'Autriche en France, et il contait très-bien une assez drôle d'anecdote qui le concernait :

M. le duc de Choiseul venait d'être nommé ministre des affaires étrangères. M. de Stahremberg lui fit la visite d'usage, et le ministre le fit attendre assez longtemps pour l'impatienter et le décider à se faire annoncer de nouveau. On le pria d'attendre un moment encore; redoublement d'impatience; enfin, il se plaignit hautement, et menaça même de se plaindre au roi. On l'introduisit; il ne se possédait pas.

— Monsieur le duc, s'écria-t-il furieux, depuis une heure vous faites faire antichambre à l'ambassadeur de S. M. l'empereur, mon maître; sont-ce les nouvelles instructions de votre politique? Sur quel pied dois-je regarder cette insulte déguisée? Étiez-vous donc occupé?

— Je vous avouerai, lui dit M. de Choiseul en souriant avec calme, que je n'étais guère occupé, car je cherchais le mot d'un logogriphe; mais j'ai voulu rendre hommage en votre personne aux usages de la cour de Vienne, n'ayant pas oublié qu'en pareille circonstance le prince de Kaunitz m'a fait attendre ainsi plus d'une heure dans son antichambre; j'ai pensé ne pouvoir mieux faire que de l'imiter.

Le comte trouva la revanche si bonne, qu'il ne put s'empêcher d'en rire, et qu'il eut le bon esprit de raconter l'histoire lui-même, afin qu'on ne la défigurât pas : c'est le meilleur parti à prendre lorsque les choses sont connues de tous; les nier est d'un sot; un homme habile les accepte et les exploite.

Cette anecdote m'en rappelle une autre du même genre qui regarde M. de Vergennes, mort en 1787, il y a deux ans. M de La Motte-Piquet fut rencontré, sortant de la baie de Quiberon, par deux vaisseaux américains, qui le saluèrent. D'après les ordres qu'il avait reçus, il répondit par neuf coups de canon, honneur auquel a droit le pavillon des républiques. Une explication fut à l'instant demandée par l'ambassadeur d'Angleterre, auquel M. de Vergennes répondit avec l'apparente bonhomie d'un homme qui avait à peine connaissance du fait en question : « Peut-être est-ce le paroli du salut que vous rendîtes jadis au pavillon corse, lorsque le roi mon maître traitait cette île en rebelle, ce que votre cour savait très-bien. »

Le prince de Ligne s'était empressé de se rendre auprès du grand-duc. Ce nom rappelle toute la grâce, tout l'esprit qu'un homme peut avoir. Il s'est distingué dans la guerre de Sept ans, et il a été fait lieutenant général. L'empereur Joseph II lui a donné toute sa confiance. Il était bien connu et fortement apprécié par la czarine. Je ne puis dire ce qu'il y avait de fin, d'aimable, d'incisif, et cependant de bon, de loyal dans les regards de ce prince. Son sourire valait un discours.

Toutes ces personnes composaient une cour fort agréable à Leurs Altesses impériales, et la soirée se passa d'une manière amusante à les écouter, surtout le prince de Ligne, qui resta plus tard que les autres. Il nous raconta une foule de choses charmantes, entre autres un épisode d'un de ses voyages à Paris, que je n'ai vu relaté nulle part.

Il avait une jeune nièce pensionnaire au couvent des Capucines, rue Saint-Antoine. J'ai égaré son nom de famille, bien que je l'eusse écrit, mais je suis sûre qu'elle s'appelait Charlotte, et qu'elle avait une parenté très-proche avec les Lichtenstein. C'était une fille d'esprit, déjà belle, et que le prince aimait beaucoup. Il allait fort souvent la voir, et elle lui parlait d'une novice merveilleusement jolie, dont la vêture s'était faite depuis peu de temps, et qui devait bientôt prononcer ses vœux. Elle la vanta tant, et elle lui donna une telle envie de la voir, qu'il ne résista pas à cette tentation. Il en parla à sa nièce; elle lui répondit que c'était impossible, que la cérémonie aurait lieu dans l'intérieur de la clôture, et que les femmes seules y étaient admises. Ce contre-temps dérangea le prince sans le décourager. La veille du jour fixé, il vint au parloir et demanda la comtesse Charlotte.

— Ma chère enfant, lui dit-il, une de mes parentes, chanoinesse d'un chapitre régulier, est à Paris, et désire entrer demain dans la chapelle; ne peut-on lui en obtenir la permission?

— Très-certainement, mon oncle, si vous la demandez.

Je ne sais pas de quel nom il affubla la cousine, mais à sa recommandation elle fut admise sans conteste, d'autant plus qu'elle ne rompait la clôture que pour la chapelle, et que cela ne lui donnait pas le moindre droit de mettre le pied dans l'intérieur du couvent. A l'heure fixée, une sainte personne, vêtue de noir, emmitouflée de coiffes, dont on ne voyait que le bout du nez, les yeux dévotement baissés, se présenta munie du laissez-passer de la prieure. Elle portait une croix large comme une assiette à un ruban bleu qui servait de collier. Elle salua tout le monde en silence, mais eut soin de choisir une des meilleures places pour bien voir. Elle vit bien, en effet, à ce qu'il paraît, car elle emporta dans son imagination une image que rien n'en fit jamais sortir, celle de cette admirable personne, pâle, résignée, mais triste et non fervente. Elle jeta dans le ciel un regard que rien ne peut rendre, au moment de prononcer les vœux qui la séparaient à jamais du monde. Il y avait là un reproche, une plainte muette, une douce et modeste tranquillité, semblable à celle de la victime condamnée à une mort qu'elle ne peut éviter et qu'elle accepte.

— J'ai une théorie, ajouta le prince de Ligne, c'est que les gens les plus raisonnables ont, à leur insu et malgré eux, un coin de roman dans leur vie. Aucun de nous ne l'évite, c'est l'obole payée à l'imagination. Eh bien ! moi, qui ne suis pas d'une sagesse de Socrate, je sens et j'avoue ce côté faible de ma nature. Ce roman inévitable, c'est, pour moi, cette jeune religieuse qui languit au pied de l'autel, comme une fleur des tropiques loin des rayons du soleil. Je la vois souvent dans mes songes; je me surprends plus souvent encore à rêver d'elle tout éveillé. Je ne puis dire que je l'aime, mais je me plais à bâtir sur ce souvenir caressé mille châteaux en Espagne, sur lesquels je souffle immédiatement. Il est sûr qu'elle ne sait pas même mon nom ; je ne l'ai jamais revue depuis, je ne lui ai jamais parlé, je ne la reverrai jamais; ce n'est qu'un fantôme dans ma vie. Je vivrais mille ans, que ce fantôme y tiendrait toujours sa place, rien ne l'en effacera.

Nous avions commencé par être très-gais ; la mélancolie nous gagna peu à peu, madame la comtesse du Nord surtout : elle est si facile à impressionner ! Le prince de Ligne n'était point accoutumé à un effet semblable; il en revint bien vite et nous en fit revenir. C'était un véritable magicien de la parole et du regard. Il maniait les esprits à sa fantaisie.

— Monsieur, lui demanda le comte du Nord en riant, car nous n'étions déjà plus tristes, la comtesse Charlotte vous avait-elle reconnu sous vos coiffes ?

— La petite masque en était bien capable, monseigneur, mais elle n'en fit pas semblant et ne m'en a point parlé depuis. Elle écrivit seulement une lettre où elle dit ces mots à sa mère : « Je sais bien quelque chose sur M. le prince de Ligne, mais si vous le permettez, chère maman, je ne le raconterai ni à vous ni à personne. »

— C'était une fille d'esprit.

— Je vous en réponds, madame, et depuis ce temps-là cela n'a fait que croître et embellir.

J'écrivis, en rentrant, toute cette conversation. Madame la grande-duchesse en fit autant, elle l'avait fort intéressée.

9 juillet. — Nous allâmes le matin chez l'archiduchesse; Leurs Altesses impériales et royales montèrent ensemble dans un *dreckcheid*, après avoir visité le port,

et nous entrâmes dans le canal de Bruges pour aller coucher à Gand. Nous dînâmes dans la barque, et nous traversâmes ainsi toute la ville de Bruges; ce qui fut charmant. C'est une manière délicieuse de voyager. La conversation fut très-amusante pendant la route. L'archiduchesse Christine nous fit à tous cent questions sur sa sœur chérie; madame la grande-duchesse lui parla de la tasse qu'elle en avait reçue et lui promit de la lui montrer.

— Si cela ne vous est pas désagréable, madame, je demanderai à la reine de m'en envoyer une semblable, ou à peu près, puisque le modèle a été brisé. Rien ne saurait me faire plus de plaisir.

Madame la comtesse du Nord répondit comme elle le devait, et nous arrivâmes ainsi, sans presque nous en apercevoir, jusqu'à Gand, dont nous ne vîmes rien du tout ce soir-là que la salle de spectacle. On joua la *Clochette*, assez mal. Ces troupes de province semblent bien pauvres lorsqu'on a les souvenirs de Paris.

10 juillet. — Nous courûmes la ville de bon matin, avec madame la gouvernante, mais sans cérémonie; Son Altesse impériale gardant l'incognito pour éviter les embarras d'étiquette et de préséance. Je n'y vis rien de bien remarquable. Les vieilles villes de Flandre se ressemblent toutes beaucoup. Elles portent la marque de la domination espagnole, et les bâtiments ont parfois une tournure mauresque très-étrange dans ces climats du Nord.

Nous dînâmes à Gand, toujours avec l'archiduchesse, qui refusa tous les honneurs. Nous allâmes enfin coucher à Bruxelles, où nous trouvâmes une cour, une ville commode et belle, des ressources de tous genres, quelque chose qui rappelait Paris, quoique de loin pourtant. A peine débottés, on nous fit aller au théâtre, dans la loge de l'archiduchesse. On donna *Félix* et les *Sabots perdus*. On se retira enfin. La princesse ne prit pas le temps de souper; je me mourais de faim, le grand-duc aussi, nous soupâmes donc nonobstant la fatigue. Le comte du Nord fut très-aimable à ce souper. Je ne sais comment on parla de pressentiments, de rêves, de présages; chacun raconta son histoire, et l'appuya des meilleures preuves possibles. Le grand-duc ne disait plus un mot.

— Et vous, monseigneur, lui demanda le prince de Ligne, qui nous avait précédés à Bruxelles et que nous retrouvions; est-ce que vous n'avez rien à nous répondre? La Russie est-elle exempte du merveilleux? Les sorciers et les diables vous ont-ils épargné dans leurs *maléfices*, ainsi que disaient les anciens?

Le grand-duc secoua la tête.

— Kourakin sait bien, répliqua-t-il, que j'aurais à raconter, si je le voulais, tout comme les autres. Mais je tâche d'écarter les idées de ce genre, elles ne m'ont que trop tourmenté autrefois.

Personne ne répondit. Le prince regarda son ami, et reprit avec un accent de tristesse :

— N'est-ce pas, Kourakin, qu'il m'est arrivé quelque chose d'étrange?

— De si étrange, monseigneur, que malgré le respect que je dois à vos paroles, je n'ai pu regarder ce fait que comme un jeu de votre imagination.

— C'était vrai, très-vrai; et si madame d'Oberkirch veut me promettre de n'en jamais parler à ma femme, je vais vous la raconter. Je vous prie également, messieurs, de me garder ce secret *diplomatique*, ajouta-t-il en souriant, car il ne me plairait pas de voir courir dans toute l'Europe une histoire de revenant racontée par moi et sur moi.

Chacun donna sa parole; quant à moi, je l'ai fidèlement tenue et je n'y manquerai point. Ces mémoires, s'ils paraissent, ne verront le jour qu'à une époque où la postérité, déjà commencée, ne s'inquiétera guère de si peu de chose.

— J'étais, un soir, ou plutôt une nuit, dans les rues de Saint-Pétersbourg, avec Kourakin et deux valets. Nous étions restés chez moi longtemps à causer et à fumer, et l'idée nous vint de sortir du palais, incognito, pour voir la ville au clair de lune. Il ne faisait point froid, les jours se rallongeaient; c'était un de ces moments les plus doux de notre printemps, si pâle en comparaison de ceux du Midi. Nous étions gais; nous ne pensions à rien de religieux, ni de sérieux même, et Kourakin me débitait mille plaisanteries sur les passants très-rares que nous rencontrions. Je marchais devant; un de nos gens me précédait néanmoins, Kourakin restait de quelques pas en arrière, et l'autre domestique nous suivait un peu plus loin. La lune était claire; on aurait pu lire une lettre; aussi les ombres, par opposition, étaient longues et épaisses. Au détour d'une rue, dans l'enfoncement d'une porte, j'aperçus un homme grand et maigre, enveloppé d'un manteau, comme un Espagnol, avec un chapeau militaire très-rabattu sur ses yeux. Il paraissait attendre, et, dès que nous passâmes devant lui, il sortit de sa retraite et se mit à ma gauche, sans dire un mot, sans faire un geste. Il était impossible de distinguer ses traits; seulement, ses pas en heurtant les dalles rendaient un son étrange, semblable à celui d'une pierre qui en frappe une autre. Je fus d'abord étonné de cette rencontre; puis, il me parut que tout le côté qu'il touchait presque se refroidissait peu à peu. Je sentis un frisson glacial pénétrer mes membres, et me retournant vers Kourakin, je lui dis :

— Voilà un singulier compagnon que nous avons là !

— Quel compagnon ? me demanda-t-il.

— Mais celui qui marche à ma gauche, et qui fait assez de bruit ce me semble.

Kourakin ouvrait des yeux étonnés, et m'assura qu'à ma gauche il ne voyait personne.

— Comment ! tu ne vois pas à ma gauche un homme en manteau, qui est là entre le mur et moi ?

— Votre Altesse touche le mur elle-même, et il n'y a de place pour personne entre le mur et vous.

J'allongeai un peu le bras ; en effet, je sentis de la pierre. Cependant l'homme était là, toujours marchant de ce même pas de marteau qui se réglait sur le mien. Je l'examinai attentivement alors, et je vis briller sous ce chapeau d'une forme singulière, je l'ai dit, l'œil le plus étincelant que j'aie rencontré avant ou depuis. Cet œil me regardait, me fascinait ; je ne pouvais pas en fuir le rayon.

— Ah ! dis-je à Kourakin, je ne sais ce que j'éprouve, mais c'est étrange !

Je tremblais non de peur, mais de froid. Je me sentais peu à peu gagner jusqu'au cœur par une impression que rien ne peut rendre. Mon sang se figeait dans mes veines. Tout à coup, une voix creuse et mélancolique sortit de ce manteau qui cachait sa bouche et m'appela par mon nom :

— Paul !

Je répondis machinalement poussé par je ne sais quelle puissance.

— Que veux-tu ?

— Paul, répéta-t-il.

Et cette fois, l'accent était affectueux et plus triste encore. Je ne répliquai rien, j'attendis, il m'appela de nouveau, et ensuite il s'arrêta tout court. Je fus contraint d'en faire autant.

— Paul, pauvre Paul, pauvre prince!

Je me retournai vers Kourakin qui s'était arrêté aussi.

— Entends-tu? lui dis-je.

— Rien absolument, monseigneur, et vous?

Quant à moi, j'entendais; la plainte résonnait encore à mon oreille. Je fis un effort immense, et je demandai à cet être mystérieux qui il était et ce qu'il me voulait.

— Pauvre Paul! qui je suis! Je suis celui qui s'intéresse à toi. Ce que je veux? je veux que tu ne t'attaches pas trop à ce monde, car tu n'y resteras pas longtemps. Vis en juste, si tu désires mourir en paix et ne méprise pas le remords, c'est le supplice le plus poignant des grandes âmes.

Il reprit son chemin en me regardant toujours de cet œil qui semblait se détacher de sa tête, et de même que j'avais été forcé de m'arrêter comme lui, je fus forcé de marcher comme lui. Il ne me parla plus et je ne me sentis plus le désir de lui adresser la parole. Je le suivais, car c'était lui qui dirigeait la marche, et cette course dura plus d'une heure encore, en silence, sans que je puisse dire par où j'ai passé. Kourakin et les laquais n'en revenaient point. Regardez-le sourire, il croit encore que j'ai rêvé tout cela.

Enfin, nous approchâmes de la Grande-Place, entre le pont de la Newa et le palais des Sénateurs.

L'homme alla droit vers un endroit de cette place, où je le suivis, bien entendu, et là il s'arrêta encore.

— Paul, adieu, tu me reverras ici et ailleurs encore.

Puis, comme s'il l'eût touché, son chapeau se souleva légèrement tout seul ; je distinguai alors très-facilement son visage. Je reculai malgré moi ; c'était l'œil d'aigle, c'était le front basané, le sourire sévère de mon aïeul Pierre le Grand. Avant que je fusse revenu de ma surprise, de ma terreur, il avait disparu.

C'est à cette même place que l'impératrice élève le monument célèbre qui va bientôt faire l'admiration de toute l'Europe, et qui représente le czar Pierre à cheval. Un immense bloc de granit, un rocher, est à la base de cette statue. Ce n'est pas moi qui ai désigné à ma mère cet endroit choisi, ou plutôt deviné d'avance par le fantôme, et j'avoue qu'en y retrouvant cette statue, je ne sais quel sentiment s'empara de moi. *J'ai peur d'avoir peur*, malgré le prince Kourakin qui veut me persuader que j'ai rêvé tout éveillé, en me promenant dans les rues. Je me souviens du moindre détail de cette vision, car c'en était une, je persiste à le soutenir. Il me semble que j'y suis encore. Je revins au palais, brisé comme si j'avais fait une longue route et littéralement gelé du côté gauche. Il me fallut plusieurs heures pour me réchauffer dans un lit brûlant et sous des couvertures.

J'espère que mon histoire est complète et que vous ne m'accuserez pas de vous l'avoir fait attendre sans mérite.

— Savez-vous ce qu'elle prouve, monseigneur ? poursuivit le prince de Ligne.

— Elle prouve que je mourrai jeune, monsieur.

— Pardon de n'être point de cet avis-là. Elle prouve incontestablement deux choses : la première, c'est qu'il ne faut pas se promener seul la nuit, lorsqu'on a

CHAPITRE XVII.

envie de dormir; et la seconde, qu'il ne faut point se frotter aux murailles à peine dégelées, sous un climat tel que le vôtre, monseigneur. Je ne sache pas d'autre morale à en déduire que celle-là ; car, pour votre illustre aïeul, il n'existait, pardonnez-moi de vous le dire, que dans votre imagination. Je gage que votre habit était tout souillé de la poussière des murs du côté gauche. N'est-il pas vrai, monsieur?

Et il se retourna vers le prince Kourakin.

Cette histoire ne nous en fit pas moins une très-vive impression, et il est facile de le comprendre. Peu de personnes la connaissent, le grand-duc n'aimait pas à la raconter. Madame la grande-duchesse ne l'a jamais sue et ne la sait point encore; son esprit s'en serait frappé. J'écrivis cette soirée, ainsi que j'avais l'habitude de le faire pour les choses intéressantes; autrement je ne prenais souvent que des notes.

11 juillet. — L'archiduchesse et le duc vinrent nous prendre de fort bonne heure et nous menèrent courir la ville. Nous vîmes les manufactures de dentelles, la cathédrale, c'est-à-dire la collégiale et ensuite les béguinages. Je ne puis m'empêcher de parler avec un peu de détails de ces singulières congrégations qui n'existent qu'en Flandre. Ce sont des espèces de grands monastères, où se rassemblent les filles dévotes qui ne se marient pas. Elles vivent en communauté sans aucun engagement. Celles qui peuvent travailler habitent une maison achetée par une béguine riche, qui est obligée de les loger gratuitement. Celles qui sont infirmes restent ensemble, sous la domination d'une supérieure, dans un grand logis qui a la forme d'un couvent. On les y nourrit et on les occupe selon leurs talents et leurs forces. Ces saintes filles doivent leur institution et leur nom même à un prêtre nommé

Lebègue, qui, réunissant quelques pieuses personnes, leur inspira ainsi le désir de vivre dans la continence pour une plus grande perfection. Cela date du douzième siècle. Il y a des béguinages partout en Flandre, mais ceux de Gand sont les plus célèbres. Ces espèces de nonnes portent sur la tête un béguin particulier; certaines gens croient que cette coiffure est l'origine de leur nom. N'est-ce pas plutôt de la congrégation que vient le nom de la coiffure? Cette visite nous intéressa fort. Nous causâmes avec quelques-unes de ces recluses; elles nous parurent dans un état de quiétude et de placidité à faire envie. Rien du monde ne les occupe; elles ne songent qu'à l'autre vie, et les chagrins de celle-ci ne sauraient les atteindre. Ces retraites manquent, je l'avoue, à notre foi protestante. Aussi avons-nous plus de mérite, puisqu'il nous est interdit de quitter le champ de bataille, où nous devons combattre nos passions et le malheur, jusqu'à ce que Dieu nous rappelle.

Nous dînions à la cour, et nous rentrâmes pour nous habiller. Il fallut faire une grande toilette. Madame la comtesse du Nord était magnifique; elle produisit la plus grande sensation. Elle essaya, ce jour-là, un nouvel habit envoyé de Paris par mademoiselle Bertin. Ce n'étaient que dentelles d'or sur un fond de brocart, à grandes fleurs de velours, on eût dit un vêtement de fée. La seule garniture de fleurs était un chef-d'œuvre.

Le palais est beau et vaste; il date de plusieurs siècles. La cour de l'archiduchesse est fort bien montée, convenablement, sans faste extraordinaire. Il est impossible d'être plus gracieuse, plus prévenante, plus agréable que cette princesse; elle a un charmant visage, ressemblant à celui de la reine, quoiqu'elle soit moins régulièrement belle que Sa Majesté pourtant;

de taille surtout. Elle mit, ce jour-là, ses perles si connues et si estimées. Ce sont assurément les plus belles de l'Europe. Je ne puis dire combien cette parure lui était séante. Les perles vont certainement mieux à la peau et au teint que les diamants ; aussi les dames du temps de Louis XIV, si savantes dans l'art de la toilette, ne portaient que cela. Voyez tous les portraits de Mignard. Une des perles de l'archiduchesse, une de ses poires les plus belles, était malade et en traitement. Madame la comtesse du Nord lui donna un remède envoyé à l'impératrice par le schah de Perse. Je ne me souviens plus en quoi il consistait ; je me rappelle seulement que la première prescription était de porter *la malade* sur soi nuit et jour, afin de lui rendre de la vie. On prétend que les perles vivent ; si cela est, quelles sont leurs sensations ? Je disais, un jour, à madame de Genlis, que je rencontrai chez madame la duchesse de Bourbon, qu'on ferait un joli roman de l'*Histoire d'une perle*. Elle me répondit qu'elle s'en occuperait. Je ne sais si elle l'a fait réellement.

Le duc, mari de l'archiduchesse, est aussi un prince d'une bonté et d'une affabilité tout à fait remarquables.

Après dîner, on alla se promener en voiture au Cours, qui est une belle avenue. Il y avait beaucoup de monde, et Leurs Altesses impériales furent admirablement reçues. L'archiduchesse s'en montra enchantée. Les équipages étaient magnifiques ; les ambassadeurs y étaient en gala, presque comme à une entrée. C'était une galanterie à l'adresse de madame la comtesse du Nord. Après le Cours, je fis une visite à la princesse de Stahremberg, et de là nous nous rendîmes à la Monnaie, où l'on frappa des médailles au coin de M. le comte et de madame la comtesse du Nord, qu'on distribua, ce qui fit une surprise charmante. J'ai gardé ma médaille ;

elle représente d'un côté M. le comte et madame la comtesse du Nord en profils superposés. Pour exergue leurs noms. De l'autre côté, sont les attributs de la science, des arts, de la paix et de la guerre, avec ces mots au bas : *Bruxelles, mense Jul. MDCCLXXXII.*

Le soir, il y eut bal paré à la cour. La réunion était des plus brillantes : beaucoup de femmes de différents pays, des seigneurs, des officiers étrangers, des savants en voyage ; toutes les ambassadrices et leur suite, de belles toilettes, de belles femmes, parmi lesquelles madame la grande-duchesse prima comme à l'ordinaire. On soupa sur de petites tables, comme à Trianon et à Chantilly. C'est infiniment plus gai et plus commode.

12 juillet. — Nous allâmes dans la matinée, toujours avec l'archiduchesse, voir le sellier Simon et les belles voitures qu'il fait pour tous les souverains de l'Europe. C'est lui qui a la vogue en ce moment. Il nous montra celle qu'il termine pour l'archiduchesse. Elle est dorée, sculptée admirablement avec des panneaux de Vernis Martin. L'archiduchesse nous dit que ces panneaux si rares aujourd'hui venaient de Vienne, où il y a au moins douze carrosses de ce genre, les plus beaux du monde peut-être.

A la bibliothèque, où nous allâmes ensuite, il y eut une espèce de concours pour les ouvrages d'agriculture. On distribua des jetons, après avoir entendu des fragments de ces ouvrages. Ce n'était pas fort amusant. Je ne suis point savante en ces matières, et j'aime assez les choses toutes venues.

Il fallut s'habiller au galop pour aller dîner en gala à la cour. Ce fut d'une cérémonie assommante, qui ôta toute envie de manger. Il me sembla que ces bonnes choses étaient en sucre ou en carton, et nous changés en pierres. Le gala fini, on revint se déshabiller, se mettre plus simplement, et l'on se rendit à la comédie où l'on joua l'*Infante* et les *Sabots perdus*. Je n'en écoutai pas un mot, je causai tout ce temps à voix basse dans le fond de la loge avec le prince de Ligne et M. de La Fermière. Après un tour au Vauxhall, nous rentrâmes souper à l'auberge. C'est là ce qui s'appelle une vie pleine de riens.

Le prince de Galitzin, ministre de Russie à La Haye, et M. Markoff, secrétaire de la légation, vinrent à Bruxelles prendre les ordres de Leurs Altesses impériales et s'en retournèrent le même jour. Ils ne firent que toucher barres. J'ai revu plus tard ce M. Arcadius Markoff à Paris, où il a été envoyé par sa cour. Il est, dit-on, le fils d'un paysan russe, ce qui ne l'empêche pas, à ce que je crois, de cacher beaucoup de ruse sous une apparence de rudesse et de distraction. Il s'est fort lié, à Paris, avec madame Hus, actrice, avec laquelle il vit publiquement, ce qu'on trouve assez scandaleux. Il est aussi joueur que libertin.

13 juillet. — Nous allâmes à Malines, et toujours avec l'archiduchesse ; madame la grande-duchesse y acheta de belles dentelles et de ces belles tentures en cuir doré qu'on y fabrique et qu'on nomme cuir d'Espagne.

Le duc et l'archiduchesse accompagnèrent encore Leurs Altesses impériales jusqu'à Anvers, la dernière des villes de leur gouvernement. Ils nous menèrent tous dîner au couvent de Saint-Michel, où nous fûmes reçus sans distinction de croyance. Il y a, à Anvers, quantité de beaux tableaux tant dans les maisons particulières que dans les églises : c'est un goût dominant dans ce pays. Celui de la *Descente de croix*, de

Rubens, nous retint plus d'une heure à l'examiner. Mon Dieu, que c'est beau ! Nous vîmes, ce jour-là, autant de tableaux qu'il en tiendrait dans une galerie. La chaire de la cathédrale est aussi un superbe morceau. Elle représente tous les animaux de l'arche, sculptés en bois d'une manière admirable. On nous conduisit à l'embouchure de l'Escaut; c'est imposant et majestueux, bien qu'on ne voie pas la pleine mer. Nous rentrâmes à l'auberge, et nous prîmes congé du duc et de l'archiduchesse. Ils avaient été charmants pour M. le comte et madame la comtesse du Nord, les ayant prévenus en toutes choses et comblés de tous les soins possibles. Nous allions entrer en Hollande où des honneurs nouveaux attendaient les illustres voyageurs.

CHAPITRE XVIII

Entrée en Hollande. — Nous voyageons en trois colonnes. — Amitié du comte du Nord pour le prince Kourakin. — M. de Krusse. — M. de La Fermière. — Nous traversons un bras de mer. — Le prince Galitzin. — Sur la maison d'Orange. — Le fou-tulipier. — La maison des bois. — Goûts du stathouder. — Fête. — Madame de Niewerkerke. — Le duc de La Vauguyon. — Dispute de rang. — Les Hollandais. — Le jardinier célèbre. — Réticence du comte du Nord. — M. Reindeck. — Saardam. — Souvenirs de Pierre le Grand. — M. Forth-Lowen. — Les Hollandais et Voltaire. — Le comte Goloffkin. — Souper manqué. — Les postillons ivres. — Le comte de Romanzoff. — Le prince évêque de Liége. — Le duc et la duchesse de Glocester. — Spa. — La princesse Antoinette de Hesse. — Aix-la-Chapelle. — Le petit Hans. — Bienfaisance du comte du Nord. — Le landgrave de Hesse-Cassel. — Arrivée des princes Louis et Eugène de Wurtemberg. — La noblesse immédiate. — Quantité de princes. — Retour en Alsace. — Les cigognes.

Il est inutile de dire que le comte et la comtesse du Nord furent admirablement reçus, ainsi que les personnes de leur suite; que partout où ils se firent voir, la foule se porta sur leur passage. Dans les auberges où ils couchèrent, les rues d'alentour étaient toujours si pleines de monde, qu'on entendait sans cesse, et toute la nuit, un bourdonnement semblable à celui d'une ruche d'abeilles. Comme ils voyageaient incognito, ils ne reçurent d'autres honneurs que ceux qui pouvaient leur faciliter la vue des objets dignes de leur attention.

Ils voyageaient depuis quelques jours en trois colonnes, à cause de la grande quantité de chevaux qu'il leur fallait. Dans la première où ils se trouvaient, j'étais la seule femme; et en hommes, le prince Kourakin, ami du comte du Nord [1], le colonel de Benckendorf, qui était chargé de la dépense, M. de Krusse, médecin, et M. de La Fermière, secrétaire des commandements de M. le comte du Nord. Le prince Alexandre Kourakin est attaché depuis l'enfance à la personne du grand-duc, on le sait. Il l'a accompagné dans un voyage en Prusse et dans celui-ci. C'est un homme de mérite, mais sérieux. Le grand-duc l'aime tendrement et ne lui cache rien. Le prince Kourakin avait pour lui un dévouement absolu : en voici la preuve.

Quoique l'impératrice Catherine II se fît expédier chaque jour un courrier pour se faire rendre compte de ce qui regardait le grand-duc et la grande-duchesse, elle ne se souciait pas que de leur côté ils fussent très-instruits de ce qui se passait en Russie, et des ordres sévères avaient été donnés à ce sujet. Cependant le prince Kourakin cherchait naturellement à ne pas rester étranger à ce qui devait intéresser le comte du Nord, et il entretenait une correspondance avec un aide de camp de l'impératrice nommé Bibikoff. Malheureusement ses lettres furent interceptées, ce qui fut très-contrariant et pour le prince Kourakin et même pour M. le comte du Nord, quoique Catherine se fût bornée à faire tomber son mécontentement sur son aide de camp, qu'elle exila à Astracan.

Les Kourakin descendent de Boris Kourakin, beau-frère de Pierre le Grand.

M. de La Fermière, secrétaire des commandements de M. le comte du Nord [2], était gros et gras, bien qu'il eût beaucoup d'esprit. Il m'avait prise en grande admiration, et la comtesse du Nord me plaisantait souvent

---

[1] *Note de l'éditeur.* Il a signé la paix de Tilsitt et fut ambassadeur en France jusqu'en 1812.

[2] Plus tard lecteur de l'Impératrice.

sur cette passion qu'elle faisait semblant de lui supposer et qu'un profond respect l'empêchait seul, disait-elle, de manifester. Elle revenait souvent sur cette plaisanterie et l'appelait mon *chaste amant*. La vérité est que je causais volontiers avec lui, quand l'occasion s'en présentait. C'était le meilleur homme du monde et tout à fait sans conséquence. Le grand-duc et la grande-duchesse étaient très-gais en voyage. Ils faisaient chacun un journal le matin ; on les lisait quelquefois tout haut, car ils y mettaient mille folies.

Ils avaient une bonne voiture de voyage à deux, avec toutes les commodités possibles, et lorsqu'ils voulaient rester seuls, ils s'y mettaient. M. de Benckendorf, M. de La Fermière et la Schneider venaient dans la mienne. M. de La Fermière, ainsi que je l'ai dit, était un homme d'esprit, de connaissances, et par conséquent de beaucoup de ressources dans la conversation. C'était une bibliothèque vivante. Il connaissait jusqu'au dernier village et toute son histoire ; M. le comte du Nord l'interrogeait souvent.

13 juillet. — Nous partîmes dans la nuit et arrivâmes le lendemain à Mordeck, petit village à l'embouchure de la Meuse. Nos voitures furent envoyées par terre jusqu'à Utrecht, où nous devions les retrouver, l'intention de Leurs Altesses impériales étant de traverser par eau la Hollande. Nous nous embarquâmes à Mordeck, avec tous nos équipages, sur quatre yachts que le stathouder et les États généraux avaient envoyés au-devant des illustres voyageurs pour les conduire par eau jusqu'à Rotterdam. Comme il fallait traverser un bras de mer pour entrer dans la Meuse, nous eûmes quelques coups de gros vent qui nous empêchèrent de faire lever l'ancre, et qui nous donnèrent à presque tous des maux de cœur abominables.

M. de La Fermière était dans un état affreux, et madame la grande-duchesse m'assura d'un air très-sérieux, au milieu de ses souffrances, qu'en ce moment je n'avais point à redouter les importunités de sa passion. Lorsque nous fûmes rétablis de ce sot mal, nous avons bien ri de nos figures à tous les trois pendant nos douleurs.

Les yachts étaient fournis de toutes les choses nécessaires et désirables pour la table et pour le reste ; on ne peut pas exercer plus royalement l'hospitalité. Nous fûmes servis par les gens du stathouder, cuisiniers, maîtres d'hôtel et autres. Le soir du 14, nous partîmes et nous entrâmes dans la Meuse, qui est bordée à droite et à gauche de villes, villages, campagnes et beaux jardins. C'est délicieux. La soirée fut adorable ; on causa fort sur ce yacht, et nous regrettâmes bien le prince de Ligne. Ce pays de Hollande a un caractère particulier. Les Hollandais n'ont pas l'air d'être du même sang que nous. Il y a sur toutes ces bonnes figures plates un calme, une absence de passions, une tranquillité que rien ne peut rendre. Le ministre de Russie à La Haye, le prince Galitzin, vint au-devant de Leurs Altesses impériales et passa avec elles tout le temps de leur séjour en Hollande. Il causait peu, soit timidité, soit respect, et ne contribua guère à l'agrément de notre voyage. Nous eûmes le vent favorable toute la journée ; nous passâmes Gorcum et Dordrecht, et jetâmes l'ancre, après avoir doublé le cap, à minuit. Je restai encore longtemps dehors, tant la nuit était belle, et j'eus beaucoup de peine à me coucher. Le calme universel était vraiment sublime en ce moment et élevait l'âme vers le ciel. On n'entendait que le clapotement de l'eau contre les barques et le chant des petites raines faisant rage sur les buissons voisins. De temps en temps, à travers le silence, une horloge éloignée sonnait l'heure, ou l'aboiement lointain d'un chien près d'une ferme annonçait seul que cette belle campagne n'était pas déserte. Mon Dieu ! que je me suis souvent rappelé ces heures-là ! La lune était d'un éclat de diamant, et faisait briller jusqu'au moindre brin d'herbe. Je m'arrachai enfin à cette contemplation pour rejoindre mon lit, où les plus beaux rêves m'auraient à peine dédommagée de la réalité.

15 juillet. — A huit heures du matin on leva l'ancre; nous allions contre le vent et la marée, de sorte qu'il fallut louvoyer, ce qui nous retarda et nous fit arriver à Rotterdam à midi. L'entrée de cette ville, de ce côté, forme un coup d'œil superbe. Nous trouvâmes, au sortir du yacht, le prince et la princesse d'Orange qui venaient recevoir leurs hôtes. Ils nous emmenèrent en voiture; on fit un tour dans la ville, qui est d'une originalité charmante avec ses canaux et ses arbres. Les promenades hors la ville sont entourées de maisons garnies de feuillages et de fleurs et ornées de statues et de vases dorés. Après cette promenade nous retournâmes en dreckscheid, et nous y dînâmes chemin faisant pour aller à La Haye. C'est une façon de voyager bien moins fatigante et bien plus intéressante qu'en carrosse. On voit mieux le pays le long de ces canaux.

Nous passâmes en face de Ryswick, célèbre par le traité qui y fut signé sous Louis XIV entre ce grand monarque et les puissances belligérantes. Nous nous arrêtâmes à Delft, jolie petite ville, où on nous apporta des corbeilles de fleurs; malheureusement le temps des tulipes était passé. Nous vîmes un *fou-tulipier*, qui a pour plusieurs centaines de mille livres de caïeux et d'oignons. Toutes les églises de Hollande sont nues, excepté les orgues, ce qui est triste même pour nos yeux protestants, lorsqu'on a vu les basiliques du culte romain, si ornées d'habitude et si majestueuses. Ce que l'on voit en profusion en ce pays, ce sont des chinoiseries, porcelaines de toutes sortes, laques, magots et tout ce qui s'ensuit.

Nous arrivâmes à La Haye sur les sept heures du soir. Le prince et la princesse d'Orange vinrent nous prendre pour aller à la *Maison des bois*, où ils passent tout l'été, et qui est à une petite distance de La Haye. On donna un concert magnifique ; tout le corps diplomatique s'y trouva. Nous avions fort envie de dormir ; aussi, dès que nous pûmes nous échapper, nous nous hâtâmes de retourner à la ville, à notre auberge du *Maréchal de Turenne*, où nous dormîmes, je crois, douze heures.

16 juillet. — A onze heures du matin, le prince et la princesse d'Orange vinrent nous prendre pour aller voir le magnifique cabinet d'histoire naturelle du stathouder qui est en ville, au château. C'est un des plus complets qui existent. Il n'a la manie ni des tulipes, ni des tableaux, ni des Chinois ; et comme il faut toujours qu'un Hollandais en ait une, c'est celle des bêtes empaillées que le bon Dieu lui a donnée.

On revint après, s'habiller pour un grand gala à la cour. Ce dîner fut encore plus ennuyeux que tous les dîners de cérémonie subis depuis notre départ de Paris.

A propos du nom d'Orange, n'est-il pas singulier de voir ce nom français porté par un stathouder de Hollande ? Voici d'où cela vient.

La principauté d'Orange, enclose entre le comté Venaissin et le Rhône, qui la sépare du Languedoc, cédée à la France par le traité d'Utrecht, eut d'abord pour souverain Guillaume *au court nez*, qui vivait du temps de Charlemagne, surnommé ainsi parce qu'il avait eu le bout du nez emporté d'un coup d'épée. Sa postérité lui succéda jusqu'en 1173, où Raimbaud III ayant donné ses biens à Tiburge, sa sœur, deuxième femme de Bertrand de Baux, cette principauté passa dans cette maison de Baux [1].

Elle passa ensuite, en 1386, dans la maison de Châllon par le mariage de Marie de Baux, seule et dernière héritière de cette maison, avec Jean de Châllon, sire de Harlai.

Cette troisième race s'éteignit à son tour dans les mâles, en 1530, par la mort de Philibert de Châllon, tué au siége de Florence, dont hérita René de Nassau, son neveu, fils de Claude de Châllon et de Henri, comte de Nassau, à la condition de porter le nom et les armes d'Orange.

Ce prince étant mort sans enfants, en 1544, institua pour son héritier son cousin germain, Guillaume Ier, dit le Taciturne, stathouder, capitaine et amiral général des Provinces-Unies.

Il paraît que le stathouder Guillaume V est sujet à s'endormir pendant le repas. Il faisait des efforts visibles pour lutter contre cette habitude, et il y parvint. On raconte qu'un jour il s'endormit dans l'assemblée des États, ce qui produisit un fort mauvais effet. Mais ce prince, qui est d'une santé très-

---

[1] Les princes de Baux avaient disputé à Raymond Bérenger comte de Barcelone la succession à la couronne de Provence. Parmi les noms des seigneurs qui soutinrent les droits de Raymond et lui prêtèrent serment de fidélité en 1146 et 1150 se trouvent ceux de Trans, Porcellet, Oraison, Simiane, Agoult, Sabran, Pontevès, Castellane, Montbrison, Céreste, Raymond, Gérente, Flotte, Laugier, Forbin. (Voy. *César Nostradamus*, Histoire de Provence, t. I, p. 126; *Papon*, t. II, p. 232; *Bouche*, t. II, p. 123.

délicate, veut faire comme le roi de Prusse, dont il a épousé la nièce; il se lève à quatre heures du matin pour travailler. Il a hérité de la grandeur d'âme de son père; son caractère est franc, véridique, doux et sensible. Sa mémoire est surprenante et son esprit un peu railleur. Il aime les troupes, et il en est aimé; il a profité des leçons du duc de Brunswick, son oncle, et passe pour un très-bon militaire. Mais, par cette raison, il est peu aimé des Hollandais, peuple mercantile qui a une horreur secrète pour le pouvoir du sabre.

Quant à la princesse d'Orange, c'est la princesse la plus vertueuse, la plus éclairée, la plus accomplie; le courage qu'elle a montré depuis; il y a deux ans, en 1787, à cette triste époque d'anarchie et de *désunion* des Provinces-*Unies*, a fait éclater dans tout leur jour ses hautes qualités. Elle est aussi grande que madame la comtesse du Nord, et on disait qu'elle ressemblait beaucoup au prince Frédéric-Guillaume de Prusse, son frère, neveu du grand Frédéric et depuis roi de Prusse.

A peine sortis de table, on remonta en voiture pour aller voir *tout le reste*, comme disait madame la comtesse du Nord. De là, nous entrâmes au spectacle. Après la comédie, on se remit en lévite, pour retourner à la Maison des bois où l'on avait arrangé une fête. Tout le bois était magnifiquement illuminé; de distance en distance se trouvaient des boutiques, où l'on vendait gratis, en imitation des fêtes de Louis XIV. Plusieurs grandes tables très-bien servies attendaient les convives. Celle où nous mangeâmes fut dans un pavillon nouvellement construit, éclairé comme un palais de fée et meublé dans un goût nullement hollandais.

CHAPITRE XVIII.

On termina la soirée par un bal où dansèrent quantité de femmes fort belles, quoiqu'un peu lourdes et un peu grasses. Nous avons vu à Paris un charmant échantillon de la beauté hollandaise dans madame de Niewerkerke, d'abord connue sous le nom de madame Pater. Elle fit révolution à la fin du règne de Louis XV, et vit tous les hommes de Paris à ses pieds. Elle faillit épouser le prince de Lambesc, de la maison de Lorraine, rien de moins, et finit par choisir M. de Champcenetz. On assure qu'elle avait été en secret aimée de Louis XV, pendant les dernières années, et qu'elle balança un instant l'influence de madame Dubarry. Mais c'était bien la beauté la moins hollandaise possible ; de petites mains, de petits pieds, une physionomie piquante avec de beaux traits.

L'envoyé de France à La Haye était le duc de La Vauguyon, depuis ambassadeur, dont la mère était une Breteuil. Madame la duchesse ne paraissait pas à la cour pour dispute de rang ; ce sont des choses sur lesquelles les envoyés du roi ne cèdent guère à l'étranger, et ils ont parfaitement raison. Cela doit être ainsi, et cela a toujours été. Madame de La Vauguyon est mademoiselle de Pons de Rochefort ; elle était dame d'honneur de Madame, et avait ses grandes entrées chez le roi à Versailles. Je ne sais plus sur quelle étiquette la cour du stathouder ne voulait point céder ; ce qu'il y a de sûr, c'est qu'elle ne céda pas non plus.

La position du duc de La Vauguyon était, du reste, assez difficile. Comme le stathouder a toujours été plus attaché aux intérêts de l'Angleterre qu'à ceux de la France, les ambassadeurs de France ne témoignaient depuis plusieurs années au prince d'Orange que les égards commandés par leur position. Le duc de La Vauguyon marchait sur leurs traces et flattait, au contraire, les membres de la régence opposés à Son Altesse. Il était facile de voir que la France méditait l'abaissement de la maison d'Orange, et les événements qui ont eu lieu depuis ont confirmé cette observation.

17 juillet. — Nous partîmes en voiture pour Amsterdam, où tous les gens allèrent par eau. Nous nous arrêtâmes une heure à la Maison des bois, pour prendre congé du prince et de la princesse d'Orange ; madame la comtesse du Nord tenait à les remercier de leurs attentions. Le prince Galitzin y fut avec eux en voiture, ainsi que moi. Nous dînâmes à Leyde où se trouve la célèbre université. Nous remarquâmes de superbes promenades où personne ne va. Les Hollandais préfèrent leurs cabarets où ils passent le temps à boire un peu de café, beaucoup de thé et énormément de bière.

Un endroit qui me charma fut Harlem. Nous y restâmes plusieurs heures pour admirer le beau jardinet, voir le jardinier célèbre dans toute l'Europe. Malheureusement une grande partie des fleurs étaient passées, mais il en restait assez pour préjuger du reste. C'était un parfum enchanteur ; il nous montra mille espèces de plantes que nous ne connaissions pas, entre autres un arbuste qui produit des fleurs magnifiques, veloutées comme un beau parchemin, très-doubles, mais sans odeur. Il nous dit que cela s'appelait des roses de la Chine, et qu'on les avait apportées depuis un an seulement, avec tous les soins du monde. On en voit, en effet, de semblables sur les paravents et au coin des éventails.

Harlem est situé au bord d'un lac ; tout est vert et

charmant. Il tient une grande partie de la route jusqu'à Amsterdam, où nous arrivâmes le soir. L'affluence de peuple fut immense sur le passage de Leurs Altesses impériales. Elle me parut encore plus insupportable en Hollande qu'ailleurs. Je ne sais pas ce que Leurs Altesses en pensèrent. Nous fûmes parfaitement logés; aussi madame la grande-duchesse, tentée par un bon lit, se coucha presque en arrivant. Elle était réellement fatiguée de toute cette représentation. Le grand-duc, au contraire, se prétendit frais et dispos; il voulut absolument souper avec nous et fut d'une gaieté étourdissante.

— Eh bien! me dit-il tout à coup, madame d'Oberkirch, vous ne racontez pas d'histoires de revenant ce soir?

— Mais monseigneur les raconte beaucoup mieux que moi.

— N'est-ce pas que je vous ai bien attrapés? Plus l'histoire était surprenante, plus il est surprenant que vous l'ayez prise au sérieux.

— Quoi! monseigneur, elle n'est pas vraie?

— Mais non, elle n'est pas vraie, elle n'a jamais été vraie. C'est un conte à dormir debout, que j'ai fait pour vous effrayer un peu; vous pouvez le répéter si vous voulez.

Je compris ce que cela signifiait, mais je ne fis aucune observation. Je regardai seulement le prince avec une telle expression, sans doute, qu'il prit ma main, la baisa et me dit :

— J'ai voulu rire, baronne. Je sais, au reste, que vous ne rapporteriez pas cette histoire si elle était vraie, mais vous pourriez en plaisanter, et, avec la grande-duchesse, il ne faut pas même plaisanter de choses semblables; vous le savez aussi bien que moi.

— Je ne parlerai de votre aventure à *personne*, puisque monseigneur le désire.

— Mais ce n'est pas une aventure, entendez-vous, c'est une folie, un conte, une extravagance pour m'amuser ; n'allez pas y ajouter foi au moins.

— Je n'aurai garde.

Depuis lors, le grand-duc fit encore deux ou trois allusions à cette histoire. Évidemment, il était fâché de l'avoir racontée, et il eût désiré me persuader qu'il avait voulu rire. Je ne puis donc affirmer que ce soit une vérité positive, mais ce n'en est pas moins mon sentiment intime. Le grand-duc a eu ou cru avoir cette vision, et il rougissait souvent de cette croyance : de là ces contradictions. Pour moi le fait n'en existe pas moins.

18 juillet. — Nous sortîmes à neuf heures du matin pour aller visiter la ville, où nous vîmes quantité de beaux édifices, entre autres l'hôtel de ville et l'amirauté ; puis les chantiers, le port, la bourse, que sais-je encore ?.. Dans plusieurs maisons de particuliers nous trouvâmes des tableaux de grands maîtres flamands et italiens. Pour terminer la journée nous allâmes, quoique tous rendus de fatigue, chez un marchand de porcelaines et de provenances des Indes, où Leurs Altesses impériales firent beaucoup d'emplettes. Nous fûmes accompagnés pendant toute cette journée par M. Reindeck, bourgmestre de la ville, homme de beaucoup d'esprit, très-instruit et très-aimable. Nous avions aussi le prince Galitzin et le prince Goloffkin [1]. Quand nous rentrâmes, chacun se coucha, après avoir pris à peine le temps de souper.

19 juillet. — Ce jour fut pour Leurs Altesses impé-

[1] Un Goloffkin fut grand chancelier sous Catherine Ire, et son fils vice-chancelier sous l'impératrice Anne.

riales d'un grand intérêt. Nous allâmes à Saardam visiter les *reliques* de Pierre le Grand. Ce village est délicieux; la propreté extraordinaire et la gaieté qui y règnent en font un séjour des plus agréables. Nous entrâmes avec respect dans la petite maison ou baraque qu'il occupait. Elle est composée d'une seule chambre avec une niche où il reste encore un peu du rideau qui entourait son lit. Nous vîmes aux chantiers la place où il travaillait pour apprendre la construction des vaisseaux et établir une marine chez lui. Le grand-duc fut très-touché de ce souvenir; il a une profonde vénération pour son ancêtre, et il nous dit qu'il le prendrait constamment pour modèle, en ce qui touche le gouvernement bien entendu. M. Reindeck était du voyage, il nous avait fait préparer un yacht, qui nous ramena très-vite à la faveur du vent et de la marée. Nous ne fîmes que changer de bateau; nous prîmes un dreckscheid et partîmes par les canaux pour Utrecht. Les dreckscheids sont des espèces de barques couvertes, mais très-basses, pour pouvoir passer dans les villes sous les ponts. L'intérieur en est bien meublé et arrangé; on n'y a d'autre désagrément que celui de ne pouvoir s'y tenir debout.

Nous vîmes, chemin faisant, quantité de belles campagnes, de beaux jardins; nous descendîmes à Hunthun, qui est une maison appartenant à M. Fort-Lowen : c'est un vrai bijou; les jardins sont délicieux, la maison très-vaste; les fleurs les plus rares sont disposées avec un goût admirable. Les plantations sont renommées dans toute la Hollande, et l'on vient de fort loin y chercher des *élèves*. A Martzen, milady Lockart a aussi une habitation magnifique où elle nous reçut très-bien. Les Lockart sont une ancienne famille écossaise. Un Lockart était ambassadeur de Cromwell en

France. M. le comte du Nord, qui est fort instruit, ne manqua pas une fine allusion à ce personnage.

En Hollande, les villes, les villages, les maisons, les jardins, sont généralement taillés sur le même modèle; qui en a vu un les a tous vus; c'est une ressemblance presque identique. Cette propreté minutieuse, qui ne laisse pas traîner un grain de poussière, donne à tous les objets un lustre qu'on ne trouve point ailleurs.

Utrecht, où nous arrivâmes le soir, est donc une ville belle tout comme les autres, à cela près que le Rhin annonce qu'on en a fini avec ce pays auquel M. de Voltaire adressa, en le quittant, ces paroles célèbres :

Adieu, canards, canaux, canailles !

20 juillet. — Le prince Galitzin et le comte de Goloffkin prirent congé de M. le comte et de madame la comtesse du Nord. Nous partîmes de notre côté, et nous traversâmes quatre fleuves en barque avant d'arriver à Bois-le-Duc, où M. le duc de Brunswick, lieutenant général au service de la Hollande et qui y réside, offrit une très-belle collation à Leurs Altesses impériales. Par un contre-temps singulier, M. de Benckendorf, M. de La Fermière et moi nous manquâmes ce festin. M. le comte et madame la comtesse du Nord étaient partis d'Utrecht dans leur voiture à deux, nous les suivions comme d'habitude dans la nôtre. Je ne sais qui s'était amusé à griser les postillons, mais ils avaient bu comme des Templiers et se tenaient à peine en selle. Nous en rîmes d'abord, ce qui nous mit en gaieté.

— Nous arrêtons à Bois-le-Duc, leur cria M. de La Fermière, et pas ailleurs, vous le savez.

Soit qu'ils ne comprissent pas, soit qu'ils eussent

quelqueraison de nous arrêter plus loin, ils traversèrent Bois-le-Duc au galop sans répondre à nos questions, et se mirent à courir bride abattue jusqu'à un petit village à trois lieues de là, et s'arrêtèrent triomphalement devant une sorte de cabaret dont l'enseigne était toute noire. Nous ne trouvâmes pour toute nourriture, dans ce lieu de leur choix, que des beurrées, et M. de La Fermière eut bien de la peine à s'en consoler. Cependant nous fûmes très-gais, beaucoup plus, à ce qu'il paraît, qu'au banquet que nous avions manqué. Nous couchâmes à Endhowen, où nous trouvâmes un excellent souper qui nous consola des beurrées.

21 juillet. — Nous allâmes coucher à Maestricht. Nous voyagions très-vite. Cette journée encore nous la passâmes dans notre voiture de suite; mais M. de La Fermière prit un soin extrême des postillons et des relais. Il plut très-fort, ce qui nous mit de mauvaise humeur. Nous n'allâmes rien voir à Maestricht; je ne sais pourquoi toutes ces villes de Hollande et des Pays-Bas ne me plaisaient pas du tout. Il nous tardait à tous d'arriver en Allemagne, et plus encore là où nous attendaient nos chères affections. Madame la comtesse du Nord me parlait sans cesse de ses parents, et moi je pensais à ma fille, à M. d'Oberkirch, à mon père; je comptais les jours; il n'en restait pas beaucoup, grâce à Dieu.

22 juillet. — Nous quittâmes Maestricht, toujours par une pluie battante, pour aller dîner à Liége, où nous attendait le comte de Romanzoff, ministre de l'impératrice de Russie aux cours électorales. C'était un homme d'un esprit charmant, fils du maréchal de Romanzoff, célèbre par ses exploits et très-aimé de l'impératrice Catherine II. Il est très-proche parent

de la comtesse de Bruce dont j'ai parlé. Il dîna avec nous, et il fit présent à Leurs Altesses impériales d'un monstrueux poisson pêché dans la Meuse. L'évêque de Liége est prince de l'Empire. Son chapitre n'admet que des nobles ou des docteurs ; il se compose de soixante chanoines, y compris les dignitaires. Le comte de Walbruck était alors évêque de Liége. Il exerce une souveraineté absolue sur le territoire dépendant de son évêché. Suffragant de Cologne, il jouit d'environ huit cent mille livres de rentes, il est au troisième rang dans le cercle de Westphalie. Cette ville ecclésiastique a un parfum de couvent, qui ne lui donne pas un grand charme. Nous en partîmes de bonne heure pour aller coucher à Spa.

Aussitôt après notre arrivée, l'archiduchesse et le duc de Saxe-Teschen, qui y étaient venus pour voir encore Leurs Altesses impériales, se rendirent à leur auberge. Cette entrevue fut plus que gracieuse et presque amicale. Ces augustes princes s'étaient infiniment convenu pendant le peu de jours qu'ils avaient passés ensemble.

Le même soir, nous allâmes tous au salon où se réunissent tous les étrangers. Il y avait un monde prodigieux, et madame la comtesse du Nord fut, comme à l'ordinaire, l'objet de l'admiration générale. Le duc et la duchesse de Glocester vinrent saluer Leurs Altesses impériales. La duchesse de Glocester est belle-sœur du roi George III. Son nom est Marguerite Walpole ; elle était veuve du comte de Waldegrave lorsque le duc de Glocester l'épousa. C'est un mariage d'inclination. Cependant le prince n'en est pas moins bien avec le roi, son auguste frère, à ce qu'on assure du moins.

Nous rencontrâmes aussi à Spa beaucoup de dames de Paris ; ce lieu commence à devenir à la mode.

J'eus pour mon compte une agréable surprise ; la princesse Antoinette de Hesse-Rhinfels-Rothembourg était venue à Spa exprès pour m'y rencontrer. C'est cette princesse que j'avais connue l'année précédente à Montbéliard, et qui, ainsi que je l'ai dit, avait bien voulu me prendre en si grande affection. Elle est sœur de madame la princesse de Bouillon et belle-sœur de la landgrave de Hesse-Rothembourg ; elle avait alors vingt-neuf ans. Madame la grande-duchesse la reçut à merveille et eut l'amabilité de lui dire qu'elle serait jalouse d'elle, si elle ne me connaissait pas depuis si longtemps, et si l'ancienneté de notre amitié ne la rassurait pas sur une rivalité semblable. J'étais toute confuse de voir ces princesses s'occuper ainsi de ma chétive personne.

23 juillet. — Nous allâmes visiter les fontaines, le Pouhon, la Sauvenière hors la ville. Le pays est assez joli, quoique peu ombragé. A onze heures, nous allâmes déjeuner chez l'archiduchesse ; elle avait prié au salon tous les étrangers ; nous étions plus de cent personnes à table. Nous allâmes après faire une visite à l'archiduchesse et à la duchesse de Glocester. Le soir, nous fûmes encore au spectacle. Le comte de Romanzoff vint à la comédie ; il fut très-aimable et contribua à nous faire oublier les comédiens, dont les grands gestes et les manières de province ne nous plaisaient guère.

24 juillet. — Nous déjeunâmes chez l'archiduchesse, mais en petit comité cette fois et pour prendre congé. Il était de fort bonne heure. Nous nous séparâmes avec quelque peine de cette excellente princesse, si charmante pour nous, je dis pour *nous*, car elle me combla de bontés. Nous allâmes dîner à Verviers, toujours dans l'évêché de Liége.

Nous couchâmes à Aix-la-Chapelle; c'est une ville impériale libre, où les empereurs étaient couronnés autrefois. Lorsqu'ils le sont dans une autre ville, ce qui arrive souvent, on envoie d'Aix-la-Chapelle le livre des Évangiles, les reliques de Saint-Étienne et l'épée de Charlemagne, dont le corps repose dans l'église collégiale de Notre-Dame. Nous allâmes voir ce tombeau qui nous frappa de vénération. M. le grand-duc resta longtemps à le contempler.

— Voilà où aboutissent la gloire et la puissance, dit-il; un nom qui ne survit pas toujours et quelques pieds de terre! Ah! le bonheur vaut bien mieux, i nous fait meilleurs ici-bas et plus heureux là-haut encore.

Madame la grande-duchesse fut touchée de cette phrase que ses regards lui adressaient.

La collégiale a vingt-quatre chanoines capitulaires; l'empereur est un des chanoines. Au moment où nous sortions de l'église, un des enfants de chœur, suivant l'ecclésiastique chargé de faire les honneurs à Leurs Altesses impériales, fit un signe de tendresse à une pauvre femme assise au pied d'une colonne. Elle tenait sur ses genoux un enfant estropié et couvert de haillons. Le grand-duc, à qui rien n'échappait, aperçut ce signe et vit aussi la misère de la pauvre femme; il s'arrêta et lui demanda si cet enfant était à elle. La pauvre créature, étonnée de voir un si grand personnage lui adresser la parole, resta interdite, sans se lever et sans répondre. Le chanoine répéta la question avec un peu plus de vivacité.

— Laissez, laissez, monsieur le chanoine, lui dit le prince, ne troublez pas cette pauvre femme; elle va nous mieux comprendre dans un instant. Cet enfant vous appartient-il, ma bonne femme?

— Oh ! oui, monsieur ! Il est bien à moi, et je ne l'aurais plus sans ce petit ange qui est là derrière Sa Révérence.

Tous les regards se tournèrent vers l'enfant de chœur qui se cacha tout honteux.

— Il ne faut pas rougir d'une bonne action, continua le prince. Voyons, apprenez-nous ce que cet enfant a fait pour vous, et nous verrons s'il n'y a pas moyen de le récompenser en l'aidant dans son œuvre de charité. Est-il votre parent?

— Non, monsieur, il n'est pas mon parent, mais je l'aime autant que ma fille.

Et alors la pauvresse tout à fait remise raconta comment, à Pâques fleuries, elle venait demander l'aumône à la porte de l'église, et comment elle se trouva prise ainsi que sa petite fille au milieu des carrosses de la suite de l'évêque de Liége qui officiait ce jour-là. Effrayée, elle voulut courir, le pied lui manqua, elle tomba sur le pavé, son enfant fut jeté à quelques pas d'elle. Il se cassa le bras et allait être broyé sous les pieds des chevaux, quand le petit Hans se jeta sur lui et l'emporta au péril de sa vie. Depuis lors il partageait avec la mère et la fille le fruit de son travail; orphelin lui-même, sans famille, il adopta ceux que la Providence lui envoyait et tâcha de soutenir celles qu'il avait sauvées. Il était chez un charron et gagnait quinze sous par jour, sans compter la rétribution du chapitre. Tout appartenait à *sa mère*. Mais la petite fille ne s'était jamais remise de son accident, l'argent passait en drogues chez l'apothicaire; à peine avaient-ils de quoi manger et pas de quoi se vêtir. Pourtant le brave Hans se privait de tout. Madame la grande-duchesse, émue jusqu'aux larmes, vida sa bourse dans le tablier de la pauvre femme qui, n'ayant jamais vu tant d'or réuni, crut qu'elle faisait un rêve.

— Je suis sûre de mieux récompenser Hans que si je lui donnais deux fois cela à lui-même. Cependant il ne sera point oublié.

En effet Leurs Altesses impériales firent acheter pour l'enfant une maîtrise de charronnage, afin qu'il en jouît lorsqu'il aurait l'âge voulu, et d'ici là on la fit gérer pour lui. Je ne finirais point, si je contais tous les traits de bonté de cette chère princesse et de son noble époux ; à chaque pas ils semaient des bienfaits, aussi leur nom fut-il béni partout où ils passèrent.

25 juillet. — Nous partîmes d'Aix-la-Chapelle de bonne heure, pour aller dîner à Juliers et coucher à Düsseldorf. L'électeur a une des plus belles galeries de l'Europe ; nous ne manquâmes pas d'aller la voir.

26 juillet. — Nous partîmes à cinq heures du matin, brûlâmes Cologne, dont nous n'aperçûmes que la cathédrale, dînâmes à Bonn et nous couchâmes à Coblentz. Je passe vivement sur ces villes, où il ne nous arriva rien de remarquable et j'abrége ce voyage déjà trop ennuyeux, je le crains.

27 juillet. — Nous partîmes encore à la même heure et passâmes le Rhin. Nous dînâmes à Seltzen, où se trouve cette source excellente dont les eaux s'envoient dans toute l'Europe. Nous allâmes en boire à la fontaine même, avec un véritable délice. Enfin nous arrivâmes à Francfort-sur-le-Mein, et nous y fûmes reçus par les princes Louis et Eugène de Wurtemberg, frères de madame la grande-duchesse, et par madame la landgrave de Hesse-Cassel, sa tante. C'est une princesse de Brandebourg-Schwedt, sœur de madame la princesse de Montbéliard. Elle est une des marraines de ma fille.

Ce fut une grande joie. Nous retrouvâmes aussi le

comte de Romanzoff, dont Francfort est la résidence diplomatique, et nous fîmes le soir un délicieux souper. Le prince Eugène, que nous fûmes tous bien heureux de revoir, fut fort gai et fort amusant, il nous fit un tableau à mourir de rire des visites qui arrivaient pour le lendemain [1]. La nouvelle de la présence du grand-duc faisait sortir des châteaux toute la noblesse immédiate des environs.

— Il y a là des robes, des habits et des carrosses qui n'ont pas vu le jour depuis quarante ans. Je vous assure que ce sera la plus curieuse page de votre journal, ma sœur. J'en ai rencontré quelques-unes qui sont à peindre, et que je ne voudrais pas manquer demain pour tout au monde. Faites provision de sérieux, car les occasions de rire ne nous manqueront pas.

Nous nous couchâmes fort tard, après avoir non pas épuisé, mais entamé tous les chapitres de conversation qui nous intéressaient, et lu les lettres que les princes avaient apportées. Madame la comtesse du Nord était attendue avec impatience à Montbéliard, on le comprend, et son impatience d'y arriver n'était pas moins vive.

28 juillet. — Cette journée amena encore plus de monde que le prince Eugène n'avait promis. D'abord il arriva une quantité de princes de Hesse-Darmstadt, Hanau, Hombourg, Mecklembourg, Saxe-Cobourg,

---

[1] Le prince est mort en 1822, laissant trois fils ; savoir :

1º Le duc Guillaume, marié morganatiquement avec la burgrave de Tunderfeldt ; dont les enfants portent le titre de *comtes* de Wurtemberg.

2º Le duc Ferdinand, marié à une sœur du prince de Metternich, feld-maréchal mort en 1834.

3º Le duc Alexandre, beau-père de madame la princesse Marie d'Orléans.

Nassau-Usingen, etc. Ils dînèrent et soupèrent avec Leurs Altesses impériales. Ils étaient tous plus ou moins ses parents. Les étiquettes de ces petites cours sont tout aussi minutieuses que celles des grandes, et la susceptibilité allemande les rend encore plus importantes à observer. La comtesse du Nord eut le bonheur de ne pas s'embrouiller, de ne pas confondre les personnes et les rangs, et de répondre à chacun ce qu'il lui fallait. Je remarquai une douairière, de je ne sais plus quelle principauté, qui s'était attachée à madame la comtesse du Nord, et qui voulait absolument qu'elle lui racontât ce que faisait la grande Catherine du matin jusqu'au soir.

— Mais, Madame, à quelle heure se lève-t-elle ?

— Mais, Madame, que fait-elle ensuite ?

— Mais, Madame, à quelle heure ses repas ?

— Mais, Madame, se couche-t-elle bien tard ?

— Enfin, Madame, puisque vous êtes si désireuse de connaître la vie de l'impératrice, est-ce que vous auriez envie de l'imiter en tout ?

— En tout ! je ne dis pas ; mais en ce que je pourrai du moins.

Le prince Eugène et le prince Louis n'y tinrent plus et se détournèrent. Le grand-duc fut admirable de sang-froid, et trouva le moyen de dire quelque chose d'aimable à ce sujet.

Dans la journée, il y eut un grand bal au Vauxhall, où chacun fut nommé et présenté à Leurs Altesses impériales.

Parmi cette noblesse immédiate, si respectable et si ancienne, quelques-uns, n'ayant jamais quitté leurs castels, étaient étrangers aux usages de la cour. La noblesse de province en France, quelque éloignée qu'elle en soit, a toujours quelque habitude des grandes manières, et est à peu près instruite des vicissitudes de la mode et du costume. Les gouvernements de province reçoivent ; les châteaux sont souvent habités par des dames de Versailles, et il y a toujours une fréquentation plus ou moins immédiate ; ici, il n'en était pas toujours ainsi, et plus d'un costume ou d'une révérence nous fit sourire malgré nous.

29 juillet. — Nous allâmes de Francfort dîner à Darmstadt, chez madame la princesse héréditaire de Hesse-Darmstadt. Madame la landgrave de Hesse-Cassel accompagna le comte et la comtesse du Nord jusque-là. Toute la famille du prince héréditaire et de la princesse George était rassemblée. Le prince George est le neveu du landgrave régnant ; il avait exactement mon âge et il semblait bien plus âgé que moi, à ce que trouvait madame la grande-duchesse.

30 juillet. — En quittant Manheim, nous nous arrêtâmes à Schwetzingen pour visiter un des plus charmants jardins du monde, dans le goût anglais et français. Le pays environnant, tout le Palatinat en général, est magnifique. Le dîner fut à Spire ; nous y passâmes le Rhin, et nous arrivâmes *enfin* à Lauterbourg, où j'eus le bonheur de retrouver mon mari et ma fille. Je n'ai pas besoin de dire quelle fut ma joie. Je présentai à madame la grande-duchesse sa petite filleule, pour qui elle fut d'une bonté qui m'alla au cœur. Le maréchal de Contades, commandant en chef en Alsace, avait envoyé le baron de Hahn, colonel attaché au régiment d'Anhalt, pour prendre les ordres de M. le comte et de madame la comtesse du Nord, au sujet de leur passage et de leur séjour à Strasbourg. Leurs Altesses impériales répondirent que, pour arriver un jour plus tôt à Montbéliard, elles iraient directement et ne visiteraient Strasbourg qu'en

revenant, ne faisant que le traverser cette fois. J'étais heureuse et disposée par conséquent à trouver bien toutes choses.

30 juillet. — Nous ne fîmes donc que dîner à Strasbourg, sans y recevoir les honneurs habituels, c'est-à-dire les visites et les revues, et nous couchâmes à Colmar, dont M. le comte du Nord trouva la position délicieuse. Il regretta fort de n'avoir point le temps de visiter les belles montagnes et les belles ruines qui couronnent les Vosges à quelque distance de la ville. Nous y fûmes témoins d'un fait assez curieux, et que je ne puis m'empêcher de raconter ici.

Sur le toit de la cathédrale on avait placé une roue renversée, comme on le fait presque partout, en Alsace, afin que les cigognes y fassent leur nid. On croit que ces oiseaux portent bonheur. Les cigognes n'y avaient point manqué, et, de l'auberge où nous étions, nous voyions le profil sombre du père et de la mère, entourés des petits, se dessiner sur le ciel rouge d'un soleil couchant, debout sur une de leurs grandes pattes; ils ne dormaient pas néanmoins, ils attendaient évidemment un absent, un retardataire, et de temps en temps ils poussaient leur cri désagréable et sauvage.

Enfin, nous vîmes arriver du bout de l'horizon une cigogne, les ailes déployées, volant comme une flèche, et suivie de très-près par un oiseau de proie d'une prodigieuse grosseur, quelque vautour des montagnes, sans doute. La cigogne était effrayée, blessée peut-être; à ses cris, les cris de la nichée tout entière répondirent. L'oiseau, effrayé, arriva droit sur son nid, et y tomba épuisé de fatigue et de douleur. L'autre cigogne alors prit sa place, et s'élança au-devant de l'ennemi. Le combat s'engagea, terrible, acharné; les deux champions se précipitèrent l'un sur l'autre, en poussant des cris à fendre le cœur. Mais le magnifique instinct de la paternité se développa dans la cigogne avec une force et une énergie incroyables. Tout en se défendant, tout en attaquant ce géant des airs, elle ne perdait pas un instant de vue ses petits, qui se plaignaient et tremblaient, sans doute. Trop faible pour soutenir une lutte inégale, elle les couvrit de ses ailes, tant qu'il lui resta un souffle de vie. Enfin, par un effort désespéré, elle se rapprocha de son nid de branches, où gisait sa compagne expirante, et ses petits qui ne pouvaient encore prendre leur volée ; elle prit ce nid dans son long bec, le secoua fortement, le retourna, et précipita du haut du toit les objets de sa tendresse, plutôt que de les voir succomber sous les serres de l'ennemi qui la tuait; puis, se dévouant seule, en victime résignée, elle se laissa tomber sur la roue, où le vautour l'acheva d'un coup de bec.

Nous restâmes tous frappés et saisis de ce combat et de cette défense. C'était un véritable *drame de famille,* selon l'expression à la mode. M. le comte du Nord surtout en fut impressionné comme d'une bataille véritable.

CHAPITRE XIX

Retour à Étupes et à Schweighausen. — Réception. — Encore madame Hendel. — Le comte du Nord. — Le duc régnant. — Fête à Montbéliard. — Sur l'inauguration de la statue de Pierre le Grand. — Départ pour la Suisse. — Monument élevé à Étupes. — Vers de M. de Florian. — Mon père. — Il reçoit les princes et leur suite. — Le comte de Wartensleben. — Le prince et la princesse de Holstein. — Le duc et la duchesse de Deux-Ponts. — Le prince Max. — La princesse Christine de Saxe. — M. Blessig. — L'Amour changé en dieu de la guerre. — Duel de M. de Schomberg et du baron Lefort. — Vers. — Les chefs de corps. — Rastadt. Le margrave de Baden. — La fameuse Todi. — La maison improvisée. — Les *Fêtes thessaliennes*. — La noblesse et les comtes de l'empire. — La comtesse de Hohenheim. — Le Village anglais. — M. de La Fermière déguisé en moulin à vent. — La Solitude. — L'Irvish. — Superbe chasse. — La comtesse du Nord et sa mère. — Adieux déchirants. — Lettres bien tendres. — Encore mademoiselle de Cramm. — Nous partons pour Strasbourg. — Réflexions.

Le 1er août, M. le comte et madame la comtesse du Nord, ainsi que les princes Louis et Eugène de Wurtemberg, partirent de Colmar le matin, de très-bonne heure, pour arriver à Étupes pendant qu'on serait à table, et surprendre la famille, qui était réunie depuis quelque temps et les attendait avec toute l'impatience qu'on peut imaginer. M. d'Oberkirch et moi, nous partîmes de notre côté, et nous allâmes dîner à Schweighausen, chez mon père. Quant à moi, je respirais plus à mon aise dans cette chère Alsace, que les pompes de la cour et tous les plaisirs n'avaient pu me faire oublier. Le pays natal a tant de charmes ! Nos montagnes me semblaient si belles ! Ces ruines glorieuses, témoignages de la puissance de nos ancêtres, me faisaient battre le cœur. J'entrai avec une émotion vraie à Schweighausen ; j'y trouvai mon père très-bien portant et enchanté de me revoir, de me faire raconter les détails de mon voyage. Nous le quittâmes cependant après dîner, avec promesse de revenir bientôt. Nous tenions à arriver le soir à Étupes.

Dès qu'on aperçut notre voiture, toute cette illustre et excellente famille se précipita au-devant de nous, comme si nous en eussions fait partie. Madame la comtesse du Nord me prit par la tête, et m'embrassa en me conduisant à ses parents.

— Chère maman, voici mademoiselle Lane que je vous ramène, et qui se serait échappée sans cela. C'est une vagabonde ; elle ne veut plus revenir à Montbéliard, n'est-il pas vrai ?

Madame la princesse de Montbéliard m'embrassa à plusieurs reprises, souriant avec bonté des plaisanteries de sa fille, mais cependant tout aussi émue que moi, et je l'étais beaucoup. Je fus ensuite embrassée, complimentée par tout le reste de la famille, qui, père, mère, enfants, gendres et belles-filles, ne formait pas moins de dix-sept personnes. C'était certainement l'image de l'union et du bonheur le plus parfait qui existent sur la terre, un tableau si touchant qu'il faisait plaisir à voir.

Nous retrouvâmes aussi madame de Benckendorf ; elle nous avait précédés à Montbéliard et avançait dans sa grossesse. Elle ne tarissait pas en éloges de ses nobles hôtes et de la manière dont ils avaient été pour elle. Madame Hendel arriva aussitôt, dès qu'elle me sut débarquée, et me reçut avec trois révérences qui sentaient la cour d'une lieue. Elle était habillée avec une robe de gourgaran couleur de flamme, si flambante, que le grand-duc lui demanda si ce n'était point un costume d'auto-da-fé. Elle lui répondit qu'elle ne comprenait pas le latin, mais que cette robe était sa robe de noces, laquelle ne sortait du tiroir que dans les occasions de haute solennité. Madame la comtesse du Nord lui avait apporté une foule de présents, et je ne l'avais point oubliée. Sa tête brûlait de tant de belles choses, et aussi des soins que demandaient des hôtes aussi nombreux et aussi brillants. Elle menait la maison tout entière, suivant son habitude, et je crois qu'elle eût imité Vatel, si la dernière des sous-servantes eût manqué d'un torchon. La présence du grand-duc et de la grande-duchesse l'enivrait. Elle avait acheté une carte de Russie, et dans ses rares moments perdus elle courait se mettre en contemplation devant cette carte.

— *Elle* sera maîtresse de tout cela! disait-elle en faisant avec son doigt le tour du vaste empire.

Chaque matin, elle arrivait de bonne heure dans la chambre de la princesse, qui la faisait babiller comme une pie sur les histoires et les propos de toute la principauté, dont elle connaissait, je crois, la moindre poule, puis les mariages, les morts, les amourettes, et même les procès. Madame la comtesse du Nord fit beaucoup de bien par son entremise, car, malgré ses ridicules et sa quasi-folie, madame Hendel était une excellente femme, demandant toujours pour les pauvres, et dévouée à ses maîtres jusqu'à la mort.

Nous passâmes un mois entier dans une intimité délicieuse. On inventait chaque jour de nouveaux plaisirs; c'étaient des promenades, des courses, de la musique. Nous jouâmes même des proverbes, selon la mode de Paris. Madame la grande-duchesse se croyait encore la princesse Dorothée, avec un bonheur de plus, celui d'avoir un mari aussi parfait que le sien, qu'elle aimait à l'adoration et dont elle était chérie. Il avait les qualités les plus rares et les plus faites pour attacher ; son seul défaut peut-être était une susceptibilité provenant de son excellent cœur. La mobilité de son esprit n'exclut point l'attachement ; il est surtout sincère et franc dans les témoignages qu'il en donne. Il se passionne souvent, et oublie quelquefois ensuite, ce qui arrive ordinairement aux personnes qui s'engouent. Il revient de ses préventions avec la même facilité. Dans tout ce qui touchait sa femme, il était sérieux et tendre ; il l'adorait, c'est le mot, et je n'ai jamais rencontré de meilleur ménage.

13 août. — Le duc régnant Charles, oncle de madame la grande-duchesse, arriva à Étupes au moment où on l'y attendait le moins, selon son habitude, pour faire une visite à son auguste neveu. Nous avions justement pour ce soir-là un grand spectacle, et madame la comtesse du Nord annonça elle-même au duc Charles que nous le regardions seulement comme un spectateur de plus. Il était si gai, si bon, si aimable! Il rit beaucoup de *nos talents*, afin de les encourager, dit-il, et nous invita en cérémonie à lui donner une représentation sur le théâtre de Stuttgard dans la visite que nous lui ferions. Madame la grande-duchesse répondit qu'elle n'était pas assez riche pour payer les costumes. Cette folie nous mena loin toute la soirée.

Le duc régnant ne resta que trente-six heures et repartit le lendemain soir pour Stuttgard, où nous devions bientôt le rejoindre.

Le 18, M. le comte et madame la comtesse du Nord allèrent faire une visite à la ville de Montbéliard, et j'eus l'honneur de les y suivre. Ils furent reçus à l'hôtel de ville par les magistrats avec toutes sortes d'honneurs. Ce bâtiment était décoré avec la plus grande élégance, et l'on servit une collation superbe. Le comte du Nord remarqua surtout les fruits. On n'en trouve point en Russie ; il faut en faire venir de France. Durant le trajet, ils perdent une partie de leur saveur et se vendent néanmoins un prix excessivement cher.

Après la collation il y eut un bal, où madame la grande-duchesse dansa, et qui fut très-gai ; c'était une vraie fête de famille. La princesse reconnaissait tous ceux qu'elle avait vus dans son enfance. L'hôtel de ville était illuminé, ainsi que toutes les maisons et les édifices publics ; la fête était partout. Je ne saurais dire la joie et l'orgueil de tout ce peuple, de voir une *fille de Montbéliard* si richement et si hautement mariée.

Le lendemain, Leurs Altesses impériales envoyèrent cinquante louis à la chambre de charité, et cent louis à l'hôpital.

28 août. — On reçut une lettre de Saint-Pétersbourg, contenant les détails de l'inauguration de la statue de Pierre le Grand, qui avait eu lieu le 18 de ce mois. Cette statue équestre, due au ciseau de M. Falconnet, a été placée sur une grande place, entre le palais du sénat et le pont de la Newa. La czarine Catherine II présida à cette fête du balcon du sénat. Elle était arrivée en chaloupe, avec toute sa suite, en descendant la Newa.

La statue est posée sur un rocher de quarante-deux pieds de long sur trente-quatre de large, tout d'une pièce, trouvé dans un marais de la Karélie. Il pèse deux millions cinq cent mille livres. Ce n'est point une matière homogène, mais composée de pierres diverses, parmi lesquelles se trouve de l'agate, des cornalines, des améthystes et des topazes. Les femmes russes portent des bracelets qui proviennent de ce rocher. Pierre Ier cherche à en gravir le sommet. Ceci est une allégorie que chacun comprendra : un serpent, emblème de la Prudence, placé aux pieds du cheval, contribue encore à l'expliquer.

M. le comte du Nord, pendant qu'on lisait cette lettre, mit, à la dérobée, un doigt sur sa bouche en me regardant. Bien qu'il affectât de sourire, je remarquai qu'il était fort pâle, ce qui me confirma tout à fait dans mon opinion précédente.

2 septembre. — M. le comte et madame la comtesse du Nord partirent avec le prince et la princesse de Holstein, sœur de la comtesse du Nord, pour faire une tournée en Suisse. Ils emmenèrent une suite très-peu nombreuse. Madame la princesse de Holstein était logée à Exincourt, petit village près d'Étupes. Ce départ me serra le cœur, c'était déjà une absence ; elle précédait de bien près celle qui allait nous séparer pour toujours de cette princesse si chère et si parfaite. Madame la princesse de Montbéliard pleura avec moi toute la soirée. Malgré le bonheur dont jouissait cette fille chérie, elle avait les plus tristes pressentiments. Grâce au ciel, ils ne se sont pas réalisés.

8 septembre. — Il y eut une vraie fête de famille à Étupes : on avait choisi dans les jardins un endroit destiné à placer un monument, pour rappeler la visite du grand-duc Paul, lorsque tous les enfants du prince de Montbéliard se trouvaient réunis.

Ce monument fut inauguré ce 8 septembre. C'était une manière de petit autel fort simple. Il disparaissait ce jour-là sous les guirlandes dont on l'avait couvert. Nous avions toutes tressé des roses trémières et des marguerites. Madame la princesse de Montbéliard, trouvant parmi elles quelques scabieuses, s'en tourmenta et les fit ôter. Des vers ont été gravés sur la pierre. Le chevalier de Florian en est l'auteur :

> Ici la plus heureuse et la plus tendre mère
> Réunit onze enfants, idoles de son cœur,
> Et voulut consacrer cette époque si chère
> De son amour, de son bonheur.
> Passant, repose-toi sous cet épais ombrage,
> Et, si tu chéris tes enfants,
> Respire ici quelques instants ;
> Tu les aimeras davantage.

10 septembre. — Je partis d'Étupes pour aller passer quelques jours chez mon père à Schweighausen. Il me fallait m'occuper de préparatifs, car le 13 nous devions avoir l'honneur de recevoir M. le prince et madame la princesse de Montbéliard, qui se rendaient à Strasbourg, où madame la grande-duchesse devait les rejoindre.

Mon père leur donna à dîner, ce qui ne fut pas une petite affaire pour un homme de son âge, accoutumé à une paix si absolue. Il n'en fut pas moins heureux de posséder chez lui ces excellents princes qui nous avaient comblés de bontés depuis tant d'années. Leur suite mangea à Aschpach, petit village à un quart de lieue.

Après le dîner, je partis avec Leurs Altesses pour aller coucher à Schélestadt. Nous y trouvâmes un des messieurs de Wurmser, qui est lieutenant-colonel au régiment d'Anhalt, et le comte de Wartensleben, également lieutenant-colonel au même régiment, et dont la femme était dame de madame la duchesse de Wurtemberg.

14 septembre. — Nous allâmes dîner à Strasbourg, et, le jour même, le comte et la comtesse du Nord, le prince et la princesse de Holstein y arrivèrent aussi de leur voyage de Suisse. Ils étaient d'une gaieté vraiment communicative. Nous fîmes un souper très-amusant.

M. de La Fermière raconta ses caravanes dans les montagnes, et comme quoi il manqua bien des fois de tomber au milieu des précipices, n'étant pas précisément léger comme une gazelle. On lui fit mille plaisanteries qu'il prit de très-bonne grâce.

15 septembre. — Nous étions une colonie tout entière avec Leurs Altesses. Nous vîmes encore arriver le duc et la duchesse de Deux-Ponts. Le prince Max, son frère, a épousé une princesse de Hesse-Darmstadt [1]. Ils étaient fort jeunes tous les deux. Le duc régnant avait épousé la princesse Amélie de Saxe. Cette union commençait déjà à se briser. Madame la comtesse du Nord en fut tout attendrie; elle est si heureuse, elle comprend le malheur des autres. Le prince se détachait beaucoup de la princesse Amélie, et avait une maîtresse qui le dominait et dont le pouvoir devenait sans bornes: on en craignait de bien tristes conséquences. La duchesse, si jeune et si charmante, dépérissait à vue d'œil, elle se mourait de chagrin, et est morte depuis, en effet, sans avoir été plus heureuse, au contraire. Le duc régnant de Deux-Ponts est le prince Charles II, lieutenant général au service de France. Ses deux sœurs, la princesse Auguste et la princesse Marie, ont épousé, l'une l'électeur de Saxe, et l'autre le palatin de Birkenfeld. Le duc Charles était le neveu du duc de Deux-Ponts, tué si malheureusement en 1775 par une chute de voiture. Il avait un fils, le prince héréditaire de Deux-Ponts, âgé de six ans alors.

Cette pauvre jeune princesse de Deux-Ponts nous

---

[1] Le prince Max hérita de Deux-Ponts en 1795, de l'électeur palatin en 1799, fut roi de Bavière, en 1805. Il a eu de la princesse de Darmstadt deux fils, et deux filles dont une, la princesse Augusta, fut mariée au prince Eugène Napoléon (Beauharnais), depuis duc de Leuchtemberg. Quatre princesses sont nées de la princesse Caroline de Bade, sa seconde femme.

faisait pitié à tous. Je me souviens qu'elle portait au bras un magnifique bracelet avec le portrait de son mari ; c'était un cadeau de noces. Madame la grande-duchesse l'admira, mais elle fit quelques remarques sur le portrait.

— Cela n'est pas très-ressemblant, Madame, dit-elle.

— Cela l'était alors, dit-elle ; mais depuis ce temps il est bien changé.

Elle leva les yeux au ciel, en prononçant ces mots, et elle soupira d'une manière si touchante que nous en fûmes tous émus.

Madame la comtesse du Nord lui fit une visite, et alla ensuite chez la princesse Christine de Saxe. Cette princesse, comme on sait, résidait presque toujours à Strasbourg, bien qu'elle fût abbesse du chapitre de Remiremont. Elle était aussi bonne que laide et sœur de l'électeur Frédéric-Auguste, marié à Marie de Bavière. La pauvre duchesse de Deux-Ponts, dont je viens de parler, était sa sœur aussi, mais elle ne lui ressemblait point.

La cathédrale sembla merveilleuse à M. le comte du Nord, cette flèche de dentelle l'étonna, et puis l'horloge, un des plus beaux morceaux connus en ce genre. Elle fut faite en 1570 par Hubrecht [1].

La cathédrale de Strasbourg, qui était devenue un temple protestant après la réformation, fut rendue au culte catholique à la suite du traité de Westphalie, qui rétablit la religion catholique à Strasbourg. L'évêque, dont le siége avait été transporté depuis un siècle et demi à Molsheim, revint aussi prendre possession du palais épiscopal.

[1] Cette horloge, qui ne marchait plus, a été rétablie par M. Schwilgué, il y a quelques années.

Les églises de Saint-Pierre-le-Vieux et de Saint-Pierre-le-Jeune furent partagées entre les protestants et les catholiques. Les catholiques disposèrent du chœur, et les protestants de la nef.

Il en fut de même pour beaucoup d'églises d'Alsace, où cela existe toujours.

Après l'Arsenal on visita le tombeau du maréchal de Saxe dans le temple protestant de Saint-Thomas. C'est le 20 août 1777 qu'a eu lieu la translation du corps. M. Blessig, jeune ministre, a fait un beau discours; je me rappelle qu'il finissait ainsi :

— Tu dors, Maurice, mais tes fils nous protégeront; voilà tes titres vivants.

C'était un compliment pour le régiment de Schomberg-Dragons, autrefois régiment des huhlans du maréchal de Saxe. Le vainqueur de Fontenoy et de Laufeld était, comme chacun sait, fils naturel de l'électeur de Saxe, roi de Pologne, et de la comtesse de Kœnigsmarck, par conséquent grand-oncle de l'électeur de Saxe actuel et de la duchesse de Deux-Ponts, sa sœur [1]. On a fait deux gravures différentes de ce monument dû à Pigale ; cela tient à ce que, dans l'origine, le sculpteur avait placé au fond un Amour éteignant son flambeau. On critiqua cette pensée, elle était peu convenable, en effet, pour un lieu saint. Il mit un casque sur la tête de cet Amour, pour en faire le dieu de la guerre. Mais en 1777, il rétablit la figure telle qu'elle était auparavant, et les gravures faites depuis sont conformes au mausolée actuel.

Le nom de Schomberg me rappelle un duel qui eut lieu, il y a quelques années, entre M. de Schomberg

---

[1] A cette cérémonie la princesse Christine de Saxe avec sa cour représentait sa famille. Le baron de Gore, son chevalier d'honneur, portait le cœur du maréchal dans une boîte d'or.

et le baron Lefort, de Genève, lieutenant-colonel de son régiment, beau-frère du baron de Falkenhayn, notre cousin, général qui a commandé en Corse. Tous deux à genoux, et tenant de la main gauche le bout d'un mouchoir, tirèrent un coup de pistolet au signal donné. M. de Schomberg a reçu dans le corps une balle dont il souffrit toujours beaucoup. M. Lefort n'eut qu'une mèche de cheveux enlevée. C'est M. de Schomberg qui a été l'agresseur et il a eu la loyauté de le reconnaître.

En cette même année 1782, Frédéric Lefort, aide-major de M. de Falkenhayn, a apporté au roi la nouvelle de la reddition de Minorque et du général Murray. A cette occasion, M. de Crillon, lieutenant général au service d'Espagne, fut nommé capitaine-général par Sa Majesté Catholique. Nous retrouverons M. de Crillon, et c'est pour cela que j'en parle ici.

Le soir, nous allâmes à la comédie; on y donna *la Fée Urgèle*, pièce fort à la mode, on y chanta des couplets, composés pour M. le comte et madame la comtesse du Nord, par le sieur Belleval, comédien du roi; ils n'en étaient pas meilleurs pour cela.

En sortant du spectacle, nous avons trouvé le clocher de la cathédrale illuminé du haut en bas. M. le comte du Nord, qui n'avait jamais rien vu de pareil, en a été frappé d'admiration. Rien n'est aussi beau, dit-on, pas même la girandole de Saint-Pierre de Rome.

16 septembre. — Nous allâmes au polygone, où il se fit des exercices. Leurs Altesses impériales étaient accompagnées du marquis de la Salle, qui commande à Strasbourg, sous M. le maréchal de Contades, commandant en chef; de M. le marquis de Paulmy, général; de M. le marquis de Peschery, lieutenant de roi du gouvernement général; et de M. de Lort, lieute-

nant de roi de Strasbourg; M. d'Aumont, cordon rouge, directeur du génie; de Roucy, colonel du régiment de la Reine-Cavalerie ; marquis de Toulongeon, colonel de Dauphin-Cavalerie; comte de Pontevès, colonel de Royal-Corse; baron de Chazelles, lieutenant-colonel d'Angoumois; de Marzy, commandant l'école d'artillerie.

Madame la princesse Christine de Saxe se trouva également au polygone, ainsi que la marquise de la Salle et les principales dames de Strasbourg. Les femmes aiment ces revues; elles s'y montrent à leur avantage. Nous fîmes nos adieux au polygone, où chacun vint saluer les princes et les princesses, et nous partîmes pour Bischofsheim, ville d'Allemagne, où nous devions dîner pour coucher ensuite à Carlsruhe, charmante résidence du margrave de Baden.

En passant à Rastadt, nous fûmes tout surpris d'y trouver le margrave et la margrave venant au-devant de Leurs Altesses impériales. Ils leur offrirent une charmante collation. Tout ce pays est délicieux, nous eussions vivement désiré le parcourir en détail. Nous trouvâmes à Carlsruhe, où un monde prodigieux nous attendait, tous les princes et princesses de Darmstadt, le duc et la duchesse de Deux-Ponts, enfin tout un congrès.

Il fallut encore recommencer les toilettes ; madame la grande-duchesse en fit une délicieuse ; elle avait la plus jolie coiffure du monde, envoyée de Paris par Léonard, le coiffeur de la reine, qui l'avait inventée pour elle. A onze heures du soir, l'on entendit dans un concert la fameuse Todi qui enchanta ses illustres auditeurs. On a fait sur son nom un calembour que voici. Quelqu'un demandait à un amateur qui il préférait de madame Todi ou d'une autre cantatrice.

— Ah ! c'est bien *Todi* (bientôt dit), répondit-il.

Cette célèbre chanteuse devait rester quelque temps en Allemagne, retourner à Paris et ensuite se rendre en Russie. Elle est Portugaise et s'est fait connaître d'abord en Angleterre. Sa figure est belle et sérieuse ; elle a beaucoup de sensibilité, elle remue le cœur et est admirable dans la tragédie lyrique.

On soupa à deux heures du matin et on ne se retira que vers trois heures, rendus de fatigue et excédés de plaisir.

17 septembre. — Nous partîmes tous de Carlsruhe pour aller dîner à Ensberg, petite ville sur la frontière du duché de Wurtemberg, où le duc régnant avait fait construire un asile composé de plusieurs salles de verdure, exprès pour recevoir madame la grande-duchesse. Il avait placé à côté un arc de triomphe et des emblèmes de toute espèce. C'était une chose délicieuse que ce petit endroit. Une foule de jeunes filles attendaient la princesse avec des bouquets magnifiques ; elles prononcèrent un compliment, et servirent Leurs Altesses dans cette maison improvisée. Ce repas fut charmant. Le duc de Wurtemberg animait toute la conversation : il avait tant d'esprit et savait si bien s'en servir !

Nous arrivâmes le soir à Stuttgard, au bruit du canon, aux acclamations de toute la populace accourue au-devant de madame la comtesse du Nord et de sa famille. C'était une joie universelle. La maison de Wurtemberg est très-aimée de ses sujets ; ils regardent leurs princes comme leurs pères, et tout ce qui contribue à la gloire de cette maison leur est comme personnel. Le grand-duc fut presque porté en triomphe ; les maisons s'illuminèrent spontanément ; le palais ducal fut entouré toute la nuit de curieux et retentissait des vivats.

Lorsque les illustres voyageurs sortirent pour aller au théâtre, ils furent accompagnés par la foule et applaudis tout le temps. Entrés dans la salle, l'enthousiasme fut plus grand encore.

On joua un grand opéra italien intitulé : *les Fêtes thessaliennes* [1]. La plus grande partie des acteurs ainsi que tout l'orchestre sont formés dans l'académie établie par le duc une dizaine d'années auparavant.

Il y faisait élever avec le plus grand soin des jeunes gens de tous les états, et les faisait instruire à fond dans le métier dont ils faisaient choix et qu'ils devaient embrasser un jour.

Le coup d'œil du théâtre était splendide. Les femmes étaient couvertes de diamants et dans leurs plus beaux atours. Presque toute la noblesse et les comtes de l'empire étaient venus à Stuttgard pour cette époque, ainsi que le duc et la duchesse de Deux-Ponts, les princes de Darmstadt, de Hesse, etc. Après l'opéra il y eut grand souper.

18 septembre. — Après un grand dîner de gala où l'on étouffait, un opéra italien, où M. de La Fermière s'endormit du sommeil du juste, nous fîmes un charmant souper en retraite, pour lequel Son Altesse le duc de Wurtemberg ne retint que les princes et princesses étrangères. Pendant ce souper, il demanda à son illustre nièce, d'un air fort galant, si elle voudrait dîner le lendemain là où il la conduirait et qu'il en serait tout à fait reconnaissant. Madame la grande-

---

[1] L'opéra des *Fêtes thessaliennes* a été écrit en français par M. Uvot, professeur à l'académie Caroline, et traduit en italien par Verazi. La musique est de A. Poli, maître de musique du duc Charles; les ballets sont de Regnault, son maître de ballets. Cette pièce allégorique, composée pour la circonstance et qui n'est pas sans mérite, a été imprimée en français et en italien. *Stuttgard*, Colla, 1782, in-4°.

duchesse, qui se doutait parfaitement de ce qu'il voulait dire, se hâta d'accepter avec le sourire le plus aimable.

— Tenez-vous donc prête à m'accompagner à la campagne, Madame ; je tâcherai que vous ne vous y ennuyiez pas trop, ajouta-t-il en souriant, et vous y ferez aussi une nouvelle connaissance pour laquelle je vous demanderai vos bontés.

J'ai déjà dit que le duc Charles avait eu une jeunesse fort dissipée, et qu'après avoir éparpillé son cœur entre cent maîtresses, il avait rencontré un véritable amour. D'une haute naissance, dans tout l'éclat de sa jeunesse, la belle *Francisca* réunissait les talents et les grâces. Elle fut pour le prince une véritable amie. Grâce à son influence, le duc de Wurtemberg ne songea plus qu'au bonheur de son peuple ; il réforma ses dépenses et devint le meilleur comme il était déjà le plus éclairé des princes. Il tourna vers le bien les facultés précieuses qu'il avait reçues de la nature.

La duchesse, sa femme, mourut en 1780, et déjà il songeait à contracter mariage avec la comtesse de Hohenheim (c'était le titre qu'il avait conféré à son amie, du nom d'un château qui lui appartenait, près de Stuttgard), mais des raisons d'État retardèrent seules une union qui se fit en 1786, et qui eut l'approbation générale. Beaucoup de personnes soutenaient qu'ils étaient déjà mariés en secret. Il ne m'appartient pas, maintenant surtout, d'exprimer mon opinion sur ce que cette position pouvait avoir de faux et de délicat pour la comtesse de Hohenheim, aux yeux de ceux qui étaient bien instruits de la position des choses ; ce que je puis dire, c'est que la cour se rendait chez elle, et semblait pressentir par ses respects et son empressement l'événement qui sanctifia ses liens. Moins que tout autre, le grand-duc pouvait attaquer une position déjà admise, et madame la comtesse du Nord ne fit que suivre son désir en acceptant avec grâce, et comme toutes les autres princesses, la proposition du duc, son oncle. Ce qui distinguait la comtesse de Hohenheim était une noble et exquise simplicité. Les rares qualités de son cœur, l'étendue de son instruction et de son esprit, la mettaient au-dessus de la plupart des femmes d'Allemagne, dont l'éducation est cependant si remarquable. Elle aimait les arts, les cultivait elle-même ; elle eût voulu faire de Stuttgard une nouvelle Athènes. Elle avait trente-quatre ans à cette époque, et le duc en avait cinquante-huit lorsqu'il l'épousa quatre ans plus tard. Il y avait donc vingt ans de différence entre eux deux. Elle aima toujours le duc d'un amour sincère et désintéressé.

20 septembre. — Nous allâmes dîner à Hohenheim, où la comtesse de Hohenheim reçut ses hôtes avec le tact le plus parfait et le plus exquis. Elle sut tenir sa place et réserver celle des autres, se montra reconnaissante de l'honneur qu'elle recevait, mais sans en paraître étonnée. Malheureusement il plut du matin au soir, et on ne put admirer ce charmant séjour, comme l'aurait désiré le duc Charles, qui l'avait arrangé lui-même avec tant de soins. Madame la comtesse du Nord s'en aperçut.

— Nous reviendrons demain, mon oncle, lui dit-elle au moment où il fallait partir.

— Ma nièce, vous êtes aussi bonne que belle, et vous avez autant de cœur que d'esprit, lui répondit-il.

21 septembre. — On retourna, en effet, à Hohenheim, où le plus beau soleil permit de visiter en entier le parc. Ce qu'on appelle le *Village anglais* me rappela celui de Trianon ; c'est moins grand peut-

être, mais tout aussi orné, tout aussi joli. La comtesse conduisit elle-même madame la grande-duchesse lorsque celle-ci l'en eut priée, et rien ne fût agréable comme sa conversation sans pédantisme, sans fausse modestie, juste ce qu'il fallait être.

On revint à Stuttgard pour un grand bal paré, où madame la comtesse du Nord dansa beaucoup et fut très-admirée. Elle vint me chercher dans un coin où je causais, pour me forcer à danser. J'eus beaucoup de peine à m'y décider, n'ayant jamais aimé la danse.

21 septembre. — Après avoir été à l'Académie, puis dîné en gala, on partit pour Louisbourg, l'une des résidences du prince. C'est un beau château où se trouve une salle d'opéra magnifique. Tout y était disposé pour un bal masqué, où les étrangers furent priés et où pas un ne manqua. Il y eut de très-jolis déguisements. M. de La Fermière était en moulin à vent; il avait ainsi la figure la plus amusante. Il raconta mille drôleries à tout le monde, sans compter les malices. Madame la comtesse du Nord s'étant approchée de lui, il fit semblant de ne pas la reconnaître et lui dit, sur elle-même, les choses les plus délicates et les plus charmantes.

22 septembre. — Visite à l'école militaire des orphelins, où le duc fait élever les pauvres enfants des soldats. C'est un bienfait pour le pays et pour l'armée, si armée il y a dans un État peu considérable.

En visitant la manufacture de porcelaine, le duc fit des présents à tout le monde, et donna à son illustre nièce une cheminée sans pareille bien certainement, avec des camaïeux et des médaillons tous plus jolis les uns que les autres.

On alla coucher à la *Solitude*, admirable château que

le duc fit bâtir autrefois, au temps de ses folies, à trois lieues de Louisbourg, sur une montagne ; la vue en est d'une étendue superbe. Le château est immense et parfaitement régulier ; il fut illuminé ainsi que l'avenue : on croyait voir le palais du soleil. Après un opéra italien, il y eut grand souper dans la salle des Lauriers, où les statues, les vases, les tables servies, les lumières à profusion, formèrent un coup d'œil merveilleux.

23 septembre. — On dîna encore à la *Solitude*. On parcourut les jardins en voiture, on traversa les écuries, presque aussi fameuses que celles de Chantilly, bâties en pierre, pour trois cents chevaux. Au milieu se trouve une grande rotonde ornée de quatre fontaines où on a souvent mangé : c'est royal. Le duc, en montrant tout cela à son auguste nièce, lui répétait :

— Je m'en repens, je m'en repens, Madame ; alors j'étais entraîné par la jeunesse ; je ne pensais pas assez à mon peuple qui avait tant besoin d'une pensée constante. Aujourd'hui je ne construis plus de palais, je bâtis des hospices.

Le comte du Nord entendit ces paroles.

— Monsieur, répondit-il, il n'est pas aussi insensé d'élever des palais que vous voulez bien le dire. La grandeur des princes est celle des peuples, et tout l'argent que vous avez dépensé ici a donné du travail et par conséquent de l'aisance à vos sujets.

Ils avaient raison tous deux.

En rentrant à Stuttgard, nous allâmes au théâtre allemand voir jouer l'*Irwish* [1].

24 septembre. — On dîna à midi, et on alla à une

---

[1] Le Derviche.

espèce de château, entouré d'eau, que l'on appelle le *Beeren-See*, où le duc avait fait préparer une chasse. On vit arriver à la fois quatre mille cerfs ou biches, marchant en troupeau; ils traversèrent en partie le lac : c'était le coup d'œil le plus singulier possible. Les chasseurs en furent enthousiasmés, mais les spectateurs s'attendrirent sur ce malheureux gibier sacrifié d'avance et dont on fit une horrible boucherie. On en emporta des charrettes pleines dont le duc fit des présents.

Nous retournâmes à Stuttgard. Le duc donna un souper et un bal particulier aux princes et princesses. Un fond de tristesse me suivait partout. Encore quelques jours, et ma chère princesse allait partir, et je ne la reverrais plus sans doute. Madame sa mère n'en parlait qu'à moi, parce que nos impressions étaient les mêmes. Nous ne cessions de causer de cette séparation, et nous nous en désolions ensemble.

25 septembre. — Le duc régnant vint avec la comtesse de Hohenheim prendre madame la comtesse du Nord pour la mener visiter l'Académie des jeunes gens dont il s'occupe beaucoup; elle fut de là à l'église russe, où officia un prêtre de cette religion que le comte et la comtesse du Nord ont à leur suite. Après, dîner en gala, et, au grand Opéra italien, *Didon abandonnée*.

26 septembre. — On alla voir la maison de la comtesse de Hohenheim en ville; c'est une bonbonnière, ornée avec un art et une richesse inouïs. Le soir, concert au palais, dans un salon appelé *temple d'Apollon*, peint à fresque. Dans une galerie, un parterre de fleurs ayant au milieu un jet d'eau qui s'élance à la hauteur du plafond.

Les princes et les princesses soupèrent encore entre

eux. A la suite du souper eut lieu une scène bien cruelle et bien douloureuse. Madame la comtesse du Nord ne faisait que pleurer depuis la veille; elle devait partir le lendemain, et elle était dans un affreux désespoir. Madame la princesse de Montbéliard faisait pitié plus qu'elle encore, son cœur se fendait sans qu'elle pût pleurer, nous croyions qu'elle étoufferait. Lorsque nous l'eûmes mise au lit, j'allai dans l'appartement de madame la grande-duchesse, où je restai avec elle jusqu'à deux heures du matin. Ce qu'elle me raconta sur son existence, celle de son mari, celle de l'impératrice, ne peut se répéter : c'est dommage, ces Mémoires y gagneraient en intérêt, mais je me suis promis de me taire. Je ne fis que pleurer toute la nuit, et le lendemain, 27 septembre, fut un des plus cruels jours de ma vie.

Je n'oublierai jamais ce triste jour de leur départ et d'une séparation déchirante. Je conduisis madame la comtesse du Nord jusqu'à son carrosse, où il fallut nous arracher l'une à l'autre.

— Ne quitte pas ma mère, ma bonne Lane, disait-elle au milieu de ses sanglots. Oh ! ma mère, ma mère !

M. le comte du Nord fit fermer la portière en m'adressant un adieu plein d'affabilité et de tristesse.

— Nous nous reverrons, madame d'Oberkirch; vous viendrez nous chercher sous nos glaces.

— Adieu, chère Lane, répétait la princesse.

La voiture partit !... Je passai toute la journée en retraite avec ses parents désolés; nous donnâmes carrière à nos larmes. Madame la grande-duchesse envoya quatre courriers avec des lettres pour eux et pour moi. Elles étaient si tendres et si bonnes que nos sanglots en redoublaient. Elle emportait avec elle toute notre joie. Le duc régnant montra un intérêt véritable pour sa belle-sœur et pour sa nièce.

— Consolez-vous, disait-il ; elle va au plus beau trône du monde.

Oui, mais ce trône nous l'enlevait.

28 septembre. — Le prince et la princesse de Montbéliard partirent, ce qui fut encore une séparation pénible pour moi. Je restai toute cette journée et celle du 29 à Stuttgard pour y voir mes anciennes connaissances, et surtout mademoiselle de Cramm, qui, lorsque j'avais eu la petite vérole, l'année précédente, m'avait admirablement soignée et montré une amitié sincère et dévouée. Cette charmante fille, si bonne et si aimable, et qui méritait si bien d'être heureuse, épousa depuis M. de Mandelsloh [1].

29 septembre. — Nous partîmes, mon père et moi, pour Strasbourg, où nous devions passer l'hiver.

Ainsi se termina ce voyage, si plein d'agréments, si satisfaisant et si flatteur pour moi et pour les miens. Je restai quatre mois et demi dans l'intimité des personnes les plus haut placées qui toutes m'honoraient de leur bienveillance. Je ne quittai pas d'un instant ma chère princesse, ma première, ma meilleure amie ; ce fut un brillant rêve que Dieu, malgré toute sa bonté, ne me rendra plus.

[1] Père de M. le comte de Mandelsloh, ancien ministre de Wurtemberg près les cours de Londres, de Berlin, de Vienne et de Saint-Pétersbourg, et de monsieur son frère, marié à une Degenfeld.

FIN DU PREMIER VOLUME.

TABLE DES SOMMAIRES

DU PREMIER VOLUME

Dédicace.. v
Avant-Propos.. vii
Introduction de l'auteur............................. 1

CHAPITRE PREMIER.

Ma naissance. — Mes grands-parents. — Mulhouse. — Mon père. — Ma mère morte jeune. — Mes oncles. — Le régiment de Bouillon. — Le roi Dagobert. — Le château où j'ai été élevée. — Mon éducation. — Les Waldner. — Les Berckheim. — Les Glaubitz. — Montbéliard. — Le duc Frédéric-Eugène de Wurtemberg vient s'y établir... 4

CHAPITRE II.

M. de Waldner à Paris. — Présentation à Versailles. — Le prince de Montbéliard et sa famille. — Portrait de sa mère, princesse de la Tour et Taxis. — Première visite. — Le château de Montbéliard. — La princesse Dorothée de Wurtemberg. — Mademoiselle Schneider, ma femme de chambre. — Madame Hendel, femme de charge à Montbéliard. — Le baron de Maucler. — Naissance d'un prince. — Construction du château d'Etupes. — Visite du duc régnant de Wurtemberg. — Détails sur ce prince. — Négociation de son mariage. — Folles dépenses. — Remontrances des États. — Fiançailles du duc. — La comtesse de Hohenheim. — Le prince Louis-Eugène. — Pourquoi les trois frères se nomment Eugène.
14

CHAPITRE III.

1770-1775. Marie-Antoinette à Strasbourg. — Étiquette vis-à-vis des princes étrangers. — Entrée de la dauphine. — Fêtes et présentations. — Portrait de Marie-Antoinette. — Pavillon de l'île du Rhin. — Fâcheux pronostic. — Détails et mots de la dauphine. — Fêtes à Montbéliard. — Le baron et la baronne de Borck. — La comtesse de Wartensleben. — Le jeu de *Colin-Maillard à l'ombre*. — Doléances. — La princesse Dorothée de Wurtemberg. — Son affection pour moi. — Confiance de la princesse sa mère. — Des sermons. — Origine du surnom de Lane. — Naissance d'un prince. — Les jardins d'Étupes. — M. Tronchin, de Genève. — Antiquités de Maudeure. — L'ermite. — Surprise. — Gouvernement de Montbéliard. — Spectacle à Étupes. — Le prince-abbé de Murbach. — Le vicomte de Bombelles. — Nullité d'un mariage avec une protestante. — La duchesse de Mazarin. — Discussions. — M. de Wittgenstein. — Le baron de Reinach. — Le général de Stralenheim. — Le baron d'Obenheim. — Le général de Wangen. — De l'ordre du Mérite militaire. — Les Juifs. — Ollwiller. — Le comte de Waldner, premier grand-croix. — Naissance du prince Frédéric. — Mort de Louis XV. — Poufs au sentiment. — Le margrave de Bareuth et mademoiselle Clairon. — Accident et mort du duc de Deux-Ponts. — Duel du baron de Pirch. — Le prince de Wurtemberg à Schwelghausen. — Le président de Goll. — Milord Charles Howard. — Privilége des ducs de Norfolk. — Voyage des princes à Potsdam. — Mesdemoiselles de Schilling et de Grollmann. — Méprise de M. de Cernay. — Sacre de Louis XVI. — M. de Malesherbes. — Sur le duc de la Vrillière. — Mademoiselle de Schilling et le roi de Prusse. — Le conseiller Rossel. — Madame de Salomon. — M. de Daguet. — Le colombier. — Le prince de Taxis. — Mariage projeté avec le prince de Darmstadt. — Les portraits en taille-douce. — Le jour de naissance. — Taquineries. — Lettres de deux princesses.................. 29

CHAPITRE IV.

Le duc d'Aiguillon, le maréchal de Contades, le baron de Lort, M. de Marzy. — MM. de Berckheim. — Lettre de la princesse de Wurtemberg. — L'acte oratoire. — L'orage. — Lettres du prince de Dessau. — Visite au prince de Heydersheim. — Son luxe. — Le chapitre d'Ottmarsheim. — Madame de Flachsland. — Couleurs à la mode. — Sacre de l'évêque de Bâle. — Charge héréditaire des Rothberg. — La maison de Wangen. — M. Goethe; il m'écrit. — Mon mariage. — Le baron d'Oberkirch. — MM. de Wurmser. — Bonté des princes de Wurtemberg. — La princesse Dorothée se marie. — Négociations du prince Henri de Prusse. — Ses rapports avec Catherine II. — Le grand-duc Paul Petrowitz part pour Berlin. — Départ de la princesse. — Déchirants adieux. — Elle m'écrit du jour de l'entrevue. — Elle est rebaptisée sous le nom de Marie-Fœdorowna. — Fiançailles. — Nouvelle lettre de la grande-duchesse. — Elle part pour Saint-Pétersbourg. — Elle m'écrit de cette ville, le 27 décembre. — Charmante lettre. — Retour de ses parents à Montbéliard. — Touchants épisodes. — Lettre de M. Wieland.. 67

CHAPITRE V.

Naissance de ma fille. — Ses illustres parrains et marraines. — Lettre de la grande-duchesse de Russie. — Autre lettre de la même. — Joseph II, empereur, à Stuttgard. — Ingénieuse plaisanterie du duc Charles. — Naïveté du maréchal de la cour. — Fief de Falkenstein. — Le prince postillon. — Joseph II à Strasbourg. — Le marquis de Vogüé. — Portrait de l'empereur. — Son costume. — La dame de la halle. — Vers. — Désappointement de Voltaire. — Le bourreau de Colmar. — La poire d'angoisses. — L'exécution. — Madame Hitzelberg. — Naissance d'Alexandre Paulowitz. — Lettre de la grande-duchesse Marie. — Aimable idée du grand-duc Paul. — M. d'Aumont. — Le baron de Flachsland. — Grandes réceptions à Ollwiller. — Le prince Max de Deux-Ponts. — Droits des protestants.................................. 93

CHAPITRE VI.

Le nouvel hôtel de ville à Montbéliard. — *Les Rêveries.* — Le comte Sigismond de Wurmser. — Il passe au service d'Autriche. — Musique envoyée au grand-duc de Russie. — Lettre de Paul Petrowitz. — Aventure du baron de Hahn. — Le prince Louis de Rohan. — Naissance de Constantin Paulowitz. — Madame de Schack. — Mariage du prince de Nassau-Saarbruck et de la princesse de Montbarey. — Un mari de douze ans. — Du comté de Saarbruck. — Vers. — M. de Dietrich. — Fêtes au château de Reishoffen. — Le drôle de mari.. 118

CHAPITRE VII.

1780. Le commandeur de Waldner fait maréchal de camp. — La cour de Montbéliard en deuil. — Conversation avec l'abbé Raynal. — Colère de madame Hendel. — Lettre de la grande-duchesse de Russie. — Madame de Benckendorf. — Le comte de Cagliostro à Strasbourg. — Visite au cardinal de Rohan. — Sa résidence de Saverne. — Sa magnificence. — Obélisque qu'il fait élever à Turenne. — Le comte de Cagliostro. — Accueil qu'il reçoit. — Mes rapports avec lui. — Prédictions. — Mort de Marie-Thérèse. — Courage. — Vers.

1781. Départ pour Montbéliard. — MM. de Wangen et de Wittinghoff.

— Mariage de la princesse Frédérique. — Le prince coadjuteur de Lubeck. — De la ville et du chapitre de Lubeck. — Arrivée de l'Empereur à Montbéliard. — Je soupe avec S. M. — But de son voyage. — Mariage du grand-duc de Toscane avec la princesse Élisabeth. — Confidence de la duchesse de Montbéliard. — La landgrave de Hesse-Cassel. — La princesse Antoinette me prend en amitié. — Départ. — Dîner chez le cardinal de Rohan. — Encore Cagliostro. — Extravagance de quelques femmes. — Foi du cardinal en Cagliostro. — Confidences. — Réflexions....... 128

CHAPITRE VIII.

Naissance d'un nouveau prince. — Projet de voyage du grand-duc et de la grande-duchesse de Russie. — Ils partent de Saint-Pétersbourg. — Les parents de la princesse vont la rejoindre. — Je pars avec eux. — Réception à Stuttgard. — Je tombe malade. — Dévouement de mademoiselle de Cramm. — Chagrin. — Consolation. — Projet de voyage à Paris. — Journal. — Lettre de Vienne. — Naissance du dauphin. — Mode des dauphins en or. — Anniversaire de la réunion de Strasbourg à la France. — Fêtes. — M. Gérard. — Pièce de M. Rochon de Chabannes. — Naïveté des paysans. — La princesse Christine de Saxe. — Le chapitre de Remiremont. — Discussions entre les dames *tantes* et les dames *nièces*. — Le baron de Wimpffen. — M. de Flachsland. — M. de Saint-Germain, ministre de la guerre. — M. de Maurepas. — Présentation à Fontainebleau. — Singulier costume. — Événement tragique. — Mort de deux princesses de Wurtemberg. — Nouvelles de Venise et de Naples............................... 151

CHAPITRE IX.

Départ. — La douairière d'Oberkirch. — La branche catholique. — MM. de Butler et de Sœttern. — Le marquis de Talaru. — Lunéville. — La gendarmerie. — Le maréchal de Stainville. — Le prince de Monaco. — M. de Stainville et le régent. — Les Zuckmantel. — La comtesse de Lénoncourt. — Les *grands chevaux* de Lorraine. — La seconde chevalerie. — M. Franck, le *grand patriote*. — La famille Helvétius. — Les d'Andlau. — Le bon roi Stanislas. — Les comtes de Ligneville. — Nancy. — Cathédrale de Toul. — Les écrevisses. — Naïveté de l'aubergiste. — Le rocher de Sisyphe. — Les commis de la ferme. — Châlons-sur-Marne. — Paris. — Le prince Baradinsky. — Champigny. — Le marquis de la Salle. — Les robes de la comtesse du Nord chez mademoiselle Bertin. — Souper chez la baronne de Hahn. — Je vais au-devant de la comtesse du Nord jusqu'à Froidmanteau.
168

CHAPITRE X.

Arrivée de la comtesse du Nord. — Tendre entrevue. — Bienveillance du comte du Nord. — La marquise de Bombelles. — Sa famille. — La marquise de Travanet. — La marquise de Louvois. — Folies du marquis de Louvois. — Singulière anecdote. — Mademoiselle Colombe, de la Comédie italienne. — Affluence à l'ambassade de Russie. — Portrait du comte du Nord. — M. et madame de Benckendorf. — Le prince Kourakin. — Trait de générosité du comte du Nord. — Procession des cordons bleus. — La comtesse Skrzawonsky. — La comtesse Zoltikoff. — Le général Wurmser. — La cour russe à Versailles. — La baronne de Mackau. — Le prince Baradinsky. — Présentation des illustres voyageurs. — Timidité de Louis XVI. — Le comte du Nord chez le dauphin. — La comtesse de Vergennes. — La famille royale. — Les grandes charges. — Le maréchal de Duras. — Le prince de Beauvau. — Madame la comtesse de Provence. — Madame la comtesse d'Artois. — Concert à la cour. — La reine me dispense du cérémonial. — Sa Majesté me parle plusieurs fois. — Le sieur Legros et madame Mara. — Souper chez madame de Mackau. — Attention du comte du Nord. — L'*Inconnu persécuté*. — Rondeau. — Accident et bonté de la comtesse du Nord. — Pressentiment. — Le petit Trianon. — La *Reine de Golconde*. — M. de Monsigny. — Souper chez la princesse de Chimay. — Son singe. — Les bouquetières du Pont-Neuf. — Les prisonniers de la Force. — Mot du roi. — Les enfants de France. — Les femmes des ministres. — Goûts de Louis XVI. — Les ducs d'Aumont et de Villequier. — La duchesse de Villeroy. — M. de La Harpe. — La princesse de Bouillon. — La duchesse de Bouillon et mademoiselle Lecouvreur. — La comtesse de Halwill. — La vicomtesse d'Ecquevilly. — Le vautrait. — Jargon du bel air.................................. 183

CHAPITRE XI.

La comtesse du Nord à Notre-Dame. — Saint-Pierre de Rome et la cathédrale de Strasbourg. — Cadeau de la reine. — *Iphigénie en Tauride*. — Mademoiselle Laguerre ivre. — Le duc de Bouillon son amant. — Couplets. — Ordre de la Félicité. — Origine des gluckistes et des piccinistes. — Les sujets de la danse. — Incendie de l'Opéra. — M. de Beaumarchais chez la comtesse du Nord. — Jalousie de La Harpe. — Lecture du *Mariage de Figaro*. — Séance à l'Académie. — M. d'Arnoud. — Les cannes *Barmécides*. — Le comte du Nord au Théâtre-Français. — Vers. — La nouvelle salle. — Les acteurs. — Sur la prétendue décadence de l'art. — Le petit Dunkerque. — Variétés amusantes........ 212

CHAPITRE XII.

Chez la comtesse de Vergennes. — Propos indiscret de la comtesse Diane de Polignac. — Brevet de dame. — Spectacle à la cour. — Mademoiselle Heinel, danseuse, se retire au couvent. — Vers. — Les rimailleurs de France. — Les princesses de Chimay. — Les d'Hénin-Liétard. — La comtesse du Nord à Notre-Dame. — Ordonnance du roi sur les enfants protestants. — La comtesse de Bruce. — Jalousie de Catherine II. — Disgrâce. — Les Invalides. — M. Thélusson. — Le Palais-Royal. — Le chat de la maison. — Une petite maison. — Esprit de mademoiselle Dervieux. — Anecdote. — Souper chez madame de Travanet. — Réponse au roi du marquis de G***. — La comtesse du Nord à Bagatelle, chez M. le comte d'Artois. — Vers. — La duchesse de Lauzun. — Passion insolente du duc de Lauzun pour la reine. — La princesse d'Hénin délaissée pour mademoiselle Arnould. — Société de la princesse de Bouillon. — Les globes du père Coronelli. — Le grand-duc au tombeau de Richelieu. — *Thésée*, opéra. — La reine et la comtesse du Nord au bal de l'Opéra. — Aventure du duc de Chartres à ce bal. — Réflexions du comte du Nord......... 226

CHAPITRE XIII.

Déjeuner à Sceaux chez le duc de Penthièvre. — Détails sur le mariage du duc de Chartres. — Répugnance du roi. — Les Carmélites. — M. Prati. — Vers. — Encens grossier. — Visite de la duchesse de Chartres à la comtesse du Nord. — Mesdames de Lawœstine et de Genlis. — Établissements de Saint-Sulpice. — Cadeau de la czarine. — La Folie-Boutin. — Le comte du Nord et M. Necker. — Madame Necker et sa fille. — M. de Condorcet. — Petit événement à la fête de madame de Montesson. — Son mariage avec le duc d'Orléans. — Mot de madame Du Barry. — M. de Caumartin. — Mesdemoiselles Dugazon, Colombe et Lescot, de la Comédie italienne. — Comédie à Trianon. — La reine me parle. — Je suis placée à souper près de Madame Élisabeth. — Entretien sur la famille de Lort. — La femme philosophe auteur de trente-deux volumes........................ 246

CHAPITRE XIV.

Le Luxembourg, lieu de querelles. — M. Daubenton. — Bal paré chez la reine. — A-propos du comte du Nord. — Je parle allemand à la reine. — Souper chez la princesse de Lamballe. — La reine y danse. — Les gardes-françaises. — Le maréchal de Biron.

TABLE DES SOMMAIRES.

— Collation offerte au comte du Nord. — Billet de la comtesse du Nord. — Visite à Chantilly. — Les princes de la maison de Condé et les princes d'Orléans. — Surprises. — M. Laujon. — Illuminations. — L'Ile d'Amour. — Le prince de Condé. — Mademoiselle de Condé. — Bouts rimés. — Chasse aux étangs. — Les fameuses écuries. — Chasse aux flambeaux. — Le duc d'Enghien. — Le duc de Bourbon. — Chasse au cerf. — Vers sur l'amour. — Amitié des deux princes.................................... 263

CHAPITRE XV.

Conversation chez M. le comte du Nord. — Sur la famille royale. — Sur quelques personnes de la cour. — M. de Maurepas. — La maréchale de Luxembourg. — Les convives des dîners et ceux des soupers. — Visite à la duchesse de Polignac. — Ses rapports avec la reine. — Visite de maisons fameuses. — M. Beaujon. — Singulière vie de ce financier. — Ses berceuses. — M. de La Reynière. — Le sieur Clérisseau. — Scène inconvenante qu'il fait au comte du Nord. — Tact de ce prince. — La marquise de la Rivière. — Un nouveau Lycurgue. — Le duc d'Aumont. — La marquise de La Ferté-Imbault. — M. de Burigny. — Sur madame Geoffrin: — *Castor et Pollux*. — Cercle chez la duchesse de Chartres. — A Versailles, chez madame de Mackau. — Madame de Benckendorf tombe malade. — Je la remplace. — La reine et la comtesse du Nord à Marly. — Sèvres, magnifiques cadeaux. — La comtesse du Nord au bal de l'Opéra. — Le parlement. — M. d'Ormesson. — La princesse de Marsan. — Vers sur la princesse de Piémont. — Adieux. — Départ. — Succès des augustes voyageurs. — Mots du comte du Nord...................... 279

CHAPITRE XVI.

Choisy. — Réception par la famille royale. — Ce que me dit la reine. — La table magique. — Orléans. — Les princes à Lyon. — Ménars. — M. de Marigny. — Accent des Blaisois. — Anecdote sur sir William Hamilton. — Le comte de Marmier. — Javotte. — Bienfait. — Nantes. — Le marquis de La Suze. — M. du Coetlosquet. — Encore M. de La Harpe. — Singulier gîte. — Le port de Lorient. — MM. de Pirch et de Weitersheim. — Le *Puissant* met à la voile. — Brest. — Le comte d'Hector. — M. de La Motte-Piquet. — Départ de soixante-dix bâtiments. — Simulacre de combat. — M. Groignard. — Le bas-breton. — Belle-Isle. — Sur madame de Montesson. — Le comte d'Artois et mademoiselle Duthé. — Le duché de Mayenne. — Le maréchal de Broglie. — Le château de Broglie. — Le marquis de Beuvron. — Le duc d'Harcourt. — Le maréchal d'Harcourt................ 300

CHAPITRE XVII.

Le baron de Bock. — M. de Canrobert. — Amiens. — Arrivée du prince Baradinsky. — Le comte d'Ecquevilly. — Le prince de Robecq. — Sur la maison de Montmorency. — Le chien de Nivelle. — Dunkerque. — Ostende. — L'archiduchesse Christine gouvernante des Pays-Bas. — Le prince de Stahremberg. — Les grandes charges. — Anecdote sur le prince de Stahremberg et le duc de Choiseul. — Le prince de Kaunitz. — Le prince de Ligne. — Anecdote. — La religieuse. — Le dreekcheid. — Les vieilles villes de Flandre. — Curieux récit du comte du Nord. — Vision étrange. — Les béguinages. — Dîner chez l'archiduchesse. — La perle malade. — Médaille. — Bal paré à la cour. — Le sellier Simon. — Le prince Galitzin. — M. de Markoff. — Le couvent de Saint-Michel.. 319

CHAPITRE XVIII.

Entrée en Hollande. — Nous voyageons en trois colonnes. — Amitié du comte du Nord pour le prince Kourakin. — M. de Krusse. — M. de La Fermière. — Nous traversons un bras de mer. — Le prince Galitzin. — Sur la maison d'Orange. — Le fou-tulipier. — La maison des bois. — Goûts du stathouder. — Fête. — Madame de Niewerkerke. — Le duc de La Vauguyon. — Dispute de rang. — Les Hollandais. — Le jardinier célèbre. — Réticence du comte du Nord. — M. Reindeck. — Saardam. — Souvenirs de Pierre le Grand. — M. Forth-Lowen. — Les Hollandais et Voltaire. — Le comte Goloffkin. — Souper manqué. — Les postillons ivres. — Le comte de Romanzoff. — Le prince-évêque de Liége. — Le duc et la duchesse de Glocester. — Spa. — La princesse Antoinette de Hesse. — Aix-la-Chapelle. — Le petit Hans. — Bienfaisance du comte du Nord. — Le landgrave de Hesse-Cassel. — Arrivée des princes Louis et Eugène de Wurtemberg. — La noblesse immédiate. — Quantité de princes. — Retour en Alsace. — Les cigognes... 341

CHAPITRE XIX.

Retour à Étupes et à Schweighausen. — Réception. — Encore madame Hendel. — Le comte du Nord. — Le duc régnant. — Fête à Montbéliard. — Sur l'inauguration de la statue de Pierre le Grand. — Départ pour la Suisse. — Monument élevé à Étupes. — Vers de M. de Florian. — Mon père. — Il reçoit les princes et leur suite. — Le comte de Wartensleben. — Le prince et la princesse de Holstein. — Le duc et la duchesse de Deux-Ponts. — Le prince Max. — La princesse Christine de Saxe. — Blessig. — L'Amour changé en dieu de la guerre. — Duel de M. de Schomberg et du baron Lefort. — Vers. — Les chefs de corps. — Rastadt. Le margrave de Baden. — La fameuse Todi. — La maison improvisée. — Les *Fêtes thessaliennes.* — La noblesse et les comtes de l'empire. — La comtesse de Hohenheim. — Le Village anglais. — M. de La Fermière déguisé en moulin à vent. — La Solitude. L'Irvish. — Superbe chasse. — La comtesse du Nord et sa mère. — Adieux déchirants. — Lettres bien tendres. — Encore mademoiselle de Cramm. — Nous partons pour Strasbourg. — Réflexions.. 360

FIN DE LA TABLE DU PREMIER VOLUME.

CORBEIL, typ. et stér. de CRÉTE.